Steuermannskunst im Hochschulmanagement

Richard Nägler

Steuermannskunst im Hochschulmanagement

Die Wirkungskraft von Ideen und Diskursen auf die Universität

Mit Geleitworten von
Prof. Dr. Rolf v. Lüde und Prof. Philip Leifeld

 Springer VS

Richard Nägler
Kiel, Deutschland

Zugl. Dissertation Universität Hamburg, 2018

ISBN 978-3-658-28405-3   ISBN 978-3-658-28406-0   (eBook)
https://doi.org/10.1007/978-3-658-28406-0

Die Deutsche Nationalbibliothek verzeichnet diese Publikation in der Deutschen National-
bibliografie; detaillierte bibliografische Daten sind im Internet über http://dnb.d-nb.de abrufbar.

Springer VS
© Springer Fachmedien Wiesbaden GmbH, ein Teil von Springer Nature 2019

Springer VS ist ein Imprint der eingetragenen Gesellschaft Springer Fachmedien Wiesbaden GmbH
und ist ein Teil von Springer Nature.
Die Anschrift der Gesellschaft ist: Abraham-Lincoln-Str. 46, 65189 Wiesbaden, Germany

2. Art. 1.   Den Steuermann kann niemand zwingen, einen gewissen Strich zu halten; und was er vornimmt, ist auf seine Verantwortung, Ordonn. de Louis XIV. l. c. Art. 8. So bald er sich einmal auf die Reise eingelassen hat, ist er solche auszuhalten schuldig.   Eine besondere Gattung von Steuerleuten sind auch die Lootsen oder Piloten, von denen ein eigener Artikel nachzusehen ist.   Wenn ihrer drey auf einem Schiffe sind, so heißt der erste Obersteuermann, franz. *premier Pilote*; der zweyte Untersteuermann, franz. *second Pilote*; und der dritte die dritte Wache, franz. *troisieme Pilote*. Diese beyde letztern stehen dem erstern in seinen Verrichtungen bey; jedoch sind nur auf den größten Schiffen drey Steuermänner, oder wenn man eine weite Reise vor sich hat.   Die Wissenschaft, ein Schiff wohl zu führen und zu regieren, imgleichen alles dessen, was zur Seefahrt gehöret, wird die Steuermannskunst, franz. *Pilotage*, genennet.   •

Quelle: Ludovici 1775: 2195

Danksagung

Mein tiefer Dank gilt meinen beiden Doktorvätern. So danke ich Herrn Prof. Dr. (em.) Rolf von Lüde und Prof. Dr. Reinhold Sackmann für ihre Bereitschaft, die Arbeit zu betreuen und mich bei diesem Vorhaben zu begleiten. Damit haben sie mir in den letzten Jahren eine unvergessliche Erfahrung ermöglicht, die ich nicht missen möchte. In vielen persönlichen Gesprächen haben sie wertvolle Hinweise gegeben, zur Selbstkritik angeregt und mich zu neuen Ideen inspiriert.

Weiterhin danke ich meiner Ehefrau Anja aus ganzem Herzen. Sie hat mir mit ihrer liebevollen Art, unendlichen Geduld und ihrem Verständnis in unzähligen Situationen Raum und Zeit ermöglicht, diesen Weg weitergehen zu können. Sie gab mir auch den emotionalen Rückhalt in schwierigen Zeiten zu neuer Energie zu finden. Ihr sei diese Arbeit in aller Liebe gewidmet.

Richard Nägler
Kiel, Juli 2018

Geleitwort

Steuermannskunst im Hochschulmanagement als reflexive Interaktion mit der universitären Umwelt

Blickt man aus einer sozialwissenschaftlichen Perspektive auf die fast tausend-jährige Universitätsgeschichte in Europa zurück, wird erkennbar, wie sich die *Universität als Institution* über viele Jahrhunderte hinweg mit den Gesellschaften gewandelt hat, in die sie jeweils eingebettet war. Neben langandauernden Phasen eines kaum wahrnehmbaren Wandels gab es Abschnitte mit massiven Heraus-forderungen, die die Universitäten zu Veränderungen drängten. Als gesellschaft-liche Institution – in frühen Phasen in Anhängigkeit vom Wohlwollen und der Gunst von Päpsten oder weltlichen Herrschern – wandelte sie sich ebenso, wie sich jede einzelne Universität als *Organisation* anpassen musste, um den jeweili-gen Anforderungen gerecht zu werden.

Moderne Theorien des organisationalen Wandels betonen, dass keine Orga-nisation, also auch keine Universität, einen eigenen Weg gehen kann, ohne die vorherrschenden Werte ihres sozialen Umfelds zu berücksichtigen. Im aktuellen gesellschaftlichen Geschehen wird dieser Zusammenhang besonders augenfällig, wenn derzeit gewinnorientierte Unternehmen den Klimawandel explizit in ihrer Unternehmenskommunikation berücksichtigen, auch wenn sie zu den Branchen zählen, die über Produktionsverfahren oder Produkte bisher eher für ein klima-schädliches Handeln verantwortlich zeichnen.

Auch die Universitäten in Deutschland unterliegen gegenwärtig wieder ei-ner Phase ausgeprägter Herausforderungen. Zu den markantesten Aspekten die-ser Veränderung, die die Hochschulen bereits bis an die Grenzen ihrer Belastbar-keit geführt haben, zählen die Umstellung auf die Bologna-Studiengänge und die immer noch ansteigenden Studierendenzahlen bei Fortdauer der von den Hoch-schulleitungen immer wieder beanstandeten Unterfinanzierung.

Darüber hinaus hat der Forschungswettbewerb, der die Spitzenforschung stärken und die internationale Wettbewerbsfähigkeit verbessern soll, eine in diesem Ausmaß bisher nicht gekannte Intensität erreicht. Die Einführung von Forschungsrankings mit der Bewertung der eingeworbenen Drittmittel und vor allem die Exzellenzinitiative von 2005 sowie die aktuelle Exzellenzstrategie sind

Instrumente, welche die Universitätslandschaft in Deutschland derzeit grundlegend verändern. Die einzelnen Universitäten werden nun öffentlichkeitswirksam
mit einer Rangskala ihrer Forschungsstärke unterscheidbar gemacht, ohne dabei
zu berücksichtigen, dass die Forschungsstärke und damit die Rankingplatzierung
national wie international – und ganz ähnlich wie im Profifußball der Erfolg in
der Champions League – eindeutig mit der zur Verfügung stehenden Finanzaus-
stattung korreliert.

Neben diesen sichtbaren hochschul- und gesellschaftspolitischen Anforderungen wirken die von einer breiteren Öffentlichkeit weit weniger beachteten
Umgestaltungen, die sich aufgrund der veränderten äußeren Rahmenbedingungen auf die innere Organisation der Universität beziehen. Während über Jahrhunderte hinweg das europäische Universitätsmodell trotz vielfältiger Herausforderungen und Veränderungen von einer kollegialen Verantwortung und Lei-
tungsstruktur getragen wurde, hat in den letzten drei Jahrzehnten unter dem Einfluss vor allem angelsächsischer Universitäten auch in Deutschland eine Veränderung der tradierten Governancestruktur hin zu einem „New Managerialism"
stattgefunden. Damit verbunden sind neue Steuerungsinstrumente, wie z.B. Ziel-
und Leistungsvereinbarungen, die bis dahin nur aus profitorientierten Organisationen bekannt waren und vor allem die Forschungsorganisation veränderten.
Universitäten planen und managen ihre Forschungsprioritäten nun offensiver und
orientieren sich an den Wettbewerbern, anstatt nur ein unterstützendes Umfeld
für ihre Forschenden zu schaffen.

Wie aber muss man sich diesen beobachtbaren Wandel sowohl theoretisch
als auch praktisch vorstellen und welche Mechanismen sind dafür verantwortlich? Und wie kommt es, dass eine dem tradierten deutschen Universitätssystem
so fremde Governancestruktur wie der New Managerialism in relativ kurzer Zeit
eine so große Bedeutung erlangen konnte?

Richard Nägler legt mit diesem Buch eine überaus interessante und wegweisende Erweiterung zur aktuellen Hochschulforschung vor, die anschlussfähig
an die soziologischen Theorien des organisationalen Wandels ist, diese aber auf
innovative Weise bereichern. Als übergeordnetes Ziel will der Autor einen Beitrag dazu leisten, die komplexer werdende Realität der Universitäten zu verstehen und Lösungen für den Umgang dafür aufzuzeigen. Mit ihrem spezifischen
Blick auf die *Wirkungskraft von Ideen und Diskursen im Hochschulmanagement*
sowie die Fähigkeit jeder einzelnen Universität, ihre gesellschaftliche Umwelt zu

beobachten und darauf gemäß ihrer Eigenlogik zu reagieren, stellt die Arbeit einerseits eine Weiterführung der (system-) theoretischen Perspektive dar. Mit der treffenden Metapher von der „*Pilotage*" bzw. der *Steuermannskunst im Hochschulmanagement* bietet sie andererseits auch für die Leitungsorgane von Universitäten inklusive der im deutschen Governanceregime ebenfalls noch neuen Hochschulräte eine wegweisende Perspektive, wie Universitäten auf die aktuellen Herausforderungen reagieren können. Damit wird die Arbeit einem wichtigen Postulat soziologischer Forschung gerecht, gesellschaftliche Entwicklungen nicht nur zu erklären, sondern auch handlungspraktische Empfehlungen zum Umgang mit neuen Herausforderungen zu generieren.

Im Spezifischen wird die Frage beantwortet werden, wie Ideen und Diskurse der universitären Umwelt die Hochschulen in ihrem Kommunikationsverhalten und ihren strategischen Ausrichtungen beeinflussen und ob und wie sie als Auslöser für den organisationalen Wandel der Universität angesehen werden können.

Hierzu entwickelt Richard Nägler ein Forschungsdesign, welches in den aktuellen Hochschulreformdiskurs in Deutschland mit den Forderungen zur Profilbildung, zum Wettbewerb und zur Kooperation eingebettet ist. Schließlich wird die übergeordnete Forschungsfrage dahingehend konkretisiert, welche Bedeutung *räumlichen Konzepten* dabei zukommt und mit welchen Organisations- und Kommunikationsmodellen die Universitäten auf die kommunikativen Einflüsse ihrer Umwelt reagieren können. Regionalität hatte in der langen Geschichte der Universität eigentlich keine besondere Bedeutung. Er begründet seine Hinwendung zur Regionalität mit der bisher ausstehenden Antwort darauf, wie sich gleichwohl in der Weltgesellschaft regionale Differenzen herauszubilden vermögen. Regionale Diversifikation, wie sie etwa auch in dem US-amerikanischen Begriff der „Flagship-Universität" zum Ausdruck kommt, wird als regionale Ordnung verstanden, die u.a. auf sprachlicher Verwandtschaft und räumlicher Nähe beruht. Regionen werden dabei als innergesellschaftliche Form der Ordnungsbildung erfasst, die ihre eigene interne Logik aufweisen. Als zentrale theoretische Kopplungen gelten dabei Einheitssemantiken, mit denen sich Universitätsverbünde bestimmte Diskurskonzepte teilen. Diese Analyse fokussiert explizit auf die Universitäten und ihre Umwelt und will Potentiale für deren Profilbildung erfassen, die sich aus den regionalen Ressourcen ergeben.

Besonders bereichernd und neu in der Hochschulforschung ist die Erklärung des institutionellen Wandels der Universität auf der Grundlage des „Diskursiven Neo-Institutionalismus" nach Vivien A. Schmidt. Mit dieser theoretischen Erweiterung werden neue Beobachtungsperspektiven eröffnet und aufgezeigt, wie Kooperation und Wettbewerb als kollektive Ideen den Wandel der Universität sowohl auslösen als auch gestalten können. Die beiden unterschiedlichen Konzeptionen der Systemtheorie einerseits und des Neo-Institutionalismus anderseits erzeugen keine Brüche und werden in der jeweiligen Anschlussfähigkeit ausführlich begründet.

Der Hochschulforschung in Deutschland wird gelegentlich, so z.B. vom Wissenschaftsrat, eine unzureichende Weiterentwicklung ihrer methodischen Forschungsansätze vorgeworfen, da 70 % der Ergebnisse durch schriftliche und mündliche Befragungen zustande kämen.

Der Verfasser geht nicht nur deshalb einen anderen und ebenfalls neuen Weg und wählt neben der theoretischen Verortung im Diskursiven Neo-Institutionalismus als methodisches Instrument die Diskurs-Netzwerk-Analyse nach Leifeld (siehe hierzu das folgende zweite Vorwort), die damit erstmalig auf dieses so komplexe Forschungsfeld angewandt wird. Sie erlaubt es dem Verfasser, seine dritte Forschungsebene zur Kopplungsorganisation und zum Diskursmanagement der Universitäten empirisch zu untermauern. Die Methode ist in besonderer Weise geeignet, die theoretischen Aussagen des Diskursiven Neoinstitutionalismus auf der empirischen Ebene zu erfassen, insbesondere bei der Frage nach der diskursiven Vorherrschaft im Hinblick auf die Profilbildung – Kooperation vs. Wettbewerb – der Universitäten, auf die sich die empirische Auswertung fokussiert.

Die „Steuermannskunst im Hochschulmanagement", so kann Richard Nägler schließlich zeigen, bewährt sich darin, wie die Hochschule Informationen über das Kommunikationsverhalten von anderen wichtigen oder als exzellent angesehenen Universitäten sammelt und für das eigene Verhalten nutzbar macht. Aus theoretischer Perspektive wird also erklärt, wie die Universität als Kopplungsorganisation kommunikative Umweltereignisse aufnimmt und durch eine reflexive Interaktion die dort vorherrschenden Ideen als Inspiration, Aufgabe, Rahmen und Orientierung nutzt, um die eigene Position im globalen Universitätssystem weiter zu festigen.

Der Ausbau erforderlicher Prozessstrukturen wie der des Diskursmanagements als Teil der Steuermannskunst befähigt die Universität zur Selbstreflexion und macht sie zu einem gewandten und reflexiven Kommunikator, der Veränderungen in seiner Umwelt erkennt und für sich nutzen kann. Die Qualität des Diskursmanagements einer Universität zeigt sich darin, wie sie den Erwartungen ihrer Umwelt gerecht wird und dabei Fallstricke als solche erkennen und vermeiden kann. Über den Erfolg ihres strategischen Kommunikationsmanagements entscheidet schließlich die Registrierung dominanter Ideen und Konzepte in den für sie relevanten Diskurssträngen und ihre Fähigkeit, hierauf angemessen zu reagieren und die darin liegenden Chancen für ihre Weiterentwicklung zu nutzen.

Prof. Dr. Rolf v. Lüde
Universität Hamburg, im August 2019

Geleitwort

Brückenschlag in der politikwissenschaftlichen Forschung durch Diskursnetzwerkanalyse

Ideen und Diskurse sind und bleiben ein wichtiges Erklärungselement in der politikwissenschaftlichen Forschung. Politische Akteure wie Verbände, Abgeordnete oder Behörden nutzen diskursive Strategien, um andere Akteure oder die Öffentlichkeit von ihren normativen Ideen zu überzeugen. Sie bündeln Argumente und Beweggründe in kohärenten Narrativen in der Hoffnung, die Diskurshoheit zu erlangen und ihre Interessen in Gesetze oder Normen übersetzen zu können und so einen Vorteil zu erlangen. Dies funktioniert nur dann, wenn andere Akteure oder die Öffentlichkeit für solche Strategien empfänglich sind, d.h. sich keine abschließende Meinung gebildet haben und in ihren Ausrichtungen adaptiv sein können.

In politischen Debatten finden sich daher meist zwei Elemente wieder: Lernen und Meinungsbildung auf der einen Seite, um den bestmöglichen Kurs zu finden – wie im vorliegenden Buch von den Universitäten in der hochschulpolitischen Debatte –, und Beeinflussung und Meinungsmache auf der anderen Seite, um eigene Interessen besser durchzusetzen – hier in Form der hochschulpolitischen "Umwelt", die bestimmte Rollen für Universitäten vorsieht. Die Analysen in diesem Buch zeichnen diese diskursiven Anpassungsprozesse systematisch nach.

Sozialwissenschaftliche Forschung lässt sich in mehrere Lager einteilen, die durch unterschiedliche Verständnisse darüber gekennzeichnet sind, was sozialwissenschaftliche Forschung leisten soll. Eine unter mehreren Herangehensweisen ist die kritische Analyse von Machtkonstellationen und Aufdeckung von versteckten Strukturen in der politischen oder sozialen Realität. Hier fügt sich die Analyse von Diskursen und Ideen nahtlos ein. Das Ziel ist dementsprechend in diesem Buch, die Anpassungsprozesse der Universitäten als Funktion ihrer von der hochschulpolitischen Umwelt herangetragenen Erwartungen zu erklären. Hier geht es weniger um die grundsätzliche, vereinheitlichende Theoriebildung von politischen Anpassungsprozessen, sondern vielmehr um die Beschreibung und Erklärung der Anpassungsprozesse aller einzelnen beteiligten Akteure in einem gegebenen Einzelfall, hier der jüngeren Hochschulpolitik in Deutschland. Dem stehen solche Ansätze gegenüber, die sich gar nicht für die individuellen Akteure und deren Positionen interessieren und stattdessen allgemeingültige Theoriebildung betreiben wollen – naturwissenschaftliche Methode statt kritischer Analyse.

Jedoch können meiner Überzeugung nach beide Lager voneinander lernen. Die naturwissenschaftliche Herangehensweise sollte die diskursive Ebene als eine von mehreren möglichen Erklärungen wie auch als eine von mehreren möglichen zu erklärenden Phänomenen untersuchen – mit der gleichen rigorosen Vorgehensweise, die sie an andere Theorien und Phänomene anlegt –, statt sie von vorn herein als unwissenschaftlich oder ob ihrer Komplexität als nicht untersuchbar abzutun. Vielleicht bedarf es besserer Methoden, um der Komplexität von Diskursen Rechnung zu tragen. Die in diesem Buch verwendete Diskursnetzwerkanalyse ist ein Schritt in diese Richtung, um politische Debatten operationalisierbar zu machen und in Beziehung zu anderen Datenstrukturen zu setzen. Ein enormes Potenzial wartet darauf, nutzbar gemacht zu werden, sei es mittels statistischer Analyse, Computersimulation oder explorativer Netzwerkanalyse. Die sozialwissenschaftliche Forschung im naturwissenschaftlichen Sinn sollte ihr Bestes geben, um Diskurse als ontologisches Phänomen zu untersuchen.

Die Herangehensweise der kritischen Analyse kann ebenso viel von der naturwissenschaftlichen Herangehensweise an sozialwissenschaftliche Forschung lernen. Allzu oft werden politische oder soziale Zusammenhänge auf der Grundlage unsystematischer Forschung charakterisiert und kritisiert. So prominent die Erforschung von Diskursen und Ideen in der sozialwissenschaftlichen Forschung ist, so wenig systematisch wird sie häufig betrieben. Hermeneutische Forschung beruht auf der Interpretation des Gesagten oder Geschriebenen durch den Wissenschaftler. Politikwissenschaftliche Diskursforscher argumentieren dann häufig, wie bestimmte Akteure oder Konzepte im Diskurs zusammenhängen, welche Koalitionen sich abzeichnen, welche Trends über die Zeit sichtbar werden oder wer wen wann beeinflusst. Diese Interpretationen sind häufig nicht intersubjektiv haltbar. Insbesondere wenn es um Relationen zwischen Akteuren oder Konzepten geht, ist die bisherige Forschung oft nicht sehr systematisch. Die kritische Herangehensweise an Politik und Macht kann von der naturwissenschaftlichen Sichtweise lernen, die Interpretationen belegbarer und systematischer zu machen,

Replikation zu ermöglichen und Werkzeuge aus der Komplexitätsforschung
einzusetzen, um der tatsächlichen Komplexität von Diskursen Rechnung zu tragen.

Hier setzt die Diskursnetzwerkanalyse ein. Sie ist ein Werkzeugkasten, der
politische Debatten operationalisiert und systematischer Forschung zugänglich
macht. Anhänger der wissenschaftlichen Methode können hiermit Diskurse als
temporales Netzwerk erfassen und anderen quantitativen Methoden zugänglich
machen. So wird es möglich, Diskurse als abhängige oder unabhängige Variable
zu nutzen. Dies kann auf der Ebene der Akteure, der Konzepte in einem Diskurs
oder des gesamten Diskursnetzwerks über mehrere Fälle oder Zeitpunkte hinweg
geschehen, mittels statistischer Modellierung, beschreibenden Netzwerkanaly-
semethoden oder multivariaten Methoden. Wir bewegen uns hin zu einer Erforschung von Diskursen als komplexen sozialen Systemen, so dass am Ende Aussagen über die Mechanismen in Diskursen sowie, nach besserem theoretischen
Verständnis, die Vorhersage von Diskursen möglich werden.

Aber auch Anhänger der kritischen Analyse von Diskursen, die typischerweise am Einzelfall (wie hier dem hochschulpolitischen Diskurs in Deutschland)
mehr als an allgemeingültigen Aussagen interessiert sind, können die Diskursnetzwerkanalyse gewinnbringend einsetzen, um Akteursstrukturen und Ideolo-
gien aufzudecken und systematisch zu beschreiben. Eine wichtige Funktion der
sozialwissenschaftlichen Forschung kann sein, bestehende Machtverhältnisse
und politische Prozesse zu enthüllen, d.h. die diskursive Nähe von Akteuren zu
bestimmten Überzeugungen oder zueinander systematisch offenzulegen, um der
Öffentlichkeit gegenüber als Kontrollinstanz der Politik und Elite zu wirken.
Diskursnetzwerkanalyse erlaubt das systematische Nachzeichnen solcher Verbindungen mittels Netzwerkanalyse und qualitativer Interpretation von Aussagen
der beteiligten Akteure.

Die vorliegende Arbeit von Dr. Richard Nägler ist ein vorzügliches Beispiel
für eine solche Anreicherung diskursiver Forschung mit netzwerkanalytischen
Elementen. Die Arbeit nutzt die Diskursnetzwerkanalyse, um auf gewinnbrin-
gende Weise zu belegen, wie Universitäten sich an den Forderungen der Akteure
aus ihrer Umwelt orientieren, welche Akteure über gemeinsame Ansichten über
Dinge wie Kooperation und Wettbewerb, lokale versus globale Ausrichtung und
Finanzierungsmodelle verbunden oder getrennt sind und welche dieser Akteure
und Konzepte Schlüsselpositionen im Diskursnetzwerk einnehmen.

Diese Vorgehensweise hat mehrere Vorteile: Die Verbindungen zwischen Akteuren über die gemeinsame Zustimmung zu inhaltlichen Konzepten können visuell statt lediglich anekdotisch kommuniziert werden; die Interpretation von strukturellen Mustern im Netzwerk basiert auf einer systematischen Inhaltsanalyse mit Hilfe des Programms Discourse Network Analyzer, die prinzipiell replizierbar ist; und die Quantifizierung der qualitativen Aussagen als Netzwerkdatensatz ermöglicht die weitere systematische Beschreibung der Strukturen, z.B. mittels Zentralitätsmaßen, einer Klasse von Methoden aus der Netzwerkanalyse.

Dr. Näglers Arbeit ist daher nicht nur ein innovativer und inhaltlich wichtiger Beitrag zum Verständnis der deutschen Hochschulpolitik, sondern zeigt auch eindrucksvoll, wie politische und diskursive Netzwerke im Rahmen einer kritischen Einzelfallstudie wirksam analysiert werden können. Ich wünsche mir, dass die Diskursnetzwerkanalyse als Brückenschlag zwischen den Lagern in der politikwissenschaftlichen Forschung zu einem größeren Miteinander führt. Die vorliegende Anwendung auf den hochschulpolitischen Diskurs in Deutschland ist eine gelungene Anwendung dieses Gedankens.

Philip Leifeld
University of Essex, Department of Government, 6. August 2019

Inhaltsverzeichnis

Abbildungsverzeichnis

Tabellenverzeichnis

Abkürzungen

AN	Affiliationsnetzwerk
Bay	Bayern
BMBF	Bundesministerium für Bildung und Forschung
DI	Diskursiver Neoinstitutionalismus
EUA	European University Association
Eucor	Europäische Konföderation der Oberrheinischen Universitäten
FE	Forschungsebenen
FSU	Friedrich-Schiller-Universität Jena
GWK	Gemeinsame Wissenschaftskonferenz
HI	Historischer Neoinstitutionalismus
HP	Hochschulstrukturplan bzw. Hochschulentwicklungsplan
HSP	Hochschulpolitik
IAU	International Association of Universities
IEKE	Internationale Expertenkommission zur Evaluierung der Exzellenzinitiative
KV	Koalitionsvereinbarung

LB   Leitbild(er)

LERU   League of European Research Universities

LHG   Landeshochschulgesetz

LMU   Ludwig-Maximilian-Universität München

MLU   Martin-Luther-Universität Halle Wittenberg

OvGU   Otto-von-Guericke-Universität Magdeburg

PI   Presseinformationen

RGE   Regierungserklärung

RI   Rational Choice

Sa   Sachsen

S-A   Sachsen-Anhalt

SD   Strukturierungsdimension

SI   Soziologischer Neoinstitutionalismus

Th   Thüringen

TU   Technische Universität

TUM   Technische Universität München

U   Universität

U Lpz   Universität Leipzig

UA Ruhr   Universitätsallianz Ruhr

WR   Wissenschaftsrat

ZV   Zielvereinbarung *(Universität)*

1   Re-Aktionen zwischen der Universität und ihrer Umwelt

Das deutsche Hochschulwesen fasziniert und begeistert in seiner Historie und Entwicklung - vor allem hinsichtlich seiner Leistungen in Wissenschaft und Lehre. Besonders im Land der Dichter und Denker, in dem Wilhelm von Humboldt zu Beginn des 19. Jahrhunderts das moderne Universitätsbild[1] prägte und damit unsere Vorstellungen von der Universität beeinflusste, genießen die Universitäten ein hohes gesellschaftliches Ansehen. Seither in der Mitte der Gesellschaft verortet, orientiert sich die Universität zunehmend an verschiedenen gesellschaftlichen Kontexten und wird von diesen gelenkt.

Stichweh spricht in diesem Sinne von Anlehnungskontexten und definiert die Universitätsgeschichte als eine Geschichte von Fremdkontrollen. Diese äußeren Restriktionen wurden im Spätmittelalter (ca. 1200-1500 n. Chr.) durch die Kirche und kirchliche Orden bedingt, im 16. Jahrhundert durch die Politik, im 18. Jahrhundert durch die Wissenschaft und im 20. Jahrhundert durch die Wirtschaft (vgl. Stichweh 2009a: 2).

Die unterschiedlichen Anlehnungskontexte, von denen die Universität nicht nur abhängig ist, sondern die auch auf ihr Kommunikationsverhalten und ihre Ausrichtung wirken und nicht zuletzt auf das Ideal von Wissenschaft und Lehre Einfluss nehmen, deuten auf ein zunehmendes Identifikationsdilemma hin: Was stellt die Universität gegenwärtig für die Gesellschaft dar? Welche gesellschaftlichen Funktionen übt sie aus und welche Leistungen bietet sie für wen an? Wie stärkt die Universität ihr Profil?

Aus der historischen Entwicklung heraus wird der Universität ein Bildungsauftrag[2] zugesprochen. Das angelsächsische Hochschulsystem und die daran

---

1   Grundlegend zur Universitätsidee und zum Universitätsverständnis nach Humboldt, siehe Humboldt 1809/10.
2   Es ist explizit darauf hinzuweisen, dass das Erziehungssystem einen Bildungsauftrag hat, keinen Ausbildungsauftrag. Der Bildungsbegriff „bezieht sich in einer spezifischen deutschen Tradition zunächst einmal auf die an den einzelnen Menschen ergehende Aufforderung, sich nach dem Bilde Gottes zu gestalten. Der Begriff wird später, zumal von Hegel, insoweit säkularisiert, dass es um die Bildung zum Allgemeinen und Menschlichen geht, und im Zuge des 19. Jahrhunderts bis hin zu Nietzsche um die Dimension des Selbstverstehens aus dem Fremd-

© Springer Fachmedien Wiesbaden GmbH, ein Teil von Springer Nature 2019
R. Nägler, *Steuermannskunst im Hochschulmanagement*,
https://doi.org/10.1007/978-3-658-28406-0_1

orientierten Bologna-Reformen im europäischen Hochschulraum sehen hingegen einen Ausbildungsauftrag für die Universität (vgl. Lenzen 2014).

In welcher Vielfalt die Universität in einzelne gesellschaftliche Kontexte eingebettet ist, wird erkennbar, wenn man in der Internetsuchmaschine Google nach den Kombinationen „Universitäten als" und „Hochschulen als" sucht. So wird die Universität als Dienstleister, Unternehmen, Organisation, Wirtschaftsfaktor, Marke oder Arbeitgeber, und „Hochschule" als Weiterbildungsanbieter, regionaler Innovationsmotor, Standortfaktor, Ort der Integration oder Filter für Humankapital[3] beschrieben. Diese Fremdzuschreibungen der Universität sind die Folgen ihrer historischen Anlehnungskontexte.

Die Vielfalt an kategorischen Zuordnungen und gesellschaftlichen Zuschreibungen, was die Universität sein soll und was nicht, wird daran deutlich erkennbar und zeigt sich täglich in aktuellen hochschulpolitischen Debatten. Universitäten nur die Umsetzung von Erziehung und Wissenschaft zuzusprechen, kann demzufolge nicht ausreichen, weil damit ihre gesellschaftliche Rolle und Verantwortung[4] verkannt werden.

Die Komplexität an Bedeutungs- und Handlungskontexten führt die Universitäten zu der Notwendigkeit, bewusst strategisch zu agieren, um die Beeinflussung und Abhängigkeit von der Umwelt reflektieren und aktiv darauf reagieren zu können. Als eine zentrale gesellschaftliche Organisation verfolgt die Universität das Ziel, den jeweiligen Zuschreibungen, Anforderungen und Erwartungen gerecht zu werden. Die inhaltliche und strukturelle Ausrichtung der Universität ist damit eng an den gesellschaftlichen Wandel geknüpft. Eine Universität würde ihre Funktion der Wahrheitssuche (Wissenschaft) und des höheren Bildungsauf-

---

verstehen, das heißt auch um die Dimension der Geschichte und Gemeinschaft erweitert. [...]. Der Bildungsbegriff ist dabei immer von einer mehr oder minder starken Spannung zwischen der Betonung von sophia, Weisheit, einerseits und von phronesis, Geschicklichkeit, andererseits gekennzeichnet, so dass der Gebildete sich nach Bedarf auf die Kontemplation zurückziehen oder in der Eloquenz erproben kann" (Baecker 2006: 59).

3   Die Universität produziert Humankapital (vgl. Stichweh 2008), das sich für die jeweilige Region als Wohlstandsfaktor erweist (weiterführend zum ökonomischen Einfluss von Universitäten, siehe: Valero/Reenen 2016).

4   In einem Memorandum äußert sich das Hochschulnetzwerk Bildung zur gesellschaftlichen Verantwortung an Hochschulen (vgl. Hochschulnetzwerk Bildung 2013).

trages (Erziehung) verfehlen, wenn sie nicht in die bewusste Interaktion mit ihrer Umwelt träte und daraus ihren Funktions- und Leistungsauftrag bezöge.

Eine Universität, die in einer Wechselbeziehung mit ihrer Umwelt steht, reagiert auf die gesellschaftlichen Gegebenheiten und Veränderungen und nimmt Einfluss auf sie. Dieses Wechselverhältnis zwischen Universität und Umwelt zeigt sich in einer spiralförmigen Entwicklung aus Aktion und Reaktion.

Die Motivation für diese Arbeit liegt in jener Abhängigkeit des universitären strategischen Kommunikationsverhaltens und ihres Fremd- und Selbstbildes von der gesellschaftlichen Umwelt begründet.

Dabei ist herauszustellen, woran Universitäten ihr Kommunikationsverhalten und ihre Organisationsstruktur ausrichten und an welchen Einflussfaktoren sie sich in ihrer Funktionserfüllung und Leistungsmessung orientieren, wie etwa an Drittmitteln, diversen Rankings[5], Forschungsaufträgen aus der Wirtschaft, Zufriedenheit ihrer Mitglieder, hochschulpolitischen Forderungen oder an dem öffentlichen Meinungsbild, das die Medien von ihnen zeichnen.

Die Entwicklung der Universität ist seit den 1960er Jahren von verschiedenen hochschulpolitischen Umbrüchen und Reformen geprägt.[6] Die Studentenbewegung der 1960er Jahre, die Föderalismusreform aus dem Hochschulrahmengesetz (1976) und der Bologna-Prozess (seit 1999) sind als wichtige Reformentwicklungen hervorzuheben, die auf die deutsche Hochschullandschaft immer noch Einfluss haben. Hinzu kommen verschiedene Förderprogramme, die besonders durch finanzielle Zuwendungen seitens der Hochschulpolitik und Wirtschaft (Drittmittel) die Entwicklung und Ausrichtung der Hochschulen beeinflussen und mitsteuern. Der Pakt für Forschung und Innovation (2005), die Ex-

---

5   In den U.S.A. veröffentlichte das Nachrichtenmagazin US News & World Report im Jahr 1983 das erste Ranking über amerikanische Universitäten (weiterführend: Usher/Savino 2007; van Dyke 2011). Damit hatte dieses Ranking über Universitäten Pioniercharakter und galt in der Folge als Ausgangspunkt für weitere Universitätsvergleiche. Diese ersten Universitätsrankings bezogen sich ausschließlich auf Meinungsumfragen unter Universitätspräsidenten. Heute zählt das Ranking von US News & World Report zu den weltweit einflussreichsten nationalen Rankings. Dieser Trend zeigt sich in nahezu allen Industrieländern und zunehmend auch in Entwicklungsländern aus Asien, Osteuropa, Lateinamerika oder dem Mittleren Osten. Für einen allgemeinen Überblick aller Universitätsrankings ist Salmi/Saroyan (2007) zu empfehlen.

6   Weiterführend siehe Neusel/Teichler 1986.

zellenzinitiative (seit 2006) und die drei Hochschulpakte (2007-2020) gelten als die drei größten Verwaltungsvereinbarungen zwischen der Hochschulpolitik auf Bundes- und Länderebene einerseits und den Hochschulen andererseits.

Insbesondere die Exzellenzinitiative erfährt in den letzten Jahren eine große Aufmerksamkeit im hochschulpolitischen Diskurs. Seit dem Beginn der Exzellenzförderung im November 2006 wurden über Mittel des Bundesministeriums für Bildung und Wissenschaft (BMBF) zahlreiche Zukunftskonzepte, Exzellenzcluster und Graduiertenschulen gefördert. Verbunden mit der Intention, das deutsche Hochschulwesen im internationalen Vergleich wettbewerbsfähiger zu machen und Spitzenforschung auszubauen, folgte im Jahr 2016 eine weitere Förderrunde der Spitzenforschung an Universitäten mit 533 Millionen Euro jährlich für Exzellenzcluster und Exzellenzuniversitäten (vgl. Bundesregierung 2016).

Während der dritten Exzellenz-Förderrunde wurde im September 2014 eine Kommission unter dem Vorsitz von Dieter Imboden von der Gemeinsamen Wissenschaftskonferenz (GWK) beauftragt, die Exzellenzinitiative zu evaluieren. Im Ergebnis wird die Exzellenzinitiative als ein „erfolgreiches Instrument zur Verbesserung der Qualität und der internationalen Wettbewerbsfähigkeit des deutschen Wissenschaftssystems" (BMBF 2016) von der Kommission bewertet. Im Endbericht heißt es:

> „Die Exzellenzinitiative hat eine neue Dynamik in das deutsche Universitätssystem gebracht. Sie ist zu einem Symbol geworden für den Willen, die deutschen Universitäten international besser zu qualifizieren, und hat einigen der leistungsfähigsten Universitäten zusätzliche Mittel an die Hand gegeben, um ihre Forschung zu stärken und ihre Strukturen zu optimieren" (IEKE 2016: 2).

Dieses Statement der Internationalen Expertenkommission (IEKE) stellt zwei interessante Beobachtungen heraus. Einerseits setzt die Exzellenzinitiative einen ganz bewussten Impuls, der das Konkurrenzdenken und Exzellenzstreben in der deutschen Hochschullandschaft anregt. Andererseits unterstützt die Exzellenzförderung Struktur- und Optimierungsprozesse im Hochschulmanagement, die finanzielle Ressourcen freisetzen, um zusätzliche Arbeitsstellen für Evaluationen, Qualitätsmanagement und -sicherung zu schaffen.

Am Beispiel der Exzellenzinitiative zeigt sich, wie eine jahrhundertealte Bildungsinstitution von ihrer Umwelt so beeinflusst werden kann, dass die Impulse der Umwelt die Universität sowohl in ihrer inhaltlichen Ausrichtung (indem einzelne Forschungsschwerpunkte gefördert werden) als auch in ihrer Organisationsstruktur (Einführung und Ausbau von Graduate Schools, Beschäftigungen im Qualitäts- und Evaluationsmanagement) zu modifizieren imstande sind.

Die Universität ist aufgefordert, sich diesen äußeren Einflüssen zu stellen und ihr Engagement nach außen auszubauen. Bereits jetzt kündigt sich an, dass die Bundespolitik intensiver mit Universitäten zusammenarbeiten wird und in der nächsten Exzellenzinitiative – fernab aller föderalen Errungenschaften – sogenannte Bundesuniversitäten aufzubauen beabsichtigt. Auch wenn dieser Terminus von der ehemaligen Bildungsministerin Wanka abgelehnt wird, ermöglicht die Auflockerung des Artikels 91b des Grundgesetzes[7] doch neue Möglichkeiten für die Bundesebene, sich in der länderverantwortlichen Hochschulpolitik zu engagieren.[8]

Die Anlehnung der Universität an verschiedene gesellschaftliche Kontexte ist mit mehreren Herausforderungen verbunden, da die einzelnen Akteure den Universitäten mit ihren Erwartungen, Aufgaben und Zielen begegnen. So stehen die Universitäten vor der Aufgabe, neue Fragen zu beantworten, Lösungen zu entwickeln und umzusetzen, die in erster Linie *nicht* dem Erziehungsauftrag und der Suche nach Wahrheit entsprechen.

So stellen sich für die Universität strategische Fragen, deren Beantwortung eine gewisse Sensibilität in Bezug auf Erwartungen und Anforderungen ihrer Umwelt erfordert.

- Welche Kriterien sind zu erfüllen, um eine Ausschreibung des BMBF zu gewinnen und Drittmittel zu erhalten?
- Mit welchen Schwerpunkten in Forschung und Lehre können Kooperationspartner aus der Wirtschaft gewonnen werden?
- Wie können die individuellen Stärken und das eigene Universitätsprofil so herausgestellt werden, dass die Universität national und international an Sichtbarkeit und Attraktivität gewinnt?

---

7   Weiterführend siehe Borgwardt 2015.
8   Weiterführend siehe Kühne 2016.

Ein wesentliches Argument dafür, warum sich Universitäten derartigen neuen Fragen und Aufgaben stellen und ihr Engagement nach außen ausbauen, liegt in ihrer unzureichenden finanziellen Ausstattung. Die mangelnde Finanzierung der Hochschulen kann als ein Hauptargument dafür angesehen werden, dass die Universitäten gezwungen sind, bewusster auf ihre gesellschaftliche Umwelt einzugehen. Ein Indiz dafür ist der kontinuierliche Anstieg an Drittmittelfinanzierungen.[9]

An einem Beispiel zeigt sich, wie offensichtlich sich die Wirtschaft in die Hochschulbildung und -forschung „einkauft". Wie die Washington Post berichtete, unterstützt die Qatar Foundation sechs Filialen (auch als Offshore Campus bezeichnet) amerikanischer Hochschulen mit 400 Millionen US-Dollar jährlich in der Qatar Education City. In dieser künstlichen Stadt soll die Elite aus Qatar Bildung aus den USA erhalten, indem mit hohen finanziellen Zuwendungen die Hochschulbildung aus den Bereichen Medizin, Ingenieurwesen, diplomatischer Dienst oder Business/IT (wie Ware) importiert wird.[10]

Mit dem Finanzierungsdefizit der Hochschulen in Deutschland lässt sich nicht nur begründen, wie und warum Hochschulen auf ihre Umwelt angewiesen sind. Die Hochschulfinanzierung zeigt auch im internationalen Vergleich ein interessantes Unterscheidungsmerkmal. Dieses differenziert die einzelnen nationalen Hochschulsysteme voneinander und zeigt deutlich, wie ungleich das globale Universitätssystem[11] gestaltet ist.

Das globale Universitätssystem kann als ein Mosaik nationaler Hochschulsysteme angesehen werden, die bedingt durch ihre nationalen Hintergründe auch unterschiedliche politische, wirtschaftliche und rechtliche Möglichkeiten für die jeweiligen Universitäten haben. Daraus generieren sich Unterschiede und Differenzierungsniveaus im globalen Universitätssystem. So kann sich eine amerikanische (Spitzen-)Universität in anderer Form entwickeln als ihr deutsches Pen-

---

9   Weiterführend zur Drittmittelfinanzierung an Hochschulen siehe Vogt 2014.
10   Weiterführend siehe Anderson 2016.
11   Das globale Universitätssystem (Pfeffer 2013) definiert ein interorganisationales
     System, das auf Beziehungen der Beobachtung, Interaktion, Kooperation und des Wettbewerbs
     zwischen den Organisationen basiert (vgl. Stichweh 2009b).

dant, weil sie im Rahmen des amerikanischen Hochschulsystems andere (finanzielle) Möglichkeiten besitzt. Aus den verschiedenen Hochschulfinanzierungsniveaus folgen unterschiedliche Performance-Leistungen der Universitäten in Forschung und Lehre, die sich in verschiedenen nationalen und internationalen Hochschulrankings einer breiten Öffentlichkeit offenbaren. Es lässt sich folgende Beobachtung feststellen: Je höher das Haushaltsbudget einer Universität ist, desto höher ist ihre Rankingplatzierung.[12]

Die 121 Universitäten in Deutschland mit circa 1,73 Millionen Studierenden (vgl. HRK 2015) stehen vor wirtschaftlichen und hochschulpolitischen Herausforderungen. Die Universitäten sind angehalten, diesen Herausforderungen nachzugehen, um das deutsche Hochschulsystem in einem globalen Rahmen bestmöglich aufzustellen und den gesellschaftlichen Erwartungen und Entwicklungen nachzukommen. Dabei geht es nicht darum, deutsche Universitäten nach amerikanischen Verhältnissen aufzubauen, sondern die vorhandenen politischen und wirtschaftlichen Ressourcen optimal und effektiv zu nutzen und miteinander gewinnbringend zu verknüpfen.

Um dies zu erreichen, sind Veränderungen in Bezug auf die gesellschaftlichen Vorstellungen von Universität, ihrer Ausrichtung und Orientierung, ihrem gesellschaftlichen Auftrag und ihrer Organisationsstruktur notwendig.

Ein Blick in aktuelle hochschulpolitische Diskussionen offenbart den Veränderungsdruck, vor dem die Universitäten stehen. Zum einen wird das Ende der Volluniversität[13] postuliert, zum anderen fordern gesellschaftliche Erwartungen neue Handlungsansätze von den Universitäten in Bezug auf ihre Organisationsstruktur und Schwerpunktsetzung in Forschung und Lehre.

---

12 Die finanziell am besten ausgestatteten Universitäten sind im angelsächsischen Hochschulraum zu verorten und nehmen in einschlägigen internationalen Hochschulrankings konstant eine hohe Platzierung ein: Harvard University (34,5 Mrd. US-Dollar), Yale University (25,4 Mrd. US-Dollar), Stanford University (22,4 Mrd. US-Dollar) (vgl. The Best Schools 2017).

13 „Die Volluniversität ist ein altes deutsches Leitbild, dabei gibt es überhaupt keine Voll-Unis, das ist ja der Witz! Jede Uni hat ihre Schwerpunkte in der Forschung, selbst wenn sie alle Fakultäten hat, so wie etwa Heidelberg oder die LMU München" (Dieter Imboden im ZEIT-Interview, vgl. Agarwala/Hartung 2016).

Diese Beobachtungen bilden das auslösende Moment für diese Arbeit. Das Forschungsinteresse entsteht aus der Wahrnehmung, dass Hochschulpolitik, Wirtschaft und Massenmedien einen erheblichen Einfluss auf die Entwicklung der Universität ausüben und mit ihren Forderungen eine jahrhundertealte Bildungseinrichtung vor neue Herausforderungen stellen. Daher wird hinterfragt, wie die Universitäten darauf reagieren und wie sie diese gesellschaftlichen Einflüsse in ihrem Kommunikationsverhalten und ihrer Organisationsstruktur umsetzen.

In der europäischen Hochschulforschung sind Intentionen zu beobachten, die komplexe Realität der Universität mit ihren typischen Praktiken, Kulturen und Strukturen genauer zu analysieren (vgl. Fumasoli/Stensaker 2013).

Die vorliegende Arbeit leistet mit der Beantwortung der folgenden Ausgangsfrage einen Beitrag dazu, diese komplexe Realität der Universität zu analysieren und Lösungen für den Umgang mit ihr zu erarbeiten.

Die übergeordnete Forschungsfrage lautet: *Wie beeinflusst die Umwelt die Universität in ihrem Kommunikationsverhalten und ihrer strategischen Ausrichtung?* Diese Frage stellt die Beziehung zwischen Umwelt und Universität in den Mittelpunkt, genauer den Einfluss der Umwelt auf die Universität. Dagegen soll die Beeinflussung der Umweltakteure durch die Universitäten nicht Gegenstand dieser Arbeit sein. Aus der Forschungsfrage lässt sich nun das Forschungsdesign ableiten, das sich aus drei Forschungsebenen zusammensetzt und im Folgenden beschrieben wird.

1.1   Forschungsdesign

Um die Bedeutsamkeit der Umwelt auf die Entwicklung der Universität analysieren zu können, ist es notwendig, sämtliche Intentionen der Akteure aus der Umwelt und den Universitäten zu erfassen.

Bereits seit dem Mittelalter, dem Entstehungszeitraum der ersten Universitäten in Europa (Bologna, Paris und Oxford), ist ein Wettrennen zwischen den

Universitäten um die Diskurshoheit und den gesellschaftlichen Einfluss zu erkennen, der bis heute anhält.[14]

Die verschiedenen Ansprüche und Forderungen werden von den Akteuren kommuniziert und propagiert, sodass die beeinflussenden Faktoren der Umwelt gegenüber der Universität sowie die Reaktion der Universität auf diese durch vertextete Semantiken zu beobachten sind.

Zur Beantwortung der zunächst allgemein formulierten Forschungsfrage ist es notwendig, dass diese Kommunikation in einem öffentlichen Raum stattfindet. Die jeweiligen Forderungen, Erwartungen und Intentionen der relevanten Akteure müssen für alle Beteiligten dieser Wirkungsbeziehungen offen und barrierefrei zur Verfügung stehen. Nur dadurch sind sie imstande, diese Kommunikation überhaupt wahrzunehmen und darauf zu reagieren.

Der öffentliche Austausch darüber, welche Vorstellung verschiedene gesellschaftliche Akteure von Universitäten haben, welches Kommunikationsverhalten sie von ihnen erwarten und welche Aufgaben sie ihnen zutragen, findet im deutschen Hochschulreformdiskurs statt.

Der Hochschulreformdiskurs erfasst mit seiner Vielfalt somit den kommunikativen Beobachtungshorizont sowohl der Universitäten als auch ihrer Umwelt. Demzufolge wird die übergeordnete Forschungsfrage (mittels der Kommunikation der verschiedenen Akteure) im Rahmen des Hochschulreformdiskurses beantwortet.

Mit dem Ziel, die Hochschule zu reformieren, schließt der Hochschulreformdiskurs drei Leitideen ein: (1) das humboldtsche Universitätsideal als Grundlage der modernen Universität, (2) das Wirtschaftswachstum der 1960er/70er Jahren und die Chancengleichheit, die propagiert wurde. Beides führte zum quantitativen Ausbau der Hochschullandschaft und gilt als Entstehungsmoment der Fachhochschulen; (3) die Idee von Effizienz und Effektivität.

Alle drei Leitideen koexistieren als institutionelle Vorstellungen im Diskurs und sind somit für die Hochschulen von zentraler Bedeutung (vgl. Würmseer

---

14 „The hard won nature of that corporate identity, and the strength of purpose it gave to students and masters alike is worth recalling in light of the many changes and challenges currently facing the higher education sector" (Gasper 2016).

2010: 18). Diese Leitideen sind „idealisierende Beschreibungen der zentralen Idee von Institutionen, die den Hochschulen aus ihrer Umwelt entgegengebracht werden" (Würmseer 2010: 25). Sie sind somit als Auswirkungen der Umweltbedingungen auf Universitäten zu verstehen.[15]

Die für das Handeln der Universitäten bedeutendsten Reformmaßnahmen der letzten Jahrzehnte gehören der Leitidee „Effizienz und Effektivität" an. Gründe für die hochschulpolitischen Bestrebungen zur Reformierung der Universitäten sind die „Ineffizienzen in den Leistungen der Hochschulen, wobei von Hochschulseite im Gegenzug auf die unzumutbaren Bedingungen chronischer Unterfinanzierung und anhaltender Überlast an Studierenden verwiesen wurde" (Würmseer 2010: 54).

Damit wirft der Diskurs um die Leitidee von Effizienz und Effektivität die Frage auf, was Hochschulen in welcher Form und Intensität leisten sollen bzw. zu leisten imstande sind. Dies führt letztlich dazu, dass Hochschulen verstärkt an den Prinzipien von Wettbewerb und Markt gemessen werden (vgl. Würmseer 2010: 18).

Als DER SPIEGEL im Jahr 1993 das erste große Ranking deutscher Universitäten veröffentlichte und damit öffentlich zeigte, welche Unterschiede zwischen den Universitäten in Bezug auf Qualität und Leistung in der Lehre festzustellen sind, wurde die „bis dato postulierte Homogenität negiert und die Fiktion der Gleichheit als solche entlarvt" (Würmseer 2010: 56).

Infolgedessen änderten sich nicht nur die Ansprüche, die von der Gesellschaft an die Universitäten herangetragen wurden, sondern auch das allgemeine Verständnis der Aufgabe von Bildung. Der ursprüngliche Erziehungs- und Bildungsauftrag der Universität orientiert sich seither zunehmend an Aspekten von Effizienz und Effektivität. Die Kernbotschaft dieser Leitidee ist die Optimierung der Leistungsfähigkeit von Hochschulen, die durch inhaltliche Differenzierung, Profilierung und unternehmerisches Handeln erreicht werden soll. Dadurch soll Ineffizienzen gezielt entgegengewirkt werden.

---

15   Weiterführend siehe Würmseer 2010: 94-98.

„Zweitens zielen die gegenwärtigen Hochschulreformen auf der Basis der Leitidee ,Effizienz und Effektivität' darauf ab, die ehemals angestrebte Homogenität zwischen den Hochschulen aufzuheben. Stattdessen wird über die Einführung von Wettbewerb die Profilbildung der Hochschulen angestoßen, um infolgedessen die vertikale und horizontale Ausdifferenzierung des Hochschulsystems zu befördern" (Würmseer 2010: 182).

Die hochschulpolitische Aufforderung zur Profilbildung [16] nimmt dabei eine bedeutende Stellung ein. Etwa seit der Jahrtausendwende avanciert der Begriff Profilbildung zu einem Leitmotiv in der deutschen Hochschullandschaft und damit zu einer wichtigen Handlungsprämisse für Hochschulen. Mit der Profilbildung werden unterschiedliche Intentionen verbunden, vorrangig allerdings Differenzierungsbestrebungen der Hochschulen.[17]

Profilbildung meint dabei die Akzentuierung des eigenen Hochschulprofils in Lehre und Forschung sowie das bewusste Herausstellen dieser möglichen Alleinstellungsmerkmale, um international und national erkennbarer zu sein und eine gewisse Attraktivität auf wichtige Akteure aus Wissenschaft, Erziehung, Wirtschaft und Hochschulpolitik auszustrahlen.

Meier/Schimank (2002) entwerfen drei Szenarien der Profilbildung im deutschen Hochschulsystem, die wie folgt skizziert werden können.

Zum einen kann Profilbildung im Rahmen der Formalstruktur stattfinden (vgl. Meyer/Rowan 1977), zum anderen stellen Nachahmungen [18] für Profilbildungsprozesse eine wichtige Strategie dar.

Nachahmung stellt für Profilbildungsprozesse eine wichtige Strategie dar, indem erfolgreiche Hochschulen in Auszügen kopiert werden („deutsches Har-

---

16   „Unter dem Stichwort Profilbildung wird eine normative Erwartung diskursiv an deutsche Hochschulen adressiert: nämlich diejenige, die eigene Besonderheit zu entwickeln und zu kultivieren" (Meier 2009: 145).

17   „Profilbildung ist eines derjenigen Instrumente, denen in der gegenwärtigen hochschulpolitischen Reformdiskussion besonders viel zugetraut wird. Und das, obwohl – oder vielleicht weil? – nicht ganz klar ist, was überhaupt mit dem Begriff gemeint sein soll" (Meier/Schimank 2002: 82).

18   Nach dem Isomorphie-Konzept nähern sich Strukturen von Organisationen durch drei Mechanismen an: Zwang, normativen Druck und mimetische Prozesse (vgl. DiMaggio, Powell 1983).

vard"). Der *academic drift*[19] führt zu einer Annäherung zwischen den Hoch-schultypen (Fachhochschule und Hochschule). Der Bandwagon-Effekt (Mitläu-fer-Effekt) zeigt, dass hochschulpolitische Trends keinen Endzustand einer tota-len Strukturgleichheit erreichen („Profilbildung als perpetuum mobile"). Als Resultat sind die Profile der Hochschulen durch wechselnde Modethemen ge-prägt, wie der gegenwärtige Trend zur Integration von Geflüchteten oder die Verwendung von *Massive Open Online Courses* (MOOCs) in der Lehre.

Diese beschriebenen Szenarien verweisen auf ein Makroprofil, das die ge-samte Hochschule einbezieht. Demgegenüber stehen Mikroprofile, die die Schwerpunktsetzung der einzelnen Fachbereiche, Institute oder Lehrstühle dar-stellen. Die Hochschulen wären demnach sogenannte „Gemischtwarenläden" (Schimank/Stölting 2001).

Diese Perspektive ist mit den Elementen des *New Public Managements*[20] vereinbar, die insbesondere durch Deregulierung und Autonomie gegenüber der Hochschulpolitik gekennzeichnet ist.

Welches Szenario die einzelnen Universitäten für sich als effizient und ef-fektiv erkennen, um ihre individuellen Schwerpunkte herauszustellen und sich im globalen Universitätssystem attraktiver für die Umwelt zu positionieren, wird die Auswertung des empirischen Materials zeigen.

Der Prozess zur Profilbildung steht daher im Mittelpunkt der empirischen Analyse des Hochschulreformdiskurses. Auf dem Weg zur erfolgreichen Profil-

---

19   Unter der Bezeichnung *academic drift* wird im Allgemeinen der Trend zur Akademisierung verstanden. In den Medien werden die Herausforderungen und Potentiale einer Akademisie-rung in der Berufswelt und die zunehmende Studienanfängerquote stark erörtert. Zu erwähnen ist an dieser Stelle Nida-Rümelin, der als bekannter Gegner der zunehmenden Akademisierung gilt (weiterführend Nida-Rümelin 2014).

20   Das *New Public Management* stellt ein hochschulpolitisches Steuerungsparadigma dar (vgl. Teichler 2008: 40): „Die Verhaltens- und Handlungssteuerung erfolgt im New Public Ma-nagement-Modell durch Quasi-Märkte, Wettbewerb und Anreize, und Organisationsentwick-lungsprozesse werden an Stelle politischer Reformen favorisiert. Denn zu Märkten passen un-ternehmerische Organisationen besser als Institutionen, denen man unhinterfragt Vertrauen entgegenbringen muss. Anstatt von außen reformiert zu werden, soll die Reforminitiative ge-mäß des Modells von Innen kommen, aus der Organisation selbst. Während die Reformaktivi-tät zuvor primär auf der Seite der Politik gesehen wurde, soll sich die Organisation Universität nun mittels Organisationsentwicklungsprozessen selbst reformieren" (Kosmützky 2010: 7).

bildung werden im Folgenden zwei Umsetzungsstrategien gegenübergestellt, denen die Universitäten im Rahmen der Leitidee von Effizienz und Effektivität nachgehen.

Die Universität sollte bestimmte Engagements und Arrangements erfüllen, um der hochschulpolitischen Forderung zur Profilbildung gerecht zu werden. So heißt es im Bund-Länder-Wettbewerb „Aufstieg durch Bildung: offene Hochschulen" in den Programmzielen „Stärkung der internationalen Wettbewerbsfähigkeit des Wissenschaftssystems durch nachhaltige Profilbildung der Hochschulen im lebenslangen wissenschaftlichen Lernen und beim berufsbegleitenden Studium" (vgl. Wissenschaftsrat 2010: 125).

Für die Profilbildung sind nicht nur Wettbewerbsbeziehungen, sondern auch Kooperationsbeziehungen relevant, um die hochschulpolitischen Aufgaben umsetzen und entsprechende Leistungen erbringen zu können (vgl. Würmseer 2010: 200).

Diese Vorstellung von Kooperation und Wettbewerb im Hochschulreformdiskurs wird innerhalb der Arbeit herausgestellt und genauer untersucht, weil beide Ideen als Umsetzungsstrategien der Profilbildung von Universitäten gelten. In der strategischen Schwerpunktsetzung auf bestimmte Themen oder hochschulpolitische Ausrichtungen im Rahmen der Profilbildung spiegelt sich eine Dualität wider, die die Arbeit untersucht. Einerseits werden von außen bestimmte Erwartungen an die Universitäten herangetragen, andererseits reagieren die Universitäten darauf, d.h. sie definieren unter dem Eindruck der äußeren Erwartungen ihre eigene Entwicklung selbst.[21]

Die Kooperations- und die Wettbewerbsidee sind dabei als Instrumente zu verstehen, mit denen die Universitäten ihre Profilbildung umsetzen und auf die hochschulpolitischen, wirtschaftlichen und massenmedialen Erwartungen und Forderungen reagieren.

---

21 „Unter dem Schlagwort Profilbildung wird Hochschulen nicht nur die Entwicklung ihrer eigenen Besonderheit zum Problem gemacht, sie werden auch bereits als Verantwortliche des Profilierungsprozesses begriffen und sind damit zur zielgerichteten Selbstentwicklung aufgerufen" (Meier 2009: 222).

Für eine strukturierte und schrittweise Beantwortung der Ausgangsfrage werden drei Forschungsebenen unterschieden, die das Forschungsinteresse durch ergänzende Fragen konkretisieren.

Unter der Prämisse, dass Universitäten danach streben, die hochschulpolitische Aufforderung zur Profilbildung zu erfüllen, wird mit Hilfe der Umsetzungsstrategien Wettbewerb und Kooperation der Hochschulreformdiskurs kategorisiert.

In einem ersten Schritt werden hierfür die verschiedenen Akteure und die von ihnen kommunizierten Diskurskonzepte im Hochschulreformdiskurs mit dem Schwerpunkt Profilbildung herausgestellt. Als wesentliche Akteure werden dabei einerseits die Universitäten selbst und andererseits einflussreiche Akteure aus Wirtschaft, Hochschulpolitik und Massenmedien einbezogen. Diese werden anschließend hinsichtlich ihrer bevorzugten Umsetzungsstrategien (Wettbewerb, Kooperation oder in Abhängigkeit voneinander Kooperation/Wettbewerb) durch Zuordnung in zuvor definierte Kategorien analysiert.

Nachdem ausgewertet wurde, welche Akteure mit welchen Umsetzungsstrategien kommunizieren, kann abgeleitet werden, wie sich die Umwelt der ausgewählten Universitäten in Bezug auf die Verwendung bestimmter Ideen von Kooperation und Wettbewerb unterscheidet. Daraus kann abgeleitet werden, welche Umsetzungsstrategien in der Umwelt der Universität (durch bestimmte Akteure und zentrale Ideen) dominieren und wie diese auf die Universitäten wirken. Eine interessante Beobachtung wäre, dass die Kommunikation von Universitäten die Kommunikation aus ihrer Umwelt nicht oder nur in einem sehr geringen Maße aufnimmt oder widerspiegelt. Eine derartige Kommunikationslücke könnte sich nachteilig auf die Entwicklung der Universität auswirken, da die Universität nicht auf Forderungen und Erwartungen ihrer Umwelt eingehen will oder - bedingt durch ihre Organisationsstruktur - kann.

Die Forschungsebene 1 widmet sich der Wirkungsweise der beiden Umsetzungsstrategien Kooperation und Wettbewerb auf die Entwicklung der Universität.[22] Dieser Wandel und damit verbundene Gestaltungsprozesse finden im Zeichen der Leitidee von „Effizienz und Effektivität" im Hochschulreformdiskurs statt (vgl. Würmseer 2010: 205).[23]

Der zweite Schritt schließt an eine Beobachtung aus der Exzellenzinitiative an. Mit dem Ziel, die internationale Wettbewerbsfähigkeit deutscher Universitäten zu stärken, lenkt die Exzellenzinitiative die hochschulpolitische Ausrichtung in Deutschland stärker auf den internationalen Hochschulmarkt und die globalen Vergleichshorizonte.

Der BMBF-Förderschwerpunkt Internationalisierung fokussiert z.b. ausschließlich Umsetzungsstrategien zur Internationalisierung der Universität. Die Vergleichbarkeit mit und die Annäherung an amerikanische Eliteuniversitäten werden zum Orientierungsrahmen aller Bestrebungen in Forschung und Lehre, die zugespitzt auch als hochschulpolitischer *Tanz um das goldene Kalb* bezeichnet werden können.

Das Bestreben, internationale Aufmerksamkeit zu erreichen, wird ebenfalls von anderen Akteuren aus der Wirtschaft und Hochschulpolitik forciert und unterstützt.[24] Die finanzielle Förderung der Internationalisierung kann daher auch als eine hochschulpolitische Erwartung zur globalen Ausrichtung der Universitäten verstanden werden. Diese Bestrebungen sind notwendig. So bemängelt der Präsident der Universität Harvard, John Hennessy, die internationale Wirkung und Rolle deutscher Forschungseinrichtungen auf der globalen Ebene: „Die internationale Sichtbarkeit der deutschen Universitäten ist nicht sehr hoch" (Hennessy 2016). Er ruft dazu auf, dass nicht alle Institute sämtliche Forschungsrichtungen bedienen und sich stattdessen auf ausgewählte Schwerpunkte be-

---

22 „Universitäten entwickeln sich derzeit entsprechend den Erwartungen, dass sie zu Akteuren werden und Konzepte verantwortlicher Handlungsträgerschaft in ihren Strukturen abbilden sollen, was als institutioneller Wandel im deutschen Hochschulsystem bezeichnet werden kann" (Kosmützky 2010: 31).

23 Die Kooperationsforschung wird dabei ausgeklammert, um den Untersuchungs- und Beobachtungsrahmen des institutionellen Wandels der Universität nicht zu vergrößern und in unübersichtlichen Perspektiven die verschiedenen Forschungsebenen nicht mehr unterscheiden zu können.

24 Zu erwähnen sind hier insbesondere der DAAD, Stifterverband und die Alexander-von-Humboldt-Stiftung.

schränken sollten. Profilbildungsprozesse können demnach einen Vorteil für die internationale Sichtbarkeit bringen.

Allerdings lässt eine solch starke Fokussierung auf Globalisierung den Stellenwert und das Potential von Regionalität[25] für die Universitätsentwicklung in den Hintergrund geraten. Die regionalen Ressourcen, die alle Universitäten in mehr und weniger großem Ausmaß besitzen, stellen das auslösende Moment für die Forschungsebene 2 dar.

Aus dem Denkmuster der Weltgesellschaft[26] ergibt sich die Vorstellung voneiner weltweiten kommunikativen Vernetzung aller ausdifferenzierten Funktionssysteme. Diese Globalisierungsperspektive schließt Entscheidungen, Verantwortungen und Beziehungen ein, unabhängig von Nationalität oder Regionalität.

Mit der Allgemeinen Erklärung der Menschenrechte wird Bildung im Artikel 26 als eine globale, öffentliche Aufgabe verstanden. Die Einflüsse globaler Ansprüche, Entscheidungen und Dynamiken führen zu einer ständigen „Reflexion über die Geltung von Bildung als Kontingenzformel des Erziehungssystems" (Ruep/Zylka 2016: 1).[27] Als Folge entsteht ein Autoritätsverlust nationaler Insti-

---

25   „Regionalität" im Rahmen der Hochschulentwicklung zu benutzen, ist ein relativ junges Unterfangen. Dabei benutzen die Hochschulen ihre Regionalität als Markenwert oder Wirtschaftsfaktor. Der damit verbundene Begriff der regionalen Ressourcen schließt allerdings nicht nur massenmediale und wirtschaftliche Möglichkeiten ein, die eine Hochschule bedingt durch ihre Region (aus)nutzen kann, sondern auch eine politische, erzieherische und wissenschaftliche Dimension. Die regionalen Ressourcen einer Hochschule stammen demnach aus verschiedenen Bereichen und können auch in solchen eingesetzt werden. Bislang wird die Perspektive, Regionalität an die Entwicklung von Hochschulen zu koppeln, vorrangig von der Bildungsgeografie und Raumplanung angewandt.

26   Grundlegend dazu siehe Stichweh 2000.

27   Aus einer systemtheoretischen Perspektive hat jedes Funktionssystem eine eigene Kontingenzformel, d.h. für die Religion ist das Gott, für die Wirtschaft die Knappheit, für das Rechtssystem die Gerechtigkeit und für das Erziehungssystem die Bildung. Kontingenzformeln markieren die Grenzen *ihres* Funktionssystems auf doppelte Art und Weise nach innen und außen. Sie geben dadurch die Selbstüberschätzung des Systems an die Gesellschaft ab, die „stellvertretend für das System immer zuviel erwartet und immer zu wenig bekommt und in dieser Figur die Ausdifferenzierung des Systems in einer prekären und immer neu zu findenden Balance hält" (Baecker 2006: 58). Mithilfe der Kontingenzformel vermag ein Funktionssystem die Fülle der Möglichkeiten bewirtschaften, mit der es sich konfrontiert sieht, „sobald es beginnt, sich selbst zu beschreiben" (Baecker 2006: 58).

tutionen, weil nationale Akteure ihre Macht an globale Akteursnetzwerke abge-
ben. Dies wird stark kritisiert (bspw. durch Münch 2009). Es bleibt offen, ob der
sich bildende, stark transnationale Charakter in der Hochschulpolitik in Zukunft
noch regionale Traditionen aufnehmen und so eine gewisse Identifikation mit der
Region berücksichtigen kann.

Diese hochschulpolitische Fokussierung auf eine globale Sichtbarkeit deutscher Hochschulen bildet die Grundlage für das Erkenntnisinteresse derFor-
schungsebene 2. Sie befasst sich mit den Möglichkeiten und Potentialen, die von
den regionalen Ressourcen der Universitäten für Profilbildungs-prozesse ausgehen.

Daraus leitet sich die Frage ab, wie und in welchem Rahmen (global, national, regional) die Universitäten und ihre Umwelt Profilbildung im und durch den
Hochschulreformdiskurs postulieren (d.h. in welchem Rahmen die Kooperations-
und die Wettbewerbsidee dominieren).

Es ist offen, wie die Universität in ihrer Governance-Struktur[28] auf dominante Ideen des Hochschulreformdiskurses reagieren kann. Neben den Beobachtungen, wie Ideen auf Universitäten wirken und welcher Mehrwert dabei von
regionalen Ressourcen ausgeht, wird im Rahmen der Arbeit in einem dritten
Schritt ein Organisations- und Kommunikationsmodell entwickelt, das den Wirkungseinfluss der Umwelt auf die Universität aufnimmt. Damit kann die Universität auf Ideen und Diskurse aus ihrer Umwelt entsprechend reagieren und ihr
Kommunikationsverhalten darauf strategisch abstimmen.

Die Ausgangsfrage danach, wie Universitäten in ihrer Kommunikation und
Ausrichtung durch ihre Umwelt beeinflusst werden und wie sie darauf reagieren
können, wird demnach unter Heranziehung von drei weiterführenden Fragen
vertieft, indem (1) die Kooperations- und die Wettbewerbsidee als Umsetzungsstrategien für die hochschulpolitische Aufforderung zur Profilbildung den verschiedenen Akteuren zugeordnet werden (inhaltliche Voraussetzung), (2) der

---

28   „Unter Governance-Struktur wird […] ein System verstanden, in dem das Handeln der einzel-
      nen Akteure im Rahmen von klaren Rollen und Verantwortlichkeiten sowohl im horizontalen
      als auch im vertikalen Verhältnis (auf Augenhöhe) in einer Weise koordiniert wird, welche die
      Organisation befähigt, den bestmöglichen Erfolg zu erzielen" (Winde et al. 2017: 6).

Stellenwert von Regionalität gegenüber globalen Kommunikationszusammenhängen (der Weltgesellschaft) untersucht wird (räumliche Voraussetzung) und (3) auf Grundlage der empirischen Beobachtungen ein Organisations-
und Kommunikationsmodell abgeleitet wird, das die Universitäten zu Reaktionsmöglichkeiten in Bezug auf ihre Umwelt befähigt (strukturelle Voraussetzung).

Abbildung 1 fasst die drei Forschungsebenen grafisch zusammen. Während
die Forschungsebene 1 den Wirkungseinfluss von Ideen (Kooperation und Wettbewerb) und Diskursen (Hochschulreformdiskurs) auf Organisationen (Universität) thematisiert (am Beispiel der Kooperations- und die Wettbewerbsidee im
Hochschulreformdiskurs), fokussiert die zweite Forschungsebene das Spannungsverhältnis zwischen Globalität und Regionalität. Dabei interessiert, mit
welchen räumlichen Vorstellungen die Kooperations- und die Wettbewerbsidee
in Verbindung gebracht werden. Schließlich münden diese Beobachtungen und
Erkenntnisse in die dritte Forschungsebene. Sie bietet ein Organisations- und
Kommunikationsmodell an, das die Reaktion und Reflexivität der Universität
darstellt und in ihren Prozessen fördert.

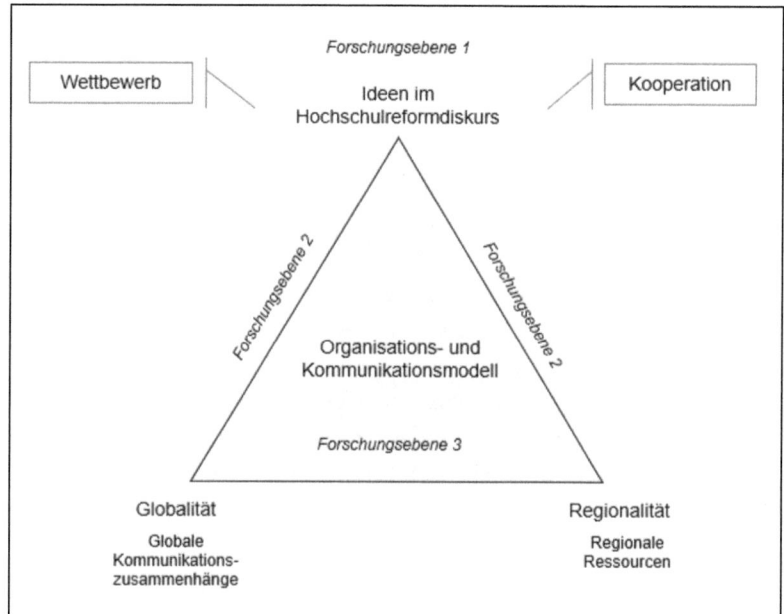

Abbildung 1:   Grafische Darstellung der Forschungsebenen
Quelle: Eigene Darstellung, erstellt in PowerPoint

Aus den skizzierten drei Forschungsebenen kann die Forschungsfrage konkretisiert werden: Wie werden Universitäten durch die Kooperations- und die Wettbewerbsidee im Hochschulreformdiskurs beeinflusst und welche Rolle kommt
dabei räumlichen Konzepten zu? Mit welchem Organisations- und Kommunikationsmodell können die Universitäten auf die (kommunikativen) Einflüsse ihrer
Umwelt reagieren?

Die drei Forschungsebenen bieten eine theoretische, deskriptive und methodische Nuancierung an, um die Forschungsfrage in ihren verschiedenen Aspekten detaillierter zu beantworten. Sie verlangen jeweils spezifische theoretische
Zugänge und ein entsprechendes methodisches Vorgehen, um eine empirische
Überprüfung aller drei Ebenen zu ermöglichen.

1.2   Theoretischer und methodischer Rahmen

Welche Bedingungen stellen die einzelnen Forschungsebenen an das theoretische und methodische Setting der Arbeit?

Die Forschungebene 1 verfolgt das Ziel, die Kooperations- und die Wettbewerbsidee als Umsetzungsstrategien zu identifizieren, mit denen die Universitäten der hochschulpolitischen Aufforderung zur Profilbildung nachgehen. Die Universitäten und die Akteure aus ihrer Umwelt werden diesen Umsetzungsstrategien zugeordnet. Die damit verbundene Kategorisierung stellt die Ausgangsbedingung dar, um den Einfluss der Ideen bestimmter Umweltakteure auf die Universität zu analysieren.[29]

Hierfür eignet sich ein passender theoretischer Rahmen, der Kommunikation im weiteren Sinne als Erklärungsansatz aufnimmt. Dieser muss erklären und ableiten können, wie durch Kommunikation, im Sinne von Ideen und Diskursen, Organisationen beeinflusst werden. Ideen und Diskurse werden somit als Auslöser für den institutionellen Wandel der Universität angenommen.

Die Universität wird im Wechselwirkungsverhältnis zu ihrer institutionellen Umwelt betrachtet. Diese Perspektive verweist im Allgemeinen auf den Neoinstitutionalismus.

Der klassische Institutionalismus betrachtete Institutionen und das Verhalten von Akteuren getrennt voneinander. Im Neoinstitutionalismus werden beide Seiten in einen Zusammenhang gesetzt. Weiterhin verbindet der Neoinstitutionalismus ökonomisch-rationale und soziologische Konzepte mit dem Akteursverhalten (vgl. Diermann 2011: 29).[30]

---

29   So könnte sich eine dominierende Wettbewerbsidee, die von der Mehrheit der Umweltakteure vertreten wird, in ihrem Einfluss auf die Universitäten von einer Kooperationsidee unterscheiden, indem die Hochschulen gemeinsame institutionelle Einrichtungen unterhalten, wie das bei der Universitätsallianz Ruhr oder der „Universität der Großregion" zu beobachten ist. Eine im Diskurs dominierende Kooperationsidee würde dann womöglich auf eine gemeinsame Organisationseinrichtung hindeuten.

30   Senge (2011) stellt das Neue im Neoinstitutionalismus heraus und widmet sich zugleich allgemeinen und kritischen Aspekten des Neoinstitutionalismus. Dabei fokussiert sie die Beziehung zwischen Organisation und Gesellschaft.

Die Frage der ersten Forschungsebene lautete, in welcher Art und Weise Ideen eines Diskurses auf Organisationen wirken und womöglich einen institutionellen Wandel dieser Organisationen auslösen, stellt damit die Ideen und den Diskurs selbst als Erklärungsmotiv für den institutionellen Wandel von Organisationen dar. Ideen und Diskurse werden kommuniziert und von Sender zu Empfänger transportiert. Die Kommunikation bietet den Erklärungsansatz, um diese Wirkungszusammenhänge als das auslösende Moment für institutionellen Wandel von Organisationen nachzuvollziehen.

Innerhalb des Neoinstitutionalismus sind verschiedene Perspektiven vorhanden, die unterschiedliche Erklärungsmotive für den institutionellen Wandel benutzen. Der Rational-Choice-Ansatz nimmt als Ursache für die Veränderung von Organisationen durch externe Faktoren das rationale Verhalten von Akteuren und dessen Vorhersagbarkeit durch Kalkulation an. Der historische Neoinstitutionalismus nutzt als Erklärungsgrundlage (historisch gegebene) Strukturen und Praktiken. Im soziologischen Neoinstitutionalismus dienen hingegen Normen und eine (Welt-)Kultur als Erklärungsobjekt für den institutionellen Wandel.

Die Kommunikation (in Form von Ideen und Diskursen) als auslösendes Moment für den institutionellen Wandel von Organisationen wird in den dargestellten Argumentationslogiken allerdings nicht vordergründig als Erklärungsansatz angenommen. Dem Erkenntnisinteresse kann folglich nicht durch diese Theorieansätze nachgegangen werden. Diese drei Perspektiven genügen den (theoretischen) Anforderungen der Forschungsebene 1 daher nicht.

Der diskursive Neoinstitutionalismus greift eine andere Perspektive auf. Maßgeblich von Vivien A. Schmidt geprägt, findet dieser neoinstitutionalistische Ansatz bislang nur in der vergleichenden und internationalen Politikwissenschaft Anwendung.

Die Arbeit bezieht sich aus den folgenden Gründen auf diese neue neoinstitutionalistische Perspektive. Zunächst gelten hier Ideen und Diskurse der Akteure als Erklärungsmotiv für den institutionellen Wandel. Im Gegensatz zu den skizzierten drei älteren neoinstitutionalistischen Strömungen wird der institutionelle Wandel im diskursiven Neoinstitutionalismus nicht als statisch, sondern als dynamisch angesehen, d.h. der institutionelle Wandel basiert auf der diskursiven Interaktion der Akteure durch Ideen. Ein weiterer Faktor unterscheidet den diskursiven Neoinstitutionalismus von den vorgenannten Ansätzen. Die Ursachen für den institutionellen Wandel werden nicht durch externe Faktoren erklärt, sondern durch einen internen (Erkenntnis-)Prozess. Dieser wird durch die diskursiven und ideellen Fähigkeiten der Organisation bestimmt (vgl. Schmidt 2010a). Im Sinne von Schmidt sind Ideen und Diskurse *ernst zu nehmen*, um den (institutionellen) Wandel zu erklären.

Daraus leitet sich die Vorstellung ab, dass die Kooperations- und die Wettbewerbsidee im Hochschulreformdiskurs auf das Kommunikationsverhalten und die strategische Ausrichtung von Universitäten Einfluss haben und so den institutionellen Wandel der Universität steuern und gestalten.

Das Forschungsinteresse liegt allerdings nicht ausschließlich darin begründet, diesen institutionellen Wandel darzustellen[31], sondern vielmehr darin, aufzuzeigen, dass es Ideen und Diskurse sind, die diesen Wandel steuern und die Universität in ihrem Kommunikationsverhalten und ihrer Organisationsstruktur verändern.

Durch die Bearbeitung der Forschungsebene 1 kann erklärt werden, wie Ideen aus dem Hochschulreformdiskurs das Kommunikationsverhalten und die Ausrichtung von Universitäten bestimmen. Damit trägt die Arbeit zur Hochschulforschung bei, indem der institutionelle Wandel von Universitäten explizit auf Kommunikation, speziell auf Ideen und Diskurse, zurückgeführt wird und nicht mehr nur auf rationale, historische oder kulturelle Erklärungsargumente.

Mit der Forschungsebene 2 wird das Interesse der Universitäten auf Regionalität gelenkt. Dies macht zum einen eine Unterscheidung von räumlichen Orientierungsrahmen und zum anderen eine eindeutige Zuordnung der beteiligten Akteure notwendig. Es werden im Hochschulreformdiskurs bestimmte Semantiken differenziert, die regional, national und international einzuordnen sind.

In der Systemtheorie nach Luhmann werden Organisationen – neben Interaktion und Gesellschaft – als soziale Systeme definiert, die über Kommunikation miteinander interagieren. Alle Akteure sind demnach soziale Systeme, die

---

31   Dass Universitäten einen institutionellen Wandel erfahren, wurde bereits in verschiedenen Arbeiten dargelegt, u.a. bei Kosmützky (2010), Meier (2009), Blümel (2016).

miteinander kommunizieren. In der Logik funktionaler Differenzierung kann die Gesellschaft, die bei Luhmann mit Weltgesellschaft[32] als ein globales Kommunikationssystem verstanden wird, in verschiedene Funktionssysteme unterteilt werden, die sich in ihrer funktionstypischen Kommunikation voneinander unterscheiden. So können die Akteure aus Hochschulpolitik, Wirtschaft und Massenmedien den entsprechenden Funktionssystemen zugeordnet und für sie typische Leistungen und Funktionen abgeleitet werden.

Ein besonderes Forschungsinteresse gilt dem Verständnis von Regionalität innerhalb der Weltgesellschaft. Luhmann schreibt, „dass die auf der Ebene der Weltgesellschaft durchgesetzte funktionale Differenzierung die Strukturen vorzeichnet, welche die Bedingungen für regionale Konditionierungen vorgeben" (Luhmann 1997: 811).

Daran orientiert sich eine Teilforschungsfrage der zweiten Forschungsebene, die die regionalen Konditionierungen (d.h. die Bezugnahme auf Regionalität) herausstellt. Dies eröffnet einen Blick darauf, inwieweit regionale Wirkungszusammenhänge mehr Potential haben und Erfolg versprechender sind als globale Wirkungszusammenhänge. Denn „regional divergente Strukturen [...] (stellen) das Prinzip funktionaler Differenzierung als Strukturform der Weltgesellschaft in Frage" (Holzinger 2014: 269). Luhmann selbst sieht Abweichungen, denn „je mehr man auf Details zugeht, desto auffälliger werden die Abweichungen von dem, was die Theorie funktionaler Differenzierung erwarten lässt" (Luhmann 1997: 806 f.).

Die in der ersten Forschungsebene aufgezeigten Umsetzungsstrategien der Kooperations- und der Wettbewerbsidee werden daher in regionale, nationale oder internationale Semantiken differenziert. So könnte sich beispielsweise herausstellen, dass hochschulpolitische Akteure die Wettbewerbsidee nutzen, um ihre Ziele und Strategien explizit in einen globalen Kommunikationszusammenhang zu stellen, während Wirtschaftsakteure eher die Kooperationsidee gebrauchen, um die regionale Zusammenarbeit mit Universitäten einzufordern. Die

---

32 „Die Bestimmung der Gesellschaft als das umfassende Sozialsystem hat zur Konsequenz, dass es für alle anschlussfähige Kommunikation nur ein einziges Gesellschaftssystem geben kann" (Luhmann 1997: 145, weiterführend Luhmann 1997: 145-171 sowie Stichweh 2000).

unterschiedliche Handhabung und Einordnung der Kooperations- und der Wettbewerbsidee zur Umsetzung von Profilbildung wäre demnach nicht nur beeinflusst von den jeweiligen Akteuren, sondern auch von der räumlichen Orientierung.

Die Forschungsebenen 1 und 2 stehen in Zusammenhang, obwohl sie durch zwei sich unterscheidende theoretische Perspektiven, dem diskursiven Neoinstitutionalismus (Forschungsebene 1) und der luhmannschen Systemtheorie (Forschungsebene 2), charakterisiert sind. Während in der Systemtheorie die Kommunikation die entscheidende Operation für soziale Systeme darstellt, stellt der Neoinstitutionalismus den institutionellen Wandel von Organisationen in den Mittelpunkt.

Forschungsebene 1 und 2 bilden mit dem diskursiven Neoinstitutionalismus und der Systemtheorie die theoretische Ausgangsbasis zur Beantwortung der Forschungsfrage. Die Funktionssysteme Wirtschaft, Erziehung und Wissenschaft, Massenmedien sowie Hochschulpolitik werden mithilfe der Systemtheorie charakterisiert und definiert, die im sozialen System der Weltgesellschaft verortet ist.

Sämtliche Kommunikationen finden daher im Rahmen von Weltgesellschaft statt. Die Kommunikationen der Akteure aus den verschiedenen Funktionssystemen begegnen sich allerdings im Hochschulreformdiskurs. Der Diskurs führt demnach die unterschiedlichen Ideen und Konzepte der Akteure zusammen. Durch den Erklärungsansatz des diskursiven Neoinstitutionalismus werden die Auswirkungen der Kooperations- und der Wettbewerbsidee aus dem Hochschulreformdiskurs auf den institutionellen Wandel der Universität dargestellt. Nachdem durch die theoretische Argumentationsstruktur beschrieben werden kann, wie Ideen auf Organisationen wirken, muss das Verhältnis zwischen Umwelt und Universität detaillierter beschrieben und analysiert werden. Dies erfordert ein entsprechendes methodisches Setting und eine entsprechende Auswahl der Diskursakteure.

Die Ausgangsfrage für das methodische Vorgehen lautet zunächst: Wie können die unterschiedlichen Interpretationen der Akteure in sogenannten Frames[33] erkannt und zugeordnet werden?

Um den Wirkungseinfluss der Umwelt auf die Universität aufzuzeigen, ist es notwendig, öffentliche Informationen und Statements zu nutzen, weil dadurch die Kommunikation (als Erklärungsansatz für den institutionellen Wandel der Universität) zwischen den Akteuren erst erkennbar und nachweisbar wird. Das empirische Material aus dem Hochschulreformdiskurs generiert sich demzufolge aus ganz unterschiedlichen Textsorten, die öffentlich und barrierefrei zugänglich sein müssen, damit der offene Charakter der Informationen gewahrt bleibt.[34]

Auf dieser Grundlage sind als Akteure im Hochschulreformdiskurs einerseits Universitäten und andererseits weitere Akteure auszuwählen, die die Umwelt der Universität repräsentieren. Tabelle 1 fasst die Diskursakteure mit ihrem Textmaterial zusammen, das als Grundlage für die empirische Auswertung dient. Um die Ideen und Konzepte der verschiedenen Akteure darzustellen, zu ordnen und in einen Beziehungszusammenhang zu stellen, bietet sich die Diskurs-Netzwerk-Analyse als eine geeignete Methode an. Hierbei handelt es sich um eine spezielle Form der Netzwerkanalyse, mit deren Hilfe der Hochschulreformdiskurs dahingehend analysiert wird, inwieweit bestimmte Akteure die Kooperations- und die Wettbewerbsidee vertreten und kommunizieren.[35]

Mithilfe der Software zur Diskurs-Netzwerk-Analyse können entsprechende Landkarten des Hochschulreformdiskurses visualisiert werden, die Akteure mit ihren kommunizierten Diskurskonzepten verbinden. Die Netzwerkanalyse zeigt besonders hier ihre Stärke als strukturbeschreibende Methode. Teilen mehrere

---

33 „In a political conflict, frames define the problem, offer solutions and describe ways to arrive at this solution – that is, they function as diagnostic, prognostic and motivational frames […]. Successful frames or 'frame bundles' […] in a political mobilisation will often combine these three elements and integrate them into consistent narratives or storylines […]" (Leifeld/Haunss 2012: 384).

34 Damit weicht die Arbeit bewusst von den Methoden der Materialgenerierung ab, die auf Interviews oder Fragebögen basieren.

35 Die Umsetzung der Diskurs-Netzwerk-Analyse mithilfe des *Discourse Network Analyzer* stammt von Leifeld (2016a). Einen Überblick, an welchen Beispielen dieser DNA angewendet wurde, listet Leifeld selbst auf (vgl. Leifeld 2016b).

Akteure eine Idee bzw. ein Konzept, entstehen Diskurskoalitionen, die in ihrer (semantischen) Geschlossenheit Ideen und Konzepte gegenüber anderen Akteuren wirksamer und erfolgreicher vermitteln können. Die Diskurs-Netzwerk-Analyse ist als ein passendes Auswertungsinstrument anzusehen, das den Hochschulreformdiskurs ordnet und die Diskurskonzepte in Beziehung zu ihren Akteuren stellt. Damit wird die Komplexität von Kommunikationen im Diskurs reduziert. Dominante Ideen und Konzepte von Diskurskoalitionen und einzelnen Akteuren können abgebildet und daraus Rückschlüsse auf das Handeln und die strategische Ausrichtung der Akteure gezogen werden.

Tabelle 1:   Überblick Diskursakteure und Textmaterial

	Funktionssystem	Diskursakteur	Textmaterial
Profilbildung	Erziehung und Wissenschaft	Universitäten	Leitbilder und Pressemitteilungen
	Umwelt		
	Hochschulpolitik	Ministerien	Hochschulvereinba-rungen, Gesetze
	Wirtschaft	Unternehmen	Darstellungen zur unternehmenseige-nen Forschung
	Massenmedien	Wochen- und Tageszeitungen, Nach-richtenmagazin	Zeitungsartikel

Quelle: Eigene Darstellung

Mit der Diskurs-Netzwerk-Analyse werden sowohl die Kooperations- und die Wettbewerbsidee im Hochschulreformdiskurs grafisch dargestellt und den ent-sprechenden Akteuren zugeordnet (Forschungsebene 1), als auch durch vordefi-nierte Kriterien den verschiedenen geografischen Rahmen (regional, national, international) zugeordnet (Forschungsebene 2). Somit kann eine quantitative Aussage darüber getroffen werden, welche Idee von welchem Akteur mit welcher Intention und in welchem geografischen Rahmen vertreten wird.

Das charakteristische Vorgehen der Diskurs-Netzwerk-Analyse bildet die Grundlage für das in der Forschungsebene 3 zu entwickelnde Organisations- und Kommunikationsmodell. So bietet die Diskurs-Netzwerk-Analyse gleichzeitig ein Interpretations- und Beobachtungsmuster des Diskurses für die Universitäten an, die daraus Schlussfolgerungen hinsichtlich ihrer Organisationsstruktur und ihren strategischen Kommunikationsverhaltensweisen ableiten können.

Damit kann der dritte und letzte Aspekt der Forschungsfrage beantwortet werden, der die Reaktionsmöglichkeiten der Universität auf die Wirkungseinflüsse der Umweltakteure betrachtet.

Mit dem entwickelten Modell soll die Universität in ihrer Organisationsstruktur so aufgestellt werden, dass sie dominante Ideen und zentrale Diskurskonzepte ihrer Umwelt erkennt und darauf reagieren kann. Die Universität wird dadurch in die Lage versetzt, zu lernen[36], wie sie nach außen wirkt und welche Akteure über welche Ideen und Diskurse von außen auf sie wirken. Dieser Lernprozess mündet in die Kompetenz zur Reflexion der Universität, die mit Luhmann (1984: 617) auch als *rationale Selbstreflexion* bezeichnet werden kann.

Nachdem die einzelnen Forschungsebenen (FE) beschrieben wurden, fasst Tabelle 2 das Forschungsdesign mit den theoretischen, deskriptiven und methodischen Schwerpunkten abschließend zusammen.

---

36 Diese Bedingung greift das Modell der lernenden Organisation von Senge auf. Die mit dem Modell verbundene Intention will die Universität allerdings *nicht* als lernende Organisation darstellen (wie bspw. Gilge 2009). In den letzten Jahren wurde Kritik an den Managementperspektiven laut, die Organisationen als lernende Organisation darstellen. Kühl (2015) spricht von der sog. Entzauberung der lernenden Organisation.

Tabelle 2:   Forschungsebenen mit Schwerpunkten in Theorie und Methode

FE	Interessensschwerpunkt	Schwerpunkte in Theorie und Methode			
1	Kooperationsidee, Wettbewerbsidee	Theorie	Diskursiver Neoinstitutionalismus	Methode	Diskurs-Netz-werk-Analyse
2	Regionalität		Systemtheorie, Weltgesellschaft		
3	Organisations- und Kommunikationsmodell		Organisations-soziologie		

Quelle: Eigene Darstellung

1.3   Abgrenzungen innerhalb der Hochschulforschung

Die Arbeit ist der noch relativ jungen Hochschulforschung zuzuordnen.[37] Seit den 1960er Jahren erfuhr der Begriff der Hochschulforschung einen quantitativen Anstieg in den deutschen Publikationen. Dieser Trend hielt bis 1990 an. Danach ist ein leichter Rückgang zu beobachten. Seit 2003 wird der Begriff zunehmend häufiger in deutschen Publikationen verwendet. Abbildung 2 zeigt

---

[37]   „Für die Entwicklung der Hochschulforschung seit den 1960er Jahren kamen wesentliche Impulse aus außeruniversitären Einrichtungen. Ein wesentlicher Motor war in den 1960er und 1970er Jahren die Errichtung einiger Institute oder Forschungsgruppen, die sich teilweise oder ganz der empirischen Hochschulforschung widmeten, wie des Max-Planck-Instituts für Bildungsforschung in Berlin (1963) oder des Hochschul-Informations-Systems (HIS) (1969), seit 2013 Deutsches Zentrum für Hochschul- und Wissenschaftsforschung (DZHW) [...]" (Wolter 2015: 149 f.)

die quantitative Verteilung des Wortes „Hochschulforschung" in deutschen Publikationen (erstellt mit Google Ngram[38]).

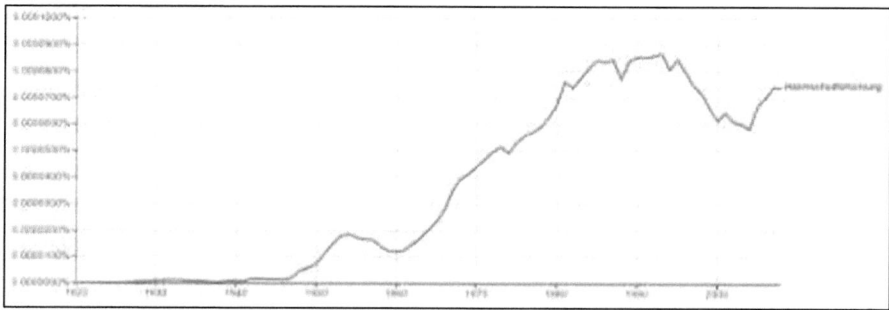

Abbildung 2: Quantitative Häufigkeit in Publikationen: Hochschulforschung
Quelle: Erstellt mit Google Ngram

Dieser Trend spiegelt sich vor allem in wissenschaftlichen Arbeiten wider, die das Thema Hochschulforschung thematisieren. Vor diesem Hintergrund sind im Folgenden die Arbeiten von Burs (2013) und Würmseer (2010) herauszustellen, die ein ähnliches Forschungsinteresse wie diese Arbeit verfolgen, aber auch inhaltlich von dieser abzugrenzen sind.

Burs beschäftigt sich in seiner Arbeit mit dem Wandel räumlicher Bezüge in der deutschen Hochschulentwicklung (vgl. Burs 2013: 135-141) aus der Perspektive der politischen Geografie. Diese Forschungssicht stellt das Zusammenspiel von Region und Universität in den Fokus. Burs analysiert den Wandlungsprozess der Leitbilder in der Hochschulentwicklung seit den 1960er Jahren, d.h. „wie sich die Verteilung von Ressourcen in der deutschen Hochschullandschaft im Zusammenhang mit dem diskursiven Wandel verändert hat" (Burs 2013: 7).

---

38   Diese Aussagen basieren auf Google Ngram. Unter strengen methodischen Aspekten sind Aussagen über die quantitative Verteilung von Wörtern kritisch zu interpretieren. Bei allen Vorbehalten ist diese digitale Sammlung ein Tool, um erste Eindrücke von semantischen Entwicklungen zu erhalten. Im Januar 2011 wurde diese quantitative Analyse im Science-Magazin vorgestellt (vgl. Michel/Lieberman et al. 2011).

Mit diesen Überlegungen trägt Burs dazu bei, eine Forschungslücke in der sozi-
al- und politikwissenschaftlichen Hochschulforschung zu schließen, da bislang
nur wenig über den diskursiven Wandel von räumlichen Leitbildern[39] und die
Rolle von räumlichen Aspekten innerhalb der Hochschulentwicklung insgesamt
geforscht und empirisch herausgearbeitet wurde.

Aus der Arbeit von Burs sind zwei Gedanken hervorzuheben. Zum einen
bestätigen seine Beobachtungen das Forschungsinteresse der zweiten Forschungsebene. Burs betont die Bedeutung von raumbezogenen Aspekten auf die
Hochschulentwicklung und die hierdurch entstehenden Interdependenzen. Zum
anderen bestärkt das von Burs beschriebene Verständnis von Wissenschaft das
Bestreben dieser Arbeit, die Diskursanalyse als Beitrag zur kritischen Reflexion
(vgl. Burs 2013: 140) zu verwenden.

> „Die Analyse des diskursiven Wandels zeigt, dass die aktuelle Reform-Formation einen deutli-
> chen Bruch gegenüber früheren Vorstellungen zur Entwicklung der Universitäten darstellt.
> Angesichts der Krisen, die in anderen gesellschaftlichen Kontexten zunehmend deutlich wer-
> den, bedarf diese neoliberale Hegemonie der kritischen Reflexion" (Burs 2013: 149).

Mithilfe der Diskurs-Netzwerk-Analyse und dem diskursiven Neoinstitutionalismus kann demgegenüber aufgezeigt werden, welche Ideen und Konzepte die
Ziele der Hochschulreform früher und heute darstellen. Hierdurch wird es möglich, Alternativen innerhalb des Hochschulreformdiskurses aufzuzeigen und in
einen Kontext zur Umwelt der Universitäten zu bringen, *Unsichtbares* zu be-
leuchten, das durch dominante Diskurse bislang vernachlässigt wurde. [40]
Hieraus leiten sich folgende Fragen ab: Welche Perspektiven kann der Hochschulreformdiskurs in den Blick nehmen? Welches Bild von Wissenschaft,
Raum und Gesellschaft ist damit auf internationaler und regionaler Ebene verbunden? (vgl. Burs 2013: 141).

---

39   Kosmützky (2010) beschäftigt sich ebenso mit der Rolle und dem Verständnis von Universi-
      tätsleitbildern.
40   „[...] science at its best contributes to democratic debate by making visible areas which have
      hitherto been outside discussion because the state of things has been considered to be natural"
      (Jørgensen/Phillips 2002: 210).

Ähnlich wie Burs zeigt auch diese Arbeit den diskursiven Wandel, der im Hochschulreformdiskurs zu beobachten ist, und wie dieser auf den institutionellen Wandel in der Steuerung der Universität wirkt.

Die beiden Arbeiten unterscheiden sich jedoch hinsichtlich des zeitlichen Analyserahmens. Burs beginnt mit seiner Empirie Mitte der 1960er Jahre und endet um die Jahrtausendwende, während diese Arbeit den Hochschulreformdiskurs von 2003 bis 2014 analysiert. So können die Schlussfolgerungen von Burs als Anknüpfungspunkt und Vergleichsbasis zu den Ergebnissen dieser Arbeit genutzt werden.

Würmseer setzt sich in ihrer Arbeit ebenso mit dem Verhältnis von Umwelt und Universität auseinander und beobachtet Einflüsse der Makroebene auf die Mesoebene von Organisationen. Einflussfaktoren sind verschiedene Reformmaßnahmen (kommuniziert im Hochschulreformdiskurs), durch die die Hochschulen gezwungen sind, die Funktionen der Kooperations- und der Wettbewerbsbeziehungen zu erfüllen (vgl. Würmseer 2010: 200).

Würmseer untersucht, wie sich Organisationen an den Veränderungen ihrer Umwelt orientieren und wie das Verhältnis von Hochschulen zu ihrer Umwelt interpretiert werden kann. Dabei möchte sie herausfinden, wie Hochschulen externe institutionelle Erwartungen „in ihren Organisationsstrukturen und -prozessen sowie in ihren Aufgaben widerspiegeln" (Würmseer 2010: 22). Die Ausgangsfrage von Würmseer ähnelt der hier gestellten Ausgangsfrage, „ob Veränderungen in der hochschulpolitischen Umwelt zu entsprechenden Anpassungsreaktionen in den Hochschulen führen. Und falls ja, welche Möglichkeiten die Hochschulen haben, auf die veränderten Umweltbedingungen bzw. die in der Leitidee ‚Effizienz und Effektivität' enthaltenen Anforderungen zu reagieren" (Würmseer 2010: 89).

Ausgehend von einem vergleichbaren Erkenntnisinteresse sind insbesondere im theoretischen und methodischen Setting dieser Arbeit Unterschiede herauszustellen.

Diese Arbeit beobachtet den Hochschulreformdiskurs aus einer weltgesellschaftlichen Perspektive, die sich an der Systemtheorie nach Luhmann orientiert. Würmseer hingegen berücksichtigt diese systemtheoretische Perspektive nicht. Um allerdings die (kommunikativen) Wechselbeziehungen zwischen der Umwelt von Hochschulen (Hochschulpolitik, Massenmedien, Wirtschaft) und der Universität herausstellen zu können, sind systemtheoretische Zugänge zur funktionalen Differenzierung und strukturellen Kopplung notwendig.

Im Rahmen des diskursiven Neoinstitutionalismus folgt diese Arbeit der
Vorstellung, dass Ideen und Diskurse den institutionellen Wandel von Organisationen beeinflussen. Damit wirken kommunikative Veränderungen in der Umwelt auf Organisationen. Diese neoinstitutionalistische Perspektive wird bei
Würmseer nur wenig berücksichtigt.[41]

Ebenso unterscheidet sich die methodische Vorgehensweise beider Arbeiten. Würmseer führte leitfadengestützte Interviews, um einzelne Identitätsprofile
von Fachhochschulen und Universitäten herauszustellen. Diese Arbeit untersucht
den Forschungsgegenstand mithilfe der Diskurs-Netzwerk-Analyse und bezieht
dabei die verschiedenen Kommunikationsweisen von vier Funktionssystemen
mit ein. Demnach wird in der hier vorliegenden Arbeit nicht nur die Perspektive
der Universitäten dargestellt, sondern die Interdependenzen zwischen Universitäten und Umweltakteuren aufgezeigt. Dies ermöglicht eine Analyse der Einflüsse
auf Reaktionsmuster von Universitäten.

1.4   Aufbau und Zielgruppe der Arbeit

Den Ausgangspunkt der Arbeit bildet die Frage nach der Wirkung der Umwelt
auf die Universität, die durch Ideen und Diskurse ausgelöst wird. Die daraus
abgeleiteten drei Forschungsebenen strukturieren die inhaltliche Vorgehensweise
der Arbeit.

Das zweite Kapitel stellt den theoretischen Rahmen für die drei Forschungsebenen dar. Dabei werden grundlegende Überlegungen des diskursiven
Neoinstitutionalismus, der Systemtheorie und Aspekte aus der Organisationssoziologie beschrieben. Aus den theoretischen Zugängen zu den drei Forschungsebenen werden Thesen generiert, die nach der Auswertung der Empirie im fünften und sechsten Kapitel erneut aufgegriffen und geprüft werden.

---

41   Würmseer konzentriert sich in ihrer theoretischen Perspektive stark auf wissenssoziologische
      Überlegungen nach Berger/Luckmann 2007 (vgl. Würmseer 2010: 94 ff.).

Im dritten Kapitel wird die hochschulpolitische Umsetzung der Kooperations- und der Wettbewerbsidee im Hochschulreformdiskurs beschrieben. Auf Grundlage dieser Deskription können die einzelnen Akteure und das Textmaterial aus den jeweiligen Funktionssystemen für die spätere empirische Diskursanalyse und -auswertung herausgestellt werden.

Kapitel 4 stellt die methodischen Grundlagen und Voraussetzungen für die empirische Analyse der Kooperations- und der Wettbewerbsidee im Hochschulreformdiskurs und ihre regionalen, nationalen und internationalen Bezüge dar.

Zunächst wird die Diskurs-Netzwerk-Analyse vorgestellt und in den Methodenkatalog der Hochschulforschung eingeordnet. Ausgehend von den theoretischen Überlegungen (Kapitel 2) und den definierten Diskursakteuren (Kapitel 3) werden die Kategorien für die Auswertung des empirischen Materials abgeleitet.

Nachdem das gesammelte empirische Material sortiert und kategorisiert wurde, werden die Ergebnisse der Diskurs-Netzwerk-Analyse im fünften Kapitel dargestellt und auf die Forschungsebenen 1 und 2 bezogen. In verschiedenen Analyseschritten werden einerseits die Selbstbeschreibung der Universitäten, andererseits die Fremdbeschreibung ihrer Umwelt (Hochschulpolitik, Wirtschaft, Massenmedien) auf die Profilbildung im Hochschulreformdiskurs hin genauer untersucht.

Die hier gewonnenen empirischen Erkenntnisse und theoretischen Zusammenhänge sollen anschließend durch die Entwicklung eines Organisations- und Kommunikationsmodells (Forschungsebene 3) für das operative Hochschulmanagement nutzbar gemacht werden. In Kapitel 6 wird das Modell dargestellt und erste Umsetzungsmöglichkeiten werden skizziert. Die Arbeit erhält dadurch auch einen praktischen Anwendungsbezug und skizziert eine Möglichkeit, wie Universitäten auf Diskurse und Diskursakteure reagieren können.

Das letzte Kapitel nimmt Bezug auf den Titel dieser Arbeit und verbindet die gewonnenen theoretischen Erkenntnisse mit den empirischen Beobachtungen.

Die Arbeit richtet sich an die verschiedenen Akteure im Hochschulmanagement. Insbesondere die Verantwortlichen für Qualitätsmanagement und -sicherung, Evaluation, Hochschulentwicklung und -planung sowie Öffentlichkeitsarbeit stellen die Hauptadressaten dar. In ihren Funktionen obliegt den Verantwortlichen die Aufgabe, die Universität nach bestimmten internen Maßgaben (Leitbilder und Strategien), hochschulpolitischen Vorgaben (Ziel- und Leistungsvereinbarungen) sowie wirtschaftlichen Anforderungen (Drittmittelförderungen, Kooperationsvereinbarungen) so aufzustellen, dass sie den Erwartungen aller beteiligten Akteure gerecht wird und womöglich auch an Ansehen und Attraktivität bei Studierenden, Wissenschaftlern, Politikern und Wirtschaftsunternehmen gewinnt.

Die theoretischen Überlegungen und empirischen Beobachtungen kulminieren in einem Modell, das das Hochschulmanagement in seinen Entscheidungsprozessen maßgeblich beeinflussen kann. Alle Akteure tragen dabei Verantwortung bei der Aufgabe, die an die Universität herangetragenen Erwartungen zu reflektieren und die Universität im Zuge des institutionellen Wandels in ihrer Ausrichtung inhaltlich und strukturell mitzugestalten.

„But in the past few decades, universities around the world have begun to take on further missions. Today they are supposed to be not only centres of education and discovery, but also engines of economic growth, beacons of social justice and laboratories for new modes of learning. […] universities around the world are trying to free themselves from old habits of thought, and to explore new ways of doing things" (Nature News 2014).

2   Ideen. Regionen. Organisationen.

Im ersten Kapitel wurden die drei Forschungsebenen beschrieben und die damit implizierten theoretischen Perspektiven vorgestellt, aus denen sie abgleitet wurden.

Der Schwerpunkt in diesem Kapitel liegt in der Darstellung dieser theoretischen Perspektiven, d.h. für Forschungsebene 1 der diskursive Neoinstitutionalismus, Forschungsebene 2 die Systemtheorie (Theorie der Weltgesellschaft) und Forschungsebene 3 die Organisationssoziologie. In diesem Kapitel werden also die theoretischen Hintergründe zu den Forschungsebenen herausgearbeitet und Thesen zu jeder Forschungsebene formuliert.

Die Forschungsebene 1 zielt darauf ab, den institutionellen Wandel der Universität mithilfe des diskursiven Neoinstitutionalismus zu erklären, indem Ideen und Diskurse als auslösendes Moment dienen (Unterkapitel 2.1).

Mit den theoretischen Überlegungen zu Forschungsebene 2 wird dann das Spannungsverhältnis zwischen Regionalität und Globalität in der Weltgesellschaft dargestellt. Dabei wird herausgearbeitet, wie die Kooperations- und die Wettbewerbsidee von den Diskursakteuren in den räumlichen Bezügen instrumentalisiert werden (Unterkapitel 2.2).

In einem dritten Schritt wird der institutionelle Wandel der Universität aus einer organisationssoziologischen Perspektive betrachtet. Dabei liegt der Fokus in der Verortung der Universität zwischen Institution und Organisation (Unterkapitel 2.3).

Die dargestellten theoretischen Perspektiven weisen Schnittstellen auf, die abschließend beschrieben werden. Insbesondere für die dritte Forschungsebene sind die daraus gewonnenen Erkenntnisse relevant (Unterkapitel 2.4).

© Springer Fachmedien Wiesbaden GmbH, ein Teil von Springer Nature 2019
R. Nägler, *Steuermannskunst im Hochschulmanagement*,
https://doi.org/10.1007/978-3-658-28406-0_2

2.1 Diskursiver Neoinstitutionalismus – Ideen als Auslöser des institutionellen Wandels

2.1.1 Institutioneller Wandel der Universität

Dass die Hochschulen in einem Wandel sind, ist eine Beobachtung, die die Hochschulforschung schon länger gemacht hat (u.a. Kehm 2008, Meier 2009). Der institutionelle Wandel von Organisationen lässt sich auf Grundlage von mehreren Merkmalen beschreiben. Das Grundmodell zur Erklärung des institutionellen Wandels bietet insgesamt fünf Variablen an. Sowohl durch Akteure, Institutionen, die institutionelle Umwelt, sozioökonomische Herausforderungen als auch durch (kollektive) Ideen ist der institutionelle Wandel zu erklären (vgl. Csigó 2006: 119-126).

Die Akteure sind dabei treibende Kraft und Bindeglieder in einem politischen Prozess. Sie verfügen über spezielle Wahrnehmungen, Fähigkeiten und Präferenzen, die auf das jeweilige institutionelle System ausgerichtet sind.

Institutionen erwachsen aus kollektiven Ideen. Gleichzeitig beeinflussen sie diese Ideen aber auch. Es besteht eine starke Interdependenz zwischen den beiden Variablen. Institutionen verfestigen Erwartungen, Kausalitätsannahmen und Muster von Weltanschauungen.[42]

Ideen wirken wiederum über Institutionen auf ihre Umwelt, die aus einem Institutionssystem besteht, in welches die Institution eingebettet ist. Institutionelle Umwelten umschließen auch die materiellen und immateriellen Ressourcen sowie die sozialen Beziehungen von und zwischen Akteuren.

Sozioökonomische Herausforderungen sind exogen geprägt, bspw. durch demografische Veränderungen oder Veränderungen im internationalen System.

---

42 In der allgemeinen Annahme, dass Ideen durch Diskussionen zwischen den Diskursakteuren entstehen, würde sich der institutionelle Wandel somit auch in dem entsprechenden Diskurs widerspiegeln. Wenn allerdings eine gewisse Stabilität zwischen den Akteuren erreicht ist, d.h. ein bestimmter Grad an Institutionalisierung gegeben ist, kann es zu einer Störung dieses „kollektiven Gleichgewichts" kommen. Bestimmte Akteure haben festgestellt, dass ihre Unternehmensidee nicht mehr ausreicht, um ihre Ziele umzusetzen oder interne wie externe Erwartungen zu erfüllen, oder die Akteure erkennen, dass sie ihr Selbstinteresse im Diskurs nicht weiterverfolgen können (vgl. Hay 2006, Peters 2012: 120).

Kollektive Ideen gelten als Konzeptionen für die legitime politische Ordnung. Sie sind identitätsprägend für die (politischen) Akteure und prägen das Verhältnis der Akteure zueinander (öffentliche Philosophien). Sie repräsentieren die geteilten Erwartungen und Einschätzungen in einem Diskurs. Diesen „'kollektiven' Charakter bekommen diese Ideen dadurch, dass sie durch das Institutionssystem (mehrfach) 'gefiltert' und verarbeitet werden" (Csigó 2006: 120 f.). Abbildung 3 zeigt, wie sich diese Variablen gegenseitig beeinflussen und den institutionellen Wandel auslösen.

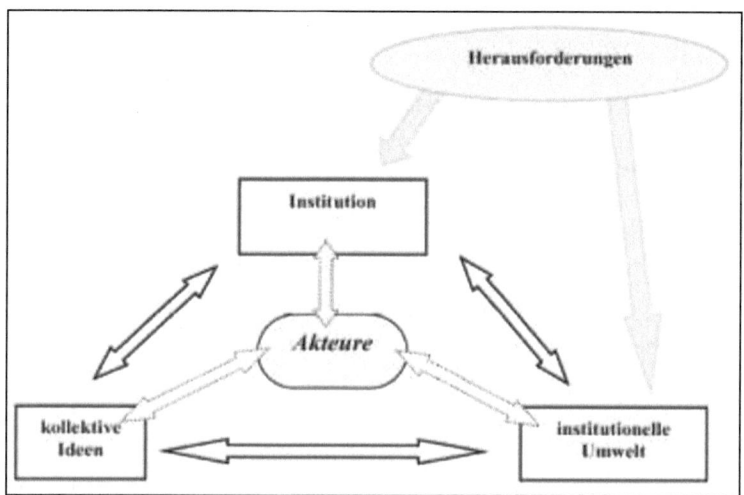

Abbildung 3: Grundmodell des institutionellen Wandels
Quelle: Csigó 2006: 127

Diese Arbeit konzentriert sich (im Rahmen der Forschungsebene 1) auf die Variable „kollektive Ideen" als den Auslöser für den institutionellen Wandel der Universität. Da die Kooperations- und die Wettbewerbsidee die institutionelle (bzw. strukturelle) Dimension der Hochschulpolitik betreffen, sind sie als hochschulpolitische Konzeptionen zur Gewährleistung einer gewissen hochschulpolitischen Ordnung demzufolge als kollektive Ideen anzusehen (vgl. Csigó 2006: 123).

Die Auslöser für den institutionellen Wandel der Universität sind exogene Herausforderungen, die endogene Herausforderungen initiieren. Eine sich verändernde Konstellation (bspw. durch politische oder wirtschaftliche Einflüsse) führt dazu, dass der Status quo nicht mehr aufrechterhalten werden kann (vgl. Csigó 2006: 128).

Allgemein kann davon ausgegangen werden, dass die Ideen um Kooperation und Wettbewerb die beiden Lösungswege für die Universität darstellen, um die globalen Herausforderungen (politische, wirtschaftliche oder jene in Erziehung und Wissenschaft) erfolgreich zu bewältigen.

> „Konkurrenz und Kooperation sind die wichtigsten Aspekte interpersonalen Verhaltens und sozialer Interaktion. Sie sind die beiden grundsätzlichen Lösungsformen des Knappheitsproblems, des Grundphänomens des Lebens schlechthin" (Weise 1997: 58).

Das folgende Beispiel veranschaulicht den Einfluss exogener Herausforderungen auf den institutionellen Wandel.

Die kontinuierlich steigenden Studentenzahlen stellen für die staatlichen Universitäten eine Herausforderung dar.[43] Diese zunehmende Akademisierung trifft auf unzureichende finanzielle Mittel, die die Hochschulen bedingt durch die Landespolitik haben (exogen). Dieses „quantitative Mehr" fordert die akademische Qualität und die institutionellen Strukturen der Universität heraus. Die Universität und ihre Umwelt sind zum Agieren und Reagieren aufgefordert.

Der institutionelle Wandel der Universität hängt davon ab, „an welcher Stelle im System sich zuerst eine grundlegende Veränderung vollzieht" (Csigó 2006: 129). Daher kann die Variable „kollektive Ideen", wie sie auf Forschungsebene 1 dargestellt wird, als Ausgangspunkt für den institutionellen Wandel der Universitäten angesehen werden.

Damit wird angenommen, dass es durch exogene Faktoren zu Veränderungen in den kollektiven Ideen im Hochschulreformdiskurs kommt. So können

---

43 Im Wintersemester 2016/17 gab es rund 2,81 Millionen Studierende an deutschen Hochschulen. Vor zehn Jahren (Wintersemester 2006/07) waren es noch rund 1,98 Millionen Studierende (vgl. Statista 2017: Anzahl der Studierenden an Hochschulen in Deutschland). Das stellt eine Zunahme von 42 % dar.

bestimmte Schlüsselereignisse (wie größere politische, ökonomische Konflikte) oder das Versagen von politischen Maßnahmen als Auslöser dafür geltend gemacht werden (vgl. Csigó 2006: 137). An dieser Stelle kann festgehalten werden, dass der institutionelle Wandel der Universität über Veränderungen in den kollektiven Ideen ausgelöst wird. Die Universität ist aufgefordert, ihre Ziele, Visionen oder Leitideen daran zu orientieren und diese mit den Erwartungen anderer Akteure oder den gesellschaftlichen Entwicklungen zu koppeln.

> „Wenn bereits Impulse für die Veränderungsprozesse vorhanden sind, können veränderte kollektive Ideen dazu führen, dass sich die Ziele bzw. Leitideen der Institution, ihre Funktionen oder Funktionsweise nicht mehr mit den Wertvorstellungen in der Gesellschaft decken und daher als ‚unangemessen' angesehen werden. Sie verlieren somit zunehmend an Legitimität, was dazu führt, dass die betreffenden Akteure versuchen werden, institutionelle Veränderungen in die Wege zu leiten" (Csigó 2006: 136).

2.1.2   Ideen und Diskurse im Neoinstitutionalismus

Es zeigt sich, dass der Neoinstitutionalismus auf die Frage, wie institutioneller Wandel beschrieben und erklärt werden kann, unterschiedliche Antwortmöglichkeiten zulässt.[44] Dabei ist zu beobachten, dass neben rationalen, kulturellen oder historischen Bedingungen auch ideologische Prozesse und Ideen[45] Einzug in die Argumentation und Erklärung zu institutionellem Wandel halten. Damit erfährt

---

44   Während der Rational-Choice-Ansatz den institutionellen Wandel mit dem Verhalten rationaler Akteure durch Logik erklärt, versucht der soziologische Neoinstitutionalismus diesen mit Normen und der (Welt-)Kultur zu begründen. Der institutionelle Wandel wird demnach durch die gesellschaftliche Angemessenheit initiiert. Diese neoinstitutionalistischen Perspektiven sehen vorrangig exogene Gründe als Anstoß für den institutionellen Wandel von Organisationen (vgl. Schmidt 2010a: 5). Diese Beobachtung lässt aber Erklärungsansätze außen vor, die in den Organisationen selbst das auslösende Moment für Wandlungsprozesse sehen, d.h. den endogenen Anstoß für den institutionellen Wandel. Eine Gegenüberstellung zwischen rationalem, historischem, soziologischem und diskursivem Neoinstitutionalismus gibt Schmidt (2010a: 5). Diermann (2011: 30 ff.) stellt ebenso die klassischen Unterscheidungsmerkmale zwischen den einzelnen neoinstitutionalistischen Perspektiven heraus.
45   Weiterführend zum *ideational turn* siehe Blyth 2002 und zur *ideational power* siehe Castensen/Schmidt 2015.

der Neoinstitutionalismus eine inhaltliche Spaltung zwischen älteren und neueren Perspektiven.

Abbildung 4 zeigt, wie und wo sich Wissenschaftler im Rahmen des Neoinstitutionalismus einordnen lassen. Zugleich werden die einzelnen Theoriestränge in den Kontext von Interessen, Kultur, Ideen, Normen und Diskursen eingeordnet.

Die Forschungsliteratur ist sich uneinig darüber, wie viele Ansätze der Neoinstitutionalismus für sich beansprucht. Während March/Olsen (1984) von einem neoinstitutionalistischen Ansatz ausgehen, differenzieren Hall/Taylor (1996) bereits drei Ansätze. Peters (2012) erkennt sieben, Lowndes/Roberts (2013) definieren neun neoinstitutionalistische Unterscheidungen. Ausgehend von der aktuellen Literatur können mehr als zehn theoretische Sichtweisen identifiziert werden. Neben den o.g. drei Ansätzen sind das noch der normative, empirische, internationale, konstruktivistische, diskursive, feministische Neoinstitutionalismus, der Netzwerk-Neoinstitutionalismus und der akteurszentrierte Neoinstitutionalismus (vgl. Zurnić 2014: 220 f.).

Die neoinstitutionalistischen Ansätze können, wie in Abbildung 4 zu erkennen ist, in zwei Gruppen aufgeteilt werden, d.h. mit einer positivistischen und konstruktivistischen Ausrichtung (vgl. Hall/Taylor 1996: 940 f.).

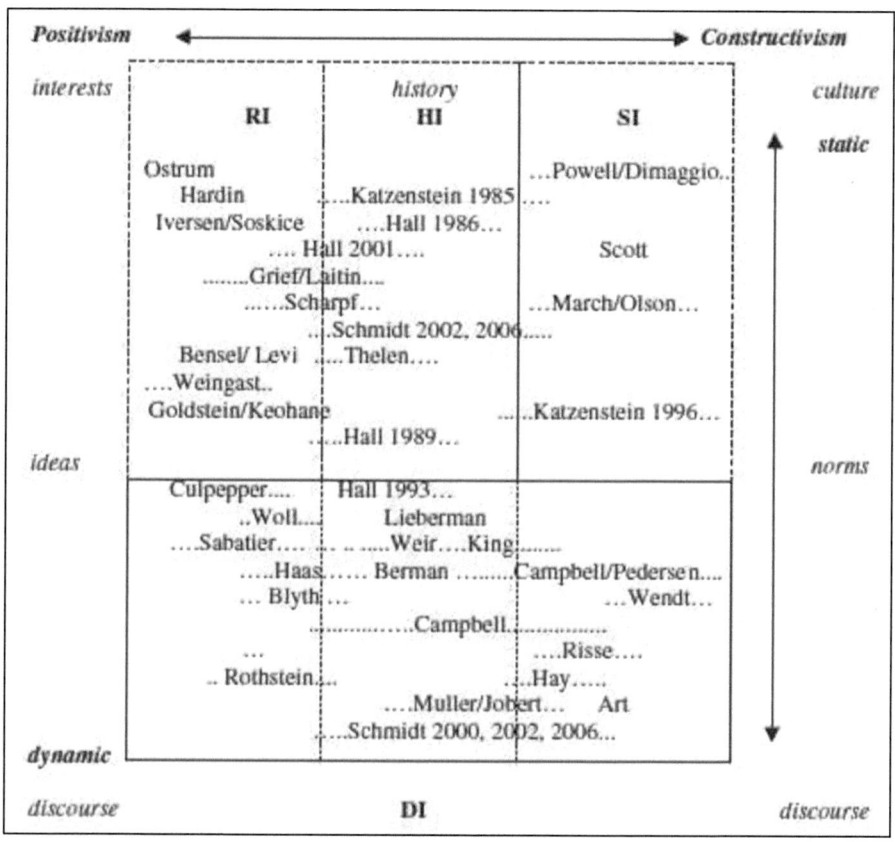

Abbildung 4:   Einordnung und Abgrenzung des diskursiven
Neoinstitutionalismus
Quelle: Schmidt 2010a: 20.

Auf der positivistischen Seite finden sich kalkulatorisch-orientierte Ansätze, wie Rational-Choice, akteurszentrierter oder empirischer Neoinstitutionalismus. Die konstruktivistische Seite vereint Kultur-basierende Ansätze, wie etwa den soziologischen Neoinstitutionalismus, der sich auf Werte, Normen, Interessen und Identifikation konzentriert (vgl. March/Olsen 1984: 17).

Der für diese Arbeit relevante diskursive Neoinstitutionalismus ist auf der konstruktivistischen Seite des Neoinstitutionalismus einzuordnen (vgl. Lowndes/ Roberts 2013: 31). Mit dieser Schwerpunktsetzung auf Ideen und Diskurse als Auslöser für den institutionellen Wandel geht eine Distanzierung des diskursiven Neoinstitutionalismus (DI) zu älteren Perspektiven im Neoinstitutionalismus, wie Rational Choice (RI), historischem Neoinstitutionalismus (HI) und dem soziologischen Neoinstitutionalismus (SI) einher.

> „The turn to ideas and discourse in political science has come to constitute a fourth 'new institutionalism'. I call it discursive institutionalism (DI), distinct from rational choice institutionalism (RI), historical institutionalism (HI), and sociological institutionalism (SI). Political scientists whose work fits the DI rubric tend to have four things in common. First, they take ideas and discourse seriously, even though their definitions of ideas and uses of discourse vary widely. Second, they set ideas and discourse in institutional context, following along the lines of one or another of the three older new institutionalisms, which serve as background information. Third, they put ideas into their 'meaning context' while they see discourse as following a 'logic of communication', despite differences in what may be communicated how and where. Finally, and most importantly, they take a more dynamic view of change, in which ideas and discourse overcome obstacles that the three more equilibrium-focused and static older institutionalisms posit as insurmountable. What most clearly differentiates discursive institutionalists from one another is not their basic approach to ideas and discourse but rather the kinds of questions they ask and the problems they seek to resolve, which tend to come from the institutionalist tradition(s) with which they engage" (Schmidt 2008b: 304).

Ältere neoinstitutionalistische Perspektiven (RI, HI, SI) haben das konzeptionelle Problem, Ideen in die Analysen zu integrieren. Zwar argumentieren sie einerseits, dass institutionelle Strukturen Ideen beeinflussen, andererseits lassen sie offen, woher diese neuen Ideen bzw. Informationen stammen, die zum institutionellen Wandel führen (vgl. Csigó 2006: 195).

Der diskursive Neoinstitutionalismus geht davon aus, dass Institutionen sowohl durch Ideen definiert sind (von außen) als auch durch die Art und Weise, wie diese innerhalb der Strukturen kommuniziert werden.[46] Dadurch bestehen

---

46   Aus diesem Verständnis begründet sich die zukünftige Betrachtung des Hochschulreformdiskurses in eine Fremd- und Selbstbeschreibung von Profilbildung (siehe Unterkapitel 4.4).

Institutionen weniger aus Hierarchien oder formalen Strukturen, sondern eher aus Verständnis- und Bedeutungsstrukturen (vgl. Peters 2012: 112 f.).[47]

Im Gegensatz zu älteren Theorieperspektiven des Neoinstitutionalismus werden Institutionen im diskursiven Neoinstitutionalismus als „external rule-following structures and constructs internal to agents" (Schmidt 2008a: 2) konzipiert. Institutionen sind empfindungsfähige Akteure, die denken, sprechen und handeln können.

Diese ideellen, versteckten Fähigkeiten werden von Schmidt als *background ideational abilities* beschrieben (vgl. Schmidt 2008a: 6). Diese beinhalten nahezu menschliches Auffassungsvermögen, Veranlagungen und Wissen in Bezug darauf, wie die Welt funktioniert und wie mit ihr umzugehen ist. Bourdieu (1990: 11) hat mit dem Begriff des Habitus eine ähnliche Handlungslogik aus der Intuition heraus postuliert. Diese Habitus-Eigenschaft haftet auch Institutionen an. Sie ermöglicht Institutionen, in einem gegebenen Bedeutungskontext Sinn zu generieren.[48]

Mit Schmidts Vorstellungen zu den *foreground discursive abilities* (vgl. Schmidt 2008a: 6) findet sich eine bestimmte Kommunikationslogik wieder. Diese Fähigkeit „enables agents to think, speak and act outside their institutions even as they are inside them, to deliberate about institutional rules even as they use them, and to persuade one another to change those institutions or to maintain them" (Schmidt 2008b: 314).

Der diskursive Neoinstitutionalismus spricht Institutionen verschiedene Fähigkeiten zu, durch die sie Ideen auf je unterschiedliche Art und Weise kommunizieren und verstehen können.

Abschließend kann der diskursive Neoinstitutionalismus wie folgt definiert werden.

---

47   „While the term 'institution' appears to imply structure, in this case the structure is more virtual, implying common understandings and perhaps beliefs rather than hierarchies or formal structures" (Peters 2012: 113).

48   Mit Kirchmeier (2012: 177 ff.) lassen sich verschiedene Aspekte zur Beschreibung von Sinn herausstellen.

„Through discursive institutionalism, we can gain insight into why institutions change (or con-
tinue) by focusing on political actors' substantive ideas about what they were doing and why
they altered their practices (or not), and on their discursive interactions regarding who spoke to
whom in the process of articulating those ideas and persuading others to change their ideas and
actions (or not)" (Schmidt 2008a: 2).

2.1.3   Wirkungskraft von Ideen und Diskursen

Mithilfe des diskursiven Neoinstitutionalismus werden die Kooperations- und
die Wettbewerbsidee im Hochschulreformdiskurs als kollektive Ideen definiert,
die den institutionellen Wandel der Universität auslösen und gestalten. Dieser
Wandel ist endogen bestimmt, da diese Ideen innerhalb des Institutionssystems
„gefiltert und verarbeitet werden" (Csigó 2006: 121).

Vor diesem Hintergrund des institutionellen Wandels, der mit dem diskursiven Neoinstitutionalismus begründet wird, lässt sich die These zur ersten Forschungsebene formulieren.

Bedingt durch exogene Herausforderungen, die sozioökonomischer, hochschulpolitischer oder massenmedialen Ursprungs sein können, verändern neue
Informationen und Wertevorstellungen der Gesellschaft die (kollektiven) Ideen
über Kooperation und Wettbewerb im Hochschulsystem. [49]

Infolgedessen kommt es zu einer Verschiebung der Funktions- und Organisa-
tionsfähigkeit, der gesellschaftlichen Akzeptanz und der Legitimität der Uni-

---

49   Beispielhaft sei an dieser Stelle die Flüchtlingskrise in Europa ab dem Jahr 2015 angedeutet.
      Das Hochschulsystem steht seither vor der Aufgabe, Flüchtlingen den Zugang zur Hochschule
      zu ermöglichen. Neben verschiedenen Angeboten zur Studienorientierung für Geflüchtete (u.a.
      an den Universitäten Hamburg und Passau) symbolisiert „Kiron Open Higher Education" (im
      Jahr 2015 gegründetes soziales Start-up) eine entsprechende Reaktion wider die formal-
      bürokratischen Hürden im deutschen Hochschulsystem. Kiron wäre demnach ein Argument
      zur Bestätigung dieser These. Das allgemeine-gesellschaftliche Verständnis von Universität
      und Hochschullehre als Anwesenheitsinstitution (Stichweh 2015) hat die Idee von Kooperati-
      on und Wettbewerb verändert. Die übliche Funktions- und Organisationsfähigkeit einer Uni-
      versität spiegelt sich bei Kiron nicht wider. Zudem steht hier die Universität als Anwesenheits-
      institution den Möglichkeiten der Digitalisierung in Forschung und Lehre gegenüber (vgl. Jä-
      ckel 2017).

versität.[50] Die Universität ist zum Reagieren aufgefordert. Diese Reaktion auf das Neue kann in einer Neuausrichtung ihrer Organisationsstruktur und ihres Kommunikationsverhaltens münden.[51]

Tabelle 3 zeigt die beschriebene Verlaufsform des institutionellen Wandels der Universität durch kollektive Ideen als impulsgebende Variable.

Tabelle 3:   Verlaufsform des institutionellen Wandels der Universität

Exogene Herausforderungen (politisch, wirtschaftlich, massenmedial)	Gründe für die Veränderung	betroffene institutionelle Faktoren	mögliche Formen institutionellen Wandels
	neue Informationen, veränderte Wertevorstellungen der Gesellschaft	Legitimität, Funktionsfähigkeit, Akzeptanz	Neuausrichtung

Quelle: nach Csigó 2006: 137

---

50 Auslöser dafür ist u.a. auch eine „Koinzidenz von begrifflichem Wandel und einem Wandel des Verhältnisses von Universität und Gesellschaft (zu beobachten)" (Kosmützky 2010: 7). „Wirtschaft und Politik, die Gesellschaft allgemein, begnügen sich nicht mehr mit der Alimentierung von Forschung und Lehre gemäß einem traditionellen Hochschulverständnis" (HRK 2004: 4).

51 Die Neuausrichtung der Universität stellt ggf. eine mögliche Form des institutionellen Wandels dar. „Während eine Reform kein Bruch mit den geistigen und kulturellen Grundlagen der existierenden Institution anstrebt, zielt eine Neuausrichtung von vornherein genau auf einen solchen ab. Dabei werden die Ziele bzw. die Leitideen der Institution neu definiert – neu ausgerichtet – und ihre Funktionen neu konzipiert. Die Neuausrichtung bezieht sich vor allem auf eine einzelne Institution. Meist umfasst diese Form von Veränderung das gesamte 'Wesen' einer Institution, so dass eigentlich hinter der Fassade der alten eine völlig neue Institution entsteht. Institutionelle Neuausrichtung kann sich auf eine einzelne Institution, aber auch auf ein gesamtes Politikfeld beziehen. Sie kann sowohl graduell über längere Zeiträume hinweg als auch kurz- bis mittelfristig geschehen, in Abhängigkeit davon, ob eine einzelne Institution oder mehrere Institutionen betroffen sind. In der Regel werden die symbolischen Funktionen von Institutionen ausdrücklich umgestaltet und die diesbezüglichen Neuerungen von den Akteuren, zumindest am Anfang stark akzentuiert" (Csigó 2006: 115).
Es ist wichtig zu betonen, dass eine mögliche Neuausrichtung der Universität nicht bedeutet, dass die Universität ihren bestehenden Pfad verlässt. Die Neuausrichtung der Universität geht eher mit einer Neustrukturierung einher (vgl. Csigó 2006: 174) (vgl. Unterkapitel 6.2.4).

2.2   Theorie der Weltgesellschaft – Regionalität und globale Kommunikationszusammenhänge

2.2.1   Funktionale Differenzierung und strukturelle Kopplungen

Die globalen Kommunikationsstrukturen der Weltgesellschaft werden durch verschiedene Funktionssysteme charakterisiert. Dieser Tatsache geht die Bedingung einer funktionalen Differenzierung voraus. Mit Luhmann ist festzuhalten, dass durch die Strukturen der funktionalen Differenzierungen der Weltgesellschaft die Bedingungen für regionale Konditionierungen vorgegeben werden (vgl. Luhmann 1997: 811).

In einem ersten Schritt werden die für die Universität relevanten Strukturen aus dem Erziehungs- und Wissenschaftssystem beschrieben. Es sind strukturelle Kopplungen zu erkennen, die Irritationen und im Folgenden bestimmte Lernprozesse für die einzelnen Funktionssysteme auslösen.

Ein zweiter Schritt thematisiert, wie daraus regionale Konditionierungen hervorgehen können (Unterkapitel 2.2.2), bis sich schließlich Universitätsräume innerhalb des Universitätssystems bilden (Unterkapitel 2.2.3).

Die moderne Gesellschaft ist funktional differenziert.[52] Das meint jedoch nicht, dass die Weltgesellschaft in unterschiedliche Zuständigkeitsbereiche unterteilt werden kann. Vielmehr bedeutet funktionale Differenzierung die Ausdifferenzierung zwischen Funktionssystemen. So grenzt sich bspw. durch das Wirtschaftssystem eine wirtschaftsinterne oder mit der Politik eine politikinterne Umwelt ab. Das macht es unmöglich, die vielen Teile zu einem Ganzen zusammenzufügen, weil jede Änderung eines Teilsystems auch eine Änderung der Umwelt anderer Teilsysteme bedeutet (Luhmann 1997: 599).

Die Differenz zwischen System und Umwelt innerhalb von Systemen (Systemdifferenzierung) bildet den Kern der luhmannschen Systemtheorie (vgl. Luhmann 1984: 22). Dadurch vermag sich das System in sich selbst zu verviel-

---

52   Weiterführend siehe Stichweh 2010.

fältigen, indem es immer wieder zwischen der Umwelt und sich unterscheidet (vgl. Luhmann 1997: 598).

Der Differenzierungsbegriff eröffnet die Möglichkeit zur Beschreibung der Weltgesellschaft, der zahlreiche Untersuchungen zu verschiedenen Funktions-, Interaktions- und Organisationssystemen folgen.[53] Neben Interaktion und Organisation stellt die Weltgesellschaft eines von drei sozialen Systemen dar, die sich durch unterschiedliche Operationen auszeichnen.

Die verschiedenen Operationen der Funktionssysteme bestimmen die jeweiligen Grenzen ihres Systems. Sie legen also fest, was zum System gehört und was nicht (Umwelt). Diese Festlegung können sie nur in einem Netzwerk früherer und potentiell späterer Operationen tun, sodass sie das System in der System-Umwelt-Differenz beobachten. Mithilfe dieser Beobachtung unterscheiden sie auch zwischen Selbst- und Fremdreferenz (vgl. Luhmann 1997: 754), die für die Auswertung des empirischen Materials von Bedeutung sein wird (Kapitel 5).

Die Funktionssysteme entsprechen einer Ebene der Systembildung (neben Organisationssystemen und Interaktionssystemen) (vgl. Luhmann 1975). Sie unterscheiden sich aufgrund ihrer Leistungen, die nicht-substitutiv, d.h. nicht durch andere Teilsysteme austauschbar sind. Die einzelnen Funktionssysteme, wie Politik, Wissenschaft, Erziehung, Wirtschaft, Massenmedien oder Recht sind einzigartig, gleichrangig und global.

So kann jedes Funktionssystem mit und durch seine eigene Operation nur eine Funktion erfüllen. Die Funktionssysteme können sich demzufolge auch nicht gegenseitig vertreten und füreinander einspringen (vgl. Luhmann 1997: 762 f.).

Das globale Universitätssystem kann als ein interorganisationales System[54] verstanden werden, das auf der Grundlage von Beobachtung, Interaktion, Wettbewerb und Kooperation zwischen den einzelnen Organisationen basiert (vgl. Stichweh 2009b: 2; Pfeffer 2013: 807 f.).

---

53 Weiterführend siehe Heintz/Münch/Tyrell 2005.
54 Organisationen in einem interorganisationalen Netzwerk schließen sich zusammen bzw. tauschen Informationen aus, um Wettbewerbsvorteile zu erzielen (weiterführend siehe Finnegan/Galliers/Powell 1998).

Dieses globale Universitätssystem dominiert zunehmend die nationalen Hochschulsysteme.[55] Dadurch wird die Stellung, Wirkung und Sichtbarkeit von Universitäten im globalen Universitätssystem immer wichtiger in ihrer strategischen (Profil-)Ausrichtung.

> „We no longer have to do with a reality dominated by national university systems which sometimes learn from other national university systems and try to imitate some of their inventions but which most of the time follow the evolutionary trajectory of the individual national university system which in some respects is isolated from its neighbors" (Stichweh 2009b: 4).

Die Systemtheorie wird auch als Differenzierungstheorie bezeichnet.[56] Bedingt durch den Begriff und die Tatsache, dass sich die verschiedenen Systeme durch entsprechende Operationen auszeichnen, wird der Blick für beliebige Anschlussmöglichkeiten geöffnet, die die Differenz eines Systems in einer spezifischen Umwelt wiederholen. Als Schlussfolgerung dessen entstehen in Systemen jeweilige Spezialisierungen, die (durch ihre Operation) auf ein entsprechendes Funktionssystem verweisen und gleichzeitig nicht für andere Systeme verwendbar sind (vgl. Saake 2012: 43).

So gibt es immer Zusammenhänge zwischen der internen Differenzierung (eines Systems) und der Ausdifferenzierung. Grund dafür sind die gewählten Formen der internen Differenzierung, für die es in der Umwelt kein Pendant gibt. Die funktionale Differenzierung stellt somit die radikalste Form dar, denn in der Umwelt gibt es keine Entsprechungen für die Funktionen eines Systems (Luhmann 1997: 744).

Im Folgenden wird ausgeführt, wie die Universität als strukturelle Kopplung (im weitesten Sinne) verstanden werden kann[57], um aus diesem Verständnis

---

55   Zur Internationalisierung (und Kommerzialisierung) der Bildungsmärkte siehe Sackmann 2004.

56   Weiterführend siehe: Saake 2012: 41-47. Daneben kann die Systemtheorie noch weitere Theoriestränge annehmen, so als Evolutionstheorie, Kommunikationstheorie, Medientheorie oder Gesellschaftstheorie.

57   Es ist darauf zu verweisen, dass eine empirische Beobachtung der strukturellen Kopplungen einer Organisation nicht in direkter Form möglich ist, da diese nicht von außen erkennbar sind (vgl. Luhmann 2000b: 375; Gralke 2015: 96).

abzuleiten, wie Irritationen entstehen. Durch die daraus ausgelösten Irritationen ist die Universität zu Strukturevolutionen aufgefordert. Diese werden als Lernen beobachtet (vgl. Gralke 2015: 98).

Die Vorstellung, dass Universitäten ihre Strukturen über ihre strukturellen Kopplungen anpassen (also lernen), bildet den Ausgangspunkt dafür, im Rahmen der dritten Forschungsebene ein entsprechendes Organisations- und Kommunikationsmodell zu entwickeln.

Welche Auswirkungen strukturelle Kopplungen auf die Entwicklung der Universitäten haben und welche Prozesse dadurch ausgelöst werden können, soll nun weiter vertieft werden. Daraus entsteht ein Verständnis darüber, warum und wie sich die Universitäten, bedingt durch die sich ändernden (kollektiven) Ideen im Hochschulreformdiskurs, neu ausrichten können.

Die Universität definiert sich aus der strukturellen Kopplung zwischen dem Erziehungs- und Wissenschaftssystem (vgl. Lieckweg 2001: 276). Die strukturelle Kopplung zwischen diesen beiden Funktionssystemen betrachtet die Universität als relevant in ihrer Umwelt. Die strukturelle Kopplung zwischen beiden Funktionssystemen findet aber auch in ihr selber statt (vgl. Stichweh 2009b: 7).

Die Organisationsform der Universität koppelt (strukturell) das Erziehungs- und Wissenschaftssystem miteinander. Diese Organisationsgemeinschaft löst sich (seit dem 19. Jahrhundert) aus den Bindungen des Religionssystems und des Personalbedarfs des frühmodernen Staates. Sie bilden eine Gemeinschaft, die sich der Forschung (durch die Publikation) und Lehre (durch die Interaktion in den Seminarräumen und Hörsälen) verschrieben haben. Diese Gemeinschaft begibt sich durch finanzielle Abhängigkeiten in eine starke Bindung an den Staat (vgl. Luhmann 1997: 784 f.).

Die Funktionssysteme Erziehung und Wissenschaft unterscheiden sich in Leistung, Funktion und im Programm voneinander. Tabelle 4 zeigt die Unterscheide zwischen dem Erziehungs- und Wissenschaftssystem.

Tabelle 4:   Merkmale des Erziehungs- und Wissenschaftssystems

	Erziehung	Wissenschaft
Funktion	Selektion von Karrieren	Erzeugung neuen Wissen
Leistung	Ermöglichung unwahrscheinlicher Kommunikationen	Bereitstellung neuen Wissens
Medium	Lebenslauf	Wahrheit
Code	besser/schlechter lernen	Wahrheit/Unwahrheit
Programm	Bildung, Lehr-/Lernpläne	Theorien, Methoden

Quelle: Krause 2005: 50

Die Universität stellt die höchste Institution des Erziehungssystems dar und wird durch das humboldtsche Bildungsideal (vgl. Humboldt 1809/10) mit dem Wissenschaftssystem gekoppelt.

> „Erziehung findet in der Universität im Medium von Wissenschaft statt, und dies wird verstanden im Sinne der modernen, forschungsbasierten Wissenschaft, die ohne Forschungsbezug auch gar nicht angemessen als Wissenschaft vermittelt werden könnte, weil Wissenschaft nicht ein stabiler Bestand von Wahrheiten ist, sondern eine teils lose, teils strikt gekoppelte Population von überprüfungs- und erneuerungsbedürftigen Hypothesen" (Stichweh 2007: 8 f.).

Im Gegensatz zum Alltagswissen (mit einem normativen Erwartungsstil) reagiert wissenschaftliches Wissen[58] (mit einem kognitiven Erwartungsstil) sehr viel lernfähiger. Wissenschaftliches Wissen ist demnach in der Lage, aufgrund neuer

---

58   Spinner (2002) systematisiert das wissenschaftliche Wissen mithilfe von vier Dimensionen: Form (Anwendungsbreite, Generalisierungsfähigkeit), Inhalt (Informationsgehalt), Ausdruck (Artikulationsgrad, Repräsentationsgrad) und Geltung (epistemische Attribute: wahr – sicher – wahrscheinlich).

Beobachtungen und Informationen das bisherige Wissen aufzugeben und durch neues zu ersetzen (vgl. Luhmann 1990: 138 ff.). Das Wissenschaftssystem stellt dafür die notwendigen Strukturen zur Verfügung, unwahrscheinliches Wissen zu systematisieren und auszubauen (vgl. Luhmann 1990: 153 f.). Dieses (neue) Wissen wird durch wissenschaftliche Theorien und Methoden generiert.

Am Beispiel der Universität zeigt sich, dass beide Funktionssysteme aufeinander angewiesen sind. Während das Erziehungssystem neue Informationen aus dem Wissenschaftssystem benötigt, um Interaktion in den Seminarräumen und Hörsälen zu realisieren, generiert das Wissenschaftssystem seinen Nachwuchs aus dem Erziehungssystem (vgl. Lieckweg 2001: 276).

Die Universität hat seit dem Beginn des 19. Jahrhunderts verschiedene strukturelle Kopplungen erfahren. Durch die Reformen zu Beginn des 19. Jahrhundert kam es zu Kopplungen von Hochschulerziehung und Schulerziehung. Seit dem Jahr 1900 ist durch die Institutionalisierung der Patentierungen die Kopplung mit dem Rechtssystem zu beobachten. Etwa zehn Jahre später ist die strukturelle Kopplung der Wissenschaft mit der Politik (Wissenschaftspolitik) als neue Handlungswirklichkeit charakteristisch. Nach dem Zweiten Weltkrieg kommt es als Folge mangelnder finanzieller Mittel für Forschungszwecke zunehmend zu Kopplungen mit der Wirtschaft (vgl. Stichweh 2014: 18). Die Kopplung zwischen Wissenschaft und Ethik seit den 1970er Jahren resultiert aus der Entstehung einmahnender Diskurse aus ethischen Gründen. Die Kopplung der Wissenschaft mit den Medien dient schließlich der Popularisierung und führt zu der Vorstellung eines *Public Understanding of Science* (vgl. Bauer 2009). Die strukturelle Kopplung zwischen Erziehung und Wissenschaft ist allerdings auch durch eine gewisse Distanz gekennzeichnet, da die Systemreferenzen von Erziehung und Wissenschaft auseinander liegen (vgl. Stichweh 2009b: 9).

Die Universität darf hierbei nicht als eine Art „Zwischensystem" interpretiert werden, dass zwischen den Systemen vermittelt. Sie stellt vielmehr eine Einrichtung in der Umwelt dieser Systeme dar, auf die sich die einzelnen Funktionssysteme dauerhaft strukturell verlassen (vgl. Luhmann 1993: 441).

Diese strukturellen Kopplungen stärken die Autonomie von Funktionssystemen (vgl. Luhmann 2000a: 373 f.), machen sie aber gleichzeitig voneinander abhängig. Organisationen sind in der Lage, diese Gleichzeitigkeit von Autonomie und Abhängigkeit zu gewährleisten (vgl. Lieckweg 2001: 271). Herauszustellen ist dabei, dass Organisationen – und damit auch Universitäten – die notwendigen Kommunikationsstrukturen für strukturelle Kopplungen stellen.[59]

Tabelle 5:   Wissenschaft und Erziehung: Kopplung und Distanz

Strukturelle Kopplung	Strukturelle Distanz
Beide Funktionssysteme sind in Unterrichtssituationen miteinander gekoppelt. In dieser unterrichtenden Interaktion werden die Studierenden ausgebildet, indem der Lehrende das Wissen aus der Forschung bereitstellt und kommuniziert. Der universitäre Unterricht wird mit dem Vorantreiben der Wissenschaft verbunden.	Werden die Funktionssysteme als globale Makrosysteme betrachtet, übernimmt die Universität im Rahmen des globalen Erziehungssystems eine andere Rolle als im globalen Wissenschaftssystem. Im Gegensatz zum Erziehungssystem kann Wissenschaft ihre Strukturen autonomer bilden und die elementaren Kommunikationen vernetzen.[60]

Quelle: Stichweh 2009b: 9

Die strukturellen Kopplungen der Universität spiegeln damit die Resonanzen des Universitätssystems (Erziehung und Wissenschaft) und ihrer Umwelt wider, d.h. womit sich die Universität beschäftigt, was als Information gelten kann und mit

---

59   Weiterführend zu diesem neuen systemtheoretischen Forschungsansatz siehe Lieckweg 2001. Lieckweg beschreibt Organisationen als Voraussetzung für strukturelle Kopplung, selbst als strukturelle Kopplung und Organisationen als Vermittler struktureller Kopplung.
60   „In gewisser Hinsicht ist im Wissenschaftssystem die Universität eine Organisation unter vielen Organisationen und vieles, was für die Strukturbildung im globalen Wissenschaftssystem wichtig ist, hat mit Organisation überhaupt nichts zu tun. Deswegen kann man in Termini von Wissenschaft sagen, die Rolle der Universität sei schon allein deshalb sehr wichtig, weil die meisten Wissenschaftler der Welt auch über eine Universitätsadresse verfügen. […] Opportunistische, durch individuelle Karrierestrategien gesteuerte Nutzung universitärer Ressourcen ist vielfach ein offensichtlicher Sachverhalt. Insofern kann im Wissenschaftssystem gelten, dass die einzelnen Wissenschaftler viel potentere Akteure sind, als es die dem Anschein nach um so vieles größere Organisation Universität ist" (Stichweh 2009b: 9 f.).

welchen Irritationen sich die Universität beschäftigen muss bzw. welche Indifferenzen auftreten (vgl. Luhmann 1997: 780). Damit beruhen strukturelle Kopplungen auf Mechanismen, „die, wenn man so sagen darf, Kausalitäten [(!)] bündeln, häufen, kanalisieren und dadurch System und Umwelt koordinieren oder integrieren, ohne die These der operativen Geschlossenheit zu tangieren" (Luhmann 2004: 100).

Als Modus Operandi (vgl. Muraitis/Schlippe 2012: 92) prägen strukturelle Kopplungen die Kommunikationsform von Entscheidungen (vgl. Gralke 2015: 70).

Im Rahmen der dritten Forschungsebene ist von Interesse, woran sich die Kommunikation der Universität orientiert. Mit Gralke (2015: 96 f.) wird dabei auf ein Schema zurückgegriffen (Abb. 5), mit dessen Hilfe strukturelle Kopplungen im weitesten Sinne beobachtet werden können.

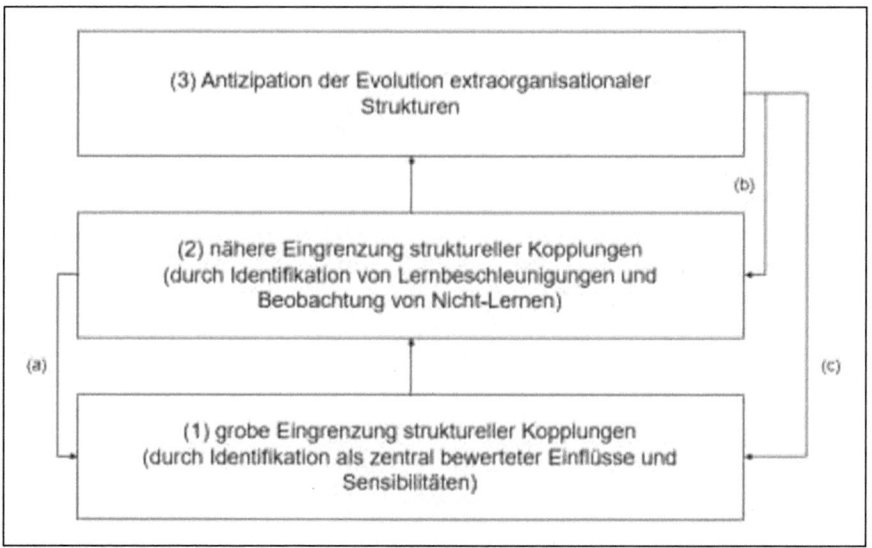

Abbildung 5: Beobachtung struktureller Kopplungen einer Organisation
Quelle: Gralke 2015: 97

In einer ersten Phase werden die (kommunikativen) Einflüsse der Umwelt auf das Universitätssystem bewertet (entspricht Analyseschritt 1, Unterkapitel 4.4). Analog dazu sind die Sensibilitäten (im Sinne von Anfälligkeiten) der Universität für ihre Umwelt zu systematisieren (entspricht Analyseschritt 2).

Diese Beobachtungen bleiben Beobachtungen eines Beobachters, wodurch keine Aussagen zur Differenz von Realitätskonstruktion und einer nicht fassbaren (ontologischen) tatsächlichen Realität getroffen werden (vgl. Gralke 2015: 96).

Die Herausforderung in dieser Phase liegt darin, die miteinander verketteten strukturellen Kopplungen zu entschlüsseln.

> „Es muss insofern entschieden werden, bis zur welcher (Kosmos-)Tiefe das Verständnis einzelner struktureller Kopplungen vor dem Hintergrund begrenzt kognitiver Fähigkeiten angestrebt werden sollte, wenngleich davon ausgegangen werden muss, dass die Form einer interessierenden strukturellen Kopplung durch zahlreiche weitere, miteinander relationierte, strukturelle Kopplungen geprägt ist, die jeweils partiell zur einer Erklärung der fokussierten Kopplungen beitragen" (Gralke 2015: 98).

Das empirische Material (für die Analyseschritte 1 und 2) generiert sich daher aus einer *statischen* Beobachtung der strukturellen Kopplungen der Universität mit den Funktionssystemen Politik, Wirtschaft und Massenmedien (vgl. Gralke 2015: 101 f.).

Aus dem Operieren struktureller Kopplungen kommt es zu bestimmten Erwartungen, aber auch zur Irritationen[61], wodurch Strukturrevolutionen ausgelöst werden können, die als Lernen zu beobachten sind.[62]

In einem zweiten Schritt wird beobachtet, wie und ob die Universität lernt (bspw. durch überdurchschnittliche Strukturveränderungen).

---

61   „Irritation ist [...] ein Systemzustand, der zur Fortsetzung der autopoietischen Operationen des Systems anregt, dabei aber, als bloße Irritation, zunächst noch offen lässt, ob dazu Strukturen geändert werden müssen oder nicht; ob also über weitere Irritationen Lernprozesse eingeleitet werden oder ob das System sich darauf verlässt, dass die Irritation mit der Zeit von selbst verschwinden werde, weil sie nur ein einmaliges Ereignis war" (Luhmann 1997: 790).

62   „Das System ist dank struktureller Kopplungen [zwar] immer schon angepaßt, sonst könnte es nicht real operieren (...). Aber das schließt gelegentliche bis häufige, überraschende bis reguläre Irritationen nicht aus, sondern ein" (Luhmann 1990: 40).

„Deutliche Strukturveränderungen sind ein Indiz für starke strukturelle Kopplungen, denn dann reagieren Systeme besonders sensibel auf diejenigen extrasystemischen Veränderungen, die für den Fortbestand ihrer eigenen Autopoiesis von zentraler Relevanz sind" (Gralke 2015: 99).

Die in der Umwelt vorliegenden Diskontinuitäten[63] werden durch die strukturellen Kopplungen der Universität erfasst und führen zu Lernbeschleunigungen (vgl. Luhmann 1990: 40).

Je kritischer die Universität die Umweltbedingungen (Kopplungen Umwelt und System) und insbesondere mögliche Irritationen für die Fortsetzung ihrer Autopoiesis beobachtet, desto stärker kommt es zum Lernen im System Universität.[64]

Die Beobachtung von Lernbeschleunigungen oder auffälligem Nicht-Lernen zeigt sich daran, wie bestimmte Kommunikationen seitens der Universität und der Umwelt aufgenommen und reflektiert werden. Größere Strukturveränderungen werden bei der Universität weniger zu beobachten sein. Es kann jedoch die Aufmerksamkeit der Universität im Kontext der Dynamik systemexterner (Kommunikations-)Strukturen festgestellt werden (entspricht Analyseschritt 3, Unterkapitel 4.4) (vgl. Gralke 2015: 102).

Woran ist zu erkennen, ob die Universität lernt oder nicht lernt?[65]

Die Universität lernt, wenn sie „eine in ihrem Ausmaß nicht erwartete, überdurchschnittliche Veränderung der Erwartungsstrukturen des in Frage stehenden organisationalen Systems beobachtet. Weil (sie) diese Lernbeschleunigung mit Veränderungen einer systemexternen Struktur erklären kann, beobachtet (sie) die Kopplung der internen Organisationsstruktur mit dieser externen Struktur als fest bzw. fester als erwartet" (Gralke 2015: 102).

---

63 U.a. Naturereignisse, unerwartete politische, wirtschaftliche und soziale Ereignisse.
64 „Als relevant sind dabei alle solche Subsysteme der Umwelt anzusehen, mit denen die Unternehmung interagiert, deren Handlungen, Verhaltensweisen und Strategien sie berücksichtigen muß, entweder um zu überleben, oder aufgrund von Sanktionsdrohungen. Unter einem relevanten Umweltsegment verstehe ich dabei ein organisiertes Subsystem der Umwelt, das über die Macht verfügt, Handlungen und Verhaltensweisen der Unternehmung in seinem Sinne zu beeinflussen" (Staehle 1999: 905).
65 Weiterführend zum Thema des organisationalen Lernens an Hochschulen siehe Carstensen 2004.

Im Gegensatz dazu lernt die Universität nicht, wenn das Nicht-Eintreten erwarteter struktureller Veränderungen beobachtet wird. Da die Erwartung mit der Veränderung einer systemexternen Struktur begründet wird, beobachtet die Universität jetzt die Kopplung zwischen ihrer Organisationsstruktur und der systemexternen Struktur als weniger fest (d.h. loser als erwartet) (vgl. Gralke 2015: 102).

Die ersten beiden Schritte dienen der Entscheidung, welche Kopplungen relevant sind (vgl. Gralke 2015: 99). In diesem Fall wäre ein dominanter Diskursakteur ausschlaggebend für eine relevante Kopplung, wenn er bspw. eine zentrale Idee im Diskurs vertritt.

Veränderungen von extraorganisationalen Strukturen können bei den Universitäten zu Verschiebungen in der Gewichtung von relevanten Kopplungen führen. Eine Änderung hochschulpolitischer Zuständigkeiten (oder Programme) etwa kann somit die Wahrnehmung der Universität für ökonomische Chancen bzw. Risiken verstärken (vgl. Gralke 2015: 100).

Die Organisation beobachtet demnach die Kopplungsdynamik im Rahmen (ihrer) systemexternen Strukturen. Mit dieser Fähigkeit *erkennt* die Universität einerseits, wie sich die für sie bedeutenden systemexternen Strukturen verändern, und andererseits, welche Effekte diese Veränderlichkeit auf ihre (internen) Systemstrukturen hat.[66]

„Die Beobachtung organisationsstruktureller Veränderung im Kontext der Dynamik systemexterner Strukturen bedeutet, dass der Beobachter eine Form loser oder fester Kopplung einer systemexternen Struktur mit der (internen) Systemstruktur der in Frage stehenden Organisation unterstellt und aufgrund einer aktuellen oder erwarteten Veränderung der systemexternen Struktur eine Veränderung der (internen) Systemstruktur erwartet" (Gralke 2015: 102 f.).

---

66   Diese Fähigkeit wird in Kapitel 6 näher beschrieben. Als eine Kopplungsorganisation beobachtet und bewertet die Universität ihre Umwelt und die sich in ihr verändernden Diskurskonzepte/-ideen und Kopplungen.

2.2.2 Regionale Diversifikation und Regionalisierung

Mit der zweiten Forschungsebene wird das Spannungsverhältnis zwischen regionalen Ressourcen und globalen Kommunikationszusammenhängen herausgearbeitet. Globale Kommunikationszusammenhänge werden durch die systemtheoretischen Vorstellungen der Weltgesellschaft konkretisiert und beschrieben. Die Annahme von Weltgesellschaft nimmt innerhalb der luhmannschen Systemtheorie eine besondere Stellung ein.[67]

> „Der Begriff der Weltgesellschaft postuliert, dass es auf der Erde nur (noch) ein einziges Gesellschaftssystem gibt, das alle Kommunikationen und Handlungen in der Welt in sich einschließt. [...].Sie behauptet vielmehr das empirische Eintreten von gesellschaftsgeschichtlichen Umständen, die singulär sind und von einer weltweiten Vernetzung und Interdependenz abhängen, die der Qualität nach neuartig ist. Vernetzung (connectedness, connectivity) und Interdependenz sind deshalb weitere Schlüsselbegriffe einer jeden Theorie der Weltgesellschaft. Weltgesellschaft ruht auf Vernetzungen und auf Interdependenzen. Aber es hängt auch in der Weltgesellschaft nicht alles mit allem zusammen und es hängt nicht alles von allem ab. Gerade die Selektivität der Vernetzungen und die Unterbrechung der Interdependenzen sind die entscheidenden Faktoren der Strukturbildung im System der Weltgesellschaft" (Stichweh 2017: 549).

Der soziologische Anspruch, weltgesellschaftliche Perspektiven für regionale Beobachtungen zu verwenden, ist damit zu begründen, dass es nur wenige Bestrebungen gibt, die Globalisierungsphänomene zu erklären (vgl. Werron/Heintz 2011: 361) und entsprechende Globalisierungsdynamiken auf regionaler Ebene zu überprüfen. Die Arbeit möchte daran anknüpfen, indem sie Umsetzung und Verwertung der Kooperations- und der Wettbewerbsidee auf einer regionalen Ebene untersucht.

Trotz globaler Interdependenzen sind jene lokalen Relevanzen herauszustellen, die sich als regionale Differenzen innerhalb der Weltgesellschaft herausbilden und halten. Stichweh (2012) spricht an dieser Stelle von regionaler Diversifikation. Damit sind regionale Ordnungen in den Funktionssystemen der Weltgesellschaft gemeint, die das jeweilige Funktionssystem zu regionalen Clustern verdichten. Die Einbettung des Funktionssystems in die globalen Kommunikati-

---

67 Grundlegend zur Weltgesellschaft siehe Luhmann 1997: 145-171.

onszusammenhänge ist davon nicht betroffen. Regionale Ordnungen in Funktionssystemen basieren u.a. auf sprachlicher Verwandtschaft und räumlicher Nähe (vgl. Stichweh 2012: 2).

Die entscheidende Frage, die sich bereits Luhmann in Bezug auf Regionen und die Theorie funktionaler Differenzierung gestellt hat, bezieht sich auf die Suche nach einer Theorie, die Auswirkungen verschiedener Funktionssysteme mit den regional vorgegebenen Bedingungen und ihre unterschiedlichen Muster verbindet (vgl. Luhmann 1997: 806 f.).

Ab der zweiten Hälfte des 20. Jahrhunderts sind Spannungen zwischen regionalen und globalen Orientierungen festzustellen (vgl. Luhmann 1997: 808). Luhmann erklärt diese „regionalen Optima"[68] bzw. regionalen Entwicklungsunterschiede durch Fluktuationen, die durch die Zentren der Weltgesellschaft entstehen. Diese führen dann zu den jeweiligen „dissipativen Strukturen und zu Notwendigkeiten der Selbstorganisation" (Luhmann 1997: 808).

Die funktionale Differenzierung wäre demnach eine Möglichkeit der Konditionierung von Systemoperationen. Vor diesem Hintergrund bildet sich eine Systemdynamik, die zu unterschiedlichen – regionalen – Entwicklungen innerhalb der Weltgesellschaft führt.

> „Die Regionen finden sich selbst deshalb fernab von einem gesamtgesellschaftlichen Gleichgewicht und haben gerade darin die Chance eines eigenen Schicksals, das nicht als eine Art Mikroausgabe des Formprinzips funktionaler Differenzierung gesehen werden kann. Nur: wenn es den Primat dieses Prinzips auf weltgesellschaftlicher Ebene nicht gäbe, wäre alles anders, und diesem Gesetz kann sich keine Region entziehen" (Luhmann 1997: 811 f.).

Dies ist ein deutliches Statement Luhmanns zur Abhängigkeit der Regionen von globalen Kommunikationsstrukturen bzw. den Funktionssystemen der Weltgesellschaft.

Regionen sind demnach als „innergesellschaftliche Formen der Ordnungsbildung" (Kuhm 2003: 180) zu verstehen.

---

68   Wahlweise auch als Rationalitäten oder „akzeptable Problemlösungen" zu bezeichnen (vgl. Luhmann 1997: 808).

Globale sachliche und soziale Inhomogenitäten werden raumbezogen stabilisiert. Das findet allerdings nicht in Form von regionalen Makrosystemen (bspw. Städte) statt (vgl. Kuhm 2003: 180), sodass Regionen nicht als System[69] definiert werden können.

Nach Kuhm stellt eine Region ein gewisses Beobachtungsergebnis eines Beobachters dar, der erkennt, dass sich – vor dem Hintergrund unterschiedlicher Operationsweisen der Teilsysteme – bestimmte soziale und sachliche Unterschiede herausbilden, die sich auf ein bestimmtes Territorium beziehen (vgl. Kuhm 2003: 180). Anders formuliert: In der Komplexität globaler Kommunikationszusammenhänge und Funktionssysteme, mit je unterschiedlichen Operationen, können bestimmte sachliche oder soziale Räume identifiziert werden, die territorial verortet sind. Diese Räume haben ihre eigene interne Logik.

Allerdings ist für Kuhm das Medium *Raum* ausschließlich im politischen System von Bedeutung.[70] Mit Stichweh lässt sich hingegen für jedes andere Funktionssystem ein *Eigenraum* (Stichweh 2006: 111) beschreiben. Dieser definiert funktionsspezifische raumbezogene Probleme, wie z.B. Spedition und Logistik als raumbezogene Probleme der Wirtschaft.

Die Eigenräume der Weltgesellschaft zeigen beispielhaft die innere Pluralität, die sich durch die semantisch-soziostrukturelle Heterogenität der verschiedenen Funktionssysteme ableitet (vgl. Stichweh 2006: 111). Das Spezifische eines Eigenraumes gegenüber einem anderen ist hervorzuheben. Vor diesem Hintergrund können die spezifischen Eigenräume der Weltgesellschaft durch das Kon-

---

69 Das bedeutet, sie stellen keine Form der Differenzierung mit einem „Raumsegment" (Kuhm 2003: 179) dar.

70 „Über Kommunikation bestimmte Raumgrenzen kommen auf der Ebene der Weltgesellschaft als Systemgrenzen zwar vor. In funktionaler Hinsicht können sie sogar an Bedeutung gewinnen, aber nur noch als interner Operator im System der Weltpolitik. Dieses System nutzt Raumgrenzen in Form sekundärer Systemdifferenzierung, indem es eine Vielzahl von nationalstaatlichen Segmenten bildet, die sich auf der Basis legitimer politischer Kontrolle über ein durch Staatsgrenzen identifiziertes Territorium aus ihrer politikinternen Umwelt anderer Staaten ausdifferenzieren. Dem Bedeutungszuwachs von Raumgrenzen in diesem einen Funktionssystem steht freilich ein Bedeutungsverlust in allen anderen gesellschaftlichen Teilsystemen gegenüber, in deren operativem Prozessieren Staatsgrenzen [...] vollständig unberücksichtigt bleiben [...]." (Kuhm 2003: 181).

zept regionaler Innovationssysteme[71] charakterisiert werden. Dabei werden Innovationssystemen allerdings auch eigenverantwortliche Handlungsspielräume zugesprochen.

> „Regionen werden im Konzept regionaler Innovationssysteme als Raumeinheiten definiert, die unterhalb der Nationalebene (Makroebene) rangieren, aber so viel eigenverantwortliche Handlungsspielräume aufweisen, dass sie zur Politikimplementation in der Lage sind und durch öffentliche Mittel Rahmenbedingungen schaffen können, die zur Innovationsstimulierung beitragen sollen" (Koschatzky 2001: 177).

Kuhm definiert Regionalisierung mittels räumlicher Leitunterscheidungen bzw. einem „räumlichen Schematismus" (Kuhm 2003: 182) der Beobachtungsmöglichkeit. Der Regionalisierungsprozess findet dann statt, wenn viele Ereignisse in mehreren Funktionssystemen von einem Beobachter anhand räumlicher Leitunterscheidungen (nah/fern, hier/woanders oder lokal/global) erkannt und zugeordnet werden können (vgl. Kuhm 2003: 182).[72]

> „Von daher läuft Regionalisierung, sofern sie überhaupt anläuft, ausnahmslos als ‚Konditionierung von Konditionierungen' an. Und das ist eine reflexive Prozessstruktur, die die über funktionale Differenzierung produzierten Differenzen noch einmal verstärkt und infolgedessen schnell zu regional sehr unterschiedlichen Entwicklungen innerhalb der Weltgesellschaft führt" (ebd.).[73]

Regionalisierung wird als sekundäre Strukturbildung dargestellt, wenn die beobachteten regionalen Differenzierungen über das Spektrum der funktionalen Gesellschaftsdifferenzierung hinausgehen. Diese regionalen Differenzierungen sind als Eigenräume der Weltgesellschaft zu definieren und werden daher nach-

---

71   „[R]egional innovation systems have their own specific internal logic. They are important arenas of localized learning and of exchange of tacit knowledge" (Zeller 2001: 126).

72   Die Raumgrenze wird somit von außen in die Kommunikation (der Funktionssysteme) hineinprojiziert. Durch die Beobachtungsmöglichkeit (oder -orientierung) wird die unterschiedliche funktionsspezifische Kommunikation „durch wechselseitige Konditionierung in eine Beziehung (gebracht)" (Kuhm 2003: 182).

73   Kuhm greift hierbei auf Luhmann zurück; Regionalisierung wird als (nachgeordnete) „Konditionierung von Konditionierungen der Funktionssysteme" verstanden, d.h. als ein reflexiver Mechanismus; ähnlich zu „Planung der Planung" oder „Erforschung der Forschung" (Luhmann 1970).

folgend als *Universitätsräume* bezeichnet. Es ist wichtig, noch einmal darauf zu verweisen, dass diese Universitätsräume keine eigenen Systembildungskapazitäten besitzen (vgl. Kuhm 2003: 182).[74]

> „Ihre Leistung als Sekundärstruktur der Gesellschaft besteht darin, dass sie umweltmäßige, unbestimmte Komplexität des Gesellschaftssystems fortlaufend in Interdependenzbehauptungen umformt und dadurch als zusätzliche Realitätsebene erscheint, die in den Operationen der Funktionssysteme auf Informationen über passende Anschlussereignisse abgetastet werden kann" (Kuhm 2003: 185; weiterführend auch Stichweh 2000).

Regionalisierung kann damit sowohl Interdependenzen zwischen bestimmten räumlichen Differenzierungen, als auch Interdependenzunterbrechungen beobachten. In dieser Arbeit wird die Regionalisierung als ein Mechanismus der (funktions-)systeminternen Stabilisierungs- und Beobachtungsmöglichkeit verwendet (am Beispiel der regionalen Kooperationsidee).

Diese Beobachtungen gehören allerdings nicht zu dem primären Bestandteil der Funktionssysteme: Die Region dient durch sekundäre gesellschaftliche Strukturbildung den Funktionssystemen als Externalisierungsreferenz (vgl. Kuhm 2003: 189)[75]. Diese trägt zur Stabilisierung und Selbstfestlegung der Funktionssysteme bei (vgl. Pott 2004: 84).

> „Ein Funktionssystem, dass so [mittels Externalisierungsreferenz] beobachtet, kann auf die Intransparenz der vielen anderen Sozialsysteme reagieren und Komplexitätslasten einer sich schnell ändernden innergesellschaftlichen Umwelt auffangen, indem sich [sic] mit externen Relevanzen versorgt, die im System Beachtung erzwingen. Letztlich geht es also um Selbstfestlegung, um Selbststabilisierung im System, und das führt einmal mehr zu der Feststellung,

---

74   Damit steht diese systemtheoretische Sichtweise im Gegensatz zu anderen systemtheoretischen Perspektiven, die eine „Sozioregion" definieren (wie Bango 1998 und 2003) oder ein „Regionalmanagement" bzw. eine „Regionalentwicklung" postulieren (wie bspw. Zibell 2003).

75   „Der soziologische Beobachter, der sich für den Umgang der Gesellschaft mit dem Wahrnehmungs- und Kommunikationsmedium Raum interessiert, habe folglich – als Beobachter zweiter Ordnung – Kommunikationen bzw. soziale Systeme daraufhin zu beobachten, wie und wozu sie räumliche Unterscheidungen (hier/dort, nah/fern usw.) verwenden, d. h. Raum beobachten oder konstruieren. Sichtbar wird auf diese Weise z. B. die soziale Funktion des Raums als Externalisierungsreferenz. So können soziale Systeme durch die Konstruktion externer, scheinbar objektiver räumlicher Relevanzen (Raumgrenzen, metrische Distanzen, materielle Umwelt) Ordnungsmöglichkeiten für interne Kommunikationsprozesse gewinnen" (Pott 2004: 82).

dass Regionen keine operativen Einheiten des Gesellschaftssystems, sondern strukturelle Einheiten der Autopoiesis ihrer primären Teilsysteme sind, die als ‚Objekte' der Kommunikation zusätzliche Bedingungen für die Fortsetzbarkeit von Kommunikation in die Kommunikation hineintragen" (Kuhm 2003: 189; vgl. auch Luhmann 1997: 98).

Abschließend werden mit Kuhm Regionen als „parasitäre Strukturen der Weltgesellschaft (verstanden), die erst als Folge der operativen Trennung und wechselseitigen Abhängigkeit von Funktionssystemen entstehen und auf ihren wachsenden Orientierungs- und Ordnungsbedarf reagieren" (Pott 2004: 84).

2.2.3   Universitätsräume in der Weltgesellschaft

Um Regionen bzw. eine Regionalisierung innerhalb des Universitätssystems der Weltgesellschaft zu beschreiben, sind zunächst die charakteristischen Besonderheiten diesbezüglich herauszustellen.

Universitätsräume der Weltgesellschaft zeichnen sich dadurch aus, dass in ihnen verschiedene Kopplungsmechanismen, sogenannte (regionale) Sonderbedingungen, zu erkennen sind. Kuhm (2003: 190) definiert diese als „in-Beziehung-setzende-Mechanismen", die dem (Universitäts-)Raum in bestimmter Art und Weise Relevanz zusprechen.

„Eine Liste solcher regionalen Kopplungsmechanismen wird mit Territorialität als einer unverzichtbaren Ordnungsform beginnen, auf die sich soziale und sachliche Unterschiede in der Weltgesellschaft zuverlässig zurechnen lassen. Als weitere Kandidaten können Ethnizität, Unverträglichkeit der Medien der Kommunikation, vor allem der Sprache und der Verbreitungstechnologien des Verkehrs und der Telekommunikation, Einheitssemantiken wie ‚Nation', ‚Region' oder ‚Vaterland' und schließlich kulturelle Kontiguität aufgeführt werden. Und für alle diese Mechanismen gilt es zu bedenken, dass sie in der Regel durch ein Verhältnis reziproker Intensivierung miteinander verbunden sind" (Kuhm 2003: 190 f.).

Die Merkmale Territorialität, Einheitssemantik[76] und kulturelle Kontiguität sind entscheidend, um Universitätsräume in der Weltgesellschaft zu identifizieren.

---

76   „Darunter ist eben eine Semantik zu verstehen, die durch Vereinheitlichung des Bezugspunktes, auf den hin Kommunikation geordnet wird, eine an sich nicht ohne weiteres zu erwartende Einheit der Kommunikation trotz funktionaler Differenzierung ermöglicht" (Japp 2007: 183).

Dabei werden diese Merkmale von den Universitätssystemen als Externalisierungsreferenzen genutzt, die sich sowohl auf verbindende Attribute (Nähe und Distanz) als auch auf gleichzeitige Ereignisse beziehen.

Universitätsräume in der Weltgesellschaft unterscheiden sich hinsichtlich verschiedener Einheitssemantiken, territorialer Bezüge und kultureller Kontiguitäten. Die kommunikative, räumliche und kulturelle Nähe bzw. Distanz stellen somit die Unterscheidungsmerkmale dar, die die folgenden vier Universitätsräume definieren.

Räumliche Nähe ist dann vorhanden, wenn Akteure eines Funktionssystems einen gemeinsamen territorialen Bezug haben und darüber kommunizieren. Es kommt zu bestimmten Strukturbildungen, die regionale, nationale und internationale Ausprägungen haben können. Diese sind zu erkennen, wenn sich verschiedene Ereignisse in Bezug auf soziale und sachliche Differenzen beobachten lassen, aber diese in *einem* räumlichen Bezug stehen.

Ein Wohnquartier mit einem Namen und einer territorialen Begrenzung zeigt verschiedene soziale und fachliche Differenzen auf: Die Polizei kennt bestimmte Kriminalitätsbrennpunkte, die Wohnungsmakler setzen sich nicht mit No-Interest-Areas auseinander, während die Kommunalpolitiker nach Wahlkampfthemen suchen und die Künstler nach geeigneten Kulissen, etc. (vgl. Kuhm 2003: 179).

Wie kommt es nun, dass sich die Universitäten unterschiedlich stark auf bestimmte Territorien beziehen? Dies geschieht durch unterschiedliche Projektidentitäten[77] der Akteure, die verschiedene Zugänge zu regionalen, nationalen und internationalen Räumen eröffnen.

Castells geht davon aus, dass Widerstand von Menschen geleistet wird, die im Prozess der sozialen Atomisierung und Individualisierung stehen (vgl. Castells 2002: 66). Als Ergebnis finden sie sich in Gemeinschaftsorganisationen zusammen. Dort entsteht ein Zugehörigkeitsgefühl (kulturelle Identität) (vgl. Castells 2002: 65-70). Das bedeutet, Menschen entdecken und verteidigen durch

---

77   „Sie [Projektidentitäten] zielen auf die kollektive Konstruktion verbindender sozialer und politischer Werte durch eine gemeinsame Praxis, die ihnen Bedeutung und Geltung verleiht und den Aufbau gemeinsamer Institutionen einschließt" (Meyer 2004: 186).

ihre Beteilung an städtischen Bewegungen gemeinsame Interessen; das Leben wird in diesem Sinne geteilt und neuer Sinn dabei produziert (vgl. Castells 2002: 66).

Unter städtischen Bewegungen versteht Castells „Prozesse zielbewusster sozialer Mobilisierung, die auf einem bestimmten Territorium organisiert und auf Ziele hin orientiert sind, die mit dem städtischen Kontext in Zusammenhang stehen" (Castells 2002: 66).

Diese Zielorientierung ist durch drei Merkmale charakterisiert: (1) städtische Forderungen im Hinblick auf Lebensbedingungen und kollektiven Konsum, (2) Erringung lokaler politischer Autonomie und Bürgerpartizipation und (3) das Einklagen der lokalen kulturellen Identität.

Sinn entsteht durch den konfliktreichen Prozess, der sich zwischen den Interessen und Werten sich gegenüberstehender Akteure konstituiert. Auch wenn sich die städtischen Bewegungen nicht mehr als Widerstand gegen die politische Unterdrückung, wirtschaftliche Ausbeutung oder kulturelle Dominanz richten, ist nach wie vor zu beobachten, dass sich eine regionale Hochschulpolitik entwickelt, die nicht primär die kommunikativen Erwartungen und Aufgaben des globalen Universitätssystems zu erfüllen versucht.

Der Begriff Universitätsraum dient zunächst als theoretische Konstruktion, um Castells Vorstellungen von städtischen Bewegungen auf das globale Universitätssystem anzuwenden. Aus Sicht der Theorie zur städtischen Widerstandsbewegung bedeutet dies, dass sich Universitäten an bestimmten Universitätsräumen (Eigenräume der Weltgesellschaft im Erziehungs- und Wissenschaftssystem) beteiligen, um gemeinsame Interessen und Ziele zu finden und zu verteidigen (vgl. Castells 2002: 66).

In einem solchen Universitätsraum werden Identität und Sinn generiert. Dies geschieht jedoch mit einem defensiven Verständnis von Veränderungen, das sich im Rückzug auf Bekanntes und gegen die Unvorhersagbarkeit des Unkontrollierbaren bzw. Unbekannten äußert. Die Entwicklung von Sinn und Identität dient in diesem Zusammenhang als Lösung gegen die Schutzlosigkeit im globalen Raum (vgl. Castells 2002: 67).[78]

Lokale Gemeinschaften sind durch ein kollektives Handeln und durch ein kollektives Gedächtnis charakterisiert. Sie basieren jedoch auf einem defensiven Verständnis, das sich aus der globalen Unordnung und in dem unkontrollierbaren, schnellen Wandel begründet (vgl. Castells 2002: 70). Städtische lokale Bewegungen sind imstande, diese globale Unordnung und dem sich daraus folgenden unkontrollierbaren, schnellen Wandel zu begegnen und darauf entsprechend mit Forderungen, Autonomie, Partizipation und vor allem Identität zu reagieren.

Neben dieser Form der Widerstandsidentität, die dadurch entsteht, dass die Position der Akteure durch die Herrschaftslogik entwertet bzw. stigmatisiert wird und in Folge dessen Widerstandsbarrikaden errichtet werden (vgl. Castells 2002: 10), dient die Idee der Projektidentität als Erklärung lokaler Sonderbedingungen gegenüber dem Globalen.

Projektidentität entsteht, wenn sozial Handelnde mithilfe kultureller Ressourcen eine neue Identität aufbauen, „die ihre Lage in der Gesellschaft neu bestimmt, und damit eine Transformation der gesamten Gesellschaftsstruktur zu erreichen versuchen" (Castells 2002: 10).

Der Schwerpunkt dieser Identitätsbildung liegt auf eigenen Prinzipien, die entweder bei der Allgemeinheit nicht berücksichtigt werden oder ihr widersprechen. Die neue Identität entsteht im Rahmen eines bestimmten Projekts, das als Transformationsprozess zu spezifizieren ist und neue Subjekte erzeugt.

---

78   „Städtische Bewegungen greifen die wirklichen Fragen unserer Zeit auf, wenn auch weder in der Größenordnung noch in dem Bezugsrahmen, die der Aufgabe entsprechen. Und doch haben sie keine Wahl, weil sie die letzte Reaktion auf die Herrschaft und erneuerte Ausbeutung sind, die die Welt überfluten. Aber sie sind mehr als eine letzte symbolische Verteidigungslinie und ein verzweifelter Aufschrei: Sie sind Symptome unserer eigenen Widersprüche und deshalb potenziell in der Lage, diese Widersprüche zu verdrängen […] Sie produzieren durchaus neuen historischen Sinn - in der Dämmerzone, die entsteht, wenn sie vorgeben, innerhalb der Mauern der lokalen Gemeinschaft eine neue Gesellschaft zu bauen, von der sie wissen, dass sie unerreichbar ist. Und sie tun dies, indem sie die Embryos der sozialen Bewegungen von morgen innerhalb der lokalen Utopien nähren, die städtische Bewegungen aufgebaut haben, um sich niemals der Barbarei zu ergeben" (Castells 1983: 331).

„Subjekte sind keine Individuen. Selbst dann nicht, wenn sie von und in Individuen geschaffen werden. Sie sind die kollektiven sozialen Akteure, durch die die Individuen in ihrer Erfahrung zu einem ganzheitlichen Sinn gelangen. In diesem Fall besteht der Aufbau von Identität in dem Projekt eines andersartigen Lebens, vielleicht auf der Grundlage einer unterdrückten Identität. Dabei kommt es aber zu einer Ausweitung in die Richtung der Transformation der Gesellschaft als Fortsetzung dieses Identitätsprojektes [...]" (Castells 2002: 12).

Die Widerstands- und Projektidentität folgen einer rotierenden Dynamik, d.h. dass aus einer Widerstandsidentität auch ein Projekt werden kann, das sich dann später zur legitimierenden Identität der Gesellschaft fortentwickelt. Im Rahmen von Castells Vorstellungen einer Netzwerkgesellschaft sind neue Identitäten stets eine Reaktion auf die Bedingungen der reflexiven Moderne, die als Motor des sozialen Wandels gelten (vgl. Castells 2002: 13 f.).

Mit einem Identitätsprojekt wird ein praktischer Erfahrungsraum beschrieben, in dem sich eine *alternative* und *neue* Praxis entwickelt. Organisationen übersetzen die wechselseitigen Beobachtungen der Funktionssysteme in Bezug auf ihre Leistungsbereitschaften und -abhängigkeiten (vgl. Luhmann 1997: 759). Sie gewinnen durch die Zurechnung der Kommunikation auf bestimmte Funktionssysteme ihre Identität (vgl. Lieckweg 2001: 273).

„Aber das ist genau das, was ein Identitätsprojekt ausmacht: nicht eine utopische Proklamation von Träumen, sondern ein Kampf um Durchsetzung alternativer Formen von wirtschaftlicher Entwicklung, von Stabilität und von Regierungspraxis" (Castells 2003: 284).

Projektidentitäten stiften unterschiedliche Erfahrungsräume. Ein Universitätsraum ist demnach von einer speziellen Projektidentität geprägt, die als Folge und als Mittel für die eigene Positionierung nach außen die Selbstvergewisserung miteinschließt. Diese Positionierungen können sich verändern. Es finden Vergleiche und Gegenüberstellungen (in Form von Konkurrenzen) statt, in deren Folge die Universitäten Selbstbeschreibungen und (interne) Abgrenzungen gegenüber ihrer Umwelt entwickeln (vgl. Pfaff-Czarnecka 2005: 495 f.).

Im Rahmen der Forschungsebene 2 werden regionale Besonderheiten in einer globalen Kommunikationsstruktur (Weltgesellschaft) in den Fokus gestellt. Damit werden insbesondere Prozesse der Regionalisierung im globalen Universitätssystem näher betrachtet. Regionalisierungsprozesse sind solche, „die eine bewusste Positionierung bezwecken. [...] Es geht um die Ausprägung wirksamer Bilder des Selbst, die 'nach außen hin' kommuniziert werden. Solche Selbstdarstellungen nehmen Bezug auf externe Erwartungen und Vorstellungen, mit denen man Übereinstimmung anstrebt" (Pfaff-Czarnecka 2005: 480 f.).

Meyer (2004) legt den Schwerpunkt von Projektidentität auf ein bestimmtes politisches Problem und akzentuiert dabei eine prinzipielle politisch-kulturelle Verankerung (vgl. Schildberg 2010: 61).[79] Verschiedene Projekte innerhalb der Hochschulpolitik könnten demnach auf bestimmte hochschulpolitische Probleme zurückgeführt werden (u.a. die Abschaffung von Studiengebühren).

Politische Identität entsteht demnach nur in einer Umgebung, die geprägt ist von kollektivem und verbindlichem Handeln. Der Einzelne kann sich den Folgen in seiner Lebenswirklichkeit nicht entziehen (vgl. Meyer 2004: 52). Dabei kommt es nicht auf die Größe, die kulturelle bzw. ethnische Homogenität oder die Sprache an. Die politische Identität ist von einem politischen Gemeinwesen (gemeinsame Entscheidungspraxis, Hoffnungen und Handlungsprojekte) abhängig (vgl. Meyer 2004: 55).

Ein Kollektivbewusstsein und eine gemeinsame Definition von Kontoren und Aufgaben ermöglichen die Herausbildung einer politischen Identität (vgl. Meyer 2004: 59).

Zur Ausbildung eines Kollektivbewusstseins müssen sich alle beteiligten Institutionen mit dem affektiv und kognitiv akzeptierten Rahmen gemeinsamer Bürgerschaft identifizieren. Durch die gemeinsame politische Identität können sich die Betroffenen einem Kollektiv zuordnen, das durch gemeinsames Entscheiden geprägt ist (vgl. Meyer 2004: 59f). Eine politische Kultur bildet sich erst dann heraus, wenn sie auf Institutionen basiert, also Konturen definiert sind. In ihrer Orientierung und Reichweite greift sie damit das gesamte politische Leben auf. Zudem zeichnet eine politische Identität der Wille aus, sich in den

---

79   Meyer bezieht seine Ausführungen auf die Identität Europas. In einer Leitthese stellt er den Unterschied zwischen kultureller und politischer Identität heraus: In Europa gibt es viele verschiedene kulturelle Identitäten, jedoch fehlt der EU eine einheitliche politische Identität, beispielsweise im Gegensatz zu Indien (vgl. Meyer 2004: 9). Daran zeigt sich eindrucksvoll, dass die kulturelle Identität nicht zwangsläufig eine Voraussetzung für eine politische Identität darstellt. Die Bevölkerung in Indien ist durch eine enorme kulturelle Diversität und äußere Unübersichtlichkeit gekennzeichnet. Dennoch ist bei ihnen eine Identifikation mit den großen politischen Architektursymbolen zu beobachten, d.h. eine politische Identität vorhanden, ein politisches Bewusstsein und Zusammengehörigkeitsgefühl zu erkennen (vgl. Meyer 2004: 52 ff.).

politischen Projekten mit der Gemeinschaft abzustimmen und zu verständigen. Daraus folgend können sich gemeinsame politische Grundwerte, eine politische Ethik oder eine politische Lebensform entwickeln.[80]

Zusammengefasst kann festgehalten werden, dass (hochschul-)politische Probleme zu (hochschul-)politischen Identitäten führen können. Der Erfolg einer Projektidentität zeigt sich, wenn die drei eben genannten Entstehungsbedingungen kombiniert und umgesetzt werden (vgl. Meyer 2004: 187 f.).

Eine gegenwärtige hochschulpolitische Herausforderung[81] ist vor allem die Suche nach einer akademischen Besonderheit bzw. einem deutlich erkennbaren Universitätsprofil (vgl. Meier 2009: 218), die bzw. das jede Universität als Alleinstellungsmerkmal für sich besitzen sollte, um den Erwartungen an ihre Profilbildung gerecht zu werden.

Mit der Exzellenzinitiative wurde durch die Hochschulpolitik ein Differenzierungsprozess im deutschen Hochschulsystem eingeleitet, um die internationale Sichtbarkeit der deutschen Universitäten zu erhöhen (vgl. Expertenkommission Forschung und Innovation 2016: 27).

Das Bestreben der Universität, ihr Profil herauszustellen, birgt verschiedene Intentionen. Mit einem erfolgreichen Profil gewinnt die Universität an (internationaler) Aufmerksamkeit im Erziehungssystem (Zulauf an qualifizierten Studierenden), Wissenschaftssystem (Reputation), Politiksystem (Zugeständnisse in der Hochschulautonomie), Wirtschaftssystem (Zugewinn von Drittmitteln) und in den Massenmedien (Platzierung in Hochschulrankings).

So haben die Empfehlungen des Wissenschaftsrates aus dem Jahr 1988 an Gültigkeit nichts verloren.

---

80   An dieser Stelle sei darauf verwiesen, dass die politische Identität zu ihrer weiteren Ausbildung einer bestimmten Kausalität unterliegen muss (weiterführend Meyer 2004: 56).

81   Der Mangel vieler Universitäten besteht darin, sich gegenüber anderen Universitäten nicht wirklich profilieren zu können. Seit den 1960er Jahren wurden bereits Schwerpunktbildungen in der Forschung seitens des Wissenschaftsrats gefordert (vgl. Wissenschaftsrat 1960). Diese Forderungen wurden in einen systemischen Planungskontext eingebettet (vgl. Meier 2009: 217 f.).

„Wichtig in diesem Zusammenhang ist es vor allem, dass jede Hochschule für sich Vorstellungen über ihre eigene Zukunft entwickelt. Aus ihrer Fachkompetenz heraus müssen sich die Hochschulen ein Bild von ihren Stärken und Schwächen sowie von ihren Entwicklungschancen machen und Konzepte und Strategien für ihre Entwicklung in den 90er Jahren entwerfen" (Wissenschaftsrat 1988: 231).

Die Universitätsräume entstehen durch unterschiedliche Projektidentitäten der Akteure und den sich daraus ergebenden Umsetzungsstrategien. Die Abbildung 6 zeigt das Zusammenspiel von Profilbildung, Projektidentität mit deren Umsetzung und den Universitätsräumen.

Das Bundesministerium für Bildung und Forschung ruft die deutschen Universitäten zu einer intensiveren Profilbildung auf, um im globalen Universitätssystem stärker in Erscheinung zu treten und den Hochschulstandort Deutschland in internationalen Hochschulrankings bestmöglich zu positionieren (Profilbildung).

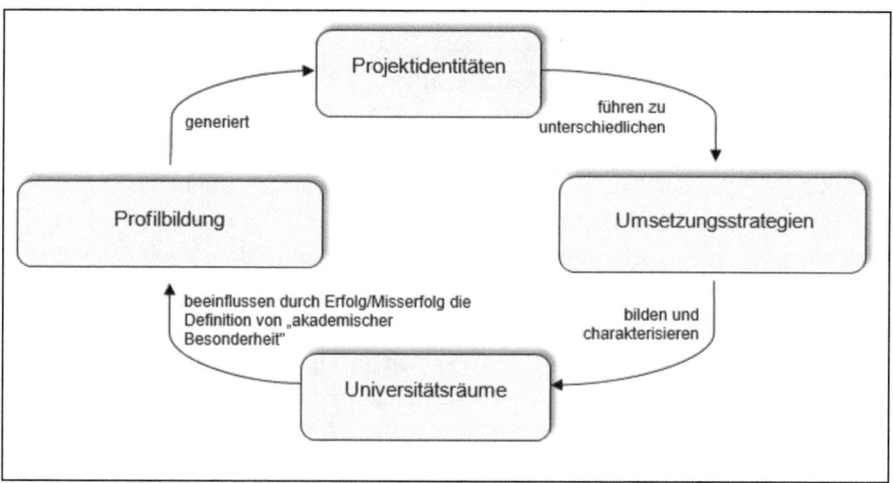

Abbildung 6: Profilbildung, Projektidentität und Umsetzung im Universitätsraum
Quelle: Eigene Darstellung, erstellt in PowerPoint

Diese hochschulpolitische Aufforderung wird von den Hochschulen unterschiedlich interpretiert und bewertet. Während die einen mit ihrem Hochschulprofil gut aufgestellt sind, suchen andere nach Möglichkeiten, sich weiter abzugrenzen und attraktiver für Lehrende, Lernende oder die Wirtschaft zu positionieren (Projektidentitäten).

Daraus entstehen unterschiedliche Umsetzungsstrategien. Während die eine Hochschule in ihrem regionalen Umfeld noch nicht ausgeschöpfte Potentiale sieht, legt die andere ihren Schwerpunkt auf internationale Vernetzung (Umsetzungsstrategien).

Nach einer gewissen Zeit kann (bspw. durch Evaluationen durch den Wissenschaftsrat, Platzierungen in Rankings oder den Anteil an Drittmittelfinanzierungen) beobachtet werden, welche Umsetzungsstrategien bzw. welche Profilbildungsstrategien der hochschulpolitischen Aufforderung am ehesten entsprechen. Daran knüpft sich die Vorstellung, welcher Universitätsraum für die Profilbildung „nützlicher" ist (Universitätsräume).

Die Tatsache, dass Universitäten auf Herausforderungen, Veränderungen und den unkontrollierbaren Wandel im globalen Universitätssystem durch eine bestimmte Projektidentität reagieren, ist auch durch ihre Semantiken/Kommunikationen nach Außen erkennbar.

Die Unabhängigkeit von Interaktionen führt dazu, dass Einigungs- und Einheitssemantiken dem Dissens weichen. Die Semantik wird „modalisiert (und) Realität [...] auf (der) Basis ihrer Möglichkeiten gesehen" (Luhmann 1997: 277).

Die Einheitssemantik, die von den Akteuren mit einer geteilten Projektidentität ausgeht, „zielt [...] auf die Beschreibung der Konstruktion von Einheit trotz Vielheit, auf übergreifenden Sinn trotz polykontexturaler Sinnhorizonte in der modernen funktional differenzierten Gesellschaft" (Japp 2003: 61).

Als Zeichen dessen, dass Universitäten in einem Universitätsraum miteinander interagieren, ist eine einheitliche Semantik bzw. Kommunikation festzustellen.[82]

Es werden vier Universitätsräume in der Weltgesellschaft definiert, die sich auf Basis unterschiedlicher räumlicher, kultureller und kommunikativer Nähe

---

[82]   In der Empirie zeigen sich diese Einheitssemantiken dadurch, dass sich Universitäten in einem Universitätsraum bestimmte Diskurskonzepte teilen.

und Verbundenheit herausstellen. Abbildung 7 zeigt diese vier Universitätsräume (UR), die man am Beispiel des deutschen Hochschulsystems clustern kann.

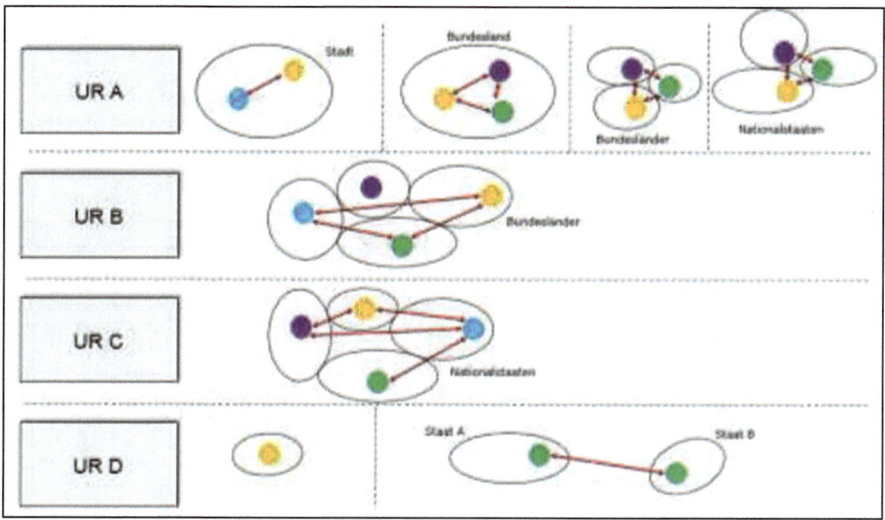

Abbildung 7:   Aufteilung der Universitätsräume
Quelle: Eigene Darstellung, erstellt in PowerPoint

Für die einzelnen Universitätsräume können folgende Beispiele angeführt werden.

Tabelle 6:   Beispiele für Universitätsräume

zusammen mit anderen Akteuren	Regionale (Projekt-)Identität (Universitätsraum A)[83]		
	Stadtuniversitäten		u.a. in Berlin, Hamburg, München, Freiburg
	Regional-univer-sitäten[84]	Innerhalb eines Bundeslandes	UA Ruhr
		Bundesländer übergreifend	Mitteldeutscher Universitätsverbund
		National-staaten übergreifend	Universität der Großregion
	Nationale (Projekt-)Identität (Universitätsraum B)		
	innerhalb eines Nationalstaates		German U15 oder TU 9
	Internationale (Projekt-)Identität (Universitätsraum C)		
	zwischen Nationalstaaten		Coimbra-Group, EUA, LERU, IAU, Eucor[85]
Eigen-ständige Standort-erweite-rungen	Räumliche Verlagerung (Universitätsraum D)		
	räumliche Expansion		United Nations University, Offshore-Campus, Auslandsbüros[86] und Filialen[87] von Universitäten

83   Als regional wird ein Universitätsraum definiert, wenn die Akteure innerhalb von zwei Stunden füreinander erreichbar sind (in Anlehnung an Koschatzky et al. 2011: 4).

84   Darunter werden Hochschulstandorte verstanden, die über mehrere Städte in einer Region verteilt sind (vgl. Busch-Geertsema 2018: 112).

85   Seit 2017 gibt es Bestrebungen, eine europäische Universität aufzubauen. Zuletzt hat die baden-württembergische Landesregierung angekündigt, den bisherigen Universitätsverbund Eucor zu einer europäischen Universität weiterzuentwickeln (vgl. Ministerium für Wissenschaft, Forschung und Kunst Baden-Württemberg 2018).
     Die Idee einer europäischen Universität wird ebenso von dem französischen Präsidenten Macron in seiner Rede „Initiative für Europa" an der Sorbonne Universität am 26.09.2017 aufgegriffen: „Ich schlage die Einrichtung europäischer Universitäten vor, die ein Netzwerk von Universitäten aus mehreren Ländern Europas bilden und die einen Studienverlauf schaffen, in dem jeder Studierende im Ausland studiert und Seminare in mindestens zwei Sprachen belegt. Europäische Universitäten, die auch Orte pädagogischer Neuerung und exzellenter Forschung sind. Wir müssen uns das Ziel stecken, bis 2024 mindestens zwanzig dieser Universitäten zu errichten. Doch schon mit Beginn des nächsten akademischen Jahres müssen wir die ersten Universitäten mit echten europäischen Semestern und europäischen Abschlüssen ausstatten" (Macron 2017: 15).

86   Auslandsbüros der TU München stehen in Brüssel, Peking, Mumbai, Sao Paulo und Singapur.

Im deutschen Hochschulsystem sind alle Universitätsräume vorhanden. Eine Universität kann auch in mehreren Universitätsräumen agieren, wenn es ihre Projektidentität zulässt.

Insbesondere die Beziehung zwischen den Universitäten und Akteuren anderer Funktionssysteme in einem regionalen Universitätsraum (UR A) ist hinsichtlich der zweiten Forschungsebene von Interesse. Die Eigenschaft Regionalität wird von und durch die Hochschulpolitik stark gefördert und beeinflusst. Dadurch sind gewisse hochschulpolitische Konstruktionen entstanden, die im Folgenden kurz skizziert werden, um Regionalität, hochschulpolitisch gedacht, näher zu beschreiben.

> „Das Verhalten von Organisationen ist nur durch die Interaktion mit anderen Organisationen zu erklären. Wer sind die wichtigsten Organisationen im organisationalen Umfeld Ihrer Hochschule?" (Hürter 2005: 131).

Hürter stellt diese Frage mit dem Ziel, das Verhältnis zwischen Universität und ihrer Umwelt aufzuzeigen (vgl. Unterkapitel 2.2.1).

In einer Studie, die Hochschulen im Wettbewerb thematisierte (vgl. Krücken et al. 2005), wurden Vertreter von Universitäten in Nordrhein-Westfalen hinsichtlich ihrer relevanten Umwelt befragt. Dies schloss auch die Orientierung zu anderen Hochschulen und die Rolle von Rankings mit ein (vgl. Hürter 2005: 131).

Das Ergebnis der Studie zeigt ein deutliches, wenn auch nicht homogenes Meinungsbild davon, dass andere Universitäten als wichtige Akteure im organisationalen Umfeld der Hochschulen gesehen werden. Dabei fällt besonders die Bedeutung der räumlichen Dimension (vgl. Hürter 2005: 136 f.), u.a. durch Bezeichnungen wie „Nachbarunis", „Unis der Region", „Ruhrunis", „ABC-Universitäten" oder „NRW-Unis" auf.

Regionalität kann auch zur Identifikation von Universitäten dienen. Die nordrhein-westfälischen Universitäten etwa besitzen einen starken Bezug zu

---

87   EPFL Lausanne besitzt bspw. eine Filiale im Emirat Ra's al-Chaima.

ihrer Region. So heißt es beispielsweise in den Antworten der Interviews aus der
o.e. Studie:

> „Die Hochschulplaner sind in NRW sehr gut verbunden und kommunizieren untereinander
> sehr dicht, das schon. Es gibt immer wieder regionale Gespräche mit Hochschulen" (in Hürter
> 2005: 136).

> „Ich habe schon gesagt, dass man sich hauptsächlich in der Region orientiert. Einerseits durch
> Wettbewerb miteinander, andererseits gibt es auch Versuche eines Zusammenschlusses. Also
> es gibt diese ABC-Region – A wie Aachen, B wie Bonn und C wie Köln – aber das ist mehr
> eine Idee, die aber in näherer Zukunft auch Gestalt annehmen wird. Denn man ist sich klar,
> dass eine einzelne Universität auch nicht bestehen kann" (in Hürter 2005: 136).

> „[Wir] orientieren uns an den Nachbarunis, gucken was haben die für Stärken, wo haben wir
> Alleinstellungsmerkmale – also suchen die Abgrenzung zu andern Universitäten. [Wir] gucken
> uns sehr stark Aktionsstrukturen und Zielstrukturen von anderen Universitäten an, was sie für
> Forschungscluster, was wir für Stärken haben [...]" (in Hürter 2005: 137).

Insbesondere die Hochschulpolitik in Nordrhein-Westfalen ruft aktiv zu einer
regionalen Schwerpunktsetzung auf.

> „Es wird landespolitisch gerade hier an der Ruhrachse natürlich gewünscht, dass man von
> Dortmund bis Duisburg alle Universitäten mehr oder minder unter ein Dach bekommt. [...] Die
> Überlegung ist schon da, gerade auch in den Folgebereichen, also in Master- und vielleicht in
> Promotionsstudien gemeinsame Programme anzubieten" (in Hürter 2005: 136).

Die Studie verdeutlicht, dass benachbarte Hochschulen sich aneinander orientieren und ausrichten und Regionalität somit eine feste Identifikationsgröße im
hochschulpolitischen Diskurs einnimmt.

Hierdurch zeigt sich die Ausstrahlungskraft und Bedeutsamkeit von regionalen Universitätsräumen (UR A), die im Rahmen der zweiten Forschungsebene
behandelt werden. Diese regionale Identität wird hochpolitisch aus einer gemeinsamen Projektidentifikation zur Profilbildung gesteuert, die eine regionale Identität und das Bewusstsein um regionale Ressourcen voraussetzt. Auf Seiten der
Politik und der Universität ist ein vergleichbares Kommunikationsverhalten
erkennbar. Sie setzen auf ähnliche Diskurskonzepte und Ideen und kommunizieren diese im Diskurs.

Im Folgenden werden Beispiele dafür aufgeführt, wie Hochschulpolitik Regionalität konstruiert und kommuniziert und der regionale Universitätsraum
näher beschrieben.

Ein hochschulpolitischer Hauptakteur, der als Katalysator die Vorstellungen von regionalen Kooperationsbeziehungen von Hochschulen postuliert und ausdrücklich regionale Universitätsverbünde als eine hochschulpolitische Perspektive darstellt, ist der Wissenschaftsrat (vgl. Prenzel 2014a). Der Bezug auf das Regionale ist in diesem Zusammenhang noch relativ jung. Im Jahr 2010 empfiehlt der Wissenschaftsrat, „regionale Verbünde" zur Hochschuldifferenzierung zu stärken.

> „Ein Differenzierungselement, welches an Bedeutung gewinnt, liegt in der Bildung und Stärkung von Hochschulverbünden, sofern es diesen gelingt, eine orientierende Funktion im Hochschulsystem zu übernehmen. Voraussetzungen dafür sind eine kohärente Beschreibung der Gemeinsamkeiten der beteiligten Hochschulen, eine Festlegung gemeinsam verfolgter strategischer Ziele, ein Mehrwert in der Zusammenarbeit, der über die Bildung eines Reputationsverbundes hinausgeht, und der Wille, einander wechselseitig als Maßstab für Leistungsvergleiche anzuerkennen" (Wissenschaftsrat 2010: 8).

Im Jahr 2013 finden sich dann auch „regionale Verbünde" in einem Perspektivpapier des Wissenschaftsrats.

> „Themenorientierte und lokale bzw. regionale strategische Verbünde sollten stärker als bislang für langfristige Zusammenarbeit zwischen Einrichtungen genutzt werden. Gerade strategisch ausgerichtete institutionelle Verbünde sollten auch die in der Exzellenzinitiative angestoßenen Strategieprozesse, die genau eine solche Kooperation im Zentrum haben, fortführen können. Der Wissenschaftsrat empfiehlt Bund und Ländern, Fördermöglichkeiten für strategische institutionelle Verbünde auf lokaler oder regionaler Ebene zu prüfen bzw. auszubauen und Maßnahmen und Programme zur Förderung thematischer Verbünde weiterzuentwickeln" (Wissenschaftsrat 2013a: 16).

Weiterhin formulierte der Wissenschaftsrat als Merkmale derartiger regionaler Universitätsverbünden unter anderem, dass sie gemeinsame strategische Ziele verfolgen, diese Ziele dauerhaft bis langfristig in einer institutionellen Kooperation umsetzen und durch das gemeinsame Handeln Synergieeffekte und Effizienzgewinne entstehen können (vgl. Wissenschaftsrat 2013a: 92).

Regionale Universitätsverbünde sind schon lange Gegenstand der Hochschulforschung [88] und gehören zur Realität in der deutschen Hochschullandschaft. Sie stellen eine Möglichkeit für regionale Universitätsräume (UR A) dar und dienen zur Beantwortung der Forschungsebene 2.

Im Jahr 2007 schlossen sich die TU Dortmund, die Universität Duisburg-Essen und die Ruhr-Universität Bochum zur Universitätsallianz Metropole Ruhr zusammen. 2014 folgte eine Umbenennung in Universitätsallianz Ruhr. Die hohe Identifikation mit der eigenen Region wird anhand verschiedener universitätsübergreifender Möglichkeiten für Studierende der drei Universitäten, wie einem gemeinsamen Studierendenausweis oder einer gemeinsamen Ruhr-University Research School sowie an dem semantischen Zusammenschluss zum RuhrCampus, deutlich.

Die Universität der Großregion bezeichnet einen internationalen Verbund der Universität Lüttich, Universität des Saarlandes, Universität Luxemburg, Universität Lothringen, TU Kaiserslautern und Universität Trier.

Sie verfolgen gemeinsam das Ziel, die Mobilität in Administration und Lehre zu verbessern, durch Kooperationen das Lehr- und Studienangebot auszubauen sowie die Forschung und die Doktorandenausbildung zu stärken.

Im Gegensatz zur Universitätsallianz Ruhr hat die Universität der Großregion eine gemeinsame institutionelle Einrichtung, der UniGR-Rat, in dem die Präsidenten und Rektoren der sechs Universitäten vertreten sind.

Wissensregionen erhalten in hochschulpolitischen Diskussionen gegenwärtig eine große Aufmerksamkeit.[89] Das Wort Wissensregion ist vergleichsweise jung und findet sich in deutschen Publikationen erst seit der Mitte des 20. Jahr-

---

[88]   In verschiedenen Forschungsprojekten wurden diese regionalen Universitätsverbünde untersucht, bspw. in dem Projekt „Die Bedeutung von Hochschulen und öffentlichen Forschungseinrichtungen für das regionale Innovationssystem" (vgl. Fritsch/Henning et al. 2007) oder in dem Projekt „Hochschulstrategien für Beiträge zur Regionalentwicklung unter Bedingungen demografischen Wandels" (vgl. Fritsch/Pasternack et al. 2015).

[89]   Zu erwähnen ist bspw. eine Veranstaltung zum Thema Wissensregionen in Deutschland, die im Februar 2016 in Berlin stattfand und vom Stifterverband und der Heinz-Nixdorf-Stiftung durchgeführt wurde.

hunderts wider. Seit dem Jahr 2000 wird der Begriff Wissensregion(en) in deutschen Publikationen zunehmend verwendet, wie Abbildung 8 zeigt.[90]

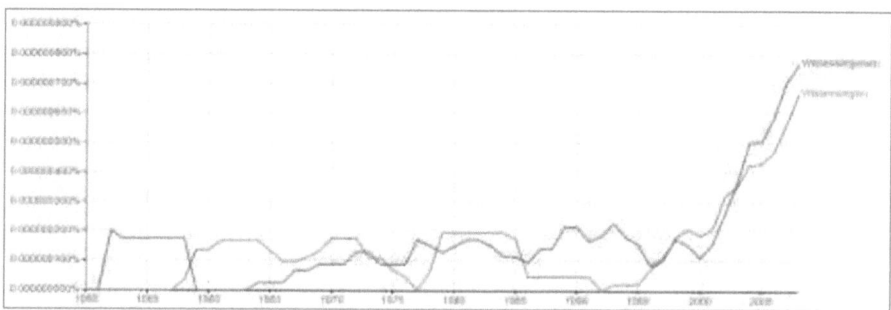

Abbildung 8: Quantitative Häufigkeit in Publikationen: Wissensregion und Wissensregionen
Quelle: Erstellt mit Google Ngram

Insbesondere die Bildungsgeografie[91], Raumforschung und Landesplanung widmen sich verstärkt der Frage, wie Hochschulen *ihre* Region zu einer Wissensregion entwickeln können (vgl. Back/Fürst 2011).

Die Wissensregionen werden als Teil von Wissens- und Netzwerkgesellschaften definiert. Diese Regionen sollen sich wissensbasiert weiterentwickeln. Die wachsende Bedeutung von Wissensregionen ist u.a. Maßnahmen der europäischen Politik, insbesondere der Lissabon- und Göteborg-Strategie, geschuldet (EU-Strukturfonds 2007-2013).

Die Aufforderung der EU-Kommission (2003), „die Rolle der Hochschulen in der gesamtwirtschaftlichen und regionalen Entwicklung zu stärken"

---

90 Die Informationen stammen von Google Ngram. Unter strengen methodischen Gesichtspunkten sind Aussagen über die Verwendung einzelner Wörter (oder Wortgruppen) kritisch zu interpretieren, aber bei allen Vorbehalten ist diese digitale Sammlung ein hilfreiches Tool, um erste Eindrücke von semantischen Entwicklungen zu erhalten. Im Januar 2011 wurde diese quantitative Analyse im Science-Magazin zum ersten Mal vorgestellt (vgl. Michel/Lieberman et al. 2011).

91 Vgl. Burs 2013.

(Back/Fürst 2011: 1), kann als eigentlicher Beginn sämtlicher hochschulpoliti-scher Bemühungen angesehen werden, Wissensregionen zu kommunizieren.

Nach dem Gedanken *think global, act local* sind auch in Bremen, Ulm oder Potsdam Bemühungen erkennbar, Wissensregionen zu etablieren, in denen die Akteure in einem regionalen Verbund aus kultureller Nähe, Vertrauen und wie-derkehrenden Veranstaltungen Wissen und Innovation schaffen (vgl. Niebuhr 2016). Es stellt sich die Frage, was eine Wissensregion charakterisiert und wie sich eine solche entwickeln kann.

Der Stifterverband hat als Antwort auf diese Frage zehn Merkmale defi-niert, die eine Wissensregion genauer charakterisieren und als Orientierung für regionale Verbünde dienen können (vgl. Niebuhr 2016).

Dafür ist ein Zusammenschluss von wissenschaftlichen Einrichtungen, Hochschulen, außeruniversitären Einrichtungen und forschenden Unternehmen (1) notwendig, deren Akteure den wissenschaftlichen Nachwuchs fördern und so den Erkenntnis- und Wissenstransfer sichern, sodass Innovationen entstehen, die für alte und neue Märkte gewinnbringend sind (2). Dieser Wissens- und Er-kenntnistransfer benötigt nicht nur Absolventen, die dafür sorgen, dass Wissen und Innovation weitergetragen werden (3), sondern auch verschiedene Kooperati-onsprojekte, in denen regionale Akteure in einem Netzwerk aus Wissenschaft, Wirtschaft und Politik zusammenarbeiten (4). Das Zusammenspiel verschiedener Akteure verlangt eine Willkommenskultur der „offenen Gesellschaft" (bspw. durch internationale Kindergärten und Schulen) (5). Die Kultur der Wissensregi-onen benötigt außerdem ein hohes Maß an Lebensqualität, eine Vielseitigkeit und Offenheit, um den unterschiedlichen Ansprüchen der Menschen, zugezogen oder schon lange beheimatet, gerecht werden zu können und diese in der Region zu halten (6). Die frühzeitige und umfassende Heranführung der Bevölkerung an Bildung und Wissen ist ein weiteres Kriterium der Wissensregionen. Dies bein-haltet auch die Einbeziehung aller Bevölkerungsgruppen von Seiten der Hoch-schulen, außeruniversitären Einrichtungen und forschenden Unternehmen, um alle Ressourcen für Wissen und Innovation zu nutzen (7). Daraus folgt die Not-wendigkeit einer direkten und unmittelbaren Wissenschaftskommunikation an konkreten Orten. Hierdurch soll Wissenschaft in Schulen oder Museen erfahrbar gemacht werden (8). Die hier beschriebenen Merkmale einer Wissensregion sind nicht nur zu realisieren, sondern müssen darüber hinaus auch nach außen kom-

muniziert werden. Die Standortkommunikation (bspw. „Wissenschaftsstadt"
Darmstadt oder Lübeck „Die neue Hanse handelt mit Wissen") ist ein Marke-
tinginstrument, um wichtige Akteure in die Region zu ziehen (9). Schließlich
zeichnet eine Wissensregion auch ein gewisser Mut aus, mit dem sie den Strukturwandel als Chance begreift und es strategisch versteht, die regionalen Stärken
der Politik, Wirtschaft und Wissenschaft miteinander zu vernetzen (10).

2.2.4   Regionalität

Mit der zweiten Forschungsebene wird die Frage aufgeworfen, welche Rolle
Regionalität im Streben der Universitäten nach Aufmerksamkeit in Wissenschaft, Erziehung, Politik, Wirtschaft und den Massenmedien sowie dem hochschulpolitischen Aufruf zur Profilbildung zukommt. Dabei wird mithilfe von
hochschulpolitischen Projektidentitäten so argumentiert, dass sich verschiedene
Universitätsräume in der Weltgesellschaft herausbilden.

Der regionale Universitätsraum (UR A) ist für die Forschungsebene 2 von
besonderer Bedeutung, da dieser seinen Schwerpunkt auf *localised capabilities*
setzt. *Localised capabilities* sind territorial zu verortende, einmalige Schätze
(vgl. Ortiz 2013: 47). Ihre Hauptaufgabe ist es, die konzeptionelle Brücke zwischen regionalen Konzepten und der strategischen Ausrichtung der Organisation
zu bilden (vgl. Maskell/Malmberg 1999: 10).

Vor dem Hintergrund dieses Spannungsverhältnisses zwischen Regionalität
und Globalität in einer Weltgesellschaft wird dargestellt, wie regionale und internationale Semantiken von den Diskursakteuren mithilfe der Kooperations-
und der Wettbewerbsidee instrumentalisiert werden. Universitäten, die vorrangig
in einem regionalen Universitätsraum (UR A) agieren, nutzen ihre *localised
capabilities* als (mögliches) Erfolgs- und Umsetzungsinstrument, um ihre hochschulpolitischen, gesellschaftlichen und wirtschaftlichen Aufgaben zu lösen und
entsprechende an sie gerichtete Erwartungen zu erfüllen.

Je mehr Akteure in einem regionalen Universitätsraum zur Universität hin
agieren und kommunizieren, desto stärker ist das Vertrauen der Umwelt-Akteure
in den regionalen Austausch von Wissen und Fähigkeiten, wovon die Universität
für ihre Profilbildung und Stellung im globalen Universitätssystem profitiert.
Vertrauen ist demnach ein entscheidendes Moment für das Kommunizieren und

Re-Agieren in regionalen Universitätsräumen.[92] Durch regionale Kooperationen in Erziehung, Wissenschaft, Politik und Wirtschaft mit anderen Akteuren und der damit verbundenen bewussten und strategischen Nutzung ihres regionalen Kapitals können sich Universitäten langfristige Wettbewerbsvorteile sichern, die eben nur in ihrer Regionalität liegen.[93]

2.3   Die Institution Universität als Organisation – ein Formfindungsprozess

Mit der Forschungsebene 1 wird davon ausgegangen, dass sich die Universität – bedingt durch dominante Ideen und Diskurse – neuausrichtet, d.h. einen institutionellen Wandel erfährt.

Dafür ist es notwendig, die Universität in ihrer Form als Institution oder Organisation möglichst genau zu bestimmen. Daneben ist insbesondere für die Forschungsebene 3 von Bedeutung, was der institutionelle und organisationale Schwerpunkt der Universität ist. Dadurch können aus ihrer Neuausrichtung Schlussfolgerungen für die Organisations- und Kommunikationsstruktur abgeleitet werden.

2.3.1   Universität zwischen Institution und Organisation

Ein Vertreter der Diskussion um die Frage, ob die Universität als Institution oder Organisation zu verstehen ist, ist Luhmann (vgl. Luhmann 1992: 90).

Vor einem allgemein-historischen Hintergrund[94] wird die Universität als eine (Anwesenheits-)Institution (vgl. Stichweh 2015)[95] beschrieben.

---

92   Weiterführend siehe Maskell/Malmberg 1999: 20 f.
93   „Die nachhaltigen Wettbewerbsvorteile in einer globalen Wirtschaft liegen zunehmend im regionalen Bereich – in Kenntnissen, Fähigkeiten, Beziehungen und Motivationen, die räumlich entfernte Konkurrenten nicht aufbringen können" (Porter 1999).
94   Weiterführend zu den historischen Anfängen der Universität siehe Rüegg 1993.

Rüegg stellt die Universität als *die* europäische Institution heraus.

„Die Universität ist [...] die einzige europäische Institution, deren grundlegende Strukturen und gesellschaftliche Rollen sich im Wandel ihrer Geschichte erhalten, ja gefestigt und ausgeweitet haben [...]." Und weiter heißt es: ‚Von den drei anerkannten Mächten des Mittelalters, regnum, sacerdotium, studium, hat die erste, die politische Gewalt, tiefgreifende Veränderungen erfahren. Die zweite hat zwar in der römisch-katholischen Kirche ihre Struktur bewahrt und sich über den ganzen Erdball ausgebreitet, jedoch ihr Heilsmonopol verloren. Ähnliches gilt für andere Schöpfungen des Mittelalters, die typisch europäischen Formen der Geldwirtschaft, der bildenden Kunst, der Architektur, der Musik'" (Rüegg 1993: 13).

Mit Jaspers (1946) kann argumentiert werden, dass die ursprüngliche Idee der Universität nur in einer Institution realisiert werden kann[96], da sie in dieser Form Stabilität und Kontinuität für die Forschung gewährleistet, Kooperationsmöglichkeiten bereitstellt und damit die notwendigen materiellen Voraussetzungen erfüllt (vgl. Jaspers 1946: 61, 65). Zur institutionellen Verwirklichung dieser Idee spielen allerdings organisationale Fragen eine relevante Rolle (vgl. Meier 2009: 182).

„Die Universität erfüllt ihre Aufgaben – Forschung, Unterricht, Erziehung, Kommunikation – im Rahmen ihrer Institution. Sie braucht Gebäude, die Materialien, Bücher und Institute und die Ordnung einer Verwaltung dieser Dinge. Sie braucht eine Verteilung von Rechten und Pflichten unter ihre Glieder. Sie ist ein geschlossener Körper als Korporation. Sie lebt unter einer Verfassung" (Jaspers 1946: 61).

Die Institution Universität wird danach beurteilt, in welchem Maße sie die zugeschriebene Idee realisiert. Dabei ist darauf zu achten, dass ein Gleichgewicht zwischen ihrer Idee und den Formalitäten (Gesetzen) besteht, um nicht als eine reine Verwaltungsorganisation zu verharren (vgl. Jaspers 1946: 62).[97]

---

95   Die Universität als Anwesenheitsinstitution wird gegenwärtig stark vor dem Hintergrund der Digitalisierung (u.a. Online-Studiengänge) debattiert (vgl. Jäckel 2017, Martus 2016).

96   „Nur als Institution hat die Universität ihr Dasein in der Welt. Ihre Idee gewinnt in der Institution ihren Leib" (Jaspers 1946: 61).

97   „Jede Verwirklichung einer Idee in Institutionen führt auch zu einer Einschränkung der Idee. Die Institution, ihre Gesetze und Formen drängen sich vor. Die Idee verschwindet und nur ein Betrieb bleibt übrig" (Jaspers 1946: 67).

Dieser ideelle Kern unterstreicht die Institution Universität. Allerdings sind Themen der Organisationsgestaltung ebenso relevant, um dem gegenwärtigen „System der Universität wiederum die geistigen und sozialen Lebensformen abzuringen, die der anerkannten Gültigkeit der alten Wertvorstellungen in neuer Konkretisierung und Verwirklichung entsprechen" (Schelsky 1963: 153).

Die Frage, welche Organisationsform die Universität hat, wird in der Organisationssoziologie kontrovers diskutiert.[98]

In einem systemtheoretischen Verständnis wird die Universität als formale Organisation dargestellt (vgl. Stichweh 2005: 123).

> „Eine Organisation ist in einer ersten Annäherung ein Mitgliedschaftsverband, der auf angebbaren Regeln aufruht, die die Mitglieder binden. Der Eintritt in und der Austritt aus einem solchen Mitgliedschaftsverband ist im Prinzip für jedes Gesellschaftsmitglied möglich, aber der Eintritt hängt davon ab, dass dieses Mitglied sich den Regeln der Organisation unterwirft und bestimmte Voraussetzungen [...] mitbringt" (Stichweh 2005: 123).

Diese Definition ist differenzierter zu betrachten, da zwischen Erziehungs- und Wissenschaftssystem unterschieden werden muss. Während die Universität im Erziehungssystem als Organisation tätig ist[99], verhält sie sich im Wissenschaftssystem anders. Im Wissenschaftssystem ist, abgesehen von Forschungsprojekten oder Arbeitsgruppen[100], nur wenig Handlungskoordination zwischen den einzel-

---

98   Weiterführend zum „organisational shift" bzw. zur Hochschule als Organisationsproblem siehe Wissel 2007.

99   „Im Erziehungssystem ist die Universität tatsächlich als Organisation tätig. Bestimmte Erziehungs- und Ausbildungsangebote, die Curricula und die zugehörige personelle und materielle Infrastruktur sind Angebote der Universität und ihrer Subeinheiten, die diese organisatorisch leisten und verantworten müssen" (Stichweh 2005: 124).

100 „Die Universität forscht und publiziert nicht als Universität; vielmehr partizipiert sie am Wissenschaftssystem nur vermittelt über ihre einzelnen Mitglieder, die im Wissenschaftssystem als einigermaßen autonome Agenten auftreten, für deren Tätigkeit und Erfolg ihre organisatorische Mitgliedschaft in der Universität oft nur eine geringe Bedeutung hat. Zwar sind auch die Einheiten der Produktion von Wissenschaft heute überindividuelle Systeme. Sie kommen in der Universität typischerweise in der Form von ‚Arbeitsgruppen' und ‚Projekten' vor. Damit verkörpern sie aber zwei Formen der Systembildung, die allenfalls in einem losen Sinn als Subeinheiten der Universität interpretiert werden können. Arbeitsgruppen und Projekte gehören relativ deutlich dem Arbeitsbereich des einzelnen Professors zu" (Stichweh 2005: 125).

nen Wissenschaftlern zu beobachten und damit auch wenig innerorganisationale Kommunikation (vgl. Meier 2009: 116 f.).[101]
Dennoch ist die Universität keine Organisation im eigentlichen Sinne. Vielmehr trifft der Institutionenbegriff auf die Bestimmung der Universität, als Erziehungs- und Forschungseinrichtung, zu, da sie eine normative Wirkung ausübt, Pflichten definiert, Spannungen stabilisiert, Sicherheit im Verhalten erzeugt, die Bedürfnisnatur des Menschen formt, Strukturen und Bestand der Gesellschaft sichert, dem Dasein Leitideen gibt und Identität ermöglicht[102], das Leben auf eine höhere, soziokulturelle Ebene führt, auf die Erfordernisse der Gesellschaft (einzelner sozialer Subsysteme) und Bedürfnisse des Individuums ausgerichtet ist und schließlich eine Steuerungsinstanz des Handelns darstellt (vgl. Lipp 2003: 149 ff.).

In Anlehnung an Luhmann (1992: 93) beantwortet Kosmützky (vgl. 2010: 261 ff.) die Frage, ob die Universität als Institution oder Organisation gilt, mit ja und nein. Sie stellt die Universität einerseits als institutionalisierte Organisation und andererseits als organisierte Institution dar.

Hochschulleitbilder generieren zwar organisationale Identitäten, jedoch braucht es für eine konsistente Organisationsidentität der Universität die gemeinsame Stimme aller disziplinären und akademischen Identitäten ihrer Mitglieder. Es entstehen *conflicts of commitment*, die zu lösen bzw. auszublancieren sind. Kosmützky bezweifelt allerdings, dass sich die akademische Identitätsbildung überlagern lässt. Dies ist ein Indiz für die Zuordnung der Universität zur Organisation (vgl. Kosmützky 2010: 261).

„Während in Organisationen derartige Orientierungen durch Verfahren, das Rekurrieren auf Organisationskultur und durch die laufende Förderung der Bindung der Mitarbeiterinnen und Mitarbeiter hergestellt werden müssen, gelten diese im Fall von Institutionen unhinterfragt" (Kosmützky 2010: 262).

---

101 Meier geht in seiner Arbeit auf die konträren Perspektiven ein, die den Akteurstatus der Universität in Zweifel stellen (vgl. Meier 2009: 109-123).
102 An dieser Stelle ist ausdrücklich auf Würmseer (2010) zu verweisen, die die Begriffe „Leitideen" und „Identität" häufig am Beispiel von Hochschulen in ihrer Arbeit verwendet.

Doch dafür sind die unterschiedlichen disziplinären Gruppen innerhalb der Universität zu groß, als dass sich für alle Probleme und Sichtweisen ein Grundtenor finden ließe.

Die Universität als organisierte Institution zu definieren, liegt in der Einheit von Forschung und Lehre begründet. Nach Luhmann sind soziale Systeme auf Erwartungserwartungen angewiesen.

> „Solche Erwartungen können fremde Selektionen nur einbeziehen, wenn sie auch die Erwartungen des anderen einbeziehen, nach denen er auswählt. Zwischenmenschliche Interaktion kann nicht allein über Verhaltenserwartungen, sie muss auch über Erwartungserwartungen gesteuert werden" (Luhmann 1970: 29 f.).

Demzufolge werden die Strukturreproduktion und der Wandel institutionalisiert. Die Erwartungserwartung als sozialer Mechanismus bleibt bestehen. Allerdings sind die Inhalte der Erwartungserwartungen flexibel und können sich ändern (vgl. Kosmützky 2010: 262).

Die Universität schöpft einerseits ihre Ressourcen und Legitimation aus ihrem spezifischen sozialen Umfeld. Das charakterisiert sie als eine Institution. Andererseits unterscheidet sie sich aber auch von anderen Institutionen (bspw. der Kirche) aufgrund ihrer Strukturen und Prozesse. Demnach stellt sie eher eine Organisation dar.

Im Schwerpunkt dieser Arbeit wird die Universität als strategischer (bzw. organisationalen) Akteur[103], also nicht als eine vollständige[104], sondern als spezifische Organisation betrachtet (vgl. Musselin 2007).

---

103   Weiterführend zur Universität als organisationaler Akteur siehe Krücken/Meier 2005.
104   Es ist darauf hinzuweisen, dass Hochschulen keine vollständigen Organisationen darstellen. Dazu müssten sie sich ausnahmslos durch Rationalität (eindeutige Ziele, Messung und Zurechnung von Leistungen), Hierarchie (internes Management, Koordination und Kontrolle) sowie Identität (kollektive Ressourcen, Autonomie, Selbstwahrnehmung als Organisation, Abgrenzung zur Umwelt) auszeichnen (vgl. Hüther/Krücken 2016: 193-195): „Hochschulen sind lose gekoppelte Systeme ohne eine besonders stark ausgeprägte Identität der Gesamtorganisation, Hierarchie widerspricht dem in der Professionsperspektive betonten Kollegialitätsprinzip, und Rationalität [...] ist nicht mit der Beschreibung organisierter Anarchien, deren Prozesse typischerweise nicht zweckrational verlaufen, in Einklang zu bringen" (Hüther/Krücken 2016: 193).

> „Die Form der strategischen Universität stellt deren zeitgenössische Ausprägung dar und indiziert aktuell eine Verschiebung des Kräfteverhältnisses von Organisation und Institution (Luhmann) zugunsten von Organisation" (Kosmützky 2010: 263).

Mit Musselin (2007) werden folgende Merkmale der Universität als spezifische Organisation herausgestellt. Als lose gekoppelte Organisation gibt es in der Universität zwischen den Wissenschaftlern keine Funktionsabhängigkeiten.

> „In few other work places [...] is it as frequent to ignore what colleagues seated next door are doing and observe so little influence of the activities of those colleagues on one's own tasks" (Musselin 2007: 70).

Die einzelnen Akteure in den Universitäten arbeiten (primär) mit ihrem hochspezialisierten Wissen innerhalb ihrer Fachbereiche (vgl. Hüther/Krücken 2016: 195 f.) Durch die multiplen Zielsetzungen deutscher Universitäten (Profilbildung, Exzellenzinitiative, Drittmittel-Förderungen, Ranking-Platzierungen) entstehen zahlreiche Konflikte, die es erschweren, Präferenzen und Ordnungsstrukturen für die gesamte Bildungseinrichtung festzulegen. Der Universität fehlt es an einer Gesamtidentität, da die einzelnen disziplinären Identitäten von den Wissenschaftlern eine größere Wertschätzung und Verbundenheit erfahren als die Identität der Universität als Ganzes. Die interne Fragmentierung und Orientierung der Wissenschaft an Fächern und Disziplinen stimmt meist nicht mit dem strategischen Weg überein, den die gesamte Universität verfolgt (vgl. Hüther/Krücken 2016: 196).

Lehre und Forschung sind weiterhin mit unklaren Instrumenten verbunden (vgl. Cohen et al. 1972). Daraus resultiert, dass „teaching and research are difficult to describe and difficult to prescribe, they are also difficult to reproduce" (Musselin 2007: 72). Bislang gibt es noch kein Verfahren, das neu produziertes Wissen (ab-)sichern kann (vgl. Hüther/Krücken 2016: 196).

Zusammengefasst zeichnet sich die Universität durch das Spezielle ihrer Mitglieder, ihre Kernfunktionen in Erziehung und Wissenschaft und schließlich ihre Organisationsform aus. Diese Besonderheiten versperren der Universität den Weg, eine vollständige Organisation zu werden (vgl. Kosmützky/Borggräfe 2012: 73).

Mit der dritten Forschungsebene wird an diese Besonderheiten der Organisation Universität angeknüpft. Die Erkenntnisse aus den Forschungsebenen 1 und 2 dienen dabei als Grundlage, um die Universität mit ihrer spezifischen Organisations- und Kommunikationsstruktur tendenziell stärker hin zu einer vollständigen Organisation zu entwickeln.

2.3.2   Kommunikations- und Organisationsstruktur

Die Einwirkung von Ideen und Diskursen auf den institutionellen Wandel der Universität (Forschungsebene 1) sowie die Stellung bestimmter Universitätsräume zur Umsetzung hochschulpolitischer Projekte (Forschungsebene 2) fordern die Organisationsstruktur und das Kommunikationsverhalten der Universitäten heraus, sodass der institutionelle Kern und der organisationale Rahmen der Universität genauer analysiert werden müssen. Es stellt sich daher die Frage, mit welcher Kommunikations- und Organisationsstruktur die rationale Selbstreflexion der Universität gestärkt werden kann.[105]

Die Universität könnte mit einem solchen Modell in die Lage versetzt werden, die Folgen ihres eigenen Handelns auf ihre Umwelt (u.a. Politik, Wirtschaft, Massenmedien) zu reflektieren und die sich daraus ergebenden Reaktionen aus der Umwelt auf sich selbst abzuschätzen (vgl. Luhmann 1984: 617).

Um sich den gegenwärtigen gesellschaftlichen Herausforderungen erfolgreich zu stellen und dabei den ideellen Kern von Forschung und Lehre zu erhalten, benötigt die Universität eine reflexive Kommunikations- und Organisationsstruktur. Durch diese kann sie die in den Diskursideen zum Ausdruck kommenden Veränderungen struktureller und kommunikativer Kopplungen ihrer Umwelt beobachten, bewerten und daraus (strategische) Schlussfolgerungen ableiten.

---

105   „Rational agierende bzw. rationale Selbstreflexion betreibende Systeme beobachten im Zuge der rationalen Selbstreflexion mithin nicht nur sich selbst mittels der Unterscheidung System-Umwelt, sondern können ihre spezifische System-Umwelt-Unterscheidung (die Einheit dieser Unterscheidung) als unter anderen möglichen System-Umwelt-Unterscheidungen erkennen, sie mithin kontingent setzen" (Preusse 2016: 220). Gilge (2009) untersucht und beschreibt die Universität als lernende Organisation am Beispiel der Leitbildentwicklung. Die rationale Selbstreflexion stellt das entscheidende Merkmal dieser Organisations- und Kommunikationsstruktur dar (weiterführend in Kapitel 6).

2.4 Schnittstellen in der Kombination der Theorien

Die theoretischen Schwerpunkte werden durch das Erkenntnisinteresse auf den drei Forschungsebenen definiert. Dabei lassen sich zwischen den drei Theorieansätzen bestimmte Schnittmengen ausmachen.

In diesem Unterkapitel werden zwei Schnittstellen herausgestellt. Die eine Schnittstelle begründet die Ausprägung funktionssystemunspezifischer Semantiken. Sie liegt damit in der Verbindung zwischen dem diskursiven Neoinstitutionalismus und der Systemtheorie. Die zweite Schnittstelle fokussiert die Organisationskommunikation und ist daher zwischen der Systemtheorie und organisationssoziologischen Ansichten zu verorten.

Abbildung 9 zeigt die drei Forschungsebenen mit ihrem jeweiligen Schwerpunkt in der Theorie und die vorhandenen Schnittmengen.

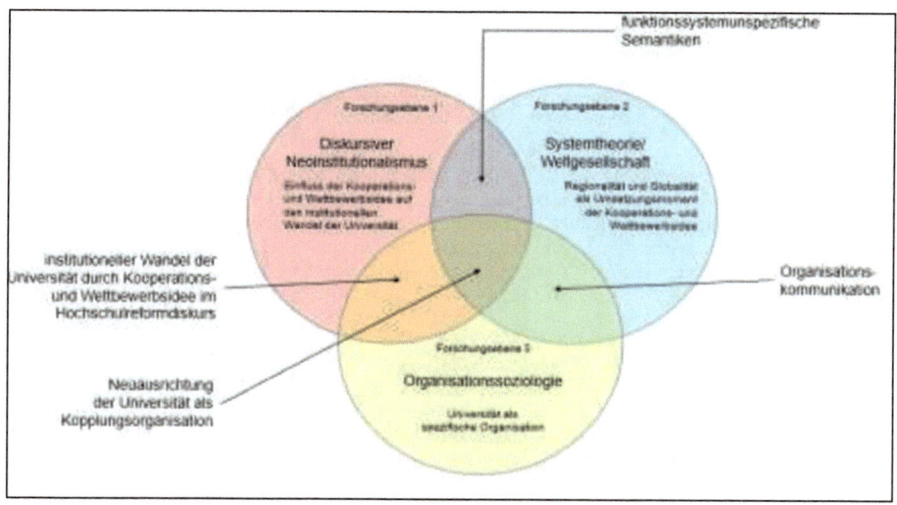

Abbildung 9: Zusammenfassung Forschungsebenen
Quelle: Eigene Darstellung, erstellt in PowerPoint

Die Systemtheorie wird, in theoretischer Verbindung mit dem diskursiven Neoinstitutionalismus, als eine Perspektive verstanden, die eine empirische Arbeit anleiten kann (vgl. Zöhrer 2016: 140). Infolgedessen dienen systemtheoretische Konzepte als analytische Beobachtungsstrategien (vgl. John/Henkel/ Rückert-John 2010: 321).[106]

Dabei sind besonders solche Semantiken[107] interessant, die mehreren Funktionssystemen zugeordnet werden und die bestimmte (Sozial-)Strukturen vertiefen können.

Luhmanns Modell der linearen Nachträglichkeit wird also durch ein Modell der konstitutiven Nachträglichkeit ersetzt (vgl. Stäheli 1998).[108] Das Novum daran ist, dass eine Beobachtung *vor* einer Operation stehen kann.

Eine Operation wird dann erst durch ihre nachträgliche Beobachtung zu einer Operation. Daraus ergeben sich Folgen für die Semantikanalyse, indem Sozialstrukturen nicht mehr als gegeben angenommen werden. Es gilt, diese Strukturen nachzuverfolgen, indem man die entsprechenden Semantiken für deren Beteiligung auswählt. Anstelle einer analytischen Untersuchung der Wechselbeziehung zwischen Semantik und Sozialstruktur tritt nun eine Konstitutionsanalytik (vgl. Stäheli 2010: 228).

Die Analyse der Semantiken, die von der Universität ausgehen und an sie gerichtet sind, wird somit als eine Konstitutionsanalytik betrieben.

> „Eine Semantikanalyse wird also wesentlich auch dadurch zu einer Konstitutionsanalytik, indem identitäre Reflexion sozialer Prozesse durch eine Semantik immer im Kontext einer Medienökologie nachzuvollziehen ist. Und erst durch einen zugleich negativen und positiven Bezug auf diese können sich dort Distinktionen, d.h. temporär geordnete Potentialitäten vermittelnde ‚Perspektiven' (vgl. Massumi 2002: 79) einstellen […]" (van Bargen 2016: 145).

---

106 Diese Arbeit reiht sich damit in die kritische Auseinandersetzung um Semantik und Sozialstruktur-Unterscheidung ein, die Luhmanns historischen Semantikanalysen zugrunde liegen (vgl. Zöhrer 2016: 142). In der Rezeption der luhmannschen Unterscheidung von Semantik und Sozialstruktur ist die Tendenz zu beobachten, den (theoretischen) Stellenwert von Semantiken (neu) zu justieren (vgl. Zöhrer 2016: 144).

107 „Semantiken sind nicht bloß bestimmte erfolgreiche Begriffe, sondern Typisierungen von Wissen sowie das Ensemble von Sinnverarbeitungsregeln (als z.B. unterschiedliche Deutungsmuster und Themen), die in verschiedenen sozialen Kontexten benutzt werden können" (Stäheli/Jahraus 2012: 2015). Damit sind Semantiken wie Sozialstrukturen „eine Struktur der Autopoiesis von Kommunikation" (Luhmann 1990: 108).

108 Vgl. auch Zöhrer 2016: 142 f.

Entscheidend ist also die Nachträglichkeit der Semantik, sodass Operationen einem System durch Beobachtung nachträglich zugeordnet werden können. Strukturen sind demnach als Ergebnisse von Medienoperationen zu betrachten (vgl. van Bargen 2016: 127).

Nach diesen Überlegungen stellt die Arbeit Selbstbeschreibungen der Universität sowie Fremdbeschreibungen der Politik, Wirtschaft und Massenmedien auf das hochschulpolitische Projekt Profilbildung in den Fokus (vgl. Stäheli 2010: 233).

Mit der Vorstellung von funktionssystemunspezifischen Semantiken soll das Programm einer empirischen Semantikanalyse neu aufgesetzt und dabei die Brücke zwischen Systemtheorie und diskursivem Neoinstitutionalismus gebildet werden (vgl. Zöhrer 2016: 145 ff.).

Dem geht allerdings der Gedanke voraus, dass die Universität nicht mehr nur funktionssystemspezifische Semantiken verwendet (die im Sinne von Erziehung und Wissenschaft erzeugt und kommuniziert werden), sondern auch Semantiken anderer Funktionssysteme in ihre Kommunikation miteinschließt.[109]

> „Bislang wurden im Zuge semantik-analytischer Forschungsarbeit vornehmlich Selbstbeschreibungen und (ggf. populäre) Inklusionsmechanismen von Funktionssystemen untersucht, womit die Beobachtung sowohl auf je einen funktionalen Kommunikationszusammenhang als auch in aller Regel selbstreflexive Beobachtungen enggeführt wurde, anstatt den Ausgang der Analyse grundlegender bei Semantiken als dem ,gesamten Bereich von wiederverwendbaren Sinnmustern' (Stäheli 2000: 184) zu nehmen" (Zöhrer 2016: 145).

Mit der semantischen Öffnung können die Selbstinszenierungen der Organisationspraxis sowie die Selbstadressierungen der Universität sowohl in der medienöffentlichen Kommunikation als auch in der organisatorischen Entscheidungskommunikation berücksichtigt werden (vgl. la Cour/Hojlund 2013).

Semantiken gehören nicht per se zu einem Funktionssystem. Das schließt weder aus, dass sie funktionssystemspezifische Ausdeutungen und Kontextualisierungen erfahren, noch dass „'ein und dieselbe' Semantik in einem funktiona-

---

109 Weiterführend zum luhmannschen Verständnis von Semantik siehe Luhmann 2009 und 2015.

len Kontext wichtiger bzw. dominanter sein kann als in einem anderen" (Zöhrer 2016: 146).

Durch den diskursiven Neoinstitutionalismus können entsprechende Semantiken identifiziert werden, indem zentrale Ideen herausgestellt werden. In den „Blick geraten können in der Folge eben jene kommunikativen und medialen (Rahmen-)Bedingungen und Verfahren (d.h. Praxen), die eine situationsüberdauernde Verwendbarkeit (vielleicht besser: Zitierbarkeit) von Semantiken (erst) ermöglichen [...]" (Zöhrer 2016: 147).

Auf Forschungsebene 3 wird im sechsten Kapitel ein entsprechendes Organisations- und Kommunikationsmodell vorgestellt. Dieses bildet den Rahmen dafür, wie die Universität auf Grundlage dominanter funktionsunspezifischer Semantiken ein für sie passendes Re-Aktionssystem entwickeln kann (vgl. van Bargen 2016: 127).

Der Vorrat an Semantiken dient der Universität als ein Markt der Möglichkeiten für ihre kontingenten Schöpfungen, die kreativ, subversiv oder konservativ sein können (vgl. Zöhrer 2016: 153).

Zusammenfassend kann für diese erste Theorie-Schnittstelle festgehalten werden, dass die Einbindung des diskursiven Neoinstitutionalismus eine Neuausrichtung der systemtheoretischen Semantikanalyse ermöglicht.

Wesentlich dafür ist „das Interesse an der Beobachtung zweiter Ordnung[110] bzw. an einer Dekonstruktion von Beobachtungs- und Zuschreibungs-Praxen [...], mit dem Ziel, vermeintliche Selbstverständlichkeiten, Eindeutigkeiten oder Evidenzen aufzubrechen und als kontingente, weder notwendige noch zufällige Ereignisse sichtbar zu machen" (Zöhrer 2016: 155).

Die Herausstellung der Bedeutung von Diskursen und Semantiken, die Wirkung dominanter Diskursakteure auf den institutionellen Wandel von Organisationen und des Einflusses von Ideen darauf, wie sie durch den diskursiven

---

110   „Zu einer Beobachtung zweiter Ordnung kommt es erst, wenn man einen Beobachter als Beobachter beobachtet. ‚Als Beobachter heißt: im Hinblick auf die Art und Weise, wie er beobachtet. Und das wiederum heißt: im Hinblick auf die Unterscheidungen, die er zur Bezeichnung der einen (und nicht der anderen) Seite verwendet" (Luhmann 1991: 239 f.).

Neoinstitutionalismus beschrieben wird, stärkt die Bedeutung der Beobachtung zweiter Ordnung.[111]

In dem Organisations- und Kommunikationsmodell sollte daher die Beobachtung zweiter Ordnung ein fester, institutionalisierter Bestandteil der spezifischen Organisation Universität darstellen.

Mit der Schnittstelle zwischen den Forschungsebenen 2 und 3 wird die nach innen[112] und außen[113] gerichtete Kommunikation der Universität fokussiert. Damit wird auf die Organisationskommunikation[114] der Universität in der luhmannschen Theorieperspektive Bezug genommen. Organisationsprobleme der Universität werden als Kommunikationsprobleme definiert, die in Interrelation zu gesellschaftlichen Mitwelten stehen (vgl. Rühl 2015: VI).

Luhmann definiert Organisationen als ein „Sich-ereignen von Welt in der Kommunikation" (Luhmann 1997: 159), wodurch die Idee der „Kommunikation als Übertragung von Informationen von einer Person oder Gruppe auf andere" (Rühl 2015: 21) nicht mehr zu vertreten war.[115] Damit operieren Organisationen als Kommunikationssysteme mit und in gesellschaftlichen Umwelten.

---

111 „Eine Beobachtung zweiter Ordnung kann eine Formenvielfalt und ein Bewusstsein für andere Möglichkeiten herstellen, eine Deontologisierung und Enthierarchisierung. Auch Identitätskonzepte erweisen sich in einer solchen Beobachtung als brüchig und nicht-ursprünglich, da sie immer schon Unterscheidungen voraussetzen" (Karentzos 2008: 22).

112 Zu den eigenen Universitätsmitgliedern in der Verwaltung, Erziehung und Wissenschaft.

113 Zu den Akteuren des gesellschaftlichen Umfeldes der Universität, insbesondere zu politischen und wirtschaftlichen Akteuren sowie den Massenmedien.

114 Die Organisationskommunikation entstammt der Kommunikationswissenschaft, die sich Mitte des 20. Jahrhunderts in den USA als Universitätsdisziplin durchgesetzt hat (vgl. Rühl 2015: V). „No change in the academic world has been more characteristic of the age than the discovery of communication as a field of research, teaching, and professional employment" (Lasswell 1958). Weiterführend siehe Redding (1972) und Theis-Berglmair (2003). Rühl (2015: 1-3) gibt einen kurzen begriffshistorischen Rückblick auf Organisation und Kommunikation.

115 Dass menschliche Körperlichkeiten nicht (mehr) zu kommunizierenden Sozialsystemen gehören, beschreibt Luhmann wie folgt: „Renate Mayntz hat in einer Bemerkung, die häufiger zitiert wird, einmal gesagt, die Systemtheorie sei, wenn sie von Handlungen abstrahiere, wie eine Dame ohne Unterleib. In Wirklichkeit ist es noch schlimmer, denn die Dame hat auch keinen Oberleib. Sie hat überhaupt keinen Leib, und der ganze Leib ist überhaupt nicht Teil des sozialen Systems" (Luhmann 2004: 255). Vielmehr ist jeder soziale Kontakt ein System und die Gesellschaft berücksichtigt alle möglichen Kontakte (vgl. Luhmann 1984: 33).

„Eine Organisation entsteht als Kommunikationssystem, wenn sich Kommunikation aus Kommunikation entwickelt. Organisationskommunikation reproduziert sich als elementare Operationsweise durch Selektionen der Kommunikationselemente Sinn, Thema, Information, Mitteilung, Gedächtnis und Verstehen, die, aufeinander bezogen, Kommunikation systemisch rekonstruieren" (Rühl 2015: 21).

Ohne Sinn[116] kann Kommunikation keine organisatorische Operation sein, d.h. Kommunikation setzt immer Sinn voraus. Im zu entwickelnden Kommunikationsmodell der Universität (Forschungsebene 3) ist das Kommunikationssystem so aufzustellen, dass die folgenden Merkmale zusammenwirken (können) (vgl. Rühl 2015: 22).

Tabelle 7:   Kommunikationselemente

Merkmal	Beschreibung, was kommuniziert wird
Sinn	das Gemeinte, Gewusste
Information	das Neue, Überraschende
Thema	Abgrenzung zwischen Sinnmachendem und Nicht-Dazugehörigem
Mitteilung	Anregung für Anschlusskommunikation
Gedächtnis	Kontrolle, wie das System in die Zukunft blickt (vgl. Luhmann 1997: 581)
Verstehen	wenn die o.g. Elemente zustande kommen

Quelle: Rühl 2015: 22

Wie bereits erwähnt, steht die Universität in einer Wechselbeziehung mit ihrer gesellschaftlichen Umwelt. Diese Beziehung zeichnet sich durch Leistung und

---

116   „Sinn ist demnach ein Produkt der Operationen, die Sinn benutzen, und nicht etwa eine Welt-qualität, die sich einer Schöpfung, einer Stiftung, einem Ursprung verdankt" (Luhmann 1997: 44).

Gegenleistung über Märkte aus. Dabei sind besonders die zeitlich, vorab festgelegten Entscheidungsprogramme von Organisationen interessant, mit denen sie ihre internen Probleme lösen. Diese operieren mit formalisierten Kommunikationsnetzen (vgl. Luhmann 1964: 190 ff.; Rühl 2015: 23). Vor dem Hintergrund der Neuausrichtung der Universität durch Ideen (Forschungsebene 1) setzt sie ihr internes und externes Kommunikationsnetzwerk bewusst und strategisch ein, um auf Umweltveränderungen zeitnah zu reagieren und diese Impulse in ihren internen Strukturen und Prozessen umzusetzen (Forschungsebene 3).

Dieses Kommunikationsnetz stellt einen Netztyp dar, für den „die formale Kommunikation nicht allein von Erwägungen innerer Rationalität, von Gesichtspunkten der Sparsamkeit in Kontakten oder der Schnelligkeit und Gründlichkeit der Informationsverarbeitung geleitet sein darf" (Luhmann 1995: 205 f.). Zur Aufstellung und Umsetzung eines geeigneten Organisations- und Kommunikationsmodells sind die gesellschaftlichen Ressourcen mit zu berücksichtigen, um eine Organisationskommunikation (nach innen und außen) zu gewährleisten. Diese Ressourcen liegen vor allem in den sinnmachenden Informationen und der öffentlichen Aufmerksamkeit. Demnach muss die Universität unterscheiden können, welche Semantiken in Diskursen Aufmerksamkeit (bei Politik oder Wirtschaft) erzeugen und von welchen Semantiken *Sinn* für die Universität ausgeht. Mithilfe der Diskurs-Netzwerk-Analyse kann die Universität diese Unterscheidung treffen und für sich entscheiden, welche Semantiken bzw. Diskursideen für ihre Entwicklung sinnstiftend sind.[117]

---

117 Im Unterkapitel 6.4 wird beschrieben, wie das Diskursmanagement als organisationaler Bestandteil in die Universität eingegliedert werden kann.

3 Hochschulreformdiskurs als Beobachtungsrahmen

Nachdem im zweiten Kapitel der theoretische Rahmen dieser Arbeit dargestellt wurde, dient das dritte Kapitel dazu, den Hochschulreformdiskurs als Forschungsgegenstand mit den darin enthaltenen Kernideen von Wettbewerb und Kooperation zu beschreiben (Forschungsebene 1) sowie die Bedeutung von Regionalität herauszustellen (Forschungsebene 2).

Im ersten Abschnitt (Unterkapitel 3.1) wird die Unterteilung des deutschen Hochschulreformdiskurses in einen Autonomie- und Praxisdiskurs beschrieben. Diese Differenzierung geht auf Kaldeweys „Wahrheit und Nützlichkeit" (2013a) zurück. Darin fragt er, „ob wissenschaftliche Forschung gesellschaftlich relevant sei oder zumindest sein solle" (Kaldewey 2013: 9). Auf Grundlage der Unterscheidung von Kaldewey zwischen Wahrheit und Nützlichkeit in der „Semantik der Wissenschaft" leitet diese Arbeit Schlussfolgerungen zur Kommunikation der Universität mit der Umwelt und vice versa ab. In diesem Sinne wird gefragt, ob die Kommunikation der Universität und zur Universität gesellschaftlich relevant ist und die dominanten Ideen im Hochschulreformdiskurs auf Wahrheit oder Nützlichkeit beruhen. Anschließend werden – der Forschungsebene 1 folgend – sowohl die Kooperations- als auch die Wettbewerbsidee als auslösendes Moment für den institutionellen Wandel charakterisiert. Die Unterscheidung dieser beiden Ideen in Autonomie- und Praxisdiskurs ermöglicht es, nach der empirischen Auswertung (Kapitel 5) weiterführende Schlussfolgerungen zu treffen, die Aufschluss darüber geben, wie diese Ideen auf die Universität Einfluss nehmen und wie diese wiederum darauf reagiert.

Der zweite Abschnitt (Unterkapitel 3.2) skizziert unterschiedliche Diskursstränge[118] im Hochschulreformdiskurs (vgl. Meier 2009). Dabei wird die Kooperationsidee dem gegenwärtigen Diskursstrang Universität im Wettbewerb zuge-

---

118 „Jeder Diskursstrang hat eine synchrone und eine diachrone Dimension. Ein synchroner Schnitt durch einen Diskursstrang hat eine gewisse qualitative (endliche) Bandbreite. Ein solcher Schnitt ermittelt, was zu einem bestimmten gegenwärtigen oder früheren Zeitpunkt bzw. jeweiligen Gegenwarten in seiner gesamten Bandbreite ‚gesagt' wurde bzw. sagbar ist bzw. war" (Jäger 2001: 99).

© Springer Fachmedien Wiesbaden GmbH, ein Teil von Springer Nature 2019
R. Nägler, *Steuermannskunst im Hochschulmanagement*,
https://doi.org/10.1007/978-3-658-28406-0_3

ordnet. Durch diese Zuordnung kann einerseits die besondere Stellung der Kooperationsidee im Hochschulwettbewerb herausgestellt werden. Andererseits dient die Kooperationsidee dazu, den empirischen Beobachtungsrahmen genauer einzugrenzen (Unterkapitel 3.3).

Mit diesen ersten Abschnitten wird insbesondere Forschungsebene 1 deskriptiv Rechnung getragen, indem Kooperation und Wettbewerb im Hochschulreformdiskurs dargestellt und voneinander differenziert werden.

3.1   Der Hochschulreformdiskurs zwischen Autonomie und Praxis

Die Begriffe Kreativität und Innovation dienen als Orientierungspunkte für die Darstellung des Hochschulreformdiskurses als Zusammenspiel von Autonomie- und Praxisdiskurs. In Anlehnung an die These von Kaldewey (vgl. Kaldewey 2010: 104) ist die Semantik der Kreativität ein Merkmal des klassischen Autonomiediskurses, während die Semantik der Innovation ein Charakteristikum des Praxisdiskurses darstellt. Auch wenn Autonomie- und Praxisdiskurs unterschiedlichen historischen Zeiträumen entspringen und verschiedene Vorstellungen „über die Möglichkeit oder Unmöglichkeit einer Außensteuerung von sowohl kreativen wie innovativen Prozessen" (Kaldewey 2010: 104) mitbringen, operieren sie parallel und sind (gelegentlich) aufeinander angewiesen (vgl. Kaldewey 2010: 107). Vor dem Hintergrund der Studie von Turner (2001), die die Geschichte der Hochschulreform am Ende des 20. Jahrhunderts thematisiert, ist von einer Chronifizierung der Hochschulreformdebatte auszugehen.

> „In fast allen Einzelbereichen der Bildungs- und Hochschulpolitik ist über mehr als dreißig Jahre zu beobachten, dass nahezu jede Position vertreten, zum Teil umgesetzt, revidiert, wieder aufgegeben, erneut vorgebracht wurde, gelegentlich sogar von denselben Akteuren. Mit Zick-Zack- oder Schlingerkurs sind manche Erscheinungen noch zurückhaltend umschrieben" (Turner 2001: 272).

Durch die empirische Analyse des Hochschulreformdiskurses soll festgestellt werden, von welcher Diskursrichtung (Kreativität entspricht dem Autonomiediskurs, Innovation entspricht dem Praxisdiskurs) die beiden Kernideen Kooperation und Wettbewerb verwendet werden.

Die dominante Idee im Hochschulreformdiskurs beeinflusst den institutionellen Wandel der Universität (Forschungsebene 1), sodass es für eine mögliche Neuausrichtung der Universität (und einem damit verbundenen Organisations- und Kommunikationsmodell, Forschungsebene 3) entscheidend ist, ob diese dominante Idee mehr dem Autonomie- oder Praxisdiskurs entstammt. Damit verbunden sind hochschulstrategische Überlegungen, ob und wie sich das Universitätsprofil gestalten soll: eher mit einem Schwerpunkt auf Kreativität (Autonomiediskurs) oder auf Innovation (Praxisdiskurs).

Kreativität und Innovation sind einschlägige Begriffe im hochschulpolitischen Diskurs.[119] Sowohl Kreativität als auch Innovation dienen als „unbezweifelbare Bezugspunkte", als Werte oberhalb von Kontingenzen (vgl. Luhmann 1997: 341). Damit stellt sich nicht die Frage, ob, sondern wie und von welchen Diskursakteuren Innovation und Kreativität gefördert und initiiert werden (vgl. Kaldewey 2010: 102).

Das Motto *from creativity to innovation* (Yusuf 2009) zeigt, dass mit Kreativität Freiheit verbunden wird und sich zugleich auch eine mögliche Vorstufe (zielgerichteter) Innovationen abbildet (vgl. Kaldewey 2010: 103). Das daraus entstehende Argumentationsmuster, das Kreativität als Voraussetzung für Innovationen sieht[120], verweist auf die Zielsetzung unterschiedlicher Theorie- und Praxisformen von Wissenschaft, nämlich „auf den ökonomischen Erfolg und die damit verbundene Konkurrenzfähigkeit der Industriestaaten im globalen Wettbewerb" (Kaldewey 2010: 103).[121]

Durch die empirische Untersuchung wird sich zeigen, ob diese Logik auch im deutschen Hochschulreformdiskurs wiederzufinden ist, indem bestimmte

---

119 So wurde bspw. das Jahr 2009 als *Year of Creativity and Innovation* von der EU-Generaldirektion für Bildung und Kultur deklariert.
120 Dargestellt im „linear model of innovation" (vgl. Godin 2005).
121 Unter Praxisformen von Wissenschaft werden z.B. Simulationsverfahren im Labor verstanden. Es ist dabei zu unterscheiden, ob die wissenschaftliche Praxisform der innerwissenschaftlichen Erkenntnis (*Republic of Science*) oder technischer Innovation oder der Gesellschaft (*Science in Context*) dient. Im ersten Fall ist die wissenschaftliche Praxisform zeichengenerierend, im zweiten Fall datengenerierend. Mit Theorieformen sind Denkweisen gemeint, die sich in zwei Eigenschaften äußern. Entweder sind sie offen (sie suchen (den) Kontakt) zu anderen Theorienperspektiven oder begrenzt (restriktiv) (vgl. Müller 2013: 43).

Diskursideen bzw. Diskurskonzepte dem Autonomie- und Praxisdiskurs zugeordnet werden können. Im Vorfeld werden allerdings diese beiden Diskursaus-
richtungen genauer beschrieben. Sie dienen als Vorbereitung für die Definition
von Auswahlkriterien der Akteure und Diskurskonzepte (Unterkapitel 3.3.1 bis
3.3.3).

Die antike Vorstellung von *produktiver Muße* gilt als Grundlage für Kreativität. Doch wie kann Kreativität gesichert werden? Darauf kann mit „Programmierbarkeit" und mit der Idee der *scholé* geantwortet werden (vgl. Kaldewey
2010: 104).

Für Bourdieu ist die Idee der *scholé* (Muße und Schule zugleich) die Grundlage für alle Wissenschaftsfelder (vgl. Bourdieu 2001: 19), also Muße und Schule zugleich. Die Wissenschaft benötigt demnach einen gewissen Freiraum, der
dem wissenschaftlich-distanzierten Blick eine institutionalisierte Entfaltungskraft
ermöglicht.[122]

Bourdieu verteidigt damit keine Elfenbeinturmwissenschaft.[123] Vielmehr ist
Wissenschaft nur dann gegeben, wenn sie von gesellschaftlichen Zwängen frei
ist und sich in ihr Kreativität entfalten kann. Die negative Antwort auf die Frage,
wie Kreativität gesichert werden kann, liegt darin, dass Forschung als eine auf
sozio-ökonomischer Freistellung beruhende „Lebensform" erscheint, „die sich in
ihrer Autonomie jeder Programmierbarkeit entzieht" (Kaldewey 2010: 104, vgl.
Frühwald 1997: 16).

Allerdings darf der Autonomiediskurs nicht nur auf dieses scholastische
Ideal reduziert werden. Eine weitere Idealvorstellung wird durch Wilhelm von
Humboldt zu Beginn des 19. Jahrhunderts mit der relativen Autonomie der Universität, der akademischen Freiheit, der Einheit von Forschung und Lehre und
der Bildungsreise definiert (vgl. Röhrs 1995).

---

122 „Die scholastische Situation [...] ist ein Ort und Zeitpunkt sozialer Schwerelosigkeit, an dem
     die gewöhnlich geltende Alternative zwischen Spiel (paizein) und Ernst (spoudazein) außer
     Kraft gesetzt ist und man ‚ernsthaft spielen' (spoudaios paizein) kann, ganz so, wie man Platon
     zufolge philosophieren soll: spielerische Einsätze ernst nehmend, sich ernsthaft um Fragen
     kümmernd, welche die ernsthaften, schlicht mit den praktischen Dingen der gewöhnlichen
     Existenz befaßten und um sie besorgten Leute ignorieren" (Bourdieu 2001: 23).
123 Weiterführend siehe Kleiner 2007.

Die humboldtsche Universitätsidee war zwischen 1800 und 1848 evolutionär erfolgreich, trotz der utilitaristischen Aufklärung, was Becker (vgl. Becker 2004: 294) damit begründet, dass einerseits die industrielle Revolution in Deutschland noch nicht angekommen war, und andererseits die Aufklärung durch die idealistische Philosophie ersetzt wurde und damit als überwunden galt. Vor diesem Hintergrund kann der Autonomiediskurs zu dieser Zeit als Reaktion auf den im 18. Jahrhundert dominierenden Praxisdiskurs verstanden werden. Erst in der zweiten Hälfte des 19. Jahrhunderts erlebte der Autonomiediskurs durch die in Deutschland einsetzende Industrialisierung einen echten Aufschwung.[124]

Zu Beginn des 20. Jahrhunderts ist eine gewisse Konjunktur der neuhumanistischen Universitätsidee zu erkennen, die in Vorstellungen über das „Wesen der deutschen Universität" gipfelt. Während des Zweiten Weltkrieges kam es zu einer Rezession der Universitätsidee, die nach 1945 erneut einen Rückgriff auf die Diskussionskultur der 1920er Jahre erfuhr. So wurde das neuhumanistische Universitätsideal als „Rückversicherung gegen den Nationalsozialismus" (Paletschek 2002: 201) verstanden.

In der zweiten Hälfte des 20. Jahrhunderts wird es zunehmend schwieriger, klare Konjunkturen des Autonomiediskurses zu erkennen. Während Paletschek zwei weitere Humboldterfindungen in den 1960- und 1990er Jahren identifiziert, geht Bartz von einem dezidierten Ende der Humboldt-Blüte aus (vgl. Bartz 2005: 106).

Dieser Rezession folgt auch Meier, der in der Universitätsschrift von Schelsky den „letzte(n) elaborierte(n) und prominente(n) Versucht (sieht), die Universität von ihrer Idee her zu konzipieren" (Meier 2009: 185).

Trotz des Rückgangs der humboldtschen Universitätsidee gilt sie als hegemonialer Rahmen der Hochschulreform, wie Huber konstatiert (vgl. Huber 2005: 391). Humboldts Idee der Universität wirkt gegenwärtig für Forscher und Lehrende als identitätsstiftend (Paletschek 2002: 183), da sie die Autonomie der

---

124 Welche Konjunkturen für die Idee der Universität historisch zu beobachten waren, zeigt die Studie „Erfindung von Humboldt" (vgl. Paletschek 2002).

Wissenschaft gegenüber externen Anforderungen schützt (vgl. Kaldewey 2010:
108).

Zusammengefasst beinhaltet der Autonomiediskurs ursprünglich drei Ebenen. Zum einen ist hier die wissenschaftliche Autonomie zu nennen, die als
Funktionssystem gedacht wird (vgl. Luhmann 1990: 289-299). Weiterhin wird
eine personale bzw. individuelle Autonomie beschrieben, unter der die Unabhängigkeit der Universitätsmitglieder verstanden wird. Schließlich bildet die
institutionelle bzw. korporative Autonomie die dritte Ebene, die die politische
und finanzielle Unabhängigkeit der Universität oder der einzelnen Institute bzw.
Fakultäten meint (vgl. Kaldewey 2010: 112-115).

Alle drei Konzeptionen stehen in einer hierarchischen Beziehung zueinander. Abbildung 10 verdeutlicht, wie die Autonomie der Wissenschaft von der
personalen Autonomie und diese wiederum von der institutionellen Autonomie
abhängig ist. Unabhängige Wissenschaft ist demnach nur durch die Freiheit der
Wissenschaftler und an allererster Stelle der Universität selbst möglich (vgl.
Schiedermair 1997: 18).

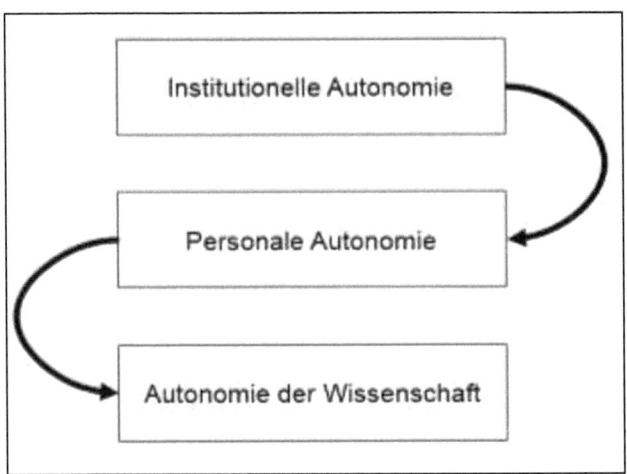

Abbildung 10:   Autonomieebenen
Quelle: Schiedermair 1997: 18, erstellt in PowerPoint

Becker formuliert das Ideal der Autonomie der Universität und ihrer Mitglieder passend mit der folgenden Beschreibung.

„Vom Wesen der deutschen Universität kann man nur mit ehrfürchtiger Scheu sprechen [...] ein Idealbild [...] eine Art von Gralsburg der reinen Wissenschaft. Ihre Ritter vollziehen einen heiligen Dienst; vom Heiligtum zu allerlei wissenschaftlichem Dienst entsandt, durchwandern und durchforschen sie die Welt [...]" (Becker 1925: 7).

Dieses ideelle Autonomieverständnis wird im Hochschulreformdiskurs gegenwärtig erkennbar, wenn beispielsweise von der Suche nach Wahrheit (vgl. u.a. Schneider 2008) als „wissenschaftliche Urszene" (Frühwald 1997) gesprochen wird.

Bedingt durch die Erosion dieser traditionellen Autonomieformen in den 1980er Jahren und der Gewichtung des Praxisdiskurses, hat sich ein vierter Autonomiebegriff herausgebildet.

Die bisherige institutionelle Autonomie formiert sich zu einer Managementautonomie (Kimmich/Thumfart 2004: 15 f.). Mit der Einführung des *New Public Managements*[125] wandelt sich das vorrausgegangene Autonomieverständnis.

Mit dem *New Public Management* verändern sich die Rahmenbedingungen innerhalb der Organisation weg von einer Verwaltungsführung und hin zu einer Stärkung und größerem Autonomieverständnis der untergeordneten Einrichtungen. Die Aufgaben werden, u.a. auch durch finanziellen Druck, aus der staatlichen Detailsteuerung in eine dezentrale Verantwortung überführt. Dadurch werden diese Einheiten in ihrer Selbstständigkeit gefördert und der Fokus auf eine wirtschaftliche und erfolgsorientierte Arbeitsweise gelenkt (vgl. Fedrowitz/Krasny/Ziegele 1999: 7).

Ab Mitte der 1990er Jahre erweckt die institutionelle Autonomie in der Hochschulreformdebatte den Eindruck, dass die Hochschulen seitens staatlicher

---

125 Das *New Public Management* schließt seit den 1980er Jahren verschiedene Konzepte zu einer ziel- und ergebnisorientierten Verwaltungsführung ein. Darunter fallen u.a. die Leitgedanken: Trennung von politischer/strategischer und administrativer/operativer Verantwortung, Ergebnismessung und -bewertung und Stärkung der Marktorientierung bzw. des Wettbewerbsdenkens (vgl. Fedrowitz/Krasny/Ziegele 1999: 11; weiterführend auch Meier 2009: 122-131).

Regulierungen und Einflüsse in ihrem Handeln *bedrängt* werden (vgl. Turner 2001: 217). Die Forderungen nach einer Neuausrichtung des Verhältnisses zwischen Universität und Akteuren der Hochschulpolitik wurden seither immer lauter.[126]

Die Ziele der Managementautonomie fokussieren die Wettbewerbsfähigkeit und Innovativität der Hochschulen, die als Antriebsfaktoren globalisierter Volkswirtschaften gelten. Die Autonomie der Wissenschaft und der einzelnen Wissenschaftler bleibt nahezu unberücksichtigt (vgl. Kaldewey 2010: 115). Infolgedessen weicht der Autonomiediskurs mit dem Schlüsselwort Kreativität immer mehr den Anforderungen und Erwartungen, die der Praxisdiskurs und die damit verbundenen Innovationen mit sich bringen.

Der Praxisdiskurs hat seine Wurzeln in der mittelalterlichen Vorstellung vom Prestige manueller Arbeit, sowie in den Gedanken der Renaissance, Reformation und der Aufklärung (vgl. Stokes 1997: 30 ff.).

Seit vier Jahrhunderten nimmt der Begriff der Nützlichkeit innerhalb der Wissenschaft eine besondere Stellung ein, die in einem Praxisbezug der Universitäten zum Ausdruck kommt.[127] Das zeigt sich bereits in den „Cautelen zur Erlernung der Rechtsgelehrigkeit" (1713) des Universitätsreformers und Universalgelehrten Thomasius. Darin stellt er seine (praktischen) Vorschläge zur universitären Ausbildung vor.

> „Denn gleichwie die gesunde Vernunft einem jeden handgreifflich zeiget / daß das Wißen unnützer und schädlicher Wahrheiten einen vielmehr zum Narren als weisen Manne mache; also komt ohne Zweiffel denen Weisen die Wißenschaft solcher Dinge zu / die dem gantzen, Menschlichen Geschlecht nützlich sind [...] Derohalben muß bey der Erkäntniß der Wahrheit darauf gesehen werden / daß man den Nutzen derer Menschen befördere" (Thomasius 2006: 1 f., 6 f.).

---

126 Zur Vertiefung ist die Studie des Stifterverbandes für die Deutsche Wirtschaft und des Zentrums für Wissenschaftsmanagement e.V. zu empfehlen (vgl. Hüther/Jacob/Seidler/Wilke 2011).

127 Die Frage, wie praktisch die Universität ist, beantwortet Reinmann (2009) am Beispiel der Entwicklung vom situierten zum forschenden Lernen mit digitalen Medien.

Thomasius formuliert Praxis „als ein Ziel, das Wissenschaft in einer exogenen Zweckbestimmung mediatisiert" (Schmidt-Biggemann 1983: 275 f.). Thomasius Forderungen betonen das Nützlichkeitsprinzip[128] sowie den Fortschrittsglauben der Aufklärung. Demnach soll die Universität nützliches, anwendbares und praktisches Wissen hervorbringen.[129]

Die Funktion des Wissenschaftssystems richtet sich aber nicht nur auf die Nützlichkeit des wissenschaftlichen Wissens (Praxisdiskurs), sondern auch auf das Wahrheitsstreben bzw. der Such nach Wahrheit (Autonomiediskurs) (vgl. Kaldewey 2013a: 20).

„Möglicherweise ist es eben diese Oszillation zwischen Wahrheit und Nützlichkeit, die die Dynamik der Evolution von Wissenschaft und Universitäten mit bestimmt" (Kaldewey 2010: 115).

Die „doppelte Identität der Wissenschaft" (Kaldewey 2013a: 21) kann je nach Kontext sowohl in den einen oder den anderen Diskurs umschlagen.

Die Selbstbeschreibung der Wissenschaft hat demnach zwei Seiten und ist daher genauer zu differenzieren. Mit Francis Bacon beziehen sich die Selbstbeschreibungen der Wissenschaft auf die beiden Ziele Wahrheit und Nützlichkeit, Wissen und Macht sowie Verstehen und Kontrolle. Die Selbstbeschreibungen von Wissenschaftlern gehen vorrangig von Nützlichkeit, Innovation und gesellschaftlicher Relevanz aus und beinhalten wenige Wahrheitssemantiken (vgl. Kaldewey 2008: 3).

Mit der ersten Forschungsebene soll herausgestellt werden, welche der beiden Ideen (Kooperation und Wettbewerb) wie auf den institutionellen Wandel der Universität Einfluss ausüben. In diesem Rahmen soll durch die empirische

---

128 Zum Nützlichkeitsprinzip nach Mill siehe Frey/Schmalzried 2013: 113-137.
129 Wie stark Innovationen für Universitäten und die deutsche Hochschulpolitik aktuell *en vogue* sind, bestätigen zahlreiche Lehrstühle und Institute (u.a. der Lehrstuhl für Innovations- und Technologiemanagement der Universität Bielefeld, Institut für Innovationsmarketing der TU Hamburg-Harburg, das Institut für Projektmanagement und Innovation der Universität Bremen oder die Professur Innovationsmanagement und *Entrepreneurship* der Universität Potsdam) sowie entsprechende Förderprogramme (u.a. Innovative Hochschule des BMBF oder EXIST – eine Förderung für Existenzgründer aus der Wissenschaft).

Untersuchung gezeigt werden, wo die Kooperations- bzw. die Wettbewerbsidee dominanter und zentraler kommuniziert wird, im Autonomie- oder Praxisdiskurs. Tabelle 8 zeigt, dass theoretisch beide Ideen dem Autonomie- und Praxisdiskurs zugeordnet werden können. Im Folgenden werden diese vier Szenarien skizziert, um ein erstes allgemeines Verständnis für die inhaltliche Bedeutung dieser Ideen für die Diskurse zu entwickeln.

Tabelle 8:   Zuordnungsvarianten im Autonomie- und Praxisdiskurs

	Autonomiediskurs	Praxisdiskurs
Kooperationsidee	A	C
Wettbewerbsidee	B	D

Quelle: Eigene Darstellung

Stellt sich durch die empirische Auswertung heraus, dass die Kooperationsidee größtenteils dem Autonomiediskurs zugeschrieben werden kann, so folgt daraus, dass die Kommunikation dieser Idee die Universität näher an das humboldtsche Universitätsideal bringt, da damit verbundene Vorstellungen von Kreativität auch die Suche nach Wahrheit implizieren. Die Kooperationsidee wäre demnach ein „semantisches Artefakt" (Kaldewey 2008: 10) für den selbstreferenziellen Funktionsaspekt der Universität mit den Kommunikationsschwerpunkten Wahrheit, Grundlagenforschung und Verstehen (vgl. Kaldewey 2008: 10). Kooperationsbeziehungen der Universität würden demzufolge die Autonomie der Universität (insbesondere der Wissenschaft) fördern und stärken.

Statements im Hochschulreformdiskurs, die den Wettbewerb um Studierende und Wissenschaftler, den Vergleich von Forschungsergebnissen oder die Zufriedenheit der Lernenden thematisieren, sind dem Autonomiediskurs zuzuordnen, da sie den Erfolg der Funktionen von Erziehung und Wissenschaft und demnach die Wettbewerbsidee und in den Mittelpunkt stellen.

Statements über die erfolgreiche Kooperation einer Universität mit Wirtschaftsunternehmen, anderen Universitäten oder Forschungseinrichtungen und dem sich im Anschluss entwickelnden Technologie- und Wissenstransfer sowie daraus folgenden Innovationen sind dem Praxisdiskurs zuzuordnen. Kooperation findet für einen wirtschaftlichen, politischen oder gesellschaftlichen Mehrwert statt. Die Kooperationsidee gilt dann als semantisches Artefakt für den fremdreferenziellen Leistungsaspekt der Universität mit den Kommunikationsschwerpunkten Kontrolle, Angewandte Forschung, Nützlichkeit (vgl. Kaldewey 2008: 10).

Die Wettbewerbsidee – als mögliche dominante Idee im Praxisdiskurs – äußert sich durch die deutlichen Impulse der Umwelt, die Leistungen der Universität hinsichtlich ihrer ökonomischen Verwertbarkeit zu steigern. Damit fordert die Umwelt die Universitäten zum Konkurrieren mit anderen auf.

Mit dieser Unterteilung können die Kooperations- und die Wettbewerbsidee im Hochschulreformdiskurs besser verortet und beschrieben werden, indem ihnen die Eigenschaften des jeweiligen Diskursschwerpunktes (Autonomiebezug mit Kreativität oder Praxisbezug mit Innovation) zugeschrieben werden. Nach dem diskursiven Neoinstitutionalismus sind dominante Ideen mit auschlaggebend für den institutionellen Wandel der Universität. Im Wissen darum, welchen Charakter diese Ideen tragen, kann somit auch die Neuausrichtung der Universität bzw. das damit verbundene Organisations- und Kommunikationsmodell entwickelt werden.

3.2   Kooperation im Wettbewerb

Die Kooperationsidee und die Wettbewerbsidee wurden bisher getrennt voneinander beschrieben, da beide Diskurskonzepte grundlegend verschiedene Intentionen verfolgen.[130] Allerdings bedingen sie sich auch. Beide Ideen wurden vorab bereits im Hochschulreformdiskurs verortet. Mit Meier (2009) soll diese Zuweisung nun verfeinert werden, indem die Kooperations- und die Wettbewerbsidee jeweils dem aktuellen Diskursstrang Universität im Wettbewerb zugeordnet

---

130   „Konkurrenz und Kooperation sind die wichtigsten Aspekte interpersonalen Verhaltens und sozialer Interaktion. Sie sind die beiden grundsätzlichen Lösungsformen des Knappheitsproblems, des Grundphänomens des Lebens schlechthin" (Weise 1997: 58).

werden (Unterkapitel 3.2.1). Die Korrelationen zwischen beiden Ideen sind daher gesondert herauszustellen (Unterkapitel 3.2.2).

3.2.1   Diskursstränge

Meier (2009) identifiziert und beschreibt vier Diskursstränge im Hochschulreformdiskurs seit dem Ende des Zweiten Weltkrieges. Aus diesen leitet er verschiedene Modelle ab, die die Universität als Akteur beschreiben.

Die „Idee der Universität" (Jaspers 1945/46) bildet das auslösende Moment für die Auseinandersetzung mit dem Thema Hochschulreform. Jaspers Publikation könnte auch als die Geburtsstunde des deutschen Hochschulreformdiskurses angesehen werden. Seither finden sich zunehmend Beiträge zur Hochschulreform in deutschen Publikationen (vgl. Meier 2009: 176).

Im ersten Diskursstrang wird die Universität als *Idee* und *Institution* beschrieben: „Das Modell der Universität als Idee und Institution ist [...] kein Akteurmodell der Universitätsorganisation" (Meier 2009: 186). Der Kern der Universität ist dabei die Idee der Bildung durch Wissenschaft.[131]

In den 1950er Jahre wird der korporative Charakter der Universität stärker im Diskurs fokussiert. Das Korporationsmodell ähnelt bereits in großen Teilen einem Akteurmodell der Hochschulorganisation. Darin werden erste Autonomie- und Identitätserwartungen durch die Universität formuliert. Das Autonomieverständnis bezieht sich allerdings nicht nur auf die akademische Freiheit, sondern auf verschiedene operationale Entscheidungen. Der Freiheitsgedanke ist jedoch nicht so groß, als dass sich das (Universitäts-)Modell immer an die Trägerschaft (korporative Gemeinschaft) rückkoppelt (vgl. Meier 2009: 199).[132]

Der dritte Diskursstrang, beginnend in den 1960er Jahren, beschreibt die Universität als Betrieb. Die Universität verfügt vor diesem Hintergrund über wenig Autonomie und (eigenes) Zielbewusstsein. Sie wird stark durch ihre (öko-

---

131   Weiterführend siehe Meier 2009: 180-186.
132   Weiterführend siehe Meier 2009: 186-200.

nomische) Umwelt geprägt, die bestimmte gesellschaftliche Ziele vorgibt. Allerdings wird in diesen Jahren stark die Entscheidungsfähigkeit der Universitäten thematisiert, die im Rahmen der Neugestaltung ihrer Strukturen, wiederhergestellt werden soll (vgl. Meier 2009: 214).[133]

Der vierte Diskursstrang versetzt die Universität in eine Wettbewerbssituation und verstärkt das Konkurrenzverhalten der Universitäten zueinander. Zu Beginn der 1980er Jahre dominiert der Wettbewerbsgedanke den deutschen Hochschulreformdiskurs. Das Wettbewerbsmodell sieht die Universität einem individualisierenden Wettbewerb ausgesetzt und erkennt interne, leistungsfähige Entscheidungsstrukturen. Die Universität produziert messbare Leistungen, mit denen sie „auf [die] Signale des Wettbewerbsmechanismus" (Wissenschaftsrat 1985: 7) reagiert (vgl. Meier 2009: 214 f.). Hier steht demnach der Konkurrenzgedanke im Vordergrund.[134]

> „Universitäten befinden sich untereinander in ständigem Wettbewerb. Dieser wird entsprechend der Grenzen überschreitenden Wissenschaft vornehmlich durch internationale Konkurrenz bestimmt. Universitäten konkurrieren um Reputation durch die Qualität ihrer Forschung und Ausbildung und durch Ausbildung hervorragenden wissenschaftlichen Nachwuchses, um hochrangige Wissenschaftlerinnen und Wissenschaftler, aber auch um öffentliche und private Mittel" (Hochschulrektorenkonferenz 1997: 9).

Aktuell bewegen sich die Universitäten in diesem Diskursstrang. Das bedeutet daher auch, dass die Kooperationsidee im Diskursstrang Universität im Wettbewerb zu verorten ist.

Wie stellen sich die Kooperations- und die Wettbewerbsidee in diesem Diskursstrang dar?

Die quantitative Entwicklung der Kooperations- und der Wettbewerbsidee in deutschen Publikationen zeigt, dass die Wettbewerbsidee die Kooperationsidee bis 1970 sowie im Zeitraum von 1990-2000 übersteigt. Allerdings dominiert nach der Jahrtausendwende die Kooperationsidee. Abbildung 11 zeigt die quantitative Verwendung der beiden Ideen in deutschen Publikationen.

---

133 Weiterführend siehe Meier 2009: 200-214.
134 Weiterführend siehe Meier 2009: 214-233.

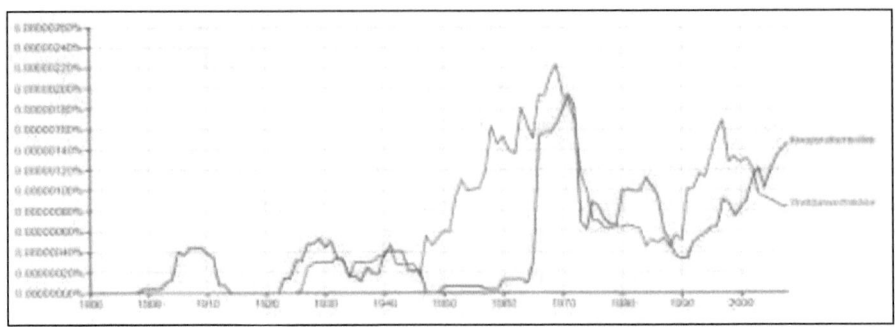

Abbildung 11:   Quantitative Häufigkeit in Publikationen: Wettbewerbsidee
und Kooperationsidee
Quelle: Erstellt mit Google Ngram

Der Begriff Kooperationsidee wird deutlich häufiger verwendet und kommuniziert als der Begriff Wettbewerbsidee.[135]

Das Wort Kooperationsidee ist um 1900 zum ersten Mal in deutschen Publikationen zu lesen (vorrangig in Zusammenhang mit landwirtschaftlichen Themen). Danach findet es sich immer häufiger auch in wirtschaftlichen Publikationen. In den 1930er Jahren wird „Kooperationsidee" dann erstmals in einem politischen Kontext verwendet. Erst im Verlauf des 20. Jahrhunderts erscheint der
Begriff auch in anderen Kontexten, u.a. der Erziehung und Wissenschaft.[136]

Die semantische Entwicklung des Wortes „Kooperationsidee" verdeutlicht,
welche ursprüngliche Intention dahintersteht. Kooperation als Konstrukt und
Medium der (Land-)Wirtschaft bezieht gleichzeitig die damit verbundenen Eigenschaften von Wettbewerb, Marktwirtschaft und Konkurrenz mit ein.[137] Da
sowohl die Kooperations- als auch die Wettbewerbsidee im gegenwärtigen Dis-

---

135 Mit dieser Beobachtung wäre kritisch zu hinterfragen, ob die Beschreibung des gegenwärtigen
     Diskursstranges Universität im Wettbewerb für die Zeit nach der Jahrtausendwende noch zu-
     treffend ist.
136 Textbeispiele, an welche Kontexte sich das Wort „Kooperationsidee" seit 1900 anlehnt, sind
     im Anhang zu finden (Unterkapitel „Anlehnungskontexte ‚Kooperationsidee'").
137 Weiterführend zur politischen Ökonomie der Hochschulreform siehe Münch 2011.

kursstrang zu beobachten sind, muss das sich daraus ergebende ambivalente Verhältnis genauer betrachtet werden.

3.2.2 Coopetition

Das Verhältnis von Kooperation und Wettbewerb hinsichtlich der Frage, welche Idee in der Profilbildung von Universitäten einflussreicher ist, zeigt sich deutlich innerhalb des globalen Universitätssystems. Beide hochschulpolitischen Vorstellungen sind eng miteinander verbunden. Die Kooperations- und die Wettbewerbsidee sind im globalen Universitätssystem an verschiedenen Merkmalen zu beobachten.

Diese Überlegungen münden in einen wissenschaftlichen Diskurs um die Simultanität von Wettbewerb und Kooperation von Universitäten und werden unter dem Begriff Coopetition zusammengefasst (vgl. Klein 2014: 2).[138]

Wie Klein feststellt, fehlt der bisherigen Kooperationsforschung eine Prozessperspektive, die die kooperativen Beziehungen zwischen Konkurrenten untersucht (vgl. Klein 2014: 5).

Universitäten können als direkte Konkurrenten gesehen werden, die im Wettbewerb nach Wahrheit (Wissenschaftssystem) und Karrieren (Erziehungssystem) streben. Doch im Alleingang kann die akademische Besonderheit, die das hochschulpolitische Projekt Profilbildung verlangt, nicht erreicht werden. Die Universitäten sind auf Kooperationen angewiesen, um fehlende Ressourcen zu ergänzen und ihr Portfolio zu erweitern. Im (globalen) Wettbewerb finden daher zwangsläufig auch Kooperationen statt.[139]

---

138 Weiterführend, wie aus spieltheoretischer Sicht kooperativ konkurriert wird siehe Brandenburger et al. 2013.
139 Weiterführend siehe Engelhard/Sinz (1999).

Tabelle 9:   Kooperations- und Wettbewerbsbeziehungen im
globalen Universitätssystem

Kooperation	Wettbewerb
in gemeinsamen Organisationen (UNESCO, UNICEF, OECD)	um Studierende, Lehrende, Wissenschaftler
bei internationalen wissenschaftlichen Konferenzen (u.a. UNESCO World Conference on Higher Education 1998, 2003, 2009)	um Platzierungen in diversen Hochschulrankings
durch Hochschulverträge (u.a. ERASMUS)	um räumliche Präsenz (Off-shore-Campus)
	um Patente und Publikationen

Quelle: Eigene Darstellung

Nun stellt sich die Frage, wie sich die Universitäten zwischen Kooperation und Wettbewerb konkret verhalten und dabei ihr jeweiliges Profil herausstellen.

Im globalen Universitätssystem befinden sich die Akteure in einem Wettbewerb um Gelder (Drittmittel), Studenten, Wissenschaftler und Kooperationspartner.[140]

Um feststellen zu können, wie sich die Universitäten im Verhältnis von Kooperation und Wettbewerb begegnen, ist sowohl die „Überschneidung der Absatzmärkte" (*market commonality*[141]) als auch die Ressourcenähnlichkeit (*resource similarity*[142]) zu berücksichtigen.

---

140   Weiterführend u.a. Scherf 2012, Krücken 2005, Winter/Würmann 2012.

141   „Market commonality is defined as the degree of presence that a competitor manifests in the markets it overlaps with the focal firm. A given competitor's market commonality with a focal firm is conditioned both by the strategic importance to the focal firm of the shared markets and by that competitor's strength in these shared markets" (Chen 1996: 106).

142   „Resource similarity is defined as the extent to which a given competitor possesses strategic endowments comparable, in terms of both type and amount, to those of the focal firm. The understanding of resource similarity is important [...] because firms with similar resource bundles are likely to have similar strategic capabilities as well as competitive vulnerability in the marketplace" (Chen 1996: 107).

Abbildung 12 zeigt, in welchem Kooperations-Wettbewerbs-Verhältnis Akteure zueinander stehen können, wenn sich beide Akteure durch hohe bzw. niedrige Markt- und Ressourcen-Ähnlichkeiten auszeichnen.

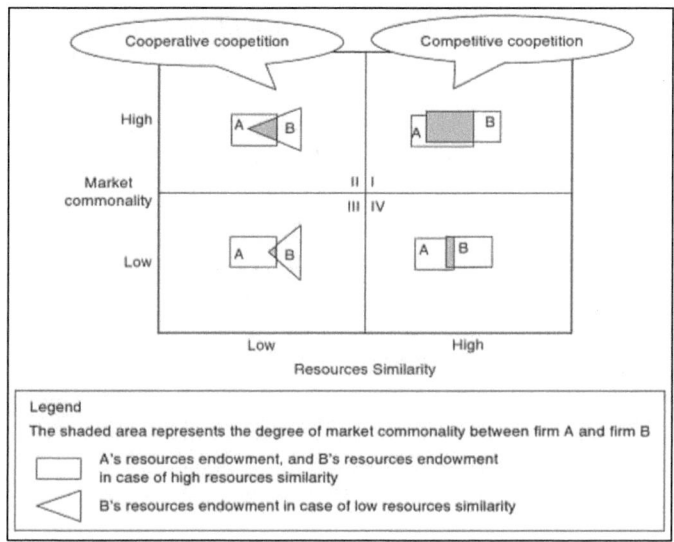

Abbildung 32:   Ausprägungen von Markt- und Ressourcen-Ähnlichkeit
Quelle: Chen 1996: 108

Das Lesen dieser vier Ausprägungen wird am Beispiel des ersten Quadranten näher beschrieben.

Die Universitäten A und B sind direkte Konkurrenten, die von einer relativ hohen homogenen Ressourcenausstattung geprägt sind und sich in verschiedenen Märkten (Absatzmärkte) als Wettbewerber gegenüberstehen. Beispielsweise haben die Universitäten ähnliche Profile, Leitbilder, Studenten- und Mitarbeiterzahlen. [143]

---

143   Weitere Beispiele folgen im Unterkapitel 3.3.2.

Die empirische Untersuchung des Hochschulreformdiskurses (Kapitel 5) soll aufzeigen, in welchen koopetitiven Beziehungen die Universitäten zueinander stehen. Ähneln sie sich in ihren Ressourcen und/oder überschneiden sich in ihren Absatzmärkten? Diese Feststellung ist für die erste Forschungsebene interessant, um die beobachtete Tendenz (ob die Kooperations- oder die Wettbewerbsidee den Diskurs dominieren) zu verfeinern.

3.3   Hochschulreformdiskurs: Einordnung und Eingrenzung

Mit Meier (2009) wurden die vier Diskursstränge des Hochschulreformdiskurses dargestellt (siehe Unterkapitel 3.2.1). Zur Eingrenzung des Volumens an empirischem Material zum Hochschulreformdiskurs knüpft die Arbeit an Meiers letzten Diskursstrang (Universität im Wettbewerb) an, um diesen fortzuschreiben und womöglich die Tendenz der Dominanz des Begriffs Kooperationsidee herauszustellen.

3.3.1   Beobachtungshorizont

Die Nachwirkungen der westdeutschen Studentenbewegung in der Mitte der 1960er Jahre haben dazu beigetragen, dass der Begriff Hochschulreform um 1970 seine Hochphase in deutschen Publikationen erreichte. Ab 1980 pendelt sich der Begriff dann auf ein annähernd gleichbleibendes Publikationsniveau ein. Abbildung 13 verdeutlicht die Entwicklung des Begriffes „Hochschulreform".

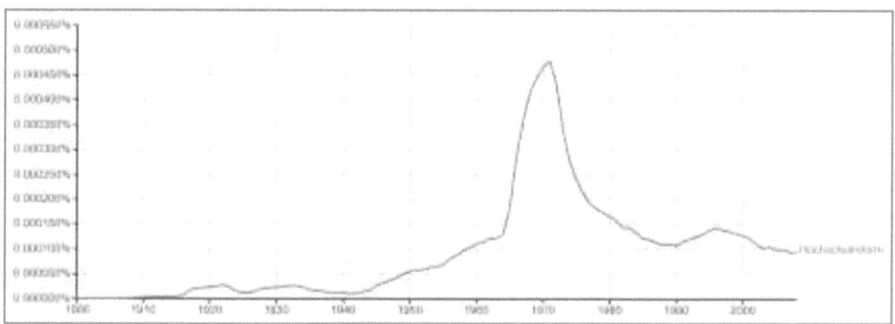

Abbildung 13:   Quantitative Häufigkeit in Publikationen: Hochschulreform
Quelle: Erstellt mit Google Ngram

Der hier dargestellte zeitliche Rahmen ist allerdings für eine qualitative empirische Analyse der Wirkungsweise von der Kooperations- und der Wettbewerbsidee im Rahmen dieser Arbeit zu umfangreich und muss daher weiter einge-
grenzt werden.

Der Hochschulreformdiskurs wurde von Meier (2009) bereits über den Zeitraum von 1945 bis in die Mitte der 1990er Jahre analysiert und strukturiert, sodass vor allem die Zeit ab 2000 für diese Arbeit von Interesse ist. Die Evaluationen zum Diskursstrang „Universität im Wettbewerb" enden bei Meier im Jahr
2006 (vgl. Meier 2009: 230).

Diese Arbeit setzt daher im Jahr 2003[144] mit der ersten Veröffentlichung eines internationalen Hochschulrankings an. Hochschulrankings symbolisieren die
Wettbewerbsidee. Sie *ordnen* Universitäten nach ihren Leistungen in Erziehung
und Wissenschaft und generieren dadurch nationale und internationale Konkur-
renzsituationen, die in einem globalen hochschulpolitischen Wettbewerbsstreben

---

144   Gemeint ist das *Academic Ranking of World Universities* (ARWU), das durch das *Center for
      World-Class Universities* (CWCU) der Shanghai Jiao Tong University seit 2003 veröffentlicht
      und aktualisiert wird. Aber auch das *Times Higher World University Ranking* (THE) listet seit
      2004 Universitäten im weltweiten Vergleich auf.

münden. Interessant ist dabei die Beobachtung, dass ab diesem Zeitpunkt[145] die Kooperationsidee sowohl die Wettbewerbs- als auch die Konkurrenzidee als Begriff in deutschen Publikationen quantitativ übersteigt. Dies könnte ein Indiz dafür sein, dass die Kooperationsidee prominenter und dominanter in Diskursen kommuniziert wird, als die Wettbewerbs- und Konkurrenzidee (Forschungsebene 1, Unterkapitel 2.1.3).

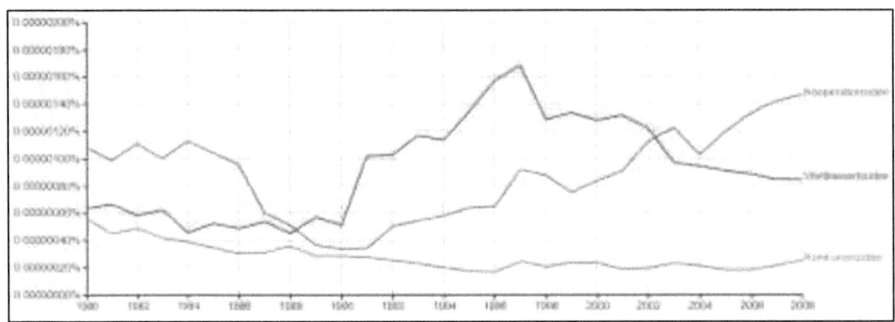

Abbildung 14:   Quantitative Häufigkeit in Publikationen: Wettbewerbsidee,
Kooperationsidee und Konkurrenzidee
Quelle: Erstellt mit Google Ngram

3.3.2   Auswahl Diskursakteure und Textmaterial

Die Organisationen in den verschiedenen Funktionssystemen gelten sowohl als Adressaten als auch als Produzenten im Hochschulreformdiskurs. Die auszuwählenden Akteure aus den Funktionssystemen beteiligen sich aktiv am Hochschulreformdiskurs, d.h. sie gestalten diesen aktiv mit und gelten gleichzeitig als Adressaten für bestimmte Statements.

Die Auswahl der Akteure, die zur Beantwortung der Forschungsebenen von Interesse sind, und die damit verbundenen Bezüge auf bestimmte Funktionssys-

---

145   Im Jahr 2003 wurde das erste größere internationale Hochschulranking veröffentlicht.

teme, erfolgen nicht zufällig. Sie orientieren sich an der historischen Beobachtung, die Stichweh (2009a, 2009b) mit Fremdkontrolle bzw. Fremdsteuerung der europäischen Universität beschreibt.

Im Spätmittelalter (1200-1500) war die Universität in die regionalen und universalen Kommunikationszusammenhänge der Kirche und der kirchlichen Orden eingeordnet. Seit dem 16. Jahrhundert wurde die Funktionalisierung der Universität stärker durch die Politik, d.h. die sich entwickelnden Territorialstaaten beeinflusst. Der Einfluss der Religion auf die Universität ging damit zurück. Im 18. Jahrhundert orientierte sich der Anlehnungskontext der Universität zunehmend an den Wissensdynamiken bzw. Wissenszusammenhängen eines sich ausdifferenzierenden Wissenschaftssystems. Vor diesem Hintergrund gewinnt auch das Erziehungssystem an Bedeutung. Die Wirtschaft stellt seit dem 20. Jahrhundert einen vierten Kontext für die Universität dar. Daraus ergibt sich für zahlreiche Themenfelder der Universitäten eine wirtschaftliche Orientierung. Zudem können noch weitere Funktionssysteme einbezogen werden, u.a. Sport, Massenmedien und Kunst (vgl. Stichweh 2009a: 7).

Diese Anlehnungskontexte der Universität definieren die Auswahl der Funktionssysteme, die das Material für die empirische Auswertung liefern. Damit werden Akteure in die empirische Untersuchung einbezogen, die durch ihre Kommunikation in den Funktionssystemen Politik, Erziehung und Wissenschaft, Wirtschaft und Massenmedien zu verorten sind.

Die zweite Forschungsebene legt den Schwerpunkt auf regionale Besonderheiten im Gegensatz zu globalen Kommunikationszusammenhängen. Aus diesem Grund sind Akteure aus dem Erziehungs- und Wissenschaftssystem (Universitäten) zu wählen, die innerhalb eines regionalen Universitätsraums liegen.

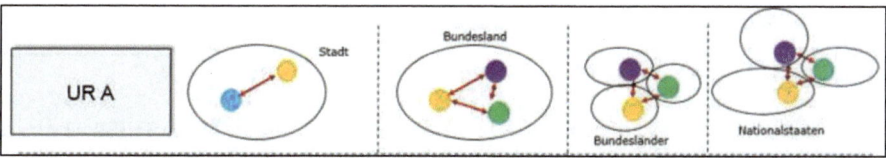

Abbildung 15: Gestaltungsvarianten im regionalen Universitätsraum (UR A)
Quelle: Eigene Darstellung, erstellt in PowerPoint

Zum einen werden Universitäten ausgewählt, die in der gleichen Stadt (München) ansässig sind, zum anderen Universitäten, die unterschiedliche landespolitische Hintergründe besitzen, aber im Rahmen eines Kooperationsvertrages miteinander verbunden sind (Sachsen-Anhalt, Thüringen und Sachsen).

Mit diesem Schwerpunkt im UR A liefern die Technische Universität München (TUM) und die Ludwig-Maximilians-Universität München (LMU) in und durch ihre Kommunikation das Material für die empirische Untersuchung.

Beide Universitäten sind in München verortet und räumlich nicht weit voneinander getrennt (circa 12 Minuten Fußweg). Sowohl die TU München als auch die LMU München nehmen in den nationalen und internationalen Hochschulrankings im deutschlandweiten Vergleich eine konstant hohe Position ein.[146] In diesem Fall wären die beiden Akteure direkte Konkurrenten, die sich durch eine hohe Ressourcenähnlichkeit und Überschneidung in den Absatzmärkten auszeichnen (vgl. Abb. 12, 1. Quadrant).

In den mitteldeutschen Bundesländern wurden die Universitäten von Halle-Wittenberg, Leipzig und Jena ausgewählt, wodurch die empirische Auswertung an zusätzlichem Informationsgehalt gewinnt – bedingt durch die verschiedenen landespolitischen Hintergründe. Die Universitäten befinden sich in einem Radius von 120 Kilometern Entfernung und kooperieren im Rahmen eines Vertrages miteinander (Universitätsverbund Halle-Jena-Leipzig). Bedingt durch die regionale Nähe einerseits und die unterschiedlichen landespolitischen Hintergründe (und damit ggf. unterschiedlichen Ressourcenausstattungen) andererseits, stellen die Universitäten nur bedingt eine direkte Konkurrenz füreinander dar (vgl. Abb. 12, 2. Quadrant).

Das Hochschulmarketing wird nicht nur im globalen, nationalen und regionalen Wettbewerb um Studierende und Lehrende ein zunehmend wichtiges Instrument. Die Präsenz und Sichtbarkeit der deutschen Hochschulen in Online- und Printmedien ist zu einer konstanten Anforderung geworden.[147]

---

146   Im ARWU-Ranking aus dem Jahr 2015: TUM Platz 51, LMU Platz 52; im THE-Ranking aus dem Jahr 2016: LMU Platz 26, TUM Platz 53.

147   Weiterführend siehe Laukötter 2014. In diesem BMBF-Forschungsprojekt wird die Mediensichtbarkeit deutscher Hochschulen untersucht.

Nach Werron (2009) können die einzelnen Akteure der Massenmedien als Publikum definiert werden. Sie beobachten, mit welchem Erfolg die Universitäten das hochschulpolitische Projekt Profilbildung durch die Kooperations- bzw. die Wettbewerbsidee umsetzen. Die Massenmedien bestimmten sowohl, was im Diskurs wann als wichtig bzw. diskussionswürdig erachtet wird, als auch die Art und Weise, wie über eine Idee, ein Konzept oder ein Thema kommuniziert wird (vgl. Bischoff 2016: 20). Denn der Diskurs, so Landwehr (2001: 7), steuert und regelt die Varianten von Aussagen zu einem bestimmten Thema, d.h. er organisiert das Denkbare und Sagbare.

Im Horizont des Publikums behauptet sich die öffentliche Kommunikation als ein aktiver Dritter, der „definiert, wer zu den Konkurrenten zählt, der definiert, was als Leistung gelten kann, der definiert, worin Preis und Qualität der Leistungen bestehen, und definiert, worauf Kriterien und Knappheit der Gunst des Publikums beruhen" (Werron 2009: 20).

Dem Publikum kommt dabei eine doppelte Beobachtungsleistung zu. Einerseits beteiligt es sich an der Institutionalisierung der Eigenschaften, die alle Konkurrenten gemeinsam haben; andererseits sorgt das Publikum für die Verbreitung und Begründung der Vergleichskriterien, die die Konkurrenten unterscheidbar machen (vgl. Werron 2009: 21).

Das spiegelt auch der öffentliche Diskurs (Hochschulreformdiskurs) wider. Die Konkurrenten werden zu Diskursakteuren, die gezwungen sind, sich an den Gegebenheiten der öffentlichen Kommunikation zu orientieren, um auf ihre Leistungen oder Meinungen zu verweisen und diese darzustellen (vgl. Werron 2009: 20).

Das globale Universitätssystem bietet den Rahmen für diese weltöffentliche Konkurrenz zwischen den einzelnen Universitäten und den nationalen Hochschulsystemen. Es ist sowohl ein Wettbewerb um Zustimmung und Aufmerksamkeit eines relativ bekannten Publikums (*scientific community*)[148] als auch ein

---

148 Für die Wissenschaft und ihre gesellschaftliche Legitimation ist es wichtig, wie sie in den Massenmedien dargestellt werden: „Die Wissenschaft ist gezwungen, ihre vormalige Zurückhaltung gegenüber einer allgemeinen Publizität aufzugeben, und sucht die öffentliche Akzeptanz. Die Medien nehmen dabei die zentrale Mittlerfunktion ein, da sie über die Zuteilung von

Streben, dieses Publikum in seiner Quantität und Qualität zu vergrößern, um die Aufmerksamkeit eines unbekannten Publikums (Akteure aus Wirtschaft und Politik) zu gewinnen (öffentlicher Diskurs) (vgl. Werron 2009: 32).

Es werden ausschließlich Akteure der Massenmedien ausgewählt, die sich den Themen der Hochschulbildung und Hochschulpolitik besonders intensiv widmen. Zudem müssen die Artikel und Publikationen barrierefrei sein, d.h. ohne Zugriffseinschränkungen und Kosten (z.B. bei der Nutzung von Archiven oder erforderlichen Online-Registrierungen).

Vor diesem Hintergrund wurden folgende Akteure aus dem Funktionssystem Massenmedien für die Diskurs-Netzwerk-Analyse ausgewählt: DIE ZEIT, die Süddeutsche Zeitung und DER SPIEGEL. Bei diesen Akteuren aus den Massenmedien treffen die o.g. Auswahlkriterien zu. Sie berichten intensiv (teils über eine eigene Rubrik) zum Thema Hochschulbildung. Zudem sind ihre Artikel barrierefrei zugänglich.

Bedingt durch die fünf ausgewählten Universitäten gehören die jeweiligen Bundesländer und ihre politischen Institutionen zu den relevanten politischen Akteuren. Das sind somit für Sachsen-Anhalt das Kultusministerium (2002-2011) bzw. später das Ministerium für Wissenschaft und Wirtschaft (2011-2016); für Sachsen das Ministerium für Wissenschaft und Kunst, für Thüringen das Ministerium für Wirtschaft, Arbeit und Infrastruktur (2003-2009), später das Ministerium für Wirtschaft, Arbeit und Technologie (2009-2014) bzw. das Ministerium für Wirtschaft, Wissenschaft und digitale Gesellschaft und für Bayern das Ministerium für Wissenschaft, Forschung und Kunst (1998-2013).

Für die empirische Analyse des Hochschulreformdiskurses werden solche Wirtschaftsakteure bewusst ausgeklammert, die aus ihrem Funktionsbereich und Aufgabenportfolio heraus eine eindeutige Rolle im Hochschulreformdiskurs einnehmen. Hier ist offensichtlich, dass Akteure wie die Deutsche Industrie- und Handelskammer oder der Stifterverband für die Deutsche Wissenschaft die Kooperationsbeziehungen in ihrer Region oder ganz im Allgemeinen befürworten

---

öffentlicher Aufmerksamkeit entscheiden und nach einer eigenständigen Logik operieren" (Weingart 2003: 113).

und auszubauen beabsichtigen. Ihr Kommunikationsverhalten ist offensichtlich und vorhersagbar. Für die Diskurs-Netzwerk-Analyse werden ausschließlich Akteure einbezogen, die nicht primär auf Kooperationsbeziehungen zwischen Wissenschaft und Wirtschaft ausgerichtet sind, sondern diese Partnerschaft in ihrem peripheren Funktions- und Aufgabenbereich berücksichtigen. Die Arbeit stützt sich dabei auf die Akteure Siemens, Audi und Bayer. Alle drei Akteure zeichnet ein Fokus auf die Themen Forschung und Innovation aus. Zudem arbeiten sie eng mit Hochschulen zusammen.

Nachdem die Akteure aus den einzelnen Funktionssystemen benannt wurden, gilt es nun, das von ihnen erzeugte und kommunizierte Textmaterial einzugrenzen und zu bestimmen. Es dient als Grundlage für die Diskurs-Netzwerk-Analyse.

Für das Textmaterial der fünf Universitäten muss sichergestellt sein, dass ausschließlich Texte verwendet werden, die keine persönliche Meinung widergeben. Demnach werden u.a. Reden von Rektoren bzw. Universitätspräsidenten nicht berücksichtigt. Das Textmaterial muss öffentlich und frei zugänglich sein, d.h. allen anderen Diskursakteuren zur Verfügung stehen.[149] Von den Universitäten werden Selbstbeschreibungen in Form von Leitbildern[150] und historischen (Selbst-)Darstellungen verwendet sowie Presseinformationen, die das Thema Profilbildung aufgreifen.

Von den drei Akteuren der Massenmedien werden jeweils 50 Zeitungsartikel pro Akteur in die Diskurs-Netzwerk-Analyse einbezogen. Ausschlaggebend für die Auswahl der Artikel sind die Schlüsselwörter Profilbildung, Kooperation, Wettbewerb, Innovation und Kreativität.

---

149 Die Kommunikation muss von der Universität als Akteur ausgehen und nicht von Einzelpersonen.

150 An dieser Stelle muss darauf hingewiesen werden, dass Leitbilder bzw. *mission statements* von Hochschulen schon häufiger Gegenstand der Hochschulforschung waren (u.a. Kosmützky 2010). Die Leitbilder werden in das empirische Material einbezogen, um explizite Äußerungen der Universität zu den Themen Profilbildung, Kooperations- oder Wettbewerbssituation herauszustellen und diese Selbstbeschreibungen mit den Äußerungen der Wirtschaft, der Massenmedien und der Politik zu vergleichen.

Nach Würmseer (2010: 202 ff.) sind dem Staat vier Funktionen zuzuschreiben: Gesetzgebungsfunktion, Zielbestimmung, Ressourcenbereitstellung und Leistungsnachfrage. An diesen Funktionen orientiert sich auch die Auswahl des Textmaterials: Landeshochschulgesetz, Zielvereinbarungen[151], Koalitionsvereinbarungen[152] und der jeweils aktuellste Hochschulstrukturplan (im Zeitraum von 2003-2013). Bedingt durch die Föderalismusreform liegt die Verantwortung für die einzelnen Universitäten bei der Landespolitik. Zwar nimmt die Bundespolitik ebenso auf die Universitäten Einfluss, insbesondere durch die Lockerung des Kooperationsverbotes (2014) sowie durch zahlreiche Förder- und Finanzierungsprogramme.

Diese Arbeit berücksichtigt allerdings keine bundeshochschulpolitischen Texte, da politische Akteure auf Bundesebene (wie z.B. das BMBF) von den Hochschulen nicht als relevante Einflussgruppe angesehen werden. Dies stellt auch eine Studie von Würmseer dar (vgl. Würmseer 2010: 201).[153]

Aus der Auswahl der Akteure und des Textmaterials der einzelnen Funktionssysteme ergibt sich die folgende Gesamtübersicht.

---

151   Unter Zielvereinbarungen werden die jeweils aktuellsten „vertragsförmigen Vereinbarungen" subsumiert, die zwischen der Hochschulpolitik, d.h. den zuständigen Ministerien, und der Universität gelten, bspw. Hochschulpakte, Ziel- und Leistungsvereinbarungen oder Entwicklungsvereinbarungen. Der höchste Einfluss auf die Hochschulstrategie wird nach einer Umfrage von 103 Hochschulleitern den Zielvereinbarungen eingeräumt (vgl. Winde/Mönikes/Zinke 2017: 3).
152   In dem gegebenen Zeitraum waren nicht immer Koalitionsregierungen erforderlich, weil bspw. die CSU in Bayern (außer von 2008-2013) sowie die CDU in Thüringen (2004-2009) die absolute Mehrheit in ihren Landtagswahlen erhielten. Dadurch waren keine Koalitionsvereinbarungen vorhanden, sodass auf die entsprechenden Regierungserklärungen der Ministerpräsidenten zurückgegriffen wurde.
153   Interessant ist dabei die Beobachtung, dass stärker noch als das BMBF die Europäische Union Einfluss auf Hochschulen nimmt, was nicht zuletzt in einem Bezug zum Bologna-Prozess steht (vgl. Würmseer 2010: 201).

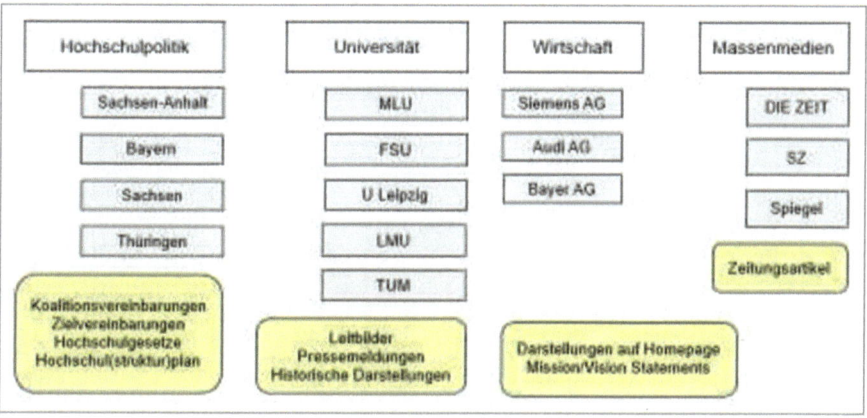

Abbildung 16:   Verwendetes Textmaterial
Quelle: Eigene Darstellung, erstellt in PowerPoint

4   Hochschulpolitische Diskurslandkarte

Nachdem im zweiten Kapitel der theoretische Rahmen für die Forschungsebenen beschrieben und im dritten Kapitel mit dem Hochschulreformdiskurs der Forschungsgegenstand skizziert wurde, wird in diesem Kapitel das methodische Vorgehen aufgezeigt.

Mithilfe der Diskurs-Netzwerk-Analyse sollen die Wirkungseinflüsse der Umwelt auf die Universität bzw. der Einfluss von Ideen auf den institutionellen Wandel der Universität empirisch belegt werden. Es sollen Diskurskonzepte und -ideen aus dem Hochschulreformdiskurs herausgestellt und diese mit bestimmten Diskursakteuren verbunden werden. Dafür werden Strukturierungsdimensionen definiert, mit deren Hilfe das komplexe empirische Material systematisiert und für die Untersuchung der Forschungsebenen genutzt werden kann. Die Auswertungen aus der Diskurs-Netzwerk-Analyse sind zunächst für die Forschungsebenen 1 und 2 relevant (Kapitel 5). Erst vor diesem Hintergrund lassen sich Schlussfolgerungen für die dritte Forschungsebene ableiten (Kapitel 6).

In einem ersten Schritt werden das methodische Vorgehen der Diskurs-Netzwerk-Analyse und die entsprechende Software-Umsetzung beschrieben. Es wird aufgezeigt, wie die Diskurs-Netzwerk-Analyse als Auswertungsinstrument[154] in der Hochschulforschung eingesetzt werden kann (Unterkapitel 4.1).

Im dritten Kapitel wurden die Diskursakteure definiert und die Auswahl des entsprechenden Textmaterials für die empirische Auswertung abgeleitet. Nun werden in einem zweiten Schritt Strukturierungsdimensionen für die empirische Bearbeitung des Textmaterials festgelegt (Unterkapitel 4.2).

Diese Strukturierungsdimensionen lassen auf verschiedene Diskurskonzepte schließen, hinter denen entweder die Kooperations- oder die Wettbewerbsidee steht. Es sind bestimmte Regeln zu beachten, wie einzelne Statements[155] kodiert

---

154   Die Diskurs-Netzwerk-Analyse wurde bislang in verschiedenen Policy-Bereichen angewendet, u.a. in der Rentenpolitik, Klimapolitik, Energiepolitik oder Wasserpolitik (einen Überblick gibt Leifeld 2016b: 313).

155   „A statement is a verbal or written expression of discontent with a policy or in favor of a policy. Statements need to be public to qualify as an element of political discourse because on-

© Springer Fachmedien Wiesbaden GmbH, ein Teil von Springer Nature 2019
R. Nägler, *Steuermannskunst im Hochschulmanagement*,
https://doi.org/10.1007/978-3-658-28406-0_4

werden, um eine einheitliche Grundlage zur Auswertung zu erhalten (Unterkapitel 4.3). Die vorab definierten und beschriebenen Strukturierungsdimensionen sowie das Vorgehen bei der Kodierung von Statements führen im Ergebnis zu einer Bandbreite verschiedener Akteur-Konzept-Netzwerke (Affiliationsnetzwerke). Die sich daraus ergebenen Zuordnungen von Akteuren und Diskurskonzepten werden entsprechend der Forschungsebenen 1 und 2 mithilfe verschiedener Zentralitätsmaße im Kapitel 5 ausgewertet. Die relevanten Zentralitätsmaße werden im Unterkapitel 4.4 vorgestellt.

Um nachzuweisen, welche Wirkungsweise Ideen auf die Universität besitzen, wird der Hochschulreformdiskurs auf dominante Ideen, Diskurskonzepte und Diskursakteure untersucht und in Affiliationsnetzwerken veranschaulicht. Spiegeln sich bestimmte zentrale Ideen des Diskurses in der Struktur oder dem Kommunikationsverhalten der Universität wider, so ist das als Einflussnahme von Ideen auf die Organisation zu interpretieren. Auf Grundlage der Diskurs-Netzwerk-Analyse können Zusammenhänge, wie welche Akteure welche Ideen und Diskurskonzepte befürworten oder ablehnen, aufgezeigt werden.[156]

Die Kapitelüberschrift beschreibt das allgemeine Ziel, das mit der Diskurs-Netzwerk-Analyse einhergeht. Es wird eine Landkarte des hochschulpolitischen Diskurses visualisiert, auf der dominante Akteure und Diskurskonzepte zu erkennen sind. Mit dieser hochschulpolitischen Diskurslandkarte können die Universitäten bewusster und strategischer durch die Vielfalt an Ideen, Diskurskonzepten und Akteuren *steuern*. Diese Eigenschaft wird im letzten Kapitel als Steuermannskunst beschrieben.

---

ly public claims will be instrumental for the goals actors want to pursue in a discourse. For example, a government agency may voice its concerns about the implementability of a certain policy instrument in a parliamentary hearing, or an interest group may suggest that adoption of a specific policy measure would have positive effects on public welfare, in order to assert their interests" (Leifeld 2016b: 301 f.).

156   Zur Visualisierung der einzelnen Netzwerke, die sich aus den verschiedenen Kategorien ergeben, verwendet die Arbeit die Softwareanwendung Visone.

4.1 Diskurs-Netzwerk-Analyse in der Hochschulforschung

Wie sich im Folgenden zeigen wird, ist die Diskurs-Netzwerk-Analyse als Auswertungsinstrument in der deutschen Hochschulforschung relativ unbekannt. Die Forschungsebenen dieser Arbeit können allerdings vor diesem speziellen methodischen Hintergrund zu neuen Erkenntnissen, Interpretationen und Beobachtungen führen, da hauptsächlich Ideen und Diskurse als Auslöser für den institutionellen Wandel der Universität angenommen werden.

Die Frage, wie die Hochschulforschung in Theorie und Methodik arbeitet, wird seit ein paar Jahren intensiv diskutiert. Im Jahr 2014 führte das *Internationnal Centre for Higher Education Research* (INCHER) in einer Studie eine Bestandsaufnahme der Forschungsmethoden und Publikationsmuster der Hochschulforschung durch (vgl. Hertwig 2014). Ein Jahr später beschäftigte sich die zehnte Jahrestagung der Gesellschaft für Hochschulforschung (GfHf) mit der Theoriebildung und Methodenentwicklung in der deutschen Hochschulforschung.

Die bewusste Auseinandersetzung mit dem Thema Hochschulforschung erweckt den Eindruck, dass das noch relativ junge Forschungsfeld zunächst erst einmal geeignete und charakteristische Methoden und Theorien für sich finden muss, um Hochschulen als Forschungsgegenstand vollständig zu untersuchen.[157]

Dass die große Bandbreite an zur Verfügung stehenden Methoden und theoretischen Perspektiven für die Hochschulforschung eine zentrale Herausforderung darstellt, bestätigt auch der Wissenschaftsrat dem HIS-Institut für Hochschulforschung. In der Stellungnahme des Wissenschaftsrats zum HIS-Institut heißt es, dass die anwendungsorientierte Forschung des Instituts „nicht in allen

---

157 Das Buch Hochschulen (Hüther/Krücken 2016) kann als ein erster Versuch verstanden werden, zentrale Forschungsergebnisse der Hochschulforschung aus einer zeitlichen und thematischen Perspektive zusammenzutragen. Anna Kosmützky schreibt in ihrer Rezension: „Nichtsdestotrotz liegt bislang kein deutschsprachiges Einführungsbuch vor, das einen Überblick über Fragestellungen, Themen und empirische Zugänge der Hochschulforschung ermöglicht. Das Fehlen von konsolidiertem Überblickswissen in Form von Einführungsbüchern, Handbüchern oder feldspezifischen Methodenbücher reflektiert nicht zuletzt die Diversität des Forschungsfeldes" (Kosmützky 2015: 188).

Bereichen auf dem aktuellsten Stand der internationalen Methoden- und Modell-entwicklung in den Sozial- und Verhaltenswissenschaften" (Wissenschaftsrat 2013b: 9) basiert.

Krücken resümiert, dass in Bezug auf die soziologische Hochschulfor-schung die Theoriebildung und Methodenentwicklung *beschränkt* geblieben sei und vielmehr auf eine theoretische und methodische Basis des Fachs zurückge-griffen wurde. Gleichwohl ist der Schritt zu einer eigenständigen Theorie- und Methodenentwicklung ausgeblieben (vgl. Krücken 2012: 268 f.).

Der Wissenschaftsrat bemängelt zudem die unzureichende Weiterentwick-lung methodologischer Aspekte der Auswertung und Erhebung von Daten (vgl. Wissenschaftsrat 2013b: 9 f.).

Eine selbstkritische Auseinandersetzung der Hochschulforschung in Bezug auf ihre theoretischen und methodischen Grundlagen ist demnach größtenteils ausgeblieben.

> „Although research on higher education enjoys substantial public attention, it faces considera-ble problems in establishing a common basis, as far as exchange of information or basic agreement on major paradigms and basic knowledge to guarantee minimum standards of con-ceptual and methodological quality are concerned" (Teichler 1996: 462).

Die bereits erwähnte INCHER-Studie setzt sich mit den Mängelbeschreibungen und Entwicklungsempfehlungen des Wissenschaftsrates auseinander und be-trachtet die empirisch-methodische Basis der sozialwissenschaftlichen Hoch-schulforschung (vgl. Hertwig 2014: 5 f.).

Im Ergebnis dieser Studie, die nach einer umfangreichen Dokumentenana-lyse[158] im Zeitraum von 1990 bis 2010 stattfand, steht folgende Verteilung zu den Methoden der Datenerhebung.

---

158   Weiterführend siehe Hertwig 2014: 27-60.

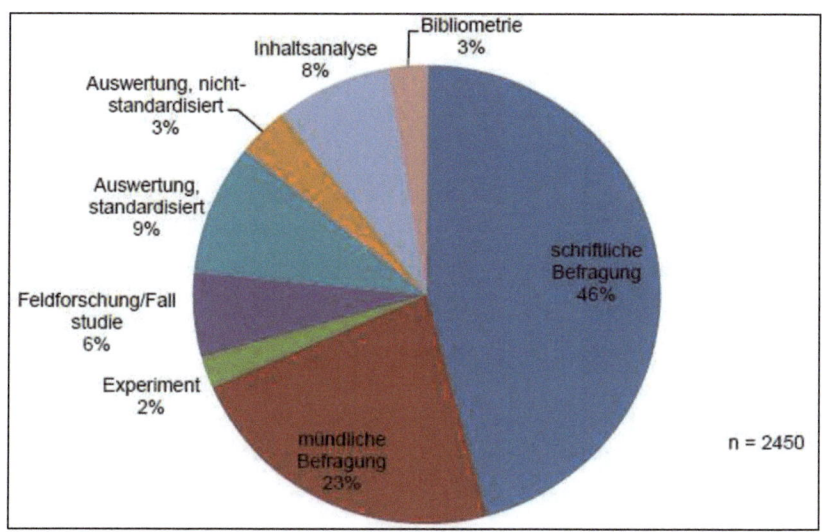

Abbildung 17:   Verteilung der Methoden zur Datenerhebung
Quelle: Hertwig 2014: 62

70 Prozent der Daten in der Hochschulforschung werden demnach durch schrift-liche und mündliche Befragungen generiert, während Inhaltsanalyen, Experi-mente oder bibliometrische Untersuchungen die Ausnahmen im methodischen Vorgehen zur Datenerhebung darstellen.

Standardisierte Verfahren sind in ihrer Kombination mit mündlichen und schriftlichen Befragungen sehr stark in der Hochschulforschung vertreten, wie Abbildung 18 (ungewichtet, n=707) zeigt.

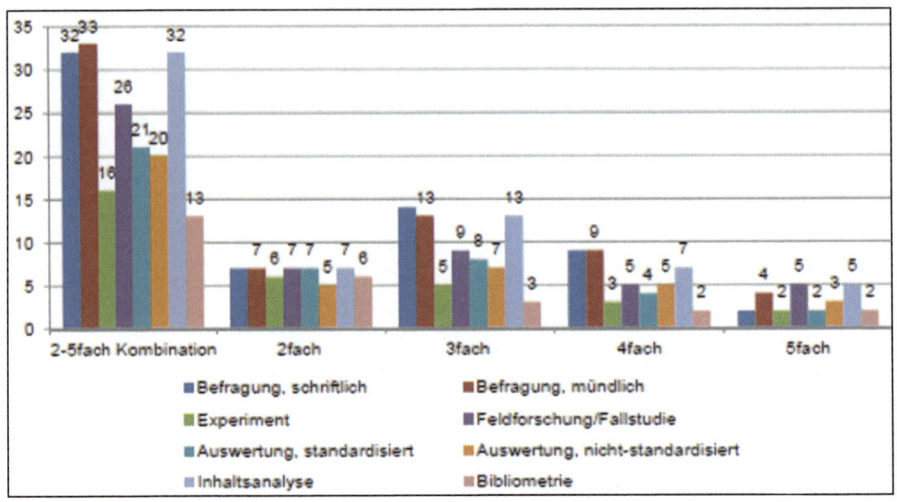

Abbildung 18:   Gesamtbetrachtung der Präsenz von
Kategorienkombinationen
Quelle: Hertwig 2014: 67

Bislang existieren wenige Studien, die (hochschul-)politische Akteure mit verschiedenen Interpretationsrahmen bzw. *frames* [159] verbinden (vgl. Steensland
2008: 1031).

Zwar gibt es Untersuchungen, die entweder die politischen Diskurse in-
haltsanalytisch zu erfassen versuchen (z.B. Nullmeier/Wrobel 2005) oder sich
für Kooperationsmuster und Machtkoalitionen interessieren (z.B. Engels 2003).

Mithilfe der sozialen Netzwerkanalyse können diese beiden Forschungsstra-
tegien jedoch zusammengeführt werden (z.B. Janning et al. 2009). Da die Diskurs-Netzwerk-Analyse sowohl Akteur- als auch Konzept-Netzwerke miteinan-

---

159   „Ein Frame in einem politischen Diskurs besteht aus einem Cluster von mehreren Konzepten,
      deren Ähnlichkeit über die gemeinsame Verwendung durch Akteure bestimmt ist" (Leifeld
      2009: 391).

der verbindet, kann sie demnach als ein Zusammenspiel von Inhaltsanalyse und Netzwerkanalyse verstanden werden (vgl. Leifeld/Haunss 2012: 389).

Insbesondere durch die Verknüpfung der Akteure mit verschiedenen im Diskurs vorhandenen Diskurskonzepten kann die Kommunikation der Universität zu ihrer Umwelt sowie die Kommunikation der Umwelt zur Universität abstrahiert, geordnet und visualisiert werden.

Bedingt durch seine vielfältigen Akteure und Diskurskonzepte, die sich aus den verschiedenen hochschulpolitischen Projekten (u.a. Profilbildung, Bologna, Akademisierung) generieren, ist der Hochschulreformdiskurs in seiner kommunikativen Struktur sehr komplex. Daher konzentriert sich die empirische Beobachtung ausschließlich auf das hochschulpolitische Projekt Profilbildung mit den entsprechenden Diskursakteuren. Die Diskurs-Netzwerk-Analyse hilft dabei, die vielschichtigen diskursiven Strukturen aus diesem hochschulpolitischen Projekt zu entwirren.

> „The approach reduces complexity to a degree that is understandable while at the same time maintaining enough complexity to avoid oversimplification" (Leifeld/Haunss 2012: 390).

Mithilfe der Diskurs-Netzwerk-Analyse können Subkoalitionen (innerhalb einer Diskurskoalition) identifiziert und ihnen die entsprechenden Konzepte und Statements zugeordnet werden (vgl. Leifeld/Haunss 2012: 390).

Leifeld (2016a) hat einen großen Beitrag für die Umsetzung der Diskurs-Netzwerk-Analyse geleistet. Mit dem *Discourse Network Analyzer* ist es möglich, Diskurse zu messen und anschließend zu visualisieren. Das auf Java basierende Softwareprogramm dient der kategorien-basierenden, qualitativen Inhaltsanalyse. Mit diesem Programm können hochschulpolitische Diskurse akteursbezogen analysiert werden. Leifeld nutzte dieses methodische Vorgehen zum ersten Mal in seiner Dissertation (2016a), um den Diskurs der deutschen Rentenpolitik zu analysieren und zu visualisieren. Mit dieser Software lässt sich die Perspektive des diskursiven Neoinstitutionalismus auf den Hochschulreformdiskurs anwenden und entsprechend auswerten.

Für hochschulpolitische Entscheidungen sind verschiedene verbale und symbolische Interventionen verantwortlich, die diesen vorausgehen und sie begleiten.

„The insight that discourse matters in politics predates what has sometimes been called the 'linguistic turn' in the social sciences or the 'argumentative turn' in political science" (Leifeld/Haunss 2012: 383).

In Anlehnung an den diskursiven Neoinstitutionalismus spiegelt der Hochschul-reformdiskurs den Konflikt über die *diskursive Vorherrschaft* zwischen Dis-kurskoalitionen wider, bei der eine Diskurskoalition die Kooperationsidee für Profilbildung propagiert, während sich die andere für die Wettbewerbsidee zur Profilbildung einsetzt. Die Diskurs-Netzwerk-Analyse zeigt diese Diskurskoali-tionen auf, indem ihnen charakteristische Diskurskonzepte zugeordnet werden.

„This method draws on social network analysis and establishes the link between the actors and the contents of a discourse at several critical steps. For any given policy debate, our approach allows identification of a discrete spectrum of networks, which we call 'affiliation networks', 'actor congruence networks', 'conflict networks', 'concept congruence networks' and 'dynam-ic discourse networks'. Each of these items operationalises a certain aspect of a policy debate" (Leifeld/Haunss 2012: 383).

Wesentlich dabei ist die Beobachtung, welche Akteure im und durch den Diskurs mit welchen Statements bestimmte Inhalte fordern und fördern und wie dadurch eine gewisse kommunikative Nähe im Diskurs zwischen einzelnen Akteuren entsteht. Durch die Diskurs-Netzwerk-Analyse können diskursive Interaktionen zwischen den dominanten Koalitionen analysiert werden. Dabei stellen Netz-werkknoten entweder die Diskursakteure oder ihre Äußerungen (*claims*[160]) dar, die einem bestimmten Konzept zugeordnet werden. Somit besteht ein Netzwerk aus zwei verschiedenen Knoten (2-mode-Netzwerk bzw. bipartites Netzwerk) (vgl. Haunss/Dietz/Nullmeier 2013: 300 f.).[161]

---

160   „Unter Claims verstehen wir jede Forderung oder Entscheidung von Akteuren im entsprechen-den Politikfeld" (Haunss/Dietz/Nullmeier 2013: 303).

161   Ein möglicher Kritikpunkt sei aufgegriffen, der das Zusammenführen von Akteuren und Diskursen auch mit ähnlichen methodischen Verfahren (bspw. „iNet", „AutoMap" oder „Full-text.exe") von semantischen Netzwerkanalyen anspricht. Alle verbindet, dass sie die Inhalte eines Dokuments oder mehrerer Dokumente als Netzwerk abbilden. Die hier verwendete Dis-kurs-Netzwerk-Analyse unterscheidet sich allerdings von den anderen dadurch, dass sie „auf qualitative, manuelle Kodierung des Inhalts mehrerer Dokumente [...](setzt) [...],um die Be-ziehungen zwischen dem Textinhalt (d. h. dem Diskurs) und den damit verbundenen Akteuren als Netzwerk herauszuarbeiten" (Leifeld 2009: 392).

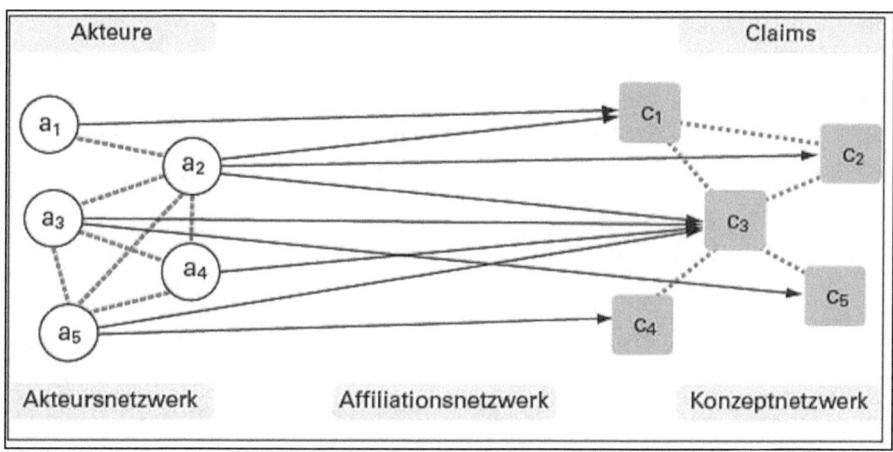

Abbildung 19:   Grundmodell eines Diskursnetzwerkes
Quelle: Haunss/Dietz/Nullmeier 2013: 301

Während auf der einen Seite die Akteure in ihrem Beziehungsgeflecht im Ak-
teurnetzwerk (Akteur-Kongruenz-Netzwerk) dargestellt werden, sind im Konzeptnetzwerk die Beziehungsstrukturen der verschiedenen Diskurskonzepte enthalten. Akteur-Kongruenz-Netzwerke können wie folgt bestimmt werden (vgl.
Leifeld 2016a: 64-69): Akteure a1 und a2 sind in einem Akteur-Kongruenz-
Netzwerk miteinander verbunden, weil sie beide das Diskurskonzept c1 teilen
(vgl. Abb. 19).
   Von einem Konzeptnetzwerk (Konzept-Kongruenz-Netzwerk) ist im folgenden Falle auszugehen (vgl. Leifeld 2016a: 69-71): Die Diskurskonzepte c3
und c4 sind miteinander verknüpft, wenn sie von einem Akteur (a5) in gleicher
Weise zitiert werden bzw. der Akteur die Diskurskonzepte benutzt (vgl. Abb.
19). Tabelle 10 fasst die beiden Netzwerkarten hinsichtlich der Zustimmung und
Ablehnung von Konzepten zusammen.
Durch Affiliationsnetzwerke lassen sich Aussagen darüber machen, wie sich die
Kooperations- und die Wettbewerbsidee im Hochschulreformdiskurs in Bezug
auf Profilbildung darstellen und welche Akteure dabei eine beeinflussende Rolle
einnehmen. Damit gelingt die Zuordnung, ob ein Akteur einem Konzept zustimmend oder ablehnend gegenübersteht und welche Akteure ihre Einschätzung

über welche Diskurskonzepte teilen. Dadurch können dominante Diskuskoalitio-
nen herausgestellt werden, die den Diskurs und damit alle anderen Akteure beeinflussen (so die Grundaussage aus dem diskursiven Neoinstitutionalismus). Für
die empirische Auswertung sind Affiliationsnetzwerke daher von besonderem
Interesse.

> „It [the affiliation network] can simultaneously show actors and concepts as well as their inter-
> relations, which goes beyond most existing measurement approaches to political discourse"
> (Leifeld/Haunss 2012: 391).

Die Arbeit fokussiert ausschließlich Affiliationsnetzwerke, die Diskursakteure
mit entsprechenden Diskurskonzepten verbinden. Es werden keine einzelnen
Akteurs- oder Konzeptnetzwerke ausgewertet. Dies ist für die Zielsetzung der
Forschungsebenen auch nicht relevant, da es ausschließlich von Interesse ist,
welche Akteure welche Diskurskonzepte befürworten und ablehnen.
Es ist jedoch auch möglich, dass unterschiedliche Akteure den verschiedenen
Diskurskonzepten zustimmend oder ablehnend gegenüberstehen. In solchen
Konfliktnetzwerken sind Akteure (a4 und a5) ebenfalls miteinander verbunden,
wovon jedoch ein Akteur (a5) einem Konzept (c4) zustimmt, während der andere
Akteur (a4) dieses ablehnt (vgl. Leifeld 2009: 394). Demzufolge ist es notwen-
dig, entsprechende Diskurskoalitionen zu identifizieren.

Die in den Affiliationsnetzwerken zu erkennenden Diskurskoalitionen dienen dazu, eine Art Landkarte des Hochschulreformdiskurses abzubilden.

Nach Hajer (1993: 45) stellt eine Diskurskoalition eine Gruppe von Akteuren dar, die ein soziales Konstrukt teilen und versuchen, bestimmte Diskursinhal-
te (*policy processes*) gegenüber anderen durchzusetzen. In der Tradition des
symbolischen Interaktionismus wird die diskursive Konstruktion dieser geteilten
Interpretationen als *framing* bezeichnet.

> „A frame simplifies and condenses the 'world out there' by selectively punctuating and encod-
> ing objects, situations, events, experiences, and sequences of actions within one's present or
> past environment" (Snow/Benford 1992: 137).

Tabelle 10:   Zustimmung und Ablehnung von Konzepten

	Zustimmung	Ablehnung
Akteur-Kongruenz-Netzwerke	Mehrere Akteure befürworten ein bzw. mehrere Konzepte.	Mehrere Akteure lehnen ein bzw. mehrere Konzepte ab.
Konzept-Kongruenz-Netzwerk	Mehrere Konzepte werden von Akteuren in gleicher Weise benutzt.	Mehrere Konzepte werden nicht von Akteuren in gleicher Weise benutzt.

Quelle: Eigene Darstellung

Das hier zu untersuchende hochschulpolitische Projekt der Umsetzungsstrategien zur Profilbildung wird hauptsächlich durch Kooperation und Wettbewerb definiert. Die Kernframes bieten Lösungen für das Problem Profilbildung an, beschreiben Umsetzungs- und Lösungsstrategien und bestimmen dadurch den Diskurs. Die Frames nehmen damit eine diagnostische, prognostische und motivationale Funktion ein (vgl. Snow/Benford 1992: 138).

Eine Diskurskoalition zeichnet sich durch relativ stabile Frames und Akteure aus.

„Their members must show strong ideational congruence within the coalition and aim at showing only a low degree of ideational overlap with opposing coalitions. Each coalition should therefore show an idiosyncratic framing pattern with a high level of agreement within a coalition and a high level of conflict between coalitions" (Leifeld/Haunss 2012: 384).

Welche Diskurskoalitionen im Hochschulreformdiskurs erfolgreicher und dominanter als andere sind, zeigt die Diskurs-Netzwerk-Analyse. Dabei muss herausgestellt werden, wodurch eine *erfolgreiche* Diskurskoalition gekennzeichnet ist. Diese Diskurskoalitionen (1) weisen eine hohe zeitliche Stabilität auf, (2) verfügen über eine starke ideelle Kongruenz, (3) treten gemeinsam nach Außen auf, (4) haben einen großen Kreis an Befürwortern und Unterstützern, (5) dominieren den Kern-Frame eines Konflikts, (6) integrieren ihre Frames in vorhandene Erzählungen und (7) charakterisieren einen breiten Frame-Rahmen (vgl. Leifeld/Haunss 2012: 385).

Tabelle 11 bringt die Kerneigenschaften von Diskurskoalitionen mit den entsprechenden Netzwerken in Verbindung, in denen sie am besten operationalisiert werden können. Für die Arbeit ist es wichtig herauszustellen, welches Kernframe (Kooperation oder Wettbewerb) den Hochschulreformdiskurs dominiert und welche Akteure dahinterstehen. Damit vernachlässigt die empirische Auswertung bewusst die anderen sechs Merkmale erfolgreicher Diskurskoalitionen, da es ausschließlich darum geht, die Dominanz von Kernframes und die damit verbundenen Ideen herauszustellen, die auf den institutionellen Wandel der Universitäten wirken.

Tabelle 11:   Operationalisierung von Netzwerkmerkmalen

Merkmal	Operationalisierung
Zeitliche Stabilität	Akteur-Kongruenz-Netzwerk
Ideelle Kongruenz	Akteur-Kongruenz-Netzwerk
Wettbewerb zwischen den Diskurskoalitionen (Auftreten nach außen)	Konfliktnetzwerk
Unterstützerkreis	Akteur-Kongruenz-Netzwerk
Dominieren des Kernframes	Affiliationsnetzwerk, Konzept-Kongruenz-Netzwerk
Integration von Frames	Konzept-Kongruenz-Netzwerk
Diversität des Frame-Rahmens	Konzept-Kongruenz-Netzwerk

Quelle: Leifeld/Haunss 2012: 386

Ob ein Kernframe dominanter als andere ist und wie sich diese Dominanz im Diskurs auswirkt, kann nach bestimmten Dimensionen unterschieden werden. Die folgenden Strukturierungsdimensionen zeigen, in welcher Zentralität bestimmte Diskurskonzepte und Ideen im Hochschulreformdiskurs stehen. Je zentraler sich eine bestimmte Idee oder ein bestimmtes Konzept darstellt, desto dominanter ist die Kommunikation dieser im gesamten (Affiliations-)Netzwerk.

4.2   Strukturierungsdimensionen und Diskurskonzepte

Die folgenden Strukturierungsdimensionen (SD) dienen zur Ordnung des Textmaterials. Alle relevanten Statements der Diskursakteure werden insgesamt fünf Dimensionen zugeordnet. Die Strukturierungsdimensionen orientieren sich an den Forschungsebenen 1 und 2.

Aus jeder Strukturierungsdimension werden verschiedene Diskurskonzepte abgeleitet. Diese Diskurskonzepte sind dann Bestandteil der Auswertung des empirischen Materials und in den einzelnen Affiliationsnetzwerken erkennbar. Durch die Festlegung auf das hochschulpolitische Projekt Profilbildung wird „Profilbildung" zum Orientierungsbegriff im Hochschulreformdiskurs. Was bedeutet der Begriff? Wie begreifen und kommunizieren die einzelnen Diskursakteure die Profilbildung von Universitäten? Mit der ersten Strukturierungsdimension sollen die Diskurskonzepte herausgestellt werden, die die Diskursakteure verwenden, um ihr Verständnis von Profilbildung zu kommunizieren. Die Leitfrage dafür lautet: Über welche Konzepte wird Profilbildung im Hochschulreformdiskurs durch die einzelnen Diskursakteure kommuniziert?

Die Forschungsebene 1 thematisiert, über welche Idee Profilbildung umgesetzt wird. In Bezug auf die Kooperationsidee ist zu fragen, mit welchen Diskurskonzepten die Diskursakteure die Kooperationsidee kommunizieren. Die Leitfrage für die zweite Strukturierungsdimension lautet daher: Wie kommunizieren die Akteure aus den einzelnen Funktionssystemen die Kooperationsidee?

Als eine Konkretisierung der Kooperationsidee gelten bestimmte Vernetzungspraktiken, d.h. wie und wodurch sich Universitäten mit anderen Akteuren zusammenschließen, um sich bspw. zu profilieren und von anderen Mitbewerbern abzugrenzen. Derartige regionale Vernetzungspraktiken (zweite Forschungsebene) können als gesellschaftliches Engagement beschrieben werden (vgl. Conway/Humphrey et al. 2009: 70 ff. sowie Koschatzky et al. 2011: 5). Für die dritte Strukturierungsdimension stellt sich die Leitfrage: Worüber vernetzen sich Universitäten in ihrer Region?

Als Gegenpol zur Kooperationsidee steht im Rahmen der Forschungsebene 1 die Wettbewerbsidee. Dementsprechend ist zu fragen: Wie kommunizieren die Akteure aus den einzelnen Funktionssystemen die Wettbewerbsidee?

Wie im dritten Kapitel bereits ausgeführt, wird der Hochschulreformdiskurs in Autonomie- und Praxisdiskurs unterschieden, um die Ideen und Kommunikationen der Kooperations- und der Wettbewerbsidee inhaltlich genauer zu differenzieren. Die Ideen von „Innovation" (Praxisdiskurs, Wettbewerbsidee) und „Kreativität" (Autonomiediskurs, Kooperationsidee) liefern zusätzliche Hinweise auf das Vorhandensein von Kooperation oder Wettbewerb im Diskurs. Die beiden Begriffe Innovation und Kreativität werden daher in die Auswertung des

Textmaterials mit einbezogen. Die Leitfrage für diese Dimension lautet: Wie kommunizieren die Diskursakteure über Innovation und Kreativität die Kooperations- und die Wettbewerbsidee?

Diese fünf Strukturierungsdimensionen definieren durch ihre inhaltliche Ausrichtung bestimmte Diskurskonzepte. Die hier verwendeten Abkürzungen sind dann auch Bestandteil der Visualisierungen im fünften Kapitel.[162]

Ein Diskurskonzept wird wie folgt gelesen und interpretiert. Das Diskurskonzept „Profilbildung (Kooperation)" ist in der ersten Strukturierungsdimension zu verorten, da konkret kommuniziert wird, wie Profilbildung umgesetzt werden soll, nämlich durch Kooperation.[163]

Tabelle 12:   Diskurskonzepte der SD 1

Profilbildung	
Forschungsebene 1	
Kooperation	Die Kooperationsidee dient als Instrument für die Profilbildung von Universitäten.
Wettbewerb	Die Wettbewerbsidee fördert den Profilbildungsprozess der Universitäten. Die Herausstellung der Hochschulprofile wird dabei durch wettbewerbstypische Strukturen (z.B. Implementierung von Qualitätsmanagement, Evaluationen, Kennzahlen) generiert. Profilbildung dient der Wettbewerbsfähigkeit der Universitäten.
Forschungsebene 2	
Region	Die regionalen Ressourcen (*localised capabilities*) einer Universität dienen ihrer strategischen

---

162   Siehe auch die entsprechenden Abkürzungen in den Affiliationsnetzwerken (Unterkapitel 8.3).
163   Wie genau Statements kodiert werden, wird im Unterkapitel 4.3 beschrieben.

Profilbildung	
	Profilbildung.
Weitere Ausdifferenzierungen	
Universitätsentwicklung	Die Profilbildung bezieht sich auf die strategische Entwicklung und Ausrichtung der Universität.
Kleine Fächer	Profilbildungsprozesse fördern oder verhindern kleinere Fachdisziplinen (z.B. Ägyptologie).
Wissenschaft	Die Diskursakteure weisen bestimmten wissenschaftlichen Fachbereichen eine bedeutendere Rolle im Profilbildungsprozess zu als anderen Fachdisziplinen.
Lehre	Bestimmte Schwerpunkte innerhalb der Universitätslehre kennzeichnen das Profil der gesamten Universität.
Service	Die Universitäten profilieren sich durch besondere Serviceangebote für ihre Mitglieder.
Identität	Ein bestimmtes (historisches) Bewusstsein beeinflusst und stärkt die Profilbildung.

Quelle: Eigene Darstellung,

Tabelle 13:   Diskurskonzepte der SD 2

Kooperationsidee	
Forschungsebene 1	
K-U-W	Kooperation zwischen Universität und Akteur(en) der Wirtschaft
K-U-U	Kooperation zwischen Universitäten (bishin zu einer Fusion)
K-U-FH	Kooperation zwischen Universität und Fachhochschule
K-U-A	Kooperation zwischen Universität und außeruniversitären Forschungseinrichtungen
K-U-X	Wenn von der Kooperation der Universität im Allgemeinen gesprochen wird.
Km-L	Die Kooperation basiert auf gemeinsamen Absichten innerhalb der Hochschullehre.
Km-F	Die Kooperation basiert auf gemeinsamen Absichten in der Forschung.[164]
Km-FL	Die Kooperation basiert auf gemeinsamen Absichten in den Bereichen der Forschung und Lehre.
Km-S[165]	Die Kooperation trägt symbolische Absichten und basiert auf gemeinsamen Idealen und Zielen.

---

164 Oftmals finden diese Kooperationen (zu Forschungszwecken) in zeitlich-begrenzten Projekten statt und haben einen interdisziplinären Anspruch (vgl. Röhlig 2018).

165 Die Kooperation ist entweder politisch initiiert oder dient als symbolisches Instrument gegenüber dem Publikum. Ein Sondermodell stellen Kooperationen wie German U 15 oder TU9 dar, die in ihrem Zusammenschluss das Ziel verfolgen, ähnliche Ideale und Vorstellungen oder eine gemeinsame Tradition zu symbolisieren. Derartige symbolische Kooperationen treten bewusst als Einheit auf, um bestimmte Statements zu setzen und als Gemeinschaft eine größere Gewichtung im Diskurs zu erlangen.

Kooperationsidee	
Km-P	Die Kooperation findet auf Grund von politischen Bestimmungen statt bzw. ist in einem politischen Rahmen verortet.

Forschungsebene 2	
Km-R	Die Kooperation geschieht bewusst in einer gemeinsamen Region.

Quelle: Eigene Darstellung

Tabelle 14:   Diskurskonzepte der SD 3

Regionale Vernetzungspraktiken		
Forschungsebene 2		
Wissensaustausch	W1	Beratung
	W2	Öffentlich geförderte Projekte
	W3	Kompetenzaufbau bei regionalen Akteuren
	W4	Studentische Beratung
	W5	Beteiligung am öffentlichen Diskurs
Dienstleistung	D1	Ermöglichung der Mitnutzung universitärer Einrichtungen und Dienstleistungen
	D2	Unterstützung benachteiligter Gruppen
	D3	Interkulturelle Experten-Beiträge
	D4	Beitrag zum gesellschaftlichen Leben der Region
Forschung	F1	Verbund-Forschungsprojekte
	F2	Forschungsprojekte zum Wissensgewinn

Regionale Vernetzungspraktiken		
	F3	Auftragsforschung
	F4	Forschung über Gruppen (inkl. Feedback)
Lehre	L1	Unterrichten angemessener Engagement-Möglichkeiten
	L2	Angewandte bürgerschaftliche Bildung
	L3	Öffentliche Vorlesungs- und Seminarreihen
	L4	Weiterbildung für benachteiligte Gruppen
	L5	Erwachsenenbildung und lebenslanges Lernen

Quelle: Koschatzky et al. 2011: 5.

Tabelle 15:   Diskurskonzepte der SD 4

Wettbewerbsidee	
Forschungsebene 1	
Exzellenz bzw. Exzellenzinitiative	Die Profilbildung der Universität wird über die Exzellenzinitiative geführt (vgl. Meier 2009: 163).
Hochschulranking / Ranking	Rankings dienen als Profilierungsinstrument gegenüber der Konkurrenz (vgl. Meier 2009: 155).
Zudem gelten folgende Begriffe als Indiz für den Wettbewerbsgedanken: Leistung, Management, Evaluation, Ressource, Zielvereinbarungen, Wettbewerb, (Hochschul-)Autonomie, Qualität, Konkurrenz, Wirtschaft, Fähigkeit	

Quelle: Eigene Darstellung

Tabelle 16:   Diskurskozepte der SD 5 (Kreativität)

Kreativität
Forschungsebene 1

Kooperation	Kooperationsbeziehungen tragen dazu bei, dass sich kreative Prozesse und Ideen in Forschung und Lehre entfalten und durchsetzen können und unterstützen damit die Profilbildung.
Weitere Ausdifferenzierungen	
Studiengang	Kreativität nimmt innerhalb und zwischen Studiengängen einen besonderen Stellenwert ein und wird explizit gefördert und gefordert.
Innovation	Kreativität bedingt Innovation und führt daher zu *Spillovers* (bspw. in die Wirtschaft).
Vorgehen	Ein bestimmtes Vorgehen in der Organisationsstruktur fördert Kreativität.

Quelle: Eigene Darstellung

Tabelle 17:   Diskurskonzepte der SD 5 (Innovation)

Innovation	
Forschungsebene 1	
Kooperation	Kooperationsbeziehungen tragen dazu bei, dass sich innovative Prozesse und Ideen in Forschung und Lehre entfalten und durchsetzen können.
Weitere Ausdifferenzierungen	
Forschung	Forschung und Innovationen bedingen sich gegenseitig.
Lehre	Lehre und Innovationen bedingen sich gegenseitig.
Beruf	Bestimmte Berufe haben durch ihr Aufgabenportfolio einen erhöhten Stellenwert von Innovation.
Bildungspolitik	Innovationsstrategien sind fest in der Hochschulpolitik verankert oder werden von ihr und den Hochschulen als Leitmotiv getragen und interpretiert.
Spezialisierung	Spezialisierungen begünstigen Innovationen (bspw. durch interdisziplinäre Projekte).
Wirtschaft	Innovationen bedienen das Interesse und die Nachfrage der Wirtschaft.

Quelle: Eigene Darstellung

Die Strukturierungsdimensionen wurden so gewählt, dass sie eindeutige Rückschlüsse auf die Forschungsebenen 1 und 2 zulassen. Die einzelnen Diskurskonzepte können zusätzlich auch den vier Universitätsräumen zugeordnet werden (UR A bis D, vgl. Abb. 7). Das geschieht allerdings nur, wenn das Statement ausdrücklich einen entsprechenden regionalen, nationalen oder internationalen Bezug aufweist. Ein Statement enthält die Information, dass ein Wirtschaftsakteur ausdrücklich die Beziehungen zu regionalen Universitäten sucht, fordert und finanziell fördert. Das Konzept „K-U-W" ist dann um die Zuordnung „UR A" zu ergänzen: „K-U-W (UR A)" – die Profilbildung der Universität ist gekennzeichnet durch die regionale Zusammenarbeit der Universität mit einem Wirtschaftsakteur.

Wie aus den Diskurskonzepten hervorgeht, sind inhaltliche Überschneidungen erkennbar. Der Sinngehalt der einzelnen Diskurskonzepte darf sich überschneiden (vgl. Leifeld 2009: 392 f.).

Die folgenden Diskurskonzepte sind für die Beantwortung der Forschungsebenen 1 und 2 besonders relevant. Sie können als direkte Antworten auf die Forschungsebenen verstanden werden, d.h. wie und ob die Kooperations- und die Wettbewerbsidee bzw. Regionalität Einfluss auf die Profilbildung der Universitäten ausüben.

Tabelle 18:   Direkte Verknüpfung Diskurskonzepte und Forschungsebenen

Forschungsebene 1	Forschungsebene 2
- Profilbildung (Kooperation)	- Profilbildung (Region)
- Profilbildung (Wettbewerb)	- Km-R
- F1 und F3	- W3 und D4

Quelle: Eigene Darstellung

Nachdem herausgestellt wurde, mit welchen Diskurskonzepten das Textmaterial ausgewertet wird, gilt es nun, die einzelnen Textstellen (Statements) eindeutig zu kodieren und den Diskurskonzepten (und damit den Strukturierungsdimensionen) zuzuweisen.

4.3   Kodierung von Statements

Ein Statement, das eindeutig einem Diskurskonzept und einem Akteur zugeordnet werden kann, setzt sich aus vier Informationen zusammen.

Tabelle 19:   Zusammensetzung eines Statements

Person	Die Person, die das Statement kommuniziert.
Organisation	Die Organisationszugehörigkeit der Person.
Kategorie	Das Konzept, das durch die Person kommuniziert wird.
Dummy-Variable	Die Dummy-Variable sagt aus, ob die Person oder Organisation (als Diskursakteur) dem Konzept ablehnend („nein"[166]) oder zustimmend („ja"[167]) gegenübersteht.[168]

Quelle: Leifeld 2016a: 77 f.

---

[166] Rote Netzwerkverbindung zwischen zwei Netzwerkknoten.
[167] Grüne Netzwerkverbindung zwischen zwei Netzwerkknoten.
[168] In den Affiliationsnetzwerken wird eine positive Zustimmung zu einem Konzept mit einer grünen, eine negative Zustimmung mit einer roten Verbindung gekennzeichnet.

In der Softwareanwendung zeigt sich dann das folgende Bild.

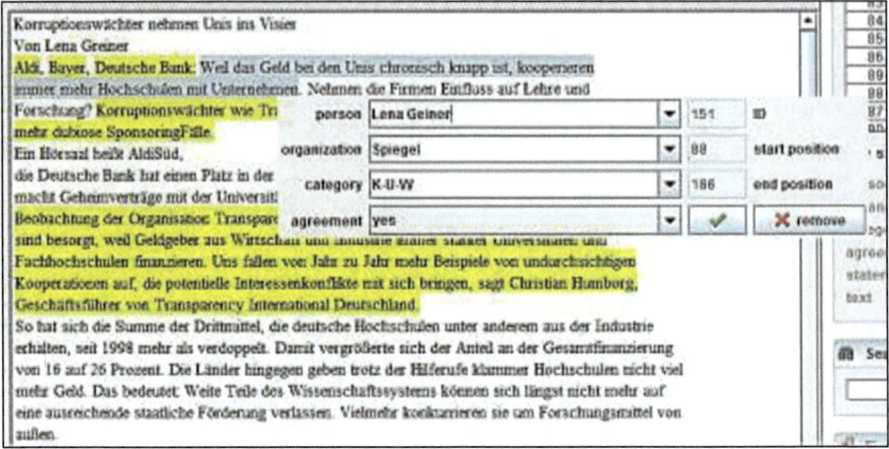

Abbildung 20:   Beispiel für ein kodiertes Statement
Quelle: Discourse Network Analyzer

Der Ausschnitt zeigt das Statement „Weil das Geld bei den Unis chronisch knapp ist, kooperieren immer mehr Hochschulen mit Unternehmen" im SPIE-GEL (Autorin Lena Greiner). Zu diesem Statement lässt sich eindeutig die Organisation (SPIEGEL), die Kategorie (K-U-W) und die Zustimmung zu dieser Kategorie (yes) identifizieren.

Ist ein Statement eindeutig einer Person zuzuordnen, wird dieses in der empirischen Auswertung berücksichtigt. Allerdings sind Privatpersonen (wie in Abb. 20 die Autorin des SPIEGEL-Artikels Lena Greiner) für die Diskurs-Netzwerk-Analyse nicht von Bedeutung[169], sodass dieses Feld einen ergänzenden, rein informativen Charakter hat. Entscheidend sind die Organisationen, denen Diskurskonzepte eindeutig zugeordnet werden können. Der Begriff Organisation schließt auch Institutionen, Fachdisziplinen oder hochschulpolitische

---

169   Weiterführend siehe Leifeld 2009: 392 f.

Akteure ein, von denen bestimmte Statements ausgehen, die einem Diskurskonzept zugeordnet werden können.

Alle Texte werden in ein *article*-Element gefasst. Dieses Element enthält das Datum und den Titel des Textes. Ein Text oder Artikel kann mehrere Statements enthalten (vgl. Leifeld 2009. 393).

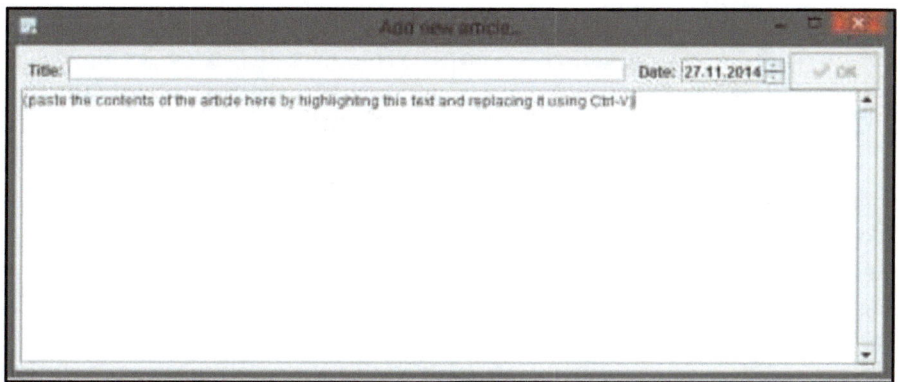

Abbildung 21: Datum als Information eines Artikels
Quelle: Discourse Network Analyzer

4.4 Affiliationsnetzwerke zwischen Selbst- und Fremdbeschreibung

Das gesamte Textmaterial wird in verschiedene Affiliationsnetzwerke aufgeteilt. Während die Forschungsebene 1 den Wirkungseinfluss der Kernframes zur Kooperationsidee und Wettbewerbsidee herausstellt, widmet sich die Forschungsebene 2 der Beobachtung, wie Regionalität für den Profilbildungsprozess von Universitäten genutzt und kommuniziert wird. Dafür sind zentrale Diskurskonzepte herauszustellen.

Anhand von verschiedenen Zentralitätsmaßen kann die Stärke bestimmter Netzwerkknoten abgeleitet werden. Zentrale Punkte in Netzwerken sind wichtig und üben Einfluss aus, denn „Degree- und Closeness-Zentralität [führen] zur Macht, indem sie Zugang zu zusätzlichen Ressourcen verschaffen" (Kröll 2003: 183).

Zentralitätsmaße (oder Prestigemaße) können mithilfe der Diskurs-Netzwerk-Analyse berechnet werden, indem alle Diskurskonzepte als Netzwerknoten in Relation zum Gesamtnetzwerk (als Affiliationsnetzwerk) gesetzt werden.

Der methodische Schwerpunkt liegt darauf, die Position eines Akteurs- und Konzept-Knotens, d.h. seine Verbundenheit mit anderen Knoten, als Maß seiner relativen Wichtigkeit zu analysieren (vgl. Holzer 2006: 38). Dafür verwendet die Arbeit die Betweenness, Closeness- und Degree-Zentralität sowie den Eigenvektor.[170]

Um die Forschungsebenen zu untersuchen und die damit verbundenen Teil-Forschungsfragen zu beantworten, werden die zentralen Knoten in den Affiliationsnetzwerken analysiert. Zentrale Knoten verbreiten, vermitteln und kontrollieren Informationen in Netzwerken schneller und stärker als andere Netzwerkknoten. Damit kommt ihnen eine bedeutende Rolle innerhalb des Netzwerkes zu. Zentrale Ideen bzw. Diskurskonzepte wirken – im Sinne des diskursiven Neoinstitutionalismus – somit stärker und wirkungsvoller auf den institutionellen Wandel der Universitäten als Ideen, die im Diskurs weniger zentral stehen, d.h. weniger dominant sind.

Mit der Grad-Zentralität $C_D(n_i)$ wird der Knoten n_i hervorgehoben, der viele Verbindungen $d(n_i)$ im Netzwerk besitzt, und berechnet, wie viele Verbindungen von den maximal möglichen Verbindungen dieser Knoten realisiert werden. Für ein standardisiertes Maß, das unabhängig von der Netzwerkgröße ist, ist der Grad an realisierten Verbindungen durch die Anzahl der insgesamt möglichen Verbindungen in diesem Netzwerk *g-1* zu teilen (vgl. Leifeld 2009: 375). Ein Knoten ist umso zentraler, je mehr direkte Kontakte er zu den anderen Knoten im Netzwerk hat. Die Grad-Zentralität lässt sich wie folgt berechnen.

---

170   Grundlegend siehe Holzer 2006: 38-45.

$$C'_D(n_i) = \frac{d(n_i)}{g - 1}$$

Abbildung 22: Berechnung der Grad-Zentralität
Quelle: Leifeld/Malang 2009: 375

Mit der Grad-Zentralität wird ausschließlich die Zentralität eines Knotens aufgrund des lokalen Umfeldes bestimmt. Das Maß für den Eigenvektor gibt hingegen die Zentralität eines Knotens bedingt durch die Wichtigkeit seiner Nachbarknoten an.

Um den Zentralitätswert eines Knotens zu berechnen, ist daher die Summe der Werte seiner Nachbarn einzubeziehen. Durch diese Berechnung ergeben sich Rückkopplungen der Werte. Um eindeutige Werte zu erreichen, ist die Eigenvektor-Zentralität (auch als Prestigemaß bezeichnet[171]) als Eigenvektor zum größten Eigenwert zu definieren.

---

171 Weiterführend siehe Jansen 2003: 150 ff. sowie Bonacich 1987.

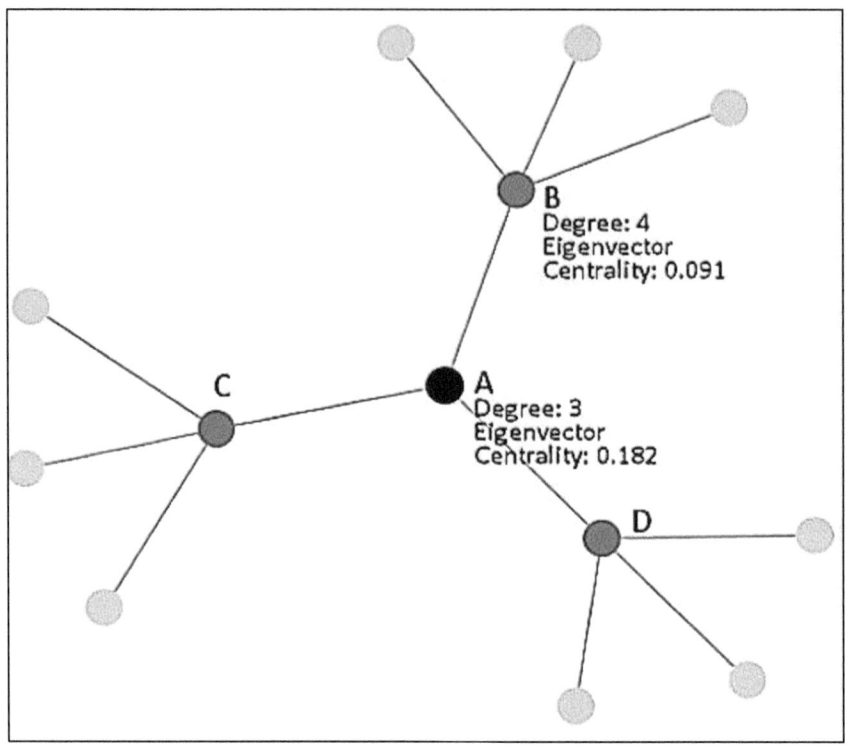

Abbildung 23:   Unterscheidung zwischen Grad- und Eigenvektor-Zentralität
Quelle: Mascolo 2015: 24

Wie Abbildung 23 zeigt, haben die Netzwerkknoten B, C und D höhere Degree-Werte mit 4 direkten Verbindungen als der Netzwerkknoten A (mit 3 direkten Verbindungen). Allerdings weist der Knoten A aufgrund seiner Lage im Netzwerk wichtigere Verbindungen auf, wodurch er auch einen höheren Eigenvektor-Wert als B, C und D hat.

Die Zentralität eines Knotens zeigt sich aber auch darin, wie dieser mit anderen Netzwerkknoten in Kontakt treten kann, d.h. welche Nähe die einzelnen Knoten zueinander haben. Zur Berechnung dieser Nähe sind die Längen der kürzesten Verbindungen (Geodäsien) n_i zu allen anderen Knoten $(d(n_i n_j))$ zu addieren (vgl. Leifeld/Malang 2009: 374). Ein Knoten ist umso zentraler, je näher er allen anderen Knoten ist.

$$C_C(n_i) = \left[\sum_{j=1}^{g} d(n_i n_j) \right]^{-1}$$

Abbildung 24:   Berechnung der Closeness-Zentralität
Quelle: Leifeld/Malang 2009: 374

Ob ein Knoten im Netzwerk zentral ist oder nicht, zeigen nicht nur seine direkten Verbindungen, sondern auch die Informationen, die über dritte Knoten fließen (also über indirekte Verbindungen).

Mit der Betweenness-Zentralität wird gemessen, auf wie vielen kürzesten Verbindungen der Knoten im Gesamtnetzwerk liegt. Dafür betrachtet man den Anteil der Geodäsien eines Knotens n_i zwischen zwei beliebigen anderen Knoten n_j und n_k an allen Geodäsien zwischen n_j und n_k. Das Betweenness-Maß des Knotens n_i ist die Summe aller möglicher Knotenpaare n_j und n_k (vgl. Leifeld/Malang 2009: 371 f.). Ein Knoten ist umso zentraler, je häufiger dieser zwischen Knotenpaaren im Netzwerk vermittelt.

$$C_B'(n_i) = \frac{\sum_{j<k} \frac{g_{jk}(n_i)}{g_{jk}}}{\frac{(g-1)(g-2)}{2}}$$

Abbildung 25:   Berechnung der Betweenness-Zentralität
Quelle: Leifeld/Malang 2009: 372

Ein hoher Betweenness-Wert bedeutet, dass ein Diskursakteur den Informationsfluss zwischen anderen Akteuren beeinflussen kann, da viele Informationen über ihn geleitet werden. Der Akteur weist dann eine hohe Vermittlungsleistung auf.

Er kann die Kommunikationskanäle im Netzwerk kontrollieren, was auf einen starken Einfluss hinweist (vgl. Holzer 2006: 43).

Nachdem die vier Zentralitätsmaße beschrieben wurden, stellt sich die Frage, wie die verschiedenen Zentralitätsmaße zu interpretieren sind, wenn sie unterschiedlich ausfallen. Die folgende Matrix stellt sechs Antwortmöglichkeiten vor.

Tabelle 20: Zentralitätsmatrix

	Geringer Grad-Wert	Geringer Closeness-Wert	Geringer Betweenness-Wert
Hoher Grad-Wert		Der Knoten ist in ein Cluster eingebettet, das weit vom Rest des Netzwerkes entfernt liegt.	Die Verbindungen von Ego sind überflüssig; die Kommunikation umgeht ihn.
Hoher Closeness-Wert	Ego bindet sich an wichtige, aktive Knoten.		Wahrscheinlich existieren verschiedene Netzwerkpfade. Ego ist sehr nah an anderen Knoten, wie aber so viele andere auch.
Hoher Betweenness-Wert	Egos wenige Verbindungen sind für das Netzwerk entscheidend.	Sehr selten. Würde bedeuten, dass Ego die Verbindungen einer kleinen Gruppe zu vielen anderen monopolisiert.	

Quelle: Adamic 2013: 29

Mit Holzer (2006) lassen sich die Zentralitätsmaße wie folgt zusammenfassen.

Tabelle 21:   Zusammenfassung Zentralitätsmaße

	Degree	Closeness	Betweenness
Interpretation	direkte Kontakt-chancen (z.B. für Mobilisierung)	indirekte Erreich-barkeit *für*, Unab-hängigkeit *von* an-deren	Vermittlungs- und Kontrollchancen
Maßzahl	$d_i = \sum\limits_{j=1}^{N} x_{ij}$ für i≠ j	$\dfrac{1}{\sum\limits_{j=1}^{n} d(n_i, n_j)}$ für i≠ j	$\sum\limits_{j}^{n} \sum\limits_{k}^{n} b_{jk}(n_i)$ für j≠ k≠ i
Bezugsgröße für Standardi-sierung (max. Wert)	N-1	1/(N-1)	$(N^2\text{-}3N+2)/2$
Anmerkung	x_{ij}= Wert für den i-ten Knoten in der j-ten Spalte der Matrix; für *In-* bzw. *Outde-gree* werden je-weils nur ein- bzw. ausgehende Kanten gezählt	$d(n_i, n_j)$ = Geodä-sie, d.h. die Zahl der Kanten auf dem kürzesten Weg von Knoten n_i zu n_j	$b_{jk}(n_i)$ = »Wahr-scheinlichkeit«, dass n_i auf dem Weg von n_j zu n_k passiert werden muss; d.h. das Verhältnis der Geodäsien g_{jk} zwischen n_j und n_k zur Teilmenge $g_{jk}(n_i)$ jener Geodäsien, die über n_i laufen

Quelle: Holzer 2006: 45

Im Folgenden werden die beschriebenen Zentralitätsmaße an einem Beispielgra-phen angewandt und in ihrer Aussagekraft dahingehend exemplarisch geprüft, welches Konzept aufgrund seiner Zentralität *wichtig* ist. Das Netzwerk stellt nur einen Ausschnitt des Gesamtnetzwerkes der Süddeutschen Zeitung (SZ) dar. Der Schwerpunkt liegt hier auf der dritten Strukturierungsdimension (Vernetzungspraktiken).

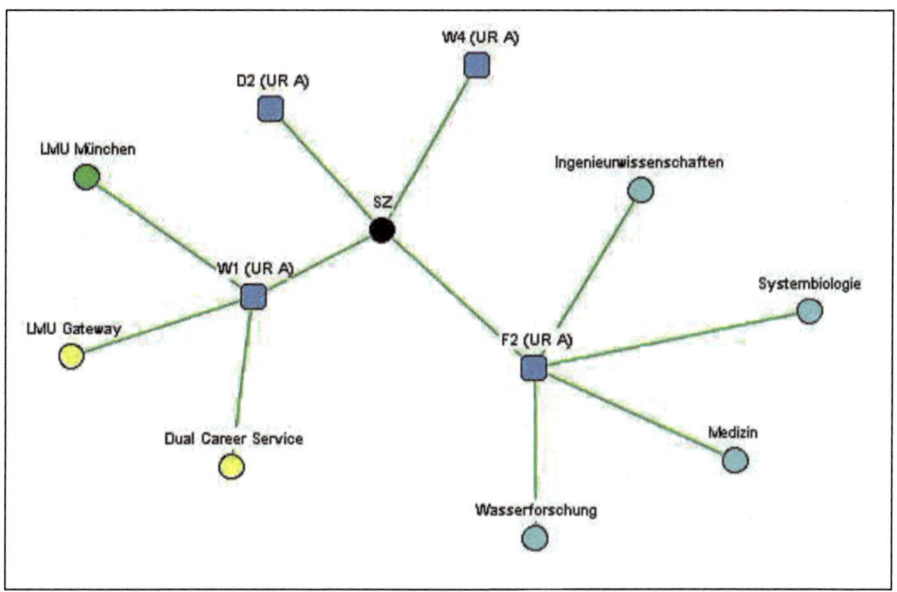

Abbildung 26:   Vernetzungspraktiken
Quelle: SZ, erstellt in Visone

Nach der Grad-Zentralität hat das Diskurskonzept „F2 (UR A)" einen Wert von 5, Konzept „W1 (UR A)" einen Wert von 4 und alle anderen Diskurskonzepte einen Wert von 1. Im Vergleich zu den anderen Diskurskonzepten ist in diesem Netzwerk das Diskurskonzept „F2" mit einem regionalen Bezug (UR A) am zentralsten. In relativen Angaben hat „F2 (UR A)" einen Wert von 0,455 (22,7 Prozent)[172] und „W1 (UR A)" von 0,364 (18,2 Prozent).

---

172   Damit ist das Konzept noch zentraler als der Knoten „SZ" (0,364 bzw. 18,18 Prozent).

Nach der Closeness-Zentralität ist der Knoten am wichtigsten, der den anderen Knoten am nächsten ist, d.h. der durch seine Verbindung auf der schnellsten Route alle anderen Knoten (d.h. Diskurskonzepte) im Netzwerk erreicht. Im Beispielgraphen hat der Knoten „F2 (UR A)" von den Diskurskonzepten den höchsten Closeness-Wert mit 0,55 (11,12 Prozent), während das Konzept „W1 (UR A)" einen Wert von 0,5 (10,11 Prozent) hat. Damit ist auch der Knoten „F2 (UR A)" näher am Rest des Netzwerkes als die anderen.

Nach der Betweenness-Zentralität ist das Konzept zentral, dass das größte Vermittlungspotential hat. Auch hier stellt sich heraus, dass das Konzept „F2 (UR A)" zentraler ist als die anderen Diskurskonzepte, mit einem Betweenness-Wert von 0,61 (34 Prozent), während das Konzept „W1 (UR A)" mit einem Wert 0,49 (27 Prozent) deutlich darunter liegt. „F2 (UR A)" ist wichtiger, weil es zu einem hohen Anteil über kürzeste Wege verfügt. Es kann (neben dem Knoten „SZ") als Makler benutzt werden, der eine hohe Vermittlungs- und Kontrollfunktion in diesem Netzwerk besitzt.

Auch bei dem Eigenvektor-Maß stellt sich das Konzept „F2 (UR A)" mit 17,05 Prozent als zentral heraus. Damit ist dieser Knoten im Netzwerk von Bedeutung, weil seine Verbindungen für das Netzwerk wichtig sind. Einen Überblick der einzelnen Zentralitäts-Maße am Beispiel der SZ gibt Tabelle 22.

Tabelle 22:   Berechnung der einzelnen Zentralitätsmaße

id	betweenness (%)	betweenness (std)	class	closeness (%)	closeness (std)
F2 (UR A)	34	0.618	concept	11.123	0.55
SZ	39	0.709	organization	12.399	0.611
W1 (UR A)	27	0.491	concept	10.112	0.5
D2 (UR A)	0	0	concept	7.945	0.393
W4 (UR A)	0	0	concept	7.945	0.393
Ingenieurwissensch...	0	0	organization	7.415	0.367
Medizin	0	0	organization	7.415	0.367
Systembiologie	0	0	organization	7.415	0.367
Wasserforschung	0	0	organization	7.415	0.367
Dual Career Service	0	0	organization	6.952	0.344
LMU Gateway	0	0	organization	6.952	0.344
LMU München	0	0	organization	6.952	0.344

id	degree (%)	degree (std)	eigenvector (%)	statementFrequency
F2 (UR A)	22.727	0.455	17.054	6
SZ	18.182	0.364	16.605	6
W1 (UR A)	18.182	0.364	12.157	4
D2 (UR A)	4.545	0.091	6.525	1
W4 (UR A)	4.545	0.091	6.525	2
Ingenieurwissensch...	4.545	0.091	6.7	1
Medizin	4.545	0.091	6.7	1
Systembiologie	4.545	0.091	6.7	1
Wasserforschung	4.545	0.091	6.7	1
Dual Career Service	4.545	0.091	4.778	1
LMU Gateway	4.545	0.091	4.778	1
LMU München	4.545	0.091	4.778	1

Quelle: SZ, erstellt in Visone

Es zeigt sich, dass das Konzept „F2 (UR A)" bei allen Maßen der zentralste Netzwerkknoten ist. Somit kann eindeutig geschlussfolgert werden, dass die SZ in diesem Fall die Idee von regionalen Forschungsprojekten zum Wissensgewinn in den Bereichen Ingenieurwesen, Medizin, Wasserforschung und Systembiologie positiv, d.h. zustimmend kommuniziert.
Im Folgenden wird das gesamte empirische Textmaterial vorgestellt und in Bezug zu den einzelnen Diskursakteuren gesetzt.

In Anlehnung an die definierten Strukturierungsdimensionen und Diskurskonzepte werden bestimmte Affiliationsnetzwerke abgeleitet, deren Netzwerkknoten hinsichtlich ihrer Zentralität ausgewertet werden. Tabelle 23 fasst das verwendete empirische Material dieser Arbeit sowie die sich daraus entwickelnden Affiliationsnetzwerke zusammen.

Tabelle 23:   Verteilung von Textmaterial und Statements

Funktions-System	Affiliationsnetzwerk	Anzahl		Summe	
		Texte	Statements	Texte	Statements
Massenmedien	SZ	50	365	150	1.132
	DIE ZEIT	50	319		
	DER SPIEGEL	50	448		
Hochschulpolitik	KV (S-A)	3	98	26	1.567
	ZV S-A (MLU)	1	95		
	LHG (S-A)	1	62		
	HP (S-A)	1	197		
	KV und RGE (Bay)	4	51		
	ZV Bay (TUM)	1	100		
	ZV Bay (LMU)	1	100		

		LHG (Bay)	1	42		
	HSP Th	KV und RGE (Th)	4	58		
		ZV Th (FSU)	1	160		
		LHG Th	1	58		
		HP Th	1	14		
	HSP Sa	KV (Sa)	3	100		
		ZV Sa (U Leipzig)	1	64		
		LHG (Sa)	1	71		
		HP (Sa)	1	297		
Wirtschaft	Siemens		15	69	31	199
	Audi		11	114		
	Bayer		5	16		
Universität	MLU		12	105	52	463
	U Leipzig		16	149		
	FSU Jena		15	117		
	TU München		4	53		
	LMU München		5	39		
			Σ		259	3.361

Quelle: Eigene Darstellung

Das empirische Material setzt sich aus insgesamt 259 Texten zusammen, aus denen 3.361 Statements kodiert wurden.

Es zeigt sich, dass das Textmaterial aus der Hochschulpolitik die größte quantitative Menge an Statements besitzt (1.567 Statements aus 10 Prozent des Textmaterials). Dies ist damit zu begründen, dass Texte aus dem Funktionssystem Politik (u.a. Hochschulentwicklungspläne, Zielvereinbarungen) eine hohe Dichte an Informationen enthalten und damit im Gegensatz zu Zeitungsartikeln stehen, die vergleichsweise wenig Statements enthalten (1.132 Statements aus 58 Prozent des Textmaterials).

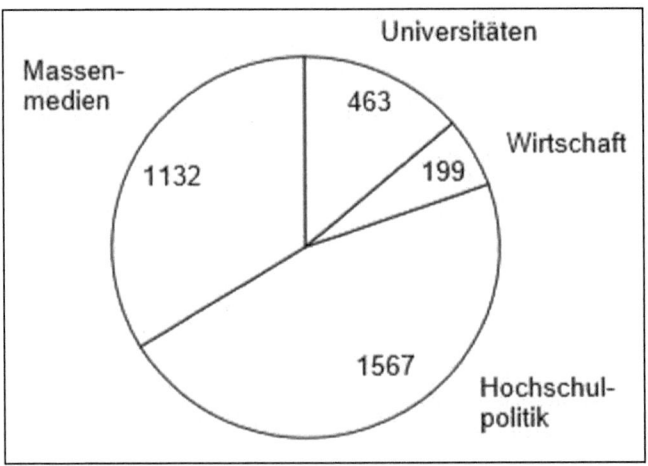

Abbildung 27:   Aufteilung Statements/Funktionssystem
Quelle: Eigene Darstellung, erstellt in Excel

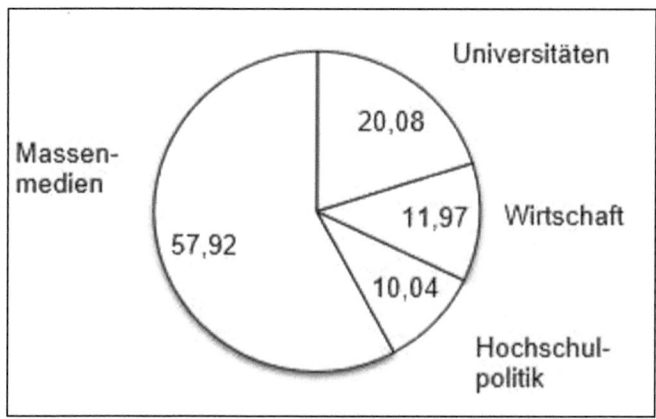

Abbildung 28:   Aufteilung Texte/Funktionssystem (in Prozent)
Quelle: Eigene Darstellung, erstellt in Excel

Wie bereits erwähnt, wird mithilfe des diskursiven Neoinstitutionalismus argumentiert, dass die Universität in ihrer Organisationsstruktur durch ihre kommunikative Umwelt, d.h. durch die Kooperations- bzw. die Wettbewerbsidee im Hochschulreformdiskurs, geprägt und verändert wird, denn „institutions are defined by ideas, as well as by the manner in which these ideas are communicated within the structure" (Peters 2012: 112).

Die Forschungsebenen 1 und 2 verfolgen das Ziel, die Kommunikation zwischen Universität und Umwelt zu analysieren. Einerseits werden die Kommunikationen von Politik-, Wirtschafts- und Massenmedien in Bezug auf Universität (Fremdbeschreibung), andererseits die Reaktion der Universität auf diese Einflussnahmen betrachtet.

Diese Reaktion, die sich in der Kommunikation der Universität nach innen und außen ausdrückt, bietet den Diskursakteuren eine Orientierung und konstituiert gleichzeitig einen Raum für Entscheidungsmöglichkeiten (vgl. Luhmann 2000a: 241). Selbstbeschreibungen werden dann problematisch in ihrer Verwertung, wenn ihre Aussagen interpretierbar sind und mehrdeutige Rückschlüsse zulassen.[173] Dieses Problem tritt dann auf, wenn sie zu stark auf situative Bedingungen eingehen müssen. Die Komplexität des hochschulpolitischen Projekts Profilbildung kann als eine Situation charakterisiert werden, die den Selbstbeschreibungen der Universitäten zu viel Raum und zu wenig Anhaltspunkte für eindeutige Interpretationen anbieten kann; zu vielfältig sind die Gestaltungsmöglichkeiten, Förderungen und Forderungen seitens Hochschulpolitik, Wirtschaft und Massenmedien zur Profilbildung (vgl. Seidel 2015: 44).

Kosmützky geht davon aus, dass Selbstbeschreibungen die organisationale Identität der Universität widerspiegeln und weniger die institutionelle Identität (vgl. Kosmützky 2010: 10). Die Universität als Diskursakteur tritt daher als Organisation und weniger als Institution auf. Folgende Texte können den organisationalen Selbstbeschreibungen von Universitäten zugeordnet werden (vgl. Kosmützky 2010: 92): Grundordnungen, Siegel, Beschreibungen der Universitätsgeschichte, Organigramme, Akkreditierungsanträge, (Selbst-)Evaluationsberichte, Zielvereinbarungen, Rechenschaftsberichte und Leitbilder. Wie im Unterkapitel 3.3 bereits beschrieben, greift die Arbeit Leitbilder, historische Darstellungen und Pressemitteilungen der Universitäten auf. Die Beobachtung, mit welchen Ideen und Diskurskonzepten die ausgewählten Diskursakteure auf die Profilbildung eingehen und diese kommunizieren, stützt sich auf 2.898 Statements (86,2 Prozent) aus der Fremdbeschreibung (Politik, Wirtschaft und Massenmedien) und 463 Statements aus der Selbstbeschreibung (13,8 Prozent).

---

173   „Mehrdeutigkeit bezeichnet insofern ein Problem einheitlicher sachlicher Grenzbildung der Organisation gegenüber diversen Umwelten. Sie benennt eine Situation, in der Organisationen Umwelten und deren interne Bedeutung nicht in eine eindeutige und intern verallgemeinerbare Selbstbeschreibung integrieren können. Ausgelöst werden kann so eine Art der Verunsicherung z. B. durch andere Formen der Umweltunsicherheit, aber auch durch neu auftauchende Fremdbeschreibungen" (Seidel 2015: 44).

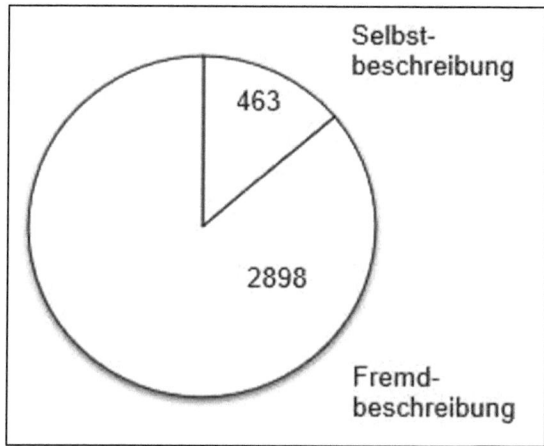

Abbildung 29:   Verhältnis der Statements in Selbst- und Fremdbeschreibung
Quelle: Eigene Darstellung, erstellt in Excel

Die Argumentation für die Forschungsebenen 1 und 2 beabsichtigt die Gegenüberstellung zentraler Netzwerkknoten aus dem Textmaterial der Fremd- und
Selbstbeschreibung. Interessant dabei ist, inwiefern zentrale Netzwerkknoten
(und damit bestimmte Diskurskonzepte und Ideen) aus der Selbst- und Fremdbeschreibung Ähnlichkeiten bzw. Unterschiede aufweisen. Daraus kann später
geschlussfolgert werden, ob und wie die Universität ihre Umwelt (und die darin
kommunizierten Ideen) aufnimmt und reflektiert. In vier Analyseschritten wird
dann das empirische Material geordnet und ausgewertet.

Tabelle 24:   Überblick der Analyseschritte

Analyseschritt	Schwerpunkt	Kapitel
1 – 3	Forschungsebene 1 und 2	V
4	Forschungsebene 3	VI

Quelle: Eigene Darstellung

Das Textmaterial aus der Fremdbeschreibung (Statements der Hochschulpolitik, Wirtschaft, Massenmedien) wird hinsichtlich folgender Frage analysiert: Welche Diskurskonzepte dominieren die Umwelt der Universität im Hochschulreform-diskurs hinsichtlich der Profilbildung von Universitäten?

Es gilt herauszufinden, über welche Diskurskonzepte die Hochschulpolitik, Wirtschaft und Massenmedien im Hochschulreformdiskurs das hochschulpoliti-sche Projekt Profilbildung kommunizieren. In einem ersten Teilergebnis werden die dominierenden Diskurskonzepte dann nach den Zentralitätsmaßen in ein Konzeptranking gebracht. Je weiter oben ein Diskurskonzept im Ranking plat-ziert ist, desto dominanter ist es im Diskurs.

Tabelle 25:   Konzeptranking Statements Fremdbeschreibung

Fremdbeschreibung
1. Konzept A
2. Konzept B
3. Konzept C
4. Konzept D
…

Quelle: Eigene Darstellung

Analog zum ersten Analyseschritt werden im zweiten die Statements der Selbst-beschreibung nach den Zentralitätsmaßen ausgewertet. Welche Diskurskonzepte dominieren in der Kommunikation der Universität zu ihrer Umwelt, d.h. wie kommunizieren Universitäten in Bezug auf das hochschulpolitische Projekt Pro-filbildung? Auch hier werden die zentralsten Diskurskonzepte aufgelistet.

Tabelle 26: Konzeptranking Statements Selbstbeschreibung

Selbstbeschreibung
1. Konzept P 2. Konzept R 3. Konzept A 4. Konzept C ...

Quelle: Eigene Darstellung

Nachdem die zentralsten, d.h. dominantesten Diskurskonzepte herausgearbeitet wurden, werden diese miteinander verglichen (*Matching*). Welche Diskurskonzepte dominieren sowohl in der Fremd- als auch in der Selbstbeschreibung?

Als Teilergebnis werden die dominanten Diskurskonzepte herausgestellt, die entweder ähnlich oder unterschiedlich durch die Diskursakteure priorisiert werden. Diesen Diskurskonzepten wird dann die Kooperations- und die Wettbewerbsidee zugeordnet, sodass festgestellt werden kann, ob „Profilbildung durch Kooperation" oder „Profilbildung durch Wettbewerb" oder „Profilbildung unter Berücksichtigung von regionalen Gegebenheiten" stattfindet.

Tabelle 27: Gegenüberstellung Fremd- und Selbstbeschreibung

Selbstbeschreibung	dominante Diskurskonzepte	Fremdbeschreibung
1. Konzept P 2. Konzept R 3. Konzept A 4. Konzept C ...	Konzept A Konzept C	1. Konzept A 2. Konzept B 3. Konzept C 4. Konzept D ...
Forschungsebene 1 Die Kooperations- oder die Wettbewerbsidee als Leitmotiv für Profilbildung Forschungsebene 2 Welchen Bezug nimmt Regionalität für die Profilbildung ein?		

Quelle: Eigene Darstellung

Wenn einer Universität die Idee des Konzepts P wichtig ist und sie diese stark kommuniziert, allerdings die Umwelt der Universität diese Idee nicht in die Fremdbeschreibung der Universität aufnimmt, so zeigt dies nicht nur eine kommunikative Lücke auf, sondern auch eine identifikatorische Differenz zwischen Selbst- und Fremdbild.

Abschließend bleibt im Rahmen der dritten Forschungsebene zu fragen, wie Universitäten dominante Ideen bzw. Diskurskonzepte ihrer Umwelt erkennen und strategisch verwerten können.

In einem Kommunikations- und Organisationsmodell soll dann im Rahmen der Forschungsebene 3 aufgezeigt werden (Kapitel 6), wie die Universität zwischen Selbst- und Fremdbeschreibung strategisch agieren und reagieren kann.

Tabelle 28:   Kommunikationsverhalten der Universität zwischen Selbst- und Fremdbeschreibung

Selbstbeschreibung ↔ Fremdbeschreibung		
1. Konzept P 2. Konzept R 3. Konzept A 4. Konzept C …	Auf dominante Diskurskonzepte und Akteure der Umwelt reagiert die Universität durch ein bestimmtes Kommunikationsverhalten.	1. Konzept A 2. Konzept B
	Eigene Ideen bzw. Diskurskonzepte werden (strategisch) in die Umwelt kommuniziert.	3. Konzept C 4. Konzept D …

Quelle: Eigene Darstellung

Abbildung 30 veranschaulicht abschließend das analytische Vorgehen dieser Arbeit.

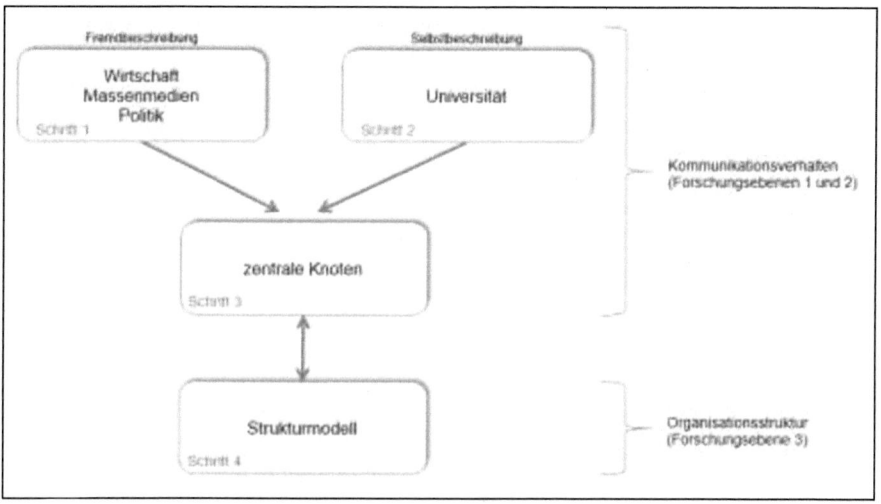

Abbildung 30:   Zusammenfassung Analyseschritte
Quelle: Eigene Darstellung, erstellt in PowerPoint

5   Zentrale Diskurskonzepte und dominante Ideen im Hochschulreformdiskurs

In diesem Kapitel werden die Ergebnisse der Diskurs-Netzwerk-Analyse des Hochschulreformdiskurses dargestellt. Im Fokus stehen dabei die Fragestellungen der Forschungsebenen 1 und 2. Demzufolge werden hier die im Unterkapitel 4.4 beschriebenen Analyseschritte 1 bis 3, d.h. die Auswertung und Darstellung der Fremd- und Selbstbeschreibung der Diskursakteure auf die Profilbildung der Universitäten in den Fokus genommen. Am Ende des Kapitels folgt eine kritische Reflexion zum methodischen Vorgehen.

5.1   Auswertung Fremdbeschreibung

Das zur Auswertung verwendete Textmaterial stammt aus den Funktionssystemen Hochschulpolitik, Massenmedien und Wirtschaft.

Die Ausgangsfrage lautet, welche Diskurskonzepte aus der Umwelt die Profilbildung der Universität dominieren. Dabei wurde zwischen den Diskursakteuren aus Hochschulpolitik, Wirtschaft und Massenmedien in Bezug auf das hochschulpolitische Projekt Profilbildung differenziert, um die einzelnen Diskurskonzepte den Akteuren eindeutig zuordnen zu können. Das Ergebnis des ersten Analyseschrittes bilden demnach drei Zusammenfassungen der zentralen Diskurskonzepte der Fremdbeschreibungen aus den jeweiligen Funktionssystemen bezüglich der Profilbildung von Universitäten aus den jeweiligen Funktionssystemen.

Im Rahmen der Forschungsebenen 1 und 2 werden die Top 10 der dominierenden Konzepte aufgelistet. [174] Diese Konzeptrankings bilden die Fremdbeschreibungen der entsprechenden Funktionssysteme (Massenmedien, Hoch-

---

174   Im Unterkapitel „Auswertung der Affiliationsnetzwerke" werden die Konzeptrankings ausführlich dargestellt.

© Springer Fachmedien Wiesbaden GmbH, ein Teil von Springer Nature 2019
R. Nägler, *Steuermannskunst im Hochschulmanagement*,
https://doi.org/10.1007/978-3-658-28406-0_5

schulpolitik, Wirtschaft) hinsichtlich des hochschulpolitischen Projekts Profilbildung ab. Nach der Auswertung eines jeden Funktionssystems folgt ein kurzes Zwischenfazit mit Blick auf die Forschungsebenen 1 und 2.

Ein Textdokument enthält in der Hochschulpolitik durchschnittlich 60,2 Statements, in den Massenmedien 7,5 Statements und in der Wirtschaft 6,4 Statements.

In den Abbildungen (57, 60, 63, 64 und 66) zur Aufteilung der dominanten Diskurskonzepte der Universitäten werden die Kooperations- und die Wettbewerbsidee sowie das hochschulpolitische Projekt Profilbildung explizit abgebildet. Darunter werden die zentralen Diskurskonzepte der jeweiligen Universitäten dargestellt. Dies ist mit der Intention verbunden, vorhandene (inhaltliche) Verbindungen sowie die Kommunikationsbeziehungen zwischen den Diskurskonzepten aufzuzeigen.

5.1.1   Massenmedien

In diesem Funktionssystem wurden jeweils 50 Zeitungsartikel aus der Süddeutschen Zeitung (SZ), dem SPIEGEL (DER SPIEGEL) und der ZEIT (DIE ZEIT) analysiert. Aus den insgesamt 150 Zeitungsartikeln konnten 1.132 Statements herausfiltert und entsprechenden Auswertungskategorien zugeordnet werden.

Die Ergebnisse der Auswertung verdeutlichen, wie die Massenmedien das hochschulpolitische Projekt Profilbildung (fremd)beschreiben. Diese Beobachtungen werden zunächst beschrieben; ihre Auswertung und Bedeutung für die Forschungsebenen folgt im Zwischenfazit.

Bei allen drei Diskursakteuren steht das Diskurskonzept „K-U-W" in der Degree-Zentralität mit deutlichem Abstand zu allen anderen Konzepten an erster Stelle.[175] Infolgedessen nimmt die Kooperation zwischen Universität und Wirtschaft in den Massenmedien die zentralste Position ein. Die Kooperationsidee

---

175   Diese Idee überwiegt bei allen Zentralitätsmaßen. Ausgenommen die Eigenvektor-Zentralität bei der SZ: Hier steht der Akteur LMU München (3,184%) an erster Stelle, gefolgt von dem Konzept K-U-W mit 2,67% (vgl. Unterkapitel „Auswertung der Affiliationsnetzwerke").

besitzt in der Ausprägung „K-U-W" die meisten direkten Kontakte zu anderen Diskursnetzwerkknoten und steht somit im Mittelpunkt der Fremdbeschreibung der Massenmedien hinsichtlich der Profilbildung der Universitäten. Die Massenmedien kommunizieren die Zusammenarbeit mit der Wirtschaft als den wichtigsten Weg für Universitäten, ihr charakteristisches Profil herauszustellen.

Neben der Dominanz dieser Idee lässt sich eine Spaltung hinsichtlich der Zustimmung und Ablehnung der Massenmedien zu dieser Kooperation beobachten. Die Diskussion, ob die Kooperation zwischen Universität und Wirtschaft als positiv oder negativ interpretiert werden kann, nutzen die Medien zur Ausübung ihrer gesellschaftlichen Funktion und für ihre Programmbereiche.[176]

Die Divergenz, die in der Kooperation zwischen Universität und Wirtschaftsunternehmen liegt, beobachten die Medien aus einer zweiten Ordnung heraus (vgl. Luhmann 1996: 153). Dadurch fungieren sie als „Gedächtnis der Kommunikation" (Luhmann 1996: 28) und stellen Hintergrundwissen für weitere Anschlusskommunikationen bereit (vgl. Luhmann 1996: 120 und 175). Es entstehen „Welt- und Gesellschaftsbeschreibungen, an denen sich die moderne Gesellschaft innerhalb und außerhalb des Systems ihrer Massenmedien orientiert" (Luhmann 1996: 174). Es zeigen sich im beobachteten Zeitraum verschiedene Argumente für und wider der Kooperation zwischen Universität und Wirtschaft.

Statements, die eine Kooperation zwischen Universität und Wirtschaft ablehnen, sind besonders mit dem Argument verbunden, dass dadurch die akademische Autonomie der Universität gefährdet sei.[177]

---

176 Über die Programmbereiche sind die Massenmedien mit anderen Funktionssystemen strukturell gekoppelt. Über Werbung mit der Wirtschaft, über Unterhaltung mit der Kunst und über Nachrichten/Berichte mit der Politik (vgl. Luhmann 1996: 122-124).

177 In einem Hochschul-Barometer, der sich ebenso mit der Kooperation von Hochschulen und Unternehmen beschäftigt, heißt es: „Trotz des sinkenden Anteils von Drittmitteln aus der Wirtschaft berichten Medien vermehrt kritisch über Kooperationsprojekte von Hochschulen mit Unternehmen. Die Politik reagiert darauf mit der Forderung nach Offenlegung von Kooperationspartnern und Transparenz bei Vertragsinhalten. Für die Öffentlichkeit entsteht dadurch der Eindruck, dass Unternehmen über Kooperationsprojekte unangemessen Einfluss auf die Wissenschaft nehmen" (Stifterverband 2013: 26). Danach sehen die Hochschulleitungen die

„Immer wieder gibt es die Kritik, dass unter zu starker Industrienähe die Grundlagenforschung leidet" (Busse 2006).

„Die Übergriffe der Wirtschaft werden immer frecher" (Fuchs 2009).

„Kritiker sehen allerdings die unabhängige Lehre in Gefahr, wenn Firmen ihre Fühler in Richtung Wissenschaft ausstrecken" (Fiedler 2010a).

„Es muss klar sein, dass die Wirtschaft etwa bei der Formulierung einer Zielsetzung einer Hochschule, bei der Festlegung von Forschungs-programmen oder bei der Ausrichtung hochschulischer Curricula zurückzustehen hat" (Koch/Müller-Böling 2014).

Demgegenüber steht das Argument der Steigerung finanzieller Mittel (als Drittmittel) durch diese Kooperationen.

„Der Erfolg der Absolventen basiert nach der Ansicht von Experten vor allem auf den engen Kontakten zur Industrie. Berührungsängste gibt es nicht. Was andere Universitäten scheuen, wird hier praktiziert - eine enge Kooperation zwischen Unternehmen und Hochschullehre. Vor allem BMW ist dabei federführend, aber auch andere Großunternehmen wie Siemens oder die HypoVereinsbank" (Busse 2006).

„Wenn Unis und Firmen kooperieren, bringt das wirtschaftlichen Nutzen für beide Seiten. Auch Studenten können profitieren, wenn sie sich darauf einlassen" (Fiedler 2010b).

„Die Wirtschaft daran zu beteiligen, scheint weit weniger problematisch zu sein. Die Unternehmen jedenfalls schaffen mit ihren Milliarden vielerorts die Studienbedingungen, die der Staat nicht mehr bieten kann" (Schmidt 2013).

Diese skizzierte Divergenz zeigt ein großes massenmediales Interesse an den Beziehungen zwischen Wirtschaft und Universität. Eine erste Schlussfolgerung lautet daher, dass Profilbildung in den Massenmedien im Wesentlichen über wirtschaftliche Beziehungen der Universität definiert wird. Daneben lassen sich weitere Diskurskonzepte ausmachen, die aufgrund ihrer zentralen Stellung im Hochschulreformdiskurs einen Einfluss haben.

Unabhängigkeit ihrer Hochschulen gewahrt. Dies ist allerdings schon der Selbstbeschreibung der Universität zuzuordnen.

Vergleicht man die Eigenvektor-Maße der drei Zeitungen, fällt (im Vergleich zur Closeness- und Betweenness-Zentralität) auf, dass drei Diskursakteure
einen hohen Wert erreichen. Im SPIEGEL und der ZEIT nimmt der Netzwerkknoten „Wissenschaftsrat" eine zentrale Position ein, weil seine umliegenden
Knoten für das Gesamtnetzwerk von Bedeutung sind. Ebenso erreichen die TU
München (2,51%) und LMU München (3,18%) in der SZ eine hohe Eigenvektor-
Zentralität. Der Wissenschaftsrat und die beiden Münchner Universitäten sind
demnach attraktive Netzwerknachbarn, d.h. eine gewisse (kommunikative und
inhaltliche) Nähe zu diesen Netzwerkknoten kann sich für andere Akteure bzw.
Diskurskonzepte positiv auswirken. Abbildung 31 zeigt, welche Diskurskonzepte
in der Nähe der TU München und LMU München liegen und somit eine relativ
hohe Aufmerksamkeit im Diskursnetzwerk genießen.

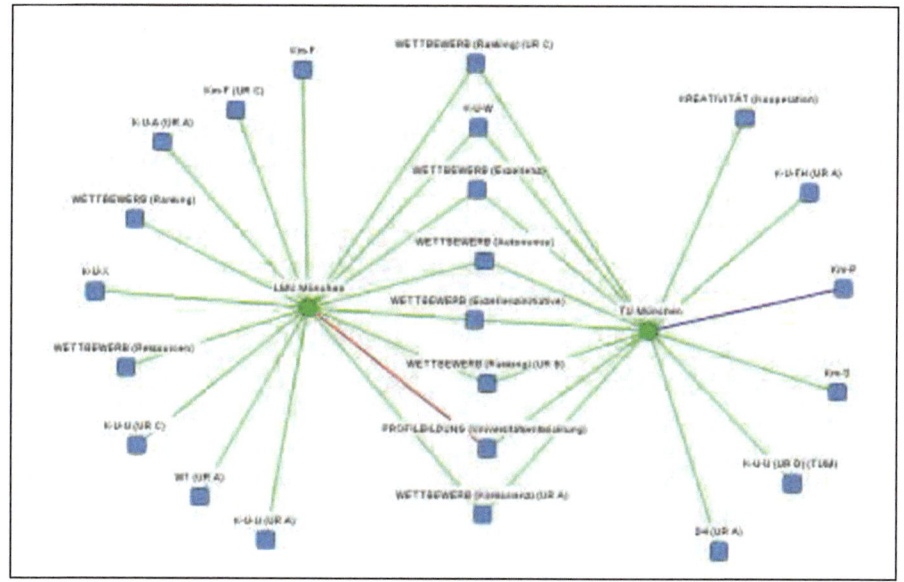

Abbildung 31: Netzwerk-Nachbarschaften der TU und LMU München
Quelle: SZ, erstellt in Visone

Die SZ bringt beide Universitäten hauptsächlich durch die Wettbewerbsidee zusammen. Sie kommuniziert, dass die Universitäten Wettbewerb als ein Instrument nutzen, um ihre Profile herauszustellen. Der Wettbewerbsgedanke verbindet die beiden Akteure miteinander. Das kommt insbesondere im Diskurskonzept „Wettbewerb (Konkurrenz) (UR A)" zum Ausdruck. Weitere gemeinsame Schwerpunkte liegen im Wettbewerb durch die Exzellenzinitiative und im Wettbewerb durch nationale und internationale Rankings.

Es fällt allerdings auf, dass sich die LMU München und TU München in Bezug auf die Kooperationsidee unterscheiden. Die beiden Universitäten verfolgen also hinsichtlich der Kooperation mit anderen Akteuren unterschiedliche Strategien. Durch die Massenmedien wird nicht eindeutig kommuniziert, ob und gegebenenfalls wie beide Universitäten trotz der geografischen Nähe regional zusammenarbeiten (UR A). Wie den Zeitungsartikeln zu entnehmen ist, agieren die beiden Universitäten vor allem im regionalen Universitätsraum (UR A) getrennt voneinander, da sie über verschiedene, insbesondere regionale Kooperationskonzepte kommunizieren. Diese Beobachtung ist vor dem Hintergrund nachvollziehbar, dass eine unterschiedliche Verwendung und Kommunikation von regionalen Kooperationskonzepten gleichzeitig auch Unterscheidungsmerkmale darstellen.

Wie bereits erwähnt, erreicht der Wissenschaftsrat eine hohe Eigenvektor-Zentralität (im SPIEGEL 1,57% und in der ZEIT 2,53%). Die einzelnen Affiliationsnetzwerke aus dem SPIEGEL und der ZEIT zeigen, dass der Wissenschaftsrat von den Medien mit der Wettbewerbsidee in Zusammenhang gebracht wird. Vor diesem Hintergrund weist der Netzwerkknoten „Wissenschaftsrat" eine hohe Zentralität auf, weil insbesondere die ihn umliegenden Wettbewerbskonzepte wichtig sind. Die Abbildungen 32 und 33 veranschaulichen das Diskursnetzwerk, das um den Knoten Wissenschaftsrat in der ZEIT und im SPIEGEL zu erkennen ist und im Schwerpunkt die Wettbewerbsidee widerspiegelt.

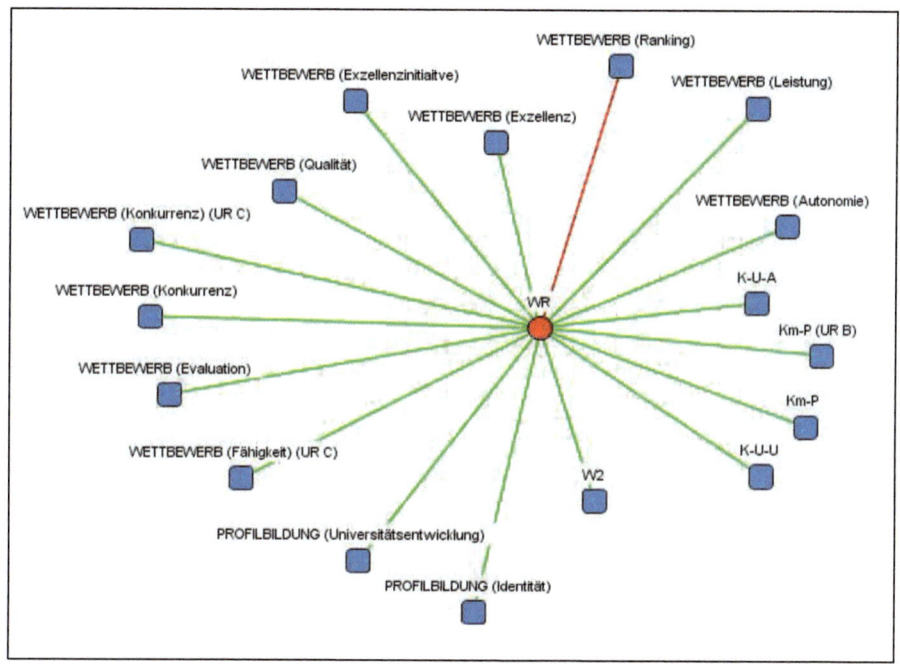

Abbildung 32:   Nachbarschaftsknoten des Wissenschaftsrats
Quelle: DIE ZEIT, erstellt in Visone

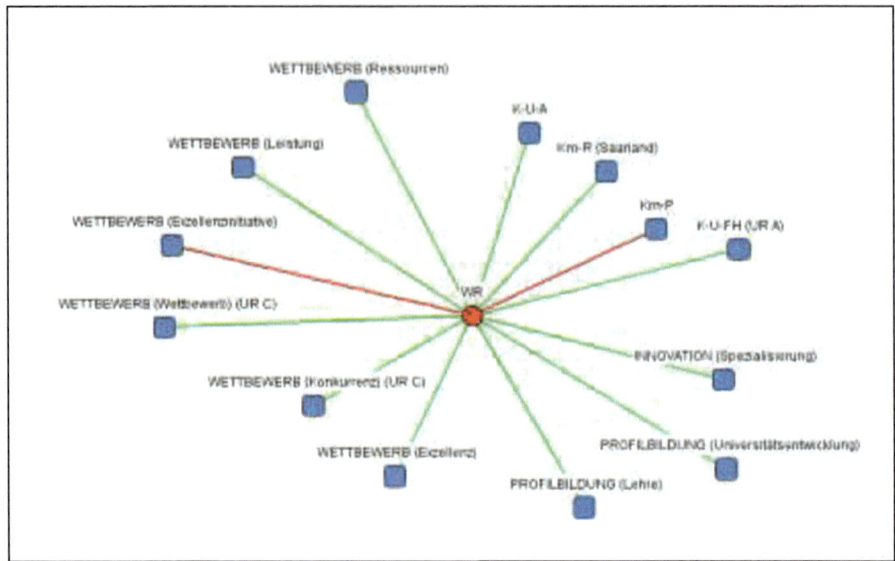

Abbildung 33: Nachbarschaftsknoten des Wissenschaftsrats
Quelle: DER SPIEGEL, erstellt in Visone

Dass die Profilbildung einer Universität mit ihrer strategischen Entwicklung einhergeht, bestätigt die durchgehend dominante Stellung des Diskurskonzepts „Profilbildung (Universitätsentwicklung)" im Netzwerk.

Ein Hauptargument sagt aus, dass sich die Entwicklung der Universität und damit die Ausrichtung des Universitätsprofils am vorhandenen Finanzierungsniveau orientieren.

„In Zeiten knapper Hochschulbudgets hat das Wort ‚Profilbildung' eine interessante Karriere gemacht. Was ursprünglich mal beschreiben sollte, dass Hochschulen die Bereiche stärken sollen, in denen sie exzellent sind, ist mancherorts zur Chiffre für die Abschaffung ganzer Institute geworden" (Demling/Greiner 2014).

„Die SaarUni steht – auch wenn sie ein Extrembeispiel ist – exemplarisch für die Situation vieler Hochschulen in Deutschland: Sie sind abhängig von den finanziellen Mitteln ihres Bundeslandes. Sie haben chronischen Geldmangel bis hin zu existentiellen Geldnöten. Sie sollen sich ein Profil zulegen, sprich: einige Fächer stärken, andere abbauen oder komplett abschaffen" (Greiner 2014).

„Und in Sachsen-Anhalt sollen von 2015 bis 2025 jährlich fünf Millionen Euro an den Hochschulen eingespart werden, Umstrukturierungen inklusive. In Jena heißen die neuen Profile „Light, Life, Liberty" – die Uni will sich künftig auf Fächer wie Physik, Altersforschung und Geisteswissenschaften konzentrieren" (Greiner 2013).

„Eine Universität hat eine große Verantwortung für sich selbst aber auch Verantwortung gegenüber dem Steuerzahler. Sie muss sich realistisch fragen, was sie leisten kann und wo sie am besten ist. Diese Profilbildung bedeutet zunächst, sich der eigenen Stärken und Schwächen bewusst zu werden. Und hier wird man überall interessante Unterschiede auch innerhalb einer Hochschule finden, zum Beispiel zwischen Fächern. Und dann gilt es, Maßnahmen zu ergreifen, um das Profil zu entwickeln [...]" (Prenzel 2014b).

Ein weiteres Argument knüpft erfolgreiche Profilbildung an gewisse strukturelle und organisatorische Veränderungen.

„Eine Hochschule könne Profilbildung und Qualitätssicherung nur voranbringen, wenn sie die zu ihrem Profil passenden Studierenden selbst aussuche. Zudem brauchten die Hochschulen ein modernes Management mit klaren Zuständigkeiten und Verantwortungen" (SZ 2010)[178].

„Das wäre eine Qualität als Maß für die Universitätsentwicklung: nicht größer werden, sondern konzentrierter, fokussierter, gedankenvoll" (ZEIT Campus online 2008).

Insbesondere für die dritte Forschungsebene sind diese Überlegungen interessant, wenn bestimmte Organisationsstrukturen der Universität als Aktion oder Reaktion auf ihre Umwelt den Profilbildungsprozess unterstützen. Mithilfe der Betweenness-Zentralität sind die Netzwerkknoten noch deutlicher differenzierbar, denn die drei Zeitungen stellen die Vermittlungsleistung verschiedener Konzepte und Akteure in unterschiedlicher Intensität dar.

Im SPIEGEL wird insbesondere die regionale Kooperationsidee – in Ausprägung von „K-U-A (UR A)" und „K-U-U (UR A)"[179] – als die zentrale vermittelnde Idee kommuniziert. Abbildung 34 zeigt im Affiliationsnetzwerk, welche Akteure zu diesen beiden Diskurskonzepten gehören.

---

178 In diesem Zeitungsartikel wird kein Autor genannt.
179 „K-U-A (UR A)": regionale Kooperation zwischen Universitäten und außeruniversitären Einrichtungen; „K-U-U (UR A)": Kooperation zwischen den Universitäten in einem regionalen Universitätsraum.

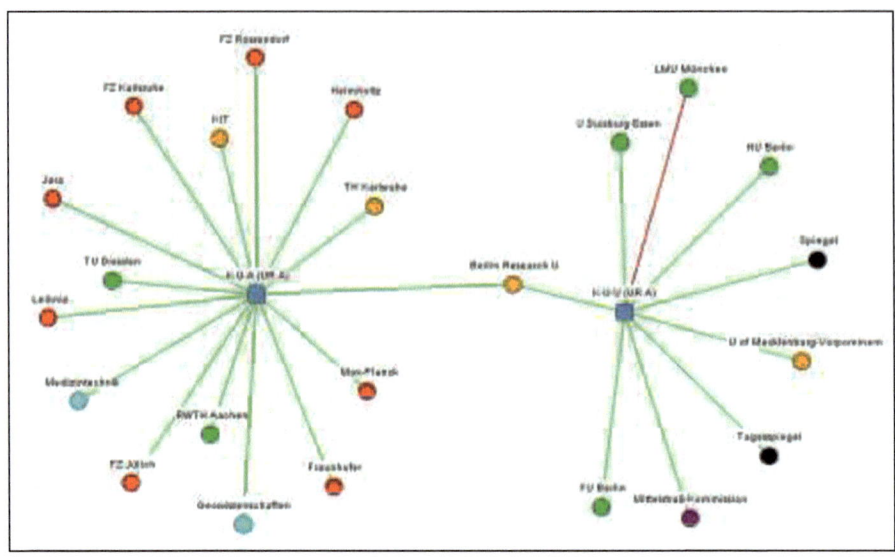

Abbildung 34:   „UR A" als Vermittlerknoten
Quelle: DER SPIEGEL, erstellt in Visone

Die regionale Kooperation zwischen Universitäten wird beispielhaft an der Universität Duisburg-Essen sowie der HU Berlin und FU Berlin dargestellt. Für diese drei Universitäten stellt DER SPIEGEL regionale Kooperationen positiv dar (grüne Netzwerkverbindung). Daneben werden auch idealtypische regionale Kooperationsmöglichkeiten aufgezeigt, wie die „Berlin Research University".

> „Lange wurde darüber gemunkelt, ob die hoch verschuldete Hauptstadt sich das Uni-Trio auf Dauer überhaupt leisten kann. Oder ob es unter dem gemeinsamen Dach einer University of Berlin zwangsvereinigt werden soll. Nun aber soll gar eine vierte hinzukommen. Berlin Research University könnte ihr Name lauten und exzellente Bereiche der drei großen Universitäten sowie außeruniversitärer Einrichtungen zusammenführen, […]. Dazu zählen etwa die Helmholtz-Gemeinschaft, die Leibniz-Gemeinschaft, Max-Planck-Institute und die Fraunhofer-Gesellschaft" (Leffers 2007).

DER SPIEGEL greift damit auf eine Vorstellung zurück und bietet dieses als Lösung an, um gegenwärtige Herausforderungen in der Hochschulfinanzierung durch die Exzellenzinitiative gemeinsam und regional zu bewältigen.

Auch andere Kooperationskonzepte haben einen hohen Betweenness-Wert im SPIEGEL, u.a. „K-U-U (Fusion)", „Km-P" und „Km-F".[180] DER SPIEGEL kommuniziert dennoch die Kooperationsidee als ein Vermittlungskonzept zwischen den Netzwerkknoten.

Bei allen drei Medien nimmt das Diskurskonzept „Profilbildung (kleine Fächer)" ebenso eine zentrale Vermittlungsfunktion ein (SZ: 4,34%, DER SPIEGEL: 2,28%, DIE ZEIT: 7,85%). Die folgenden Abbildungen zeigen, wie die Massenmedien die Gestaltung der Profilbildung durch Befürwortung oder Ablehnung von bestimmten Fächern bzw. Fachdisziplinen kommunizieren.

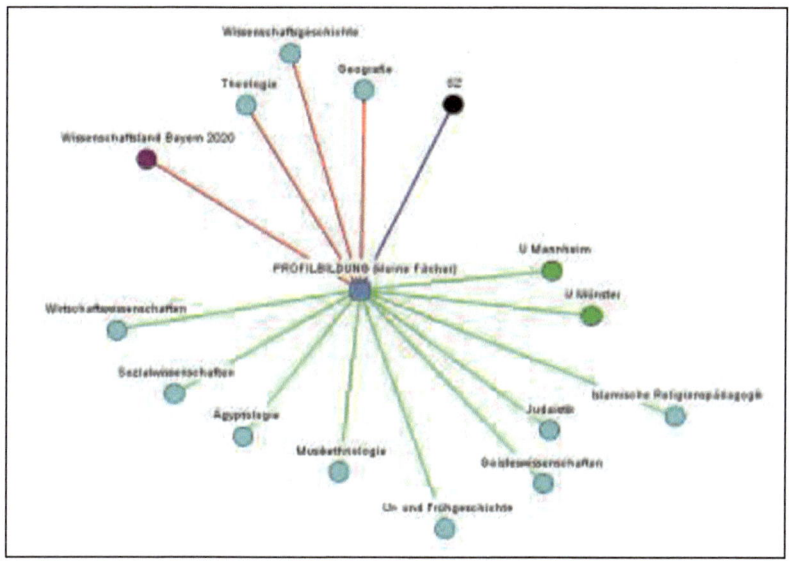

Abbildung 35:   Diskurskonzept „Profilbildung (Kleine Fächer)"
Quelle: SZ, erstellt in Visone

---

180   „K-U-U (Fusion)" steht für die sehr starke Zusammenarbeit verschiedener Universitäten bis zu einer möglichen Fusion; „Km-P" deutet auf das gemeinsame Wirken von Universität und (Landes-)Politik hin und „Km-F" beschreibt die Kooperation der Akteure innerhalb der Forschung.

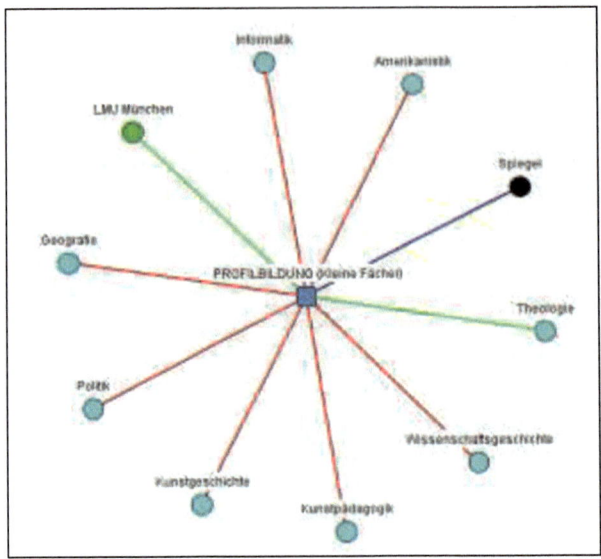

Abbildung 36:   Diskurskonzept „Profilbildung (Kleine Fächer)"
Quelle: DER SPIEGEL, erstellt in Visone

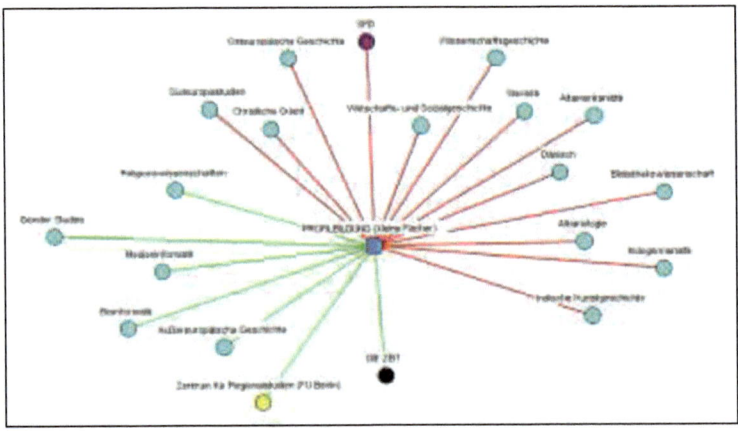

Abbildung 37:   Diskurskonzept „Profilbildung (Kleine Fächer)"
Quelle: DIE ZEIT, erstellt in Visone

Es fällt auf, dass bei dem Diskurskonzept Gestaltung und Steuerung der Profilbildung durch bestimmte kleine Fächer ein sehr ausdifferenziertes Meinungsbild darüber besteht, welche Fächer dieses hochschulpolitische Projekt umzusetzen imstande sind. Während Fächer wie Wissenschaftsgeschichte und Geografie nach Einschätzung der Massenmedien eher weniger zur Profilbildung beitragen, gelten Fachdisziplinen wie Informatik, Gender Studies oder religionswissenschaftliche Schwerpunkte zu den Profilierungsinstrumenten. Eine dritte Gruppe beinhaltet Fächer, die von einigen Medien als förderlich, von anderen als hinderlich für den Profilbildungsprozess angesehen werden.

Nach diesen Beobachtungen können nun erste Schlussfolgerungen in Bezug auf die Forschungsebenen 1 und 2 gezogen werden.

Die Massenmedien kommunizieren und befürworten die Kooperationsidee in der Ausprägung der Zusammenarbeit zwischen Universität und Wirtschaft („K-U-W"). Dieses Diskurskonzept stellt in den Massenmedien die zentrale Idee zur Umsetzung der Profilbildung von Universitäten dar. Dabei greifen die Massenmedien eine Frage auf, die in der Öffentlichkeit kontrovers diskutiert wird und Bestandteil der Auseinandersetzung verschiedener zentraler Akteure (wie Stifterverband, DFG, BMBF, DIHK, Hochschulrektorenkonferenz oder Wissenschaftsrat) ist. Das damit verbundene Diskussions- und Konfliktpotential, das einerseits die Möglichkeiten und Chancen von Wirtschaftskooperationen der Universität in Zeiten unzureichender Hochschulfinanzierungen herausstellt und andererseits die damit verbundene mögliche Gefährdung der Autonomie von Lehre und Wissenschaft aufzeigt, bietet den Medien eine vielseitige Bandbreite an Informationen, wodurch sie ihre gesellschaftliche Rolle aufrechterhalten und rechtfertigen können (vgl. Luhmann 1996).

Untersucht man die drei Affiliationsnetzwerke der Massenmedien ausschließlich nach den Konzepten „Profilbildung (Kooperation)" und „Profilbildung (Wettbewerb)", so zeigt sich das folgende Affiliationsnetzwerk.

Die Statements wurden den Diskurskonzepten „Profilbildung (Kooperation)" oder „Profilbildung (Wettbewerb)" nur dann zugeordnet, wenn der Inhalt eindeutig darauf hinweist, dass Profilbildung von Universitäten durch Kooperation oder Wettbewerb gelingen kann. Die Massenmedien vertreten in dieser Frage keine einheitliche Meinung. Während die SZ kommuniziert, dass Profilbildung über Wettbewerb stattfindet, stellt DIE ZEIT Profilbildung über den

Weg der Kooperation in den Mittelpunkt. DER SPIEGEL kommuniziert sowohl Wettbewerb als auch Kooperation als Möglichkeiten zur Profilbildung. Neben dieser rein quantitativen Perspektive sind deutliche qualitative Unterschiede in der Kommunikation zu erkennen.

Als Hauptargument für eine Profilbildung über Kooperation werden die Unterfinanzierung und der damit verbundene Sparzwang der Universitäten angeführt:

> „Angesichts der dramatischen Unterfinanzierung, aber auch der weltweiten Wissensexplosion könne keine Hochschule auf Dauer mehr ein vollständiges Fächerspektrum anbieten. Vielmehr seien künftig ‚mehr Profilbildung, Kooperation und Konzentration' erforderlich, so die Rektoren" (Finetti/Burtscheidt 2004).

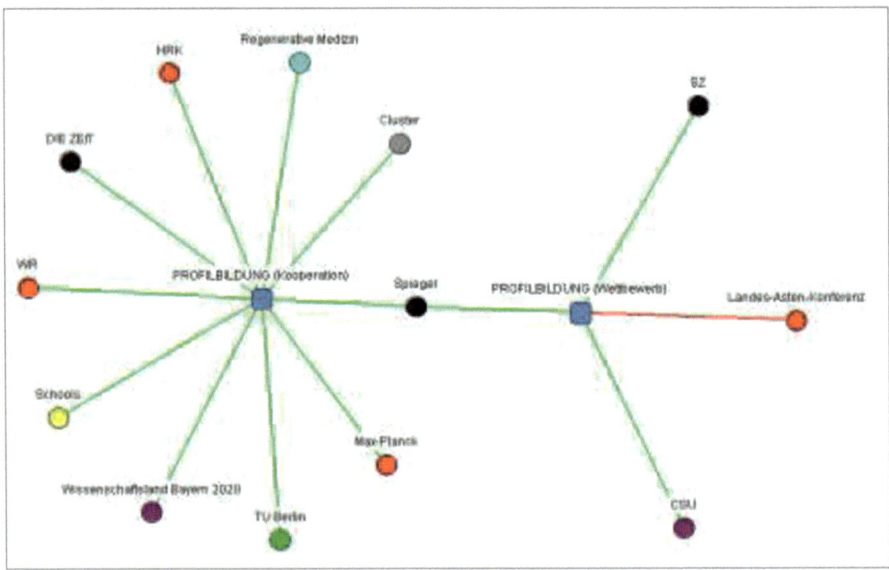

Abbildung 38:   Profilbildung durch Kooperation und Wettbewerb
Quellen: SZ, DER SPIEGEL, DIE ZEIT, erstellt in Visone

> „Das radikale Sparprogramm verschaffte FU-Präsident Dieter Lenzen vor kurzem einen zusätzlichen Job. Der Erziehungswissenschaftler ist Sprecher der neugegründeten Konferenz der Berliner Universitäten. Als Ausweg blieb den UniChefs nur noch, sich zusammenzutun und ihr Fächerangebot aufeinander abzustimmen. Die Hochschulleiter beschlossen, Doppelungen zu streichen und Fächer an einzelnen Unis zu konzentrieren" (Koch 2005).

„Die Zeiten, da die Volluniversität in allen Bereichen ihres breiten Fächerspektrums ähnliche Leistungen brachte und Fachgrenzen allenfalls im Hochschulsport überwunden wurden, sind vorbei. Heute wollen sich die Universitäten auf das konzentrieren, was sie besonders gut können. Überall werden ‚Cluster' gebildet und verwandte Fachbereiche zu ‚Schools' zusammengefasst" (Koch 2005).

„Die Regierung bemüht sich, ihren Sparkurs als ‚Profilbildung' der Universitäten zu verkaufen (so wie Niedersachsen die Schrumpfung seiner Hochschulen ‚Hochschuloptimierungskonzept' nennt). Goppel darf das nun den Hochschulen erklären und hat sie aufgefordert, ihre ‚besonderen Stärken' aufzulisten" (Nöhmaier 2003).

Dieser Herausforderung stellen die Massenmedien u.a. die Bildung und Formierung verschiedener Cluster entgegen, wie bspw. der Öresund University[181]. Damit solche internationalen Universitätsräume (UR C) zu einer Art *biocon valley* werden können, müssen die Hochschulen ihre Schwerpunkte stärker herausstellen (d.h. voneinander profilieren) und diese Schwerpunkte miteinander verzahnen (d.h. miteinander profilieren).

Ein deutliches Bekenntnis zur Profilbildung durch Kooperation zeigt das folgende Statement.

„Dazu allerdings müssten sich die Universitäten stärker profilieren: Schwerpunkte setzen, schwache Fachbereiche aufgeben, mehr miteinander kooperieren und die ‚ökonomischen Entwicklungskerne' des Landes unterstützen – das übliche Reformprogramm eben, das Wissenschaftsminister derzeit landauf, landab fordern" (Schnabel 2005).

Allerdings nehmen im Funktionssystem Massenmedien sowohl die Kooperations- als auch die Wettbewerbsidee Bezug auf die Profilbildung. Abbildung 39 zeigt, welchen Weg die Massenmedien zur Profilbildung der Universitäten vorschlagen.

---

181 Dabei handelt es sich um einen internationalen Hochschulverband rund um die Ostsee mit Hochschulstandorten in Rostock, Greifswald, Malmö, Lund und Kopenhagen.

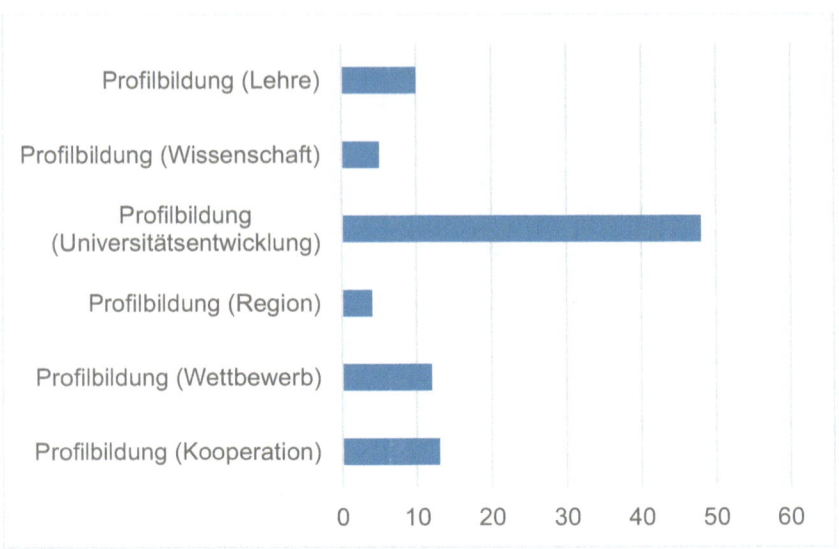

Abbildung 39: Quantitative Verteilung der Statements zur Profilbildung (Massenmedien)
Quelle: Eigene Darstellung, erstellt in Excel

Es ist deutlich zu erkennen, dass Profilbildung in den Massenmedien einerseits als Instrument zur Universitätsentwicklung und andererseits als Folge hochschulpolitischer Entscheidungen angesehen wird. Ob Profilbildung eher über den Weg der Kooperationsbeziehungen oder des Wettbewerbsverhaltens erreicht werden kann, ist nach Ansicht der Massenmedien dabei relativ ausgewogen.

> „Noch tiefgreifender ist der Trend zur ‚Profilbildung' - so der Fachjargon der Reformer. „Wissen nimmt heute so enorm schnell zu, dass sich jede Hochschule auf einige Bereiche konzentrieren muss", glaubt Mediziner Einhäupl, „es kann nicht mehr jeder alles, dafür aber nichts richtig betreiben." Die deutsche Einheitshochschule, sagt Einhäupl voraus, werde es schon bald nicht mehr geben" (Koch 2005).

Mit der These 1 (Unterkapitel 2.1.3) wird in einem ersten Schritt behauptet, dass exogene Herausforderungen zu neuen Informationen sowie veränderten Wertvorstellungen der Gesellschaft führen. Nach den Erkenntnissen aus der Fremdbeschreibung der Massenmedien kann diese Formulierung präzisiert werden.

Die Kooperation – in der Form der Zusammenarbeit von Wirtschaft und Universität – ist dabei die zentrale Idee und dominiert in diesem Rahmen den Diskurs. Die Massenmedien vertreten die Auffassung, dass Kooperationen mit der Wirtschaft für die Universitäten hinsichtlich ihrer Profilbildung und finanziellen Ausstattung förderlich sind. Insbesondere wirtschaftliche Gründe, d.h. die finanziellen Herausforderungen, werden dabei als Argumentationsgrundlage verwendet. Damit sind die Massenmedien in der Lage, auf die Funktionsfähigkeit der Universität Einfluss zu nehmen, indem sie kommunizieren, dass deren Leistungsfähigkeit durch exogene Herausforderungen, wie beispielsweise die finanzielle Ausstattung, bedroht ist und durch die Kooperation der Universität mit der Wirtschaft wieder gesichert werden könne.

Filtert man alle Statements, die mit der Eigenschaft „UR A" in Verbindung stehen, zeigt sich ein komplexes Affiliationsnetzwerk, wie Abbildung 40 zeigt.[182]

---

182 Es ist darauf hinzuweisen, dass die Komplexität dieses Netzwerkes im Vordergrund steht und dabei bestimmte Verbindungen aufgezeigt werden sollen, auch wenn vor diesem Hintergrund die Lesbarkeit der einzelnen Netzwerkknoten leidet.

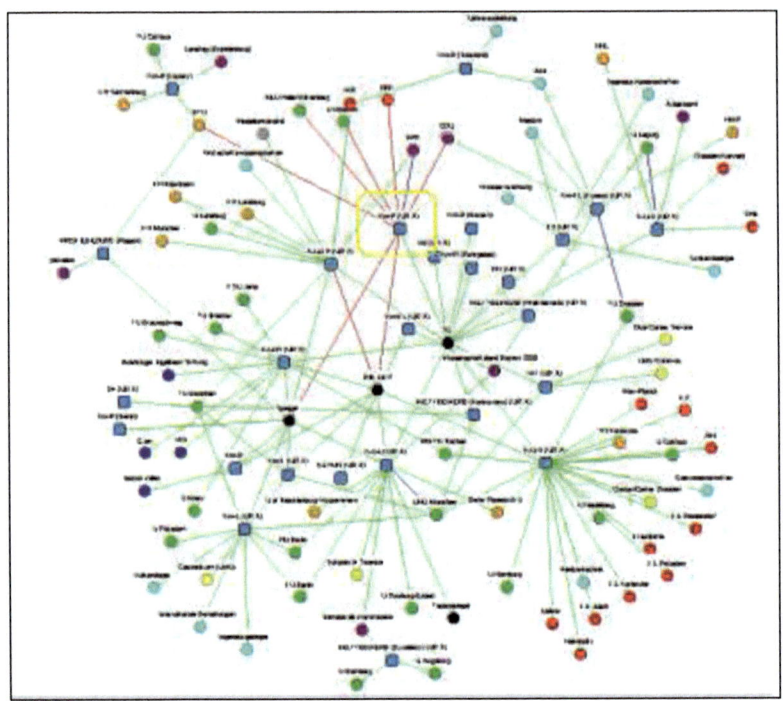

Abbildung 40:   Diskurskonzepte mit Bezug zum regionalen
Universitätsraum (UR A)
Quellen: SZ, SPIEGEL, ZEIT, erstellt in Visone

Insbesondere das Diskurskonzept „Km-P (UR A)" sticht in diesem Netzwerk
hervor. Dieses Konzept ist besonders über negative Statements vernetzt. Abbildung 41 veranschaulicht die negativen und positiven Netzwerkverbindungen von
„Km-P (UR A)".

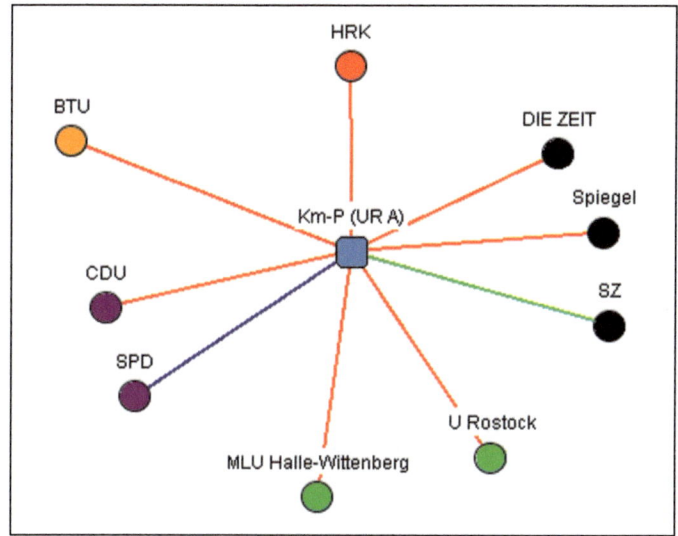

Abbildung 41:   Positive und negative Netzwerkverbindungen von „Km-P
(UR A)"
Quellen: SZ, ZEIT, SPIEGEL, erstellt in Visone

Die Massenmedien kritisieren die zu geringen finanziellen Mittel, die die regionale Hochschulpolitik (Landespolitik) ihren Hochschulen zur Verfügung stellt.
Sie äußern sich wie folgt.

> „Die Krise der Soziologie und Politologie an HU und FU ist offensichtlich. Die Ursachen lie-
> gen aber nicht in den Fachbereichen selbst, sondern im harten Sparprogramm, das den drei
> Berliner Universitäten […] insgesamt verordnet wurde. […] Ein Sparvolumen von 75 Millio-
> nen Euro sollen die Stellenstreichungen binnen fünf Jahren bringen. So will es der Berliner Se-
> nat. Sofort und einmalig müssen zusätzlich 54 Millionen eingespart werden. Die Stadt ist plei-
> te" (Schmitz 2005: 28 f.).

> „Der Konflikt zwischen Hochschule und Ministerium wird mittlerweile auch von persönlichen
> Animositäten überlagert" (Schnabel 2005).
> „Aber es ist doch nicht normal, dass die Universitäten eines Landes die Unterschriften zu den
> Ziel- und Leistungsvereinbarungen mit dem Ministerium verweigern. In mehr als dreißig Jah-
> ren als Professor und Universitätspräsident habe ich solch heftigen Widerstand von Hochschu-
> len noch nie erlebt" (Schmidt/Spiewak 2014).

Neben dem sich andeutenden fehlenden Vertrauensverhältnis zwischen regionaler Hochschulpolitik und ihren Hochschulen, das die Massenmedien beobachten, ist zudem zu erkennen, dass die Konzepte „K-U-A (UR A)" und „K-U-U (UR A)" im SPIEGEL und in DER ZEIT relativ zentral und dominant sind.

Weiterhin konnte beobachtet werden, dass die SZ nicht explizit Diskurskonzepte mit regionalem Bezug (UR A) kommuniziert. Stattdessen verweist sie auf nationale und noch stärker auf internationale Räume, die ausschließlich mit der Wettbewerbsidee in Verbindung stehen.[183] Wie aus den bisherigen Beobachtungen hervorgeht, legt die SZ ihren Fokus auf die beiden Münchner Universitäten. Die Präsenz und Positionierung der Münchner Universitäten in verschiedenen Rankings (ARWU oder THE) nutzt SZ für internationale Bezüge *ihrer* Universitäten.

Unterscheidet man die räumlichen Zuordnungen (UR A-C) und ordnet diese der Kooperations- und der Wettbewerbsidee zu, so sind folgende Schwerpunkte festzustellen: Regionale Bezüge werden öfter mit der Kooperationsidee in Zusammenhang gebracht, während internationale Bezüge mit der Wettbewerbsidee in Verbindung stehen. Vor dem Hintergrund aller Statements aus den Massenmedien zeigt sich folgende Verteilung expliziter Bezüge der Kooperations- und der Wettbewerbsidee auf die UR A-C.

Tabelle 29: Verteilung der Diskurskonzepte auf die Universitätsräume A-C

	Kooperationsidee	Wettbewerbsidee
UR A	142	9
UR B	39	12
UR C	93	57

---

183   Dies betrifft insbesondere das Diskurskonzept „Wettbewerb (Ranking) (UR C)".

Wie Tabelle 29 zeigt, wird die Kooperationsidee in den Massenmedien vorrangig über Regionalität kommuniziert, während die Wettbewerbsidee häufiger in nationalen und internationalen Zusammenhängen verwendet wird. Abbildung 42 veranschaulicht diese Schwerpunktsetzung der einzelnen Universitätsräume.

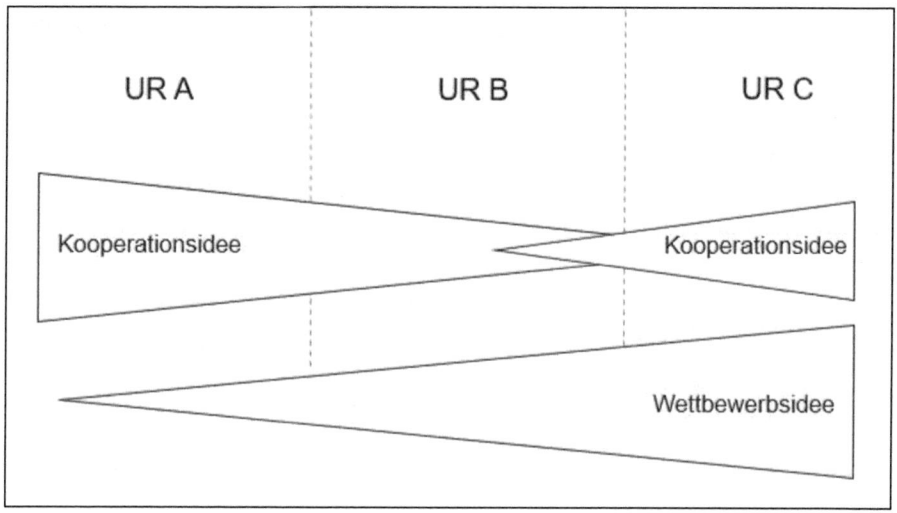

Abbildung 42:   Verteilung der Kooperations- und der Wettbewerbsidee auf die Universitätsräume A-C

Während die Dominanz der Wettbewerbsidee im Hochschulreformdiskurs proportional zur räumlichen Distanz steigt, zeigt die Kooperationsidee bei beiden Extremen (regional und international) gewisse Ausprägungen, weniger jedoch auf nationaler Ebene. Kooperationen wirken demnach vor allem in einem regionalen und internationalen Umfeld auf die Entwicklung der Universität.

Die zweite These (Unterkapitel 2.2.4) besagt, welchen Mehrwert Universitäten für ihre Profilbildung daraus ziehen, mit verschiedenen Akteuren innerhalb eines regionalen Universitätsraums zu agieren bzw. zu kommunizieren. Vor diesem Hintergrund ist die Kooperationsidee regional zu verorten, da sie die *localised capabilities* der Universität prägt und fördert.

Nach den Erkenntnissen aus der Fremdbeschreibung der Massenmedien kann die These bestätigt werden. Denn die Massenmedien kommunizieren die

Kooperationsidee vorrangig auf regionaler Ebene. Allerdings konnte festgestellt werden, dass sie auch auf internationaler Ebene (UR C) kommuniziert wird. In diesem Rahmen trifft sie auf die Wettbewerbsidee.

5.1.2   Hochschulpolitik

Im Funktionssystem Hochschulpolitik wurden insgesamt 26 Texte analysiert, aus denen 1.567 Statements herausgefiltert wurden. Die Auswertung der hochschulpolitischen Statements führt zu den folgenden Beobachtungen, die aufzeigen, wie und wodurch die jeweiligen Akteure *ihr* Projekt Profilbildung im Diskurs kommunizieren.

Grundsätzlich und unabhängig von den einzelnen Zentralitätsmaßen sind die politischen Akteure mit ihren Dokumenten (Ziel- oder Koalitionsvereinbarungen) sehr dominant in den verschiedenen Affiliationsnetzwerken. Die hochschulpolitische Kommunikation der Bundesländer ist demnach stark auf ihre jeweiligen landespolitischen Akteure ausgerichtet. Die Fremdbeschreibung der Hochschulpolitik zum Thema Profilbildung ist somit eher akteurszentriert[184], während die Fremdbeschreibung der Massenmedien in Bezug auf die Profilbildung der Universitäten eher die verschiedenen Diskurskonzepte in den Mittelpunkt rückt.

Das Diskurskonzept „Profilbildung (Wissenschaft)" ist in der Degree-Zentralität in Sachsen und Thüringen das zentralste Konzept, in Sachsen-Anhalt und Bayern hingegen steht es erst an zweiter bzw. vierter Stelle.

Das folgende Affiliationsnetzwerk zeigt, wie in Sachsen-Anhalt das Diskurskonzept „Profilbildung (Wissenschaft)" durch die Landespolitik kommuniziert wird.

Vom Ministerium für Wissenschaft und Wirtschaft des Landes Sachsen-Anhalt wurden in der Hochschulstrukturplanung 2014 bestimmte wissenschaftliche

---

184   In den verschiedenen Konzeptrankings der Hochschulpolitik ist zu erkennen, dass besonders hochschulpolitische Akteure dominante Netzwerkknoten darstellen.

Schwerpunkte gesetzt, die zur Profilbildung durch Wissenschaft beitragen sollen, z.B.

> „Um Chancen zur Profilbildung, aber auch vorhandene Parallelangebote zu identifizieren, erstellen die Hochschulen gemeinsam Konzeptionen zur Profilbildung der Ingenieurwissenschaften" (Ministerium für Wissenschaft und Wirtschaft des Landes Sachsen-Anhalt 2015b: 29).

In Bezug auf die Otto-von-Guericke-Universität Magdeburg:

> „Die Universität stärkt ihre Profilierung in den Ingenieurwissenschaften und in der Medizin, baut die Wirtschaftswissenschaften zu ihrem dritten Profilmerkmal aus und erarbeitet ein Konzept zur Einbindung der Wirtschaftswissenschaften in die vorhandenen Schwerpunkte" (Ministerium für Wissenschaft und Wirtschaft des Landes Sachsen-Anhalt 2015b: 34).

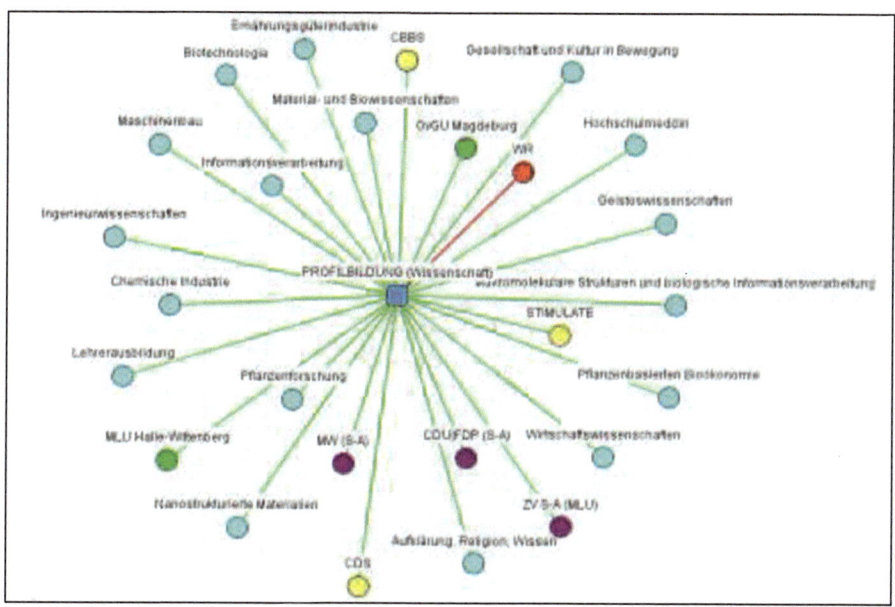

Abbildung 43: Diskurskonzept „Profilbildung (Wissenschaft)" (1 von 3)
Quelle: Hochschulpolitik Sachsen-Anhalt, erstellt in Visone

In einer Zielvereinbarung des Ministeriums für Wissenschaft und Wirtschaft mit der Martin-Luther-Universität Halle-Wittenberg ist zu lesen:

> „Die Universität betreibt auch zukünftig ihre vier Forschungsschwerpunkte ‚Nanostrukturierte Materialien', ‚Makromolekulare Strukturen und biologische Informationsverarbeitung', ‚Aufklärung, Religion, Wissen' und ‚Gesellschaft und Kultur in Bewegung'. Das Land unterstützt diese Forschungsschwerpunkte der Universität im Rahmen seiner finanziellen Möglichkeiten" (Ministerium für Wissenschaft und Wirtschaft des Landes Sachsen-Anhalt 2015a: 6).

In Abbildung 43 fällt auf, dass bis auf eins alle Netzwerkverbindungen des Konzepts positiv sind, d.h. die Netzwerkknoten untereinander Zustimmung erfahren. Ausgenommen davon ist die Verbindung zum Netzwerkknoten Wissenschaftsrat (WR). Diese negative Verbindung ergibt sich aus dem folgenden Statement.

> „Der WR hat insbesondere hinsichtlich der Hochschulmedizin am Standort Halle wiederholt Probleme in der wissenschaftlichen Ausrichtung festgestellt. Zwar wird die Zahnmedizin ebenso wie der Forschungsprofilbereich Epidemiologie, Gesundheits- und Pflegewissenschaften positiv bewertet, zugleich jedoch die grundsätzlichen Schwierigkeiten beim wissenschaftlichen Profil des Standortes betont" (Ministerium für Wissenschaft und Wirtschaft des Landes Sachsen-Anhalt 2015b: 8).

Die Hochschulpolitik greift in ihrer Kommunikation auf externe Expertisen zurück, wie in dem oben angeführten Fall auf Empfehlungen des Wissenschaftsrates zur Weiterentwicklung des Hochschulsystems des Landes Sachsen-Anhalt (vgl. Wissenschaftsrat 2013c).

Als wissenschaftspolitisches Beratungsgremium erfüllt der Wissenschaftsrat damit seine grundlegende Funktion und Bestimmung. Das Zurückgreifen und Einfordern von externen Expertisen unterstützt das politische System, Entscheidungen und Beschlüsse gegenüber der Öffentlichkeit, aber vor allem auch gegenüber den Hochschulen, zu rechtfertigen.

In den anderen beiden hier untersuchten mitteldeutschen Bundesländern gestaltet sich die Kommunikation des Diskurskonzepts „Profilbildung (Wissenschaft)" nach einem ähnlichen Muster. Ausgewählte wissenschaftliche Schwerpunkte werden von der Landespolitik gegenüber anderen Disziplinen hervorgehoben.

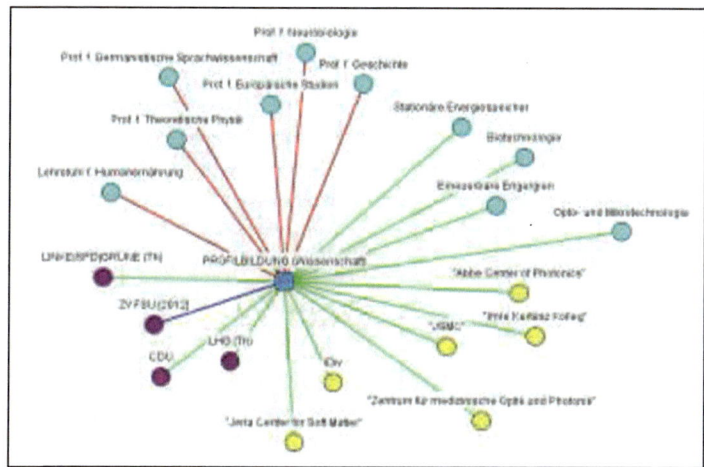

Abbildung 44:   Diskurskonzept „Profilbildung (Wissenschaft)" (2 von 3)
Quelle: Hochschulpolitik Thüringen, erstellt in Visone

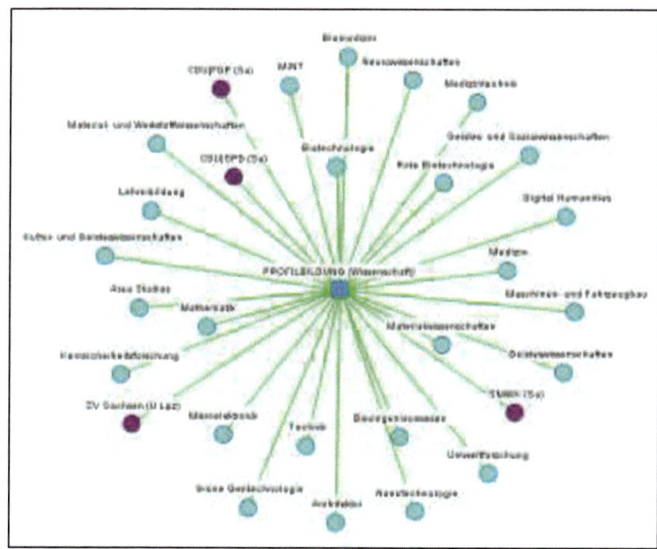

Abbildung 45:   Diskurskonzept „Profilbildung (Wissenschaft)" (3 von 3)
Quelle: Hochschulpolitik Sachsen, erstellt in Visone

Wie bereits angedeutet, stellt das Diskurskonzept „Profilbildung (Wissenschaft)" in Sachsen-Anhalt und Bayern in der Degree-Zentralität nicht das zentralste Diskurskonzept dar. Im Bayern weisen die Konzepte „F1" (3,29%), „K-U-U (UR C)" (3,29%) und „D1" (2,99%) ein höheres Zentralitätsmaß auf als das Konzept „Profilbildung (Wissenschaft)" (2,99%). In Sachsen-Anhalt steht das Konzept „K-U-FH" (4,14%) noch zentraler im Netzwerk als das Konzept „Profilbildung (Wissenschaft)" (3,98%).

Es zeigt sich einerseits, dass die Kooperationsidee *verdeckt* als eine zentrale Idee im hochschulpolitischen System kommuniziert wird, entweder über die Vorstellungen von Verbund-Forschungsprojekten („F1") oder im Dienstleistungsbereich über die Ermöglichung der Mitnutzung universitärer Einrichtung und Dienstleistungen („D1").

In der bayrischen Hochschulpolitik dominieren die Diskurskonzepte „F1" und „D1" die verschiedenen Zentralitätsmaße, insbesondere die Closeness-Zentralität. Andererseits ist deutlich zu erkennen, welchen Schwerpunkt die Landespolitik in der Kooperation ihrer Universitäten sieht. Während Bayern die Zusammenarbeit mit internationalen Universitäten kommuniziert („K-U-U (UR C)"), fordert die Hochschulpolitik in Sachsen-Anhalt das Zusammenwirken zwischen Universitäten und Fachhochschulen („K-U-FH").

Die hochschulpolitische Kommunikation in Sachsen-Anhalt weist zwei besondere Merkmale auf. Zum einen ist die Wettbewerbsidee nicht in den Top-10 der verschiedenen Zentralitätsmaße vertreten. Dies ist auffällig, da die Landespolitik der Nachbarbundesländer die Wettbewerbsidee kommuniziert, bspw. Thüringen mit „Wettbewerb (Marketing)" oder Sachsen mit „Wettbewerb (Qualität)" und „Wettbewerb (Exzellenz)". Zum anderen hat das Diskurskonzept „Innovation (Wirtschaft)" einen relativ hohen Betweenness-Wert (3,35%). Durch bestimmte Fächer und Disziplinen sollen Innovationen die regionale Wirtschaft fördern, wie Abbildung 46 zeigt.

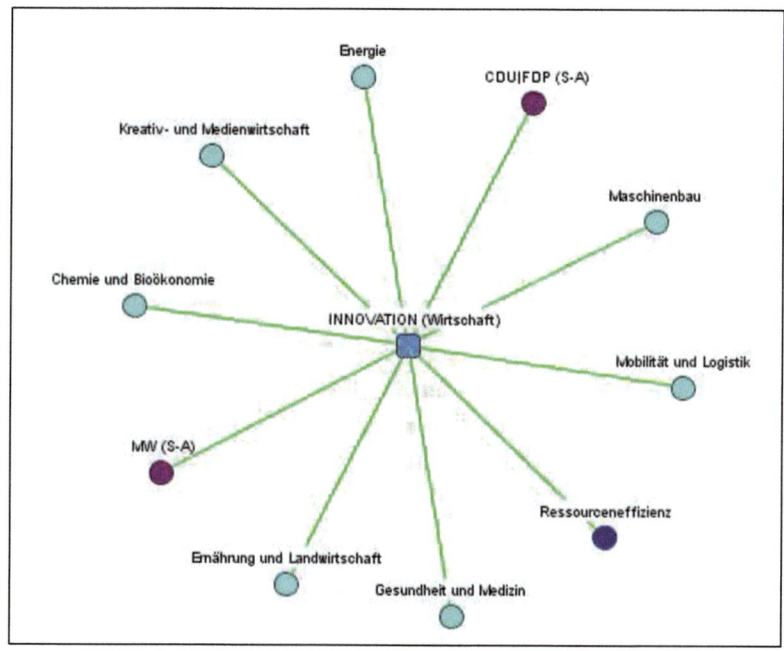

Abbildung 46:   Diskurskonzept „Innovation (Wirtschaft)"
Quelle: Hochschulpolitik Thüringen, erstellt in Visone

In der Hochschulstrukturplanung des Ministeriums für Wissenschaft und Wirtschaft des Landes Sachsen-Anhalt heißt es:

> „In diesem Zusammenhang wird es darauf ankommen, die im Rahmen der regionalen Innovationsstrategie bestimmten Leitmärkte mit vorhandenen Forschungsschwerpunkten und Forschungskompetenz stärker zu vernetzen. Dies betrifft die Leitmärkte Energie, Maschinen- und Anlagenbau, Ressourceneffizienz, Gesundheit und Medizin, Mobilität und Logistik, Chemie und Bioökonomie sowie Ernährung und Landwirtschaft und relevante Querschnittsthemen wie die Kreativ- und Medienwirtschaft" (Ministerium für Wissenschaft und Wirtschaft des Landes Sachsen-Anhalt 2015b: 14).

Das Diskurskonzept „Profilbildung (Kooperation)" stellt im Rahmen dieser Arbeit eine wichtige Grundlage zur Beantwortung der Forschungsebene 1 dar. Auch wenn dieses Diskurskonzept in der hochschulpolitischen Fremdbeschreibung aus Sachsen-Anhalt nicht eines der zentralsten ist, so ist vor allem in der

Hochschulstrukturplanung verstärkt zu lesen, wie wichtig Kooperationen für die Profilbildung sind:

> „Die Hochschulen sollen ihr Profil schärfen, Synergien nutzen und untereinander verstärkt Kooperationen eingehen. Dabei ist das Landesinteresse in der weiteren Entwicklung der Hochschullandschaft in Sachsen-Anhalt zu definieren" (Ministerium für Wissenschaft und Wirtschaft des Landes Sachsen-Anhalt 2015b: 5).

> „Über eine Kooperationsplattform sollen MA-Studiengänge auch in Kooperation mit der OvGU angeboten werden. Dies erfordert auch eine klare Profilierung der Studienangebote der HS Magdeburg-Stendal an den Standorten Magdeburg und Stendal" (Ministerium für Wissenschaft und Wirtschaft des Landes Sachsen-Anhalt 2015b: 32).

Die Closeness-Zentralität stellt die Kooperationsidee in Sachsen-Anhalt und Sachsen deutlich in den Fokus des Diskurses. In Sachsen-Anhalt kommunizieren fünf von sieben Konzepten die Kooperationsidee, in Sachsen sind es fünf von acht Konzepten. Dabei nimmt insbesondere das Diskurskonzept „K-U-U (UR A)" in Sachsen eine zentrale Position ein:

> „Vor Ort ist der Austausch zwischen universitären und außeruniversitären Forschungseinrichtungen zu intensivieren, insbesondere über eine gemeinsame Nutzung von Infrastruktur, den Austausch von Köpfen und die Zusammenarbeit in gemeinsamen strukturierten Promotionsprogrammen" (Staatsministerium für Wissenschaft und Kunst 2011: 8).

> „Das SMWK fördert Synergieeffekte durch Kooperationen der Hochschulen untereinander, mit außeruniversitären Forschungseinrichtungen und der Wirtschaft innerhalb der Wissenschaftsregionen" (Staatsministerium für Wissenschaft und Kunst 2011: 12).

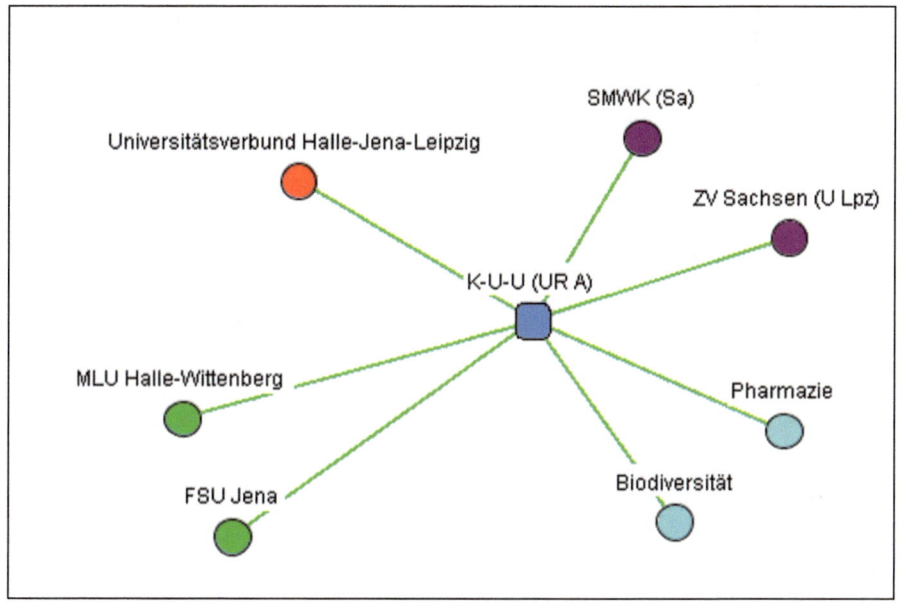

Abbildung 47:   Diskurskonzept „K-U-U (UR A)"
Quelle: Hochschulpolitik Sachsen, erstellt in Visone

Wie Abbildung 47 zu entnehmen ist, sind die Universitäten Halle-Wittenberg
und Jena gemeinsam mit der Universität Leipzig in einem Universitätsverbund
organisiert.

> „Die Friedrich-Schiller-Universität Jena versteht sich als forschungsorientierte europäische
> Universität mit attraktiven Lehrangeboten und starker regionaler Verflechtung. Sie ist Mitglied
> der COIMBRA Group und bildet mit den Partneruniversitäten Halle-Wittenberg und Leipzig
> einen Universitätsverbund" (Thüringer Ministerium für Bildung, Wissenschaft und Kultur
> 2012: 2).

Bislang spielte der Universitätsraum D eine untergeordnete Rolle. Auch wenn
dieser räumliche Bezug in der bayrischen Hochschulpolitik kein hohes Zentralitätsmaß hat, ist dennoch auf diese Besonderheit hinzuweisen, da dieser Universitätsraum für die TU München ein Charakteristikum darstellt.

„Die fortgeschrittene Internationalisierung ist ein zentrales Entwicklungsmotiv der TUM und entfaltet sich durch nachhaltig wirksame Strategiemaßnahmen. So konzentriert sich die Internationalisierungsstrategie auf die Gewinnung der talentiertesten Köpfe weltweit, den Abschluss von Allianzen mit den führenden Hochschulen und die Erweiterung des globalen Alumninetzwerks. Als operative Basis dient außer dem zentralen Strategie- und Servicezentrum in München eine globale Infrastruktur, die neben der GIST-Auslandsdependance in Singapur bisher fünf Verbindungszentren in Brüssel, Beijing, Kairo, Sao Paulo und Mumbai umfasst" (Bayrisches Staatsministerium für Bildung und Kultus, Wissenschaft und Kunst 2013: 26).

Für die hochschulpolitische Fremdbeschreibung zu dem Projekt Profilbildung der Universitäten ist festzustellen, dass der Hochschulreformdiskurs breitgefächerter ist als in der Kommunikation der Massenmedien. Dafür sind zwei Hauptargumente zu nennen. Zum einen folgt die hochschulpolitische Kommunikation (und die damit verbundenen Aufforderungen an die Universitäten) den jeweiligen politischen Landesregierungen. Zum anderen orientiert sich die hochschulpolitische Kommunikation daran, wie Hochschulen öffentlich wahrgenommen werden und welche Aufmerksamkeit sie genießen. Das bedeutet, dass die Hochschulpolitik in Bayern, angesichts der hohen Präsenz ihrer Hochschulen in internationalen Rankings, vorrangig internationale Beziehungen aufgreift. Demgegenüber sind die Universitäten in Mitteldeutschland zu sehen, die sich stärker auf regionale Beziehungen konzentrieren.

Zwei Diskurskonzepte dominieren die Hochschulpolitik: Die Profilbildung durch Wissenschaft (in Sachsen, Sachsen-Anhalt und Thüringen) sowie die Verbund-Forschungsprojekte („F1") in Bayern.

Mit welcher Idee kommuniziert und formt die Hochschulpolitik *ihr* Projekt Profilbildung?

Wie den Konzeptrankings zu entnehmen ist, stehen in Sachsen-Anhalt deutlich die Diskurskonzepte „Profilbildung (Wissenschaft)" und „Profilbildung (Universitätsentwicklung)" im Vordergrund. Die beiden Universitäten in Sachsen-Anhalt, das zuständige Ministerium für Wirtschaft und Wissenschaft (MW (S-A)) und der Wissenschaftsrat sind dabei die dominanten Diskursakteure, wie aus Abbildung 48 hervorgeht.

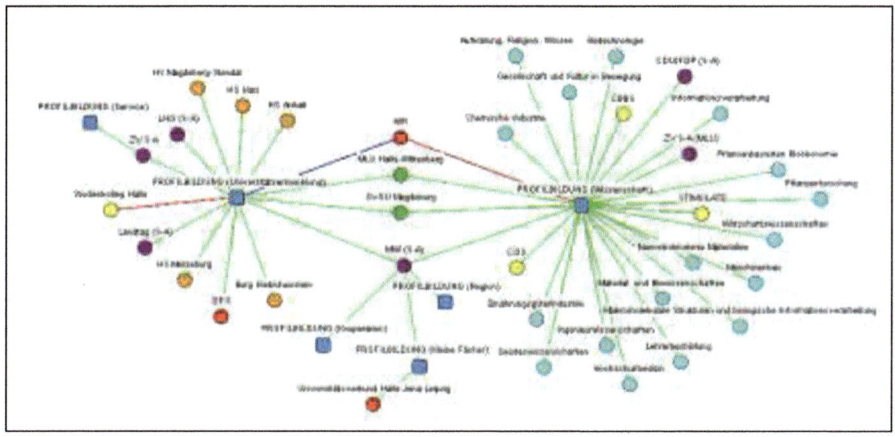

Abbildung 48: Hochschulpolitische Kommunikation von Profilbildung
Quelle: Hochschulpolitik Sachsen-Anhalt, erstellt in Visone

Es lässt sich feststellen, dass Profilbildung durch Kooperation hier keine größere
Bedeutung hat. In Sachsen-Anhalt wird die Profilbildung der Universitäten vom
Ministerium über einzelne fachliche Schwerpunkte in der Wissenschaft gesteuert
und kommuniziert. Doch der Wissenschaftsrat steht, wie bereits erwähnt, dieser
Vorstellung kritisch gegenüber.

> „Der WR hat insbesondere hinsichtlich der Hochschulmedizin am Standort Halle wiederholt
> Probleme in der wissenschaftlichen Ausrichtung festgestellt. Zwar wird die Zahnmedizin eben-
> so wie der Forschungsprofilbereich Epidemiologie, Gesundheits- und Pflegewissenschaften
> positiv bewertet, zugleich jedoch die grundsätzlichen Schwierigkeiten beim wissenschaftlichen
> Profil des Standortes betont. Ungeachtet der positiven Entwicklungen der letzten Jahre bleibt
> das sachsen-anhaltische Hochschulsystem nach Auffassung des WR in der Gesamtbetrachtung
> – auch im Ländervergleich – noch hinter seinen Möglichkeiten zurück. Ursächlich hierfür seien
> die zum Teil unscharfe wissenschaftliche Profilierung und die eingeschränkte Strategiefähig-
> keit der Hochschulen sowie die insgesamt noch nicht hinreichende Nutzung der bestehenden
> Kooperationsmöglichkeiten im regionalen Umfeld" (Ministerium für Wissenschaft und Wirt-
> schaft des Landes Sachsen-Anhalt 2015b: 8).

In Sachsen und Bayern zeigen sich ähnliche Affiliationsnetzwerke. Dominant
sind die Diskurskonzepte „Profilbildung (Wissenschaft)", „Profilbildung (Universitätsentwicklung)" und „Profilbildung (kleine Fächer)". Daran wird noch
deutlicher, dass die Hochschulpolitik Profilbildung über fachliche und inhaltliche

Schwerpunkte definiert. Nachfolgend werden die Affiliationsnetzwerke der Diskurskonzepte zur Profilbildung in Sachsen und Bayern dargestellt.

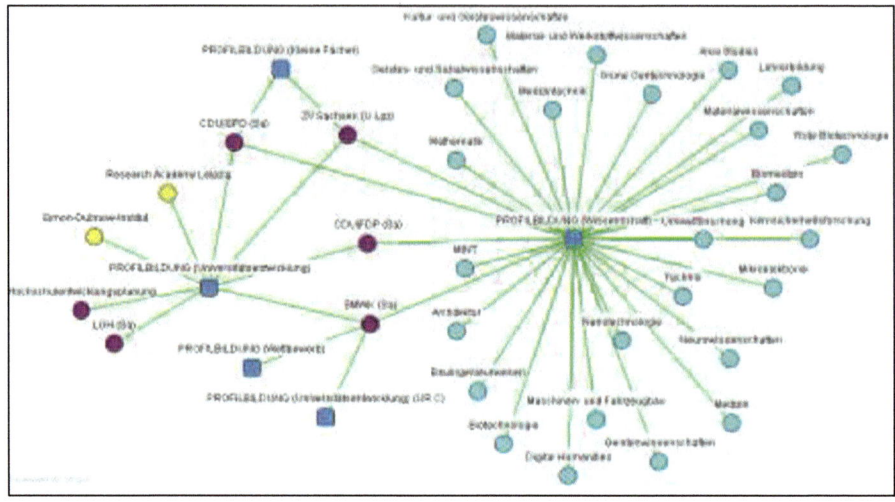

Abbildung 49:   Hochschulpolitische Kommunikation von Profilbildung (2
von 4)
Quelle: Hochschulpolitik Sachsen, erstellt in Visone

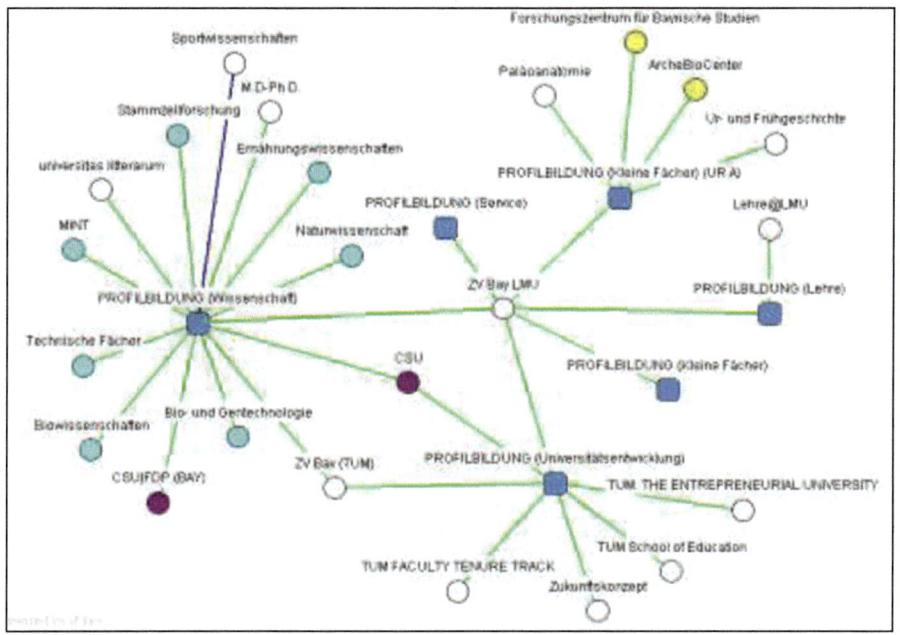

Abbildung 50:   Hochschulpolitische Kommunikation von Profilbildung (3
von 4)
Quelle: Hochschulpolitik Bayern, erstellt in Visone

Im Vergleich zu den eben dargestellten Regionen ist in Thüringen ein wesentlicher Unterschied zu beobachten. Hier wird das Projekt Profilbildung sowohl
über die Kooperations- als auch über die Wettbewerbsidee kommuniziert.

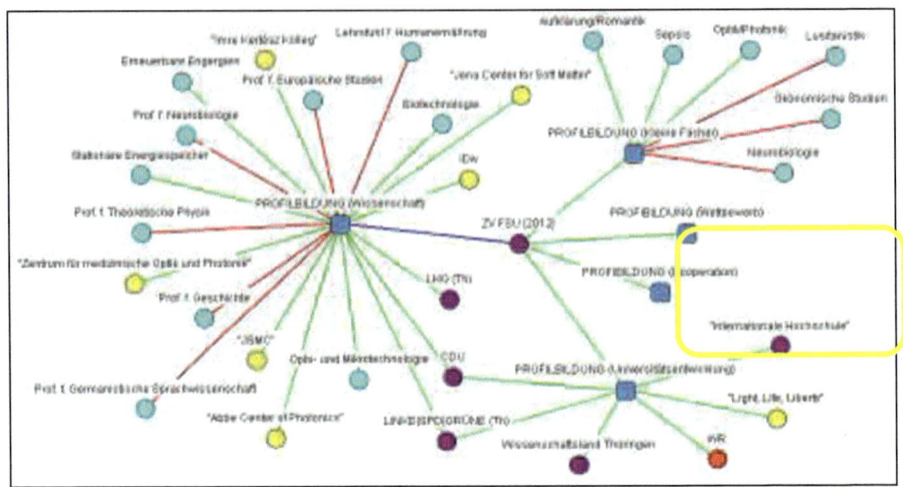

Abbildung 51:   Hochschulpolitische Kommunikation von Profilbildung (4 von 4)
Quelle: Hochschulpolitik Thüringen, erstellt in Visone

Insbesondere in der Zielvereinbarung des Landes Thüringen mit der FSU Jena zeigt sich, dass neben den bereits erwähnten Diskurskonzepten „Profilbildung (Wissenschaft)" und „Profilbildung (Universitätsentwicklung)", auch explizit die Kooperations- und die Wettbewerbsidee mit Profilbildung in Verbindung gebracht werden (gelber Kreis).

> „[...] Schärfung der jeweiligen Profile der Hochschulen durch wettbewerbsfähige und wirtschaftliche Strukturen in Lehre, Studium und wissenschaftlicher Weiterbildung, in Forschung und Entwicklung, bei der Förderung des wissenschaftlichen Nachwuchses sowie der Verwirklichung des Gleichstellungsauftrages" Thüringer Ministerium für Bildung, Wissenschaft und Kultur 2012: 8).

Mit der Fremdbeschreibung der Hochschulpolitik kann die bisherige Tendenz bekräftigt werden, dass die Kooperationsidee gegenüber der Wettbewerbsidee dominanter ist. Allerdings kommuniziert die Hochschulpolitik die Kooperationsidee nicht deutlich genug. Für sie stellen bestimmte wissenschaftliche Schwerpunkte den Weg zur Profilbildung dar. Dabei ist nicht ganz klar, ob dies durch Kooperations- oder Wettbewerbsstrukturen erreicht werden soll.

In der Hochschulpolitik ist besonders die Verbindung zwischen Kooperation und Wettbewerb (Unterkapitel 3.2.2) zu beobachten. Vor dem Hintergrund regionaler und internationaler Universitätsräume zeichnet sich hier ein spezifisches Muster ab, wie es in Bayern und Sachsen zu erkennen ist. Während in Bayern vor allem die Konzepte „K-U-U (UR C)" und „Wettbewerb (Konkurrenz (UR C)" den hochschulpolitischen Diskurs dominieren, stehen im sächsischen Hochschulentwicklungsplan bis 2020 „Wissenschaftsregionen" für eine regionale Kooperation zur Förderung des Wettbewerbs und somit zur Sicherung der Konkurrenzfähigkeit.

Im bayrischen Hochschuldiskurs treffen die Kooperations- und die Wettbewerbsidee zwischen Universitäten auf internationaler Ebene aufeinander. Beide Diskurskonzepte sind vergleichsweise dominant und nehmen die vordersten Plätze im Konzeptranking ein. „Wettbewerb (Konkurrenz (UR C))" erreicht 2,395%, „K-U-U (UR C)" 3,293%. Diese Beobachtung bekräftigt die Vorstellungen der Coopetition im globalen Universitätssystem.

Im sächsischen Hochschulentwicklungsplan 2020 stellt das SMWK ein Diskurskonzept der Wissenschaftsregionen vor, das als „Möglichkeit (angesehen wird), Wettbewerb und Kooperation miteinander zu verbinden und mit einem intensiven Dialog zwischen allen Beteiligten, die Inventions- und Innovationskraft Sachsens auch unter schwierigen finanziellen Rahmenbedingungen weiter zu stärken. Die Zusammenarbeit knüpft dabei an gemeinsame Ziele der Beteiligten an, die sich aus der Ansiedlung bzw. Verortung in einer bestimmten Region ergeben" (Staatsministerium für Wissenschaft und Kunst 2011: 47 f.).

Regionale und internationale Universitätsräume werden durch die Hochschulpolitik bewusst kommuniziert und der Kooperations- und der Wettbewerbsidee zugewiesen. Die folgenden Tabellen zeigen, in welchem quantitativen Verhältnis die beiden Ideen den Universitätsräumen A-C zugeordnet werden können.

Tabelle 30:   Verteilung der Kooperations- und der Wettbewerbskonzepte
auf die Universitätsräume in Sachsen-Anhalt

	Kooperationsidee	Wettbewerbsidee
UR A	41	0
UR B	5	3
UR C	4	4

Quelle: Eigene Darstellung

Tabelle 31:   Verteilung der Kooperations- und der Wettbewerbskonzepte
auf die Universitätsräume in Sachsen

	Kooperationsidee	Wettbewerbsidee
UR A	25	1
UR B	1	3
UR C	5	4

Quelle: Eigene Darstellung

Tabelle 32:   Verteilung der Kooperations- und der Wettbewerbskonzepte
auf die Universitätsräume in Thüringen

	Kooperationsidee	Wettbewerbsidee
UR A	22	0
UR B	2	3
UR C	15	6

Quelle: Eigene Darstellung

Tabelle 33:   Verteilung der Kooperations- und der Wettbewerbskonzepte
auf die Universitätsräume in Bayern

	Kooperationsidee	Wettbewerbsidee
UR A	4	1
UR B	0	6
UR C	25	23

Quelle: Eigene Darstellung

Die Beobachtungen aus der Hochschulpolitik (Sachsen-Anhalt, Thüringen und
Sachsen) bestätigen die Tendenz der Massenmedien. Die Kooperationsidee ist
stärker mit dem regionalen Universitätsraum gekoppelt als die Wettbewerbsidee,
die eher mit dem internationalen Universitätsraum in Verbindung gebracht wird.
Diese Tendenz wird in Abbildung 52 veranschaulicht. Sie entspricht damit den
Beobachtungen aus der Kommunikation der Massenmedien zur Verteilung der
Kooperations- und der Wettbewerbsidee in den Universitätsräumen.

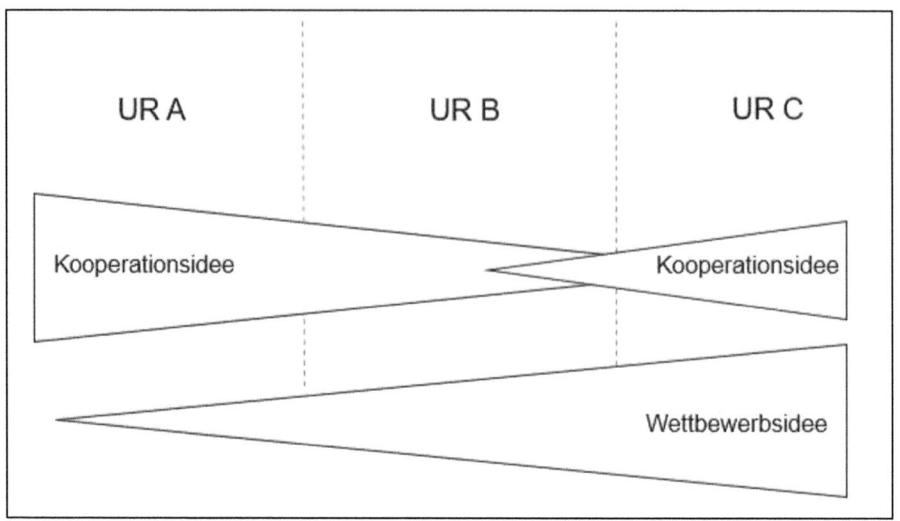

Abbildung 52:   Verteilung der Kooperations- und der Wettbewerbsidee in den Universitätsräumen (1 von 2)
Quellen: Hochschulpolitik Sachsen-Anhalt, Sachsen und Thüringen, eigene Darstellung, erstellt in PowerPoint

In Bayern dominieren sowohl die Wettbewerbs- als auch die Kooperationsidee im internationalen Universitätsraum (UR C).

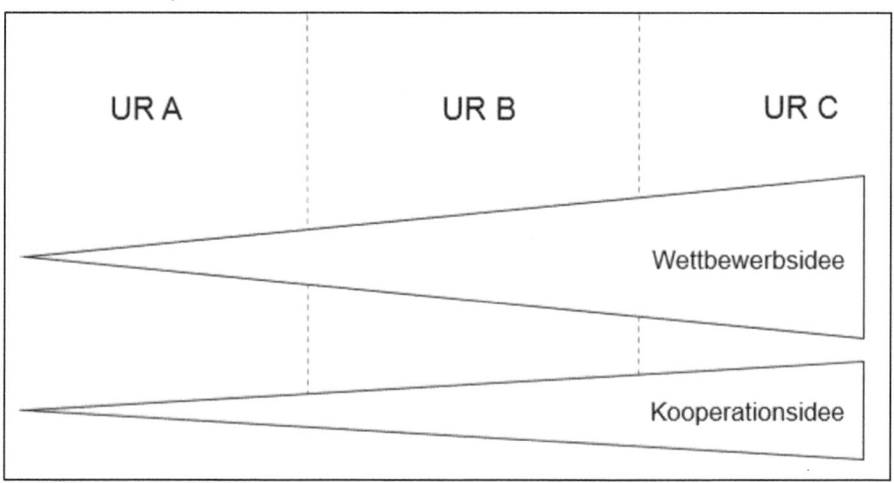

Abbildung 53:   Verteilung der Kooperations- und der Wettbewerbsidee in
den Universitätsräumen (2 von 2)
Quelle: Hochschulpolitik Bayern, eigene Darstellung, erstellt in PowerPoint

Die bayrische Hochschulpolitik fordert und kommuniziert demnach die internationale Umsetzung der Kooperations- und der Wettbewerbsidee. So unterstreicht
der damalige Ministerpräsident Stoiber in seiner Regierungserklärung von 2003
die Wettbewerbsidee auf internationaler Ebene.

> „Bayern gehört zu den forschungsintensivsten Standorten der Welt. Jede vierte Patent-
> Anmeldung in Deutschland kommt aus Bayern. Wir investieren in unsere Hochschulen. Sie
> sollen international in der ersten Liga spielen. Der Bedarf an hoch qualifizierten Fachkräften
> steigt. In den nächsten Jahren wird sich der internationale Wettbewerb um die besten Studie-
> renden und Nachwuchswissenschaftler weiter verschärfen: [...] Im weltweiten Wettbewerb um
> Köpfe und Wissen fällt Deutschland zurück. Diese schwerwiegende Fehlentwicklung wird in
> Deutschland verschwiegen" (Stoiber 2003).

In der bayrischen Koalitionsvereinbarung von 2008-2013 zwischen CSU und
FDP wird auch die Kooperationsidee auf internationaler Ebene kommuniziert.

> „Wir werden darauf hinwirken, dass die bayerischen Hochschulen ihre internationale Orientie-
> rung weiter ausbauen (z. B. vermehrte Kooperationen mit ausländischen Hochschulen, Gewin-
> nung von mehr ausländischen Wissenschaftlern, Abbau von Hürden bei deren Anstellung)"
> (CSU/FDP 2008: 20).

Insgesamt bleibt das Verhältnis der Kooperations- und der Wettbewerbsidee zur Umsetzung der Profilbildung in der Hochschulpolitik relativ ausgeglichen. Es lässt sich allerdings auch in der Fremdbeschreibung der Hochschulpolitik die Beobachtung aus den Massenmedien wiedererkennen, welche die Kooperationsidee tendenziell eher im regionalen Universitätsraum (UR A) verortet.

5.1.3   Wirtschaft

Aus dem Funktionssystem Wirtschaft konnten aus insgesamt 31 Texten 199 Statements generiert werden. Die Auswertung der Texte aus dem Wirtschaftssystem führt zu folgenden charakteristischen Beobachtungen, die aufzeigen, wie die Wirtschaft das hochschulpolitische Projekt Profilbildung (fremd)beschreibt.

Es ist wenig überraschend, dass das Konzept „K-U-W" in der Degree-Zentralität den höchsten Wert erreicht. Bei Siemens mit 14,28% (gleich dem Konzept „Innovation (Spezialisierung)"), bei Audi mit 16,67% und Bayer mit 14,28% (hinter „Km-F" mit 28,57%). Auch vor dem Hintergrund der anderen Zentralitätsmaße haben diese Kooperationskonzepte den höchsten Wert. Damit kommuniziert die Wirtschaft die Profilbildung der Universität über die Kooperationsidee.

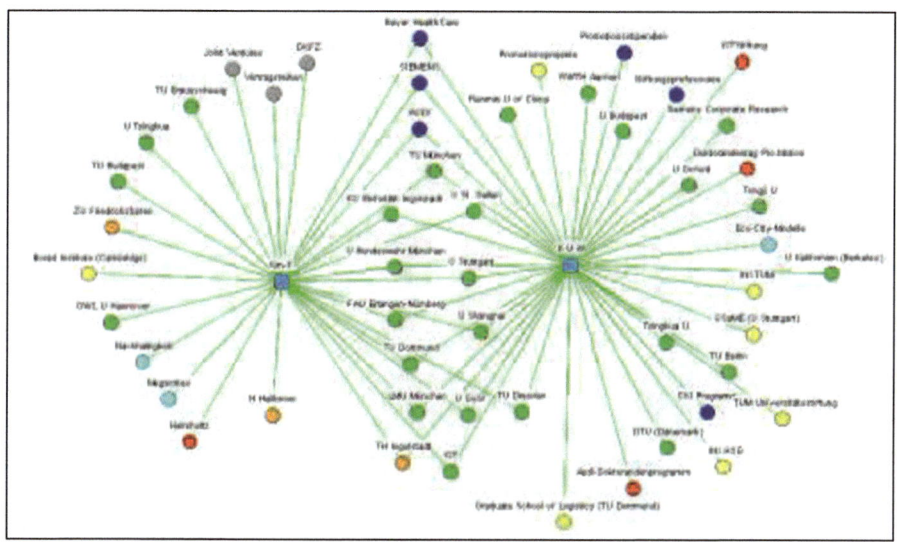

Abbildung 54:   Affiliationsnetzwerk der zentralen Diskurskonzepte
Quelle: Wirtschaft, erstellt in Visone

Beispiele ausgewählter Hochschulen (nicht nur die TU und LMU München, sondern auch die Universitäten in Dresden, St. Gallen oder Eichstätt-Ingolstadt) zeigen, dass Wirtschaftsunternehmen vorrangig mit Hochschulen oder außeruniversitären Einrichtungen aus ihrem regionalen Umfeld zusammenarbeiten. Interessant ist dabei, dass dies ohne den expliziten Verweis auf einen Universitätsraum geschieht.

Darüber hinaus zeigt sich besonders in diesem Funktionssystem über alle Zentralitätsmaße hinweg ein hoher Prozentsatz an Innovationskonzepten. Dabei werden Innovationen vorrangig über Spezialisierung kommuniziert.

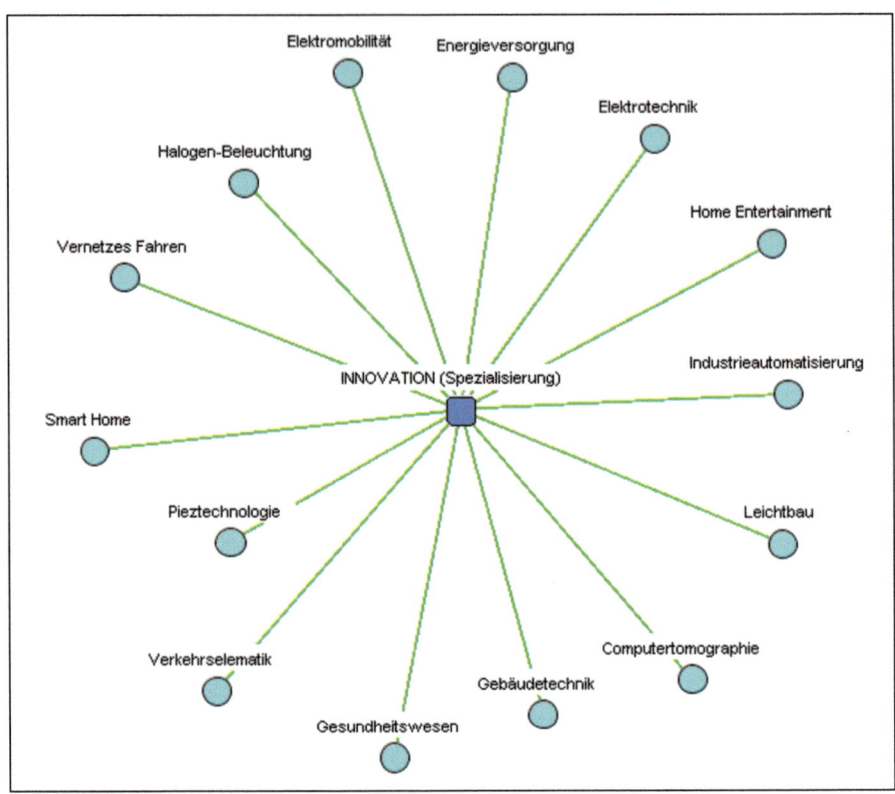

Abbildung 55:   Spezialisierung zur Förderung von Innovationen
Quelle: Wirtschaft, erstellt in Visone

Diese Schwerpunkte geben eine erste Orientierung, mit welchem inhaltlichen Verständnis Wissenschaft und Wirtschaft zusammenarbeiten. Die Innovations-konzepte dominieren die Kommunikation der Wirtschaft. In den Konzeptran-kings ist zu erkennen, dass Profilbildungskonzepte in dieser Kommunikation nicht von Bedeutung sind. Das macht es schwer, die Wirtschaft in der Profilbil-dung von Universitäten einzuordnen.

Die Statements der Wirtschaftsakteure verweisen weder auf das hochschul-politische Projekt Profilbildung noch auf einzelne Universitätsräume (UR A-D), denn entsprechende Diskurskonzepte sind in den Top 10 der Wirtschaft nicht wiederzufinden. Vor diesem Hintergrund können nur schwer entsprechende Schlussfolgerungen darüber getroffen werden, welche Position die Wirtschaft bei der Profilbildung von Universitäten einnimmt und wie sie sich an der Umsetzung dieses Projekts beteiligen will.

Das stark kommunizierte Diskurskonzept „Innovation (Spezialisierung)" verweist jedoch auf die Beziehung zwischen der Wirtschaft und der Universität. Die Wirtschaft bietet einen finanziell attraktiven Rahmen an, in dem Kooperationen zwischen Wirtschaft und Wissenschaft stattfinden können.[185] Die Wirtschaft spricht Forschungsthemen, wie bspw. vernetztem Fahren oder Elektromobilität, Innovationspotential zu und lädt dadurch sämtliche Wissenschaftsakteure zur Zusammenarbeit ein („Km-F").

5.1.4 Zwischenfazit Fremdbeschreibung

Bei der Auswertung der Selbstbeschreibung der Universität in Bezug auf das hochschulpolitische Projekt Profilbildung ist besonders interessant, ob die inhaltlichen, die die Wirtschaft über „Innovation (Spezialisierung)" kommuniziert, gleichsam durch die Universität getragen werden. Nachdem alle drei Funktionssysteme der Fremdbeschreibung hinsichtlich Profilbildung ausgewertet wurden, kommt die Arbeit zu einem ersten Zwischenfazit.

Die Diskurskonzepte „K-U-W" (kommuniziert durch Massenmedien und der Wirtschaft) und „Profilbildung (Wissenschaft)" (kommuniziert durch die Hochschulpolitik) sind die dominanten Diskurskonzepte der Fremdbeschreibung. Die Umwelt der Universitäten sieht demnach in der Kooperation mit der Wirt-

---

185   Ein Paradebeispiel für die Dreiecksbeziehung von Innovation, Wirtschaft und Wissenschaft ist das Forum „innovations-report", das täglich über Innovationsdynamiken aus Wissenschaft und Wirtschaft informiert (URL: http://www.innovations-report.de/, 07.03.2018). Oder auch die Forschungsunion Wirtschaft-Wissenschaft, die von 2006-2013 als Beratungsgremium die Hightech-Strategie 2020 für Deutschland umgesetzt und weiterentwickelt hat (URL: http://www.forschungsunion.de/, 07.03.2018).

schaft[186] und der Schwerpunktsetzung auf bestimmte Themen der Wissenschaft eine Möglichkeit, Profilbildung an Universitäten umzusetzen.

Die Kooperationsidee weist eine größere Präsenz und Dominanz im Hochschulreformdiskurs auf als die Wettbewerbsidee. Aus der Kommunikation der Massenmedien, Hochschulpolitik und der Wirtschaft kann Kooperation als die Umsetzungsstrategie für die Profilbildung der Universitäten abgeleitet werden.

Eine weitere abschließende Beobachtung wurde in Bezug auf die Zuschreibung der Kooperations- und der Wettbewerbsidee zu den verschiedenen Universitätsräumen gemacht. Die Massenmedien und die Hochschulpolitik kommunizieren die Kooperationsidee vorranging auf regionaler, die Wettbewerbsidee eher auf internationaler Ebene (ausgenommen Bayern). Die Fremdbeschreibung der Wirtschaft lässt allerdings keine räumliche Zuordnung der Kooperations- und der Wettbewerbsidee bzw. von Diskurskonzepten zu.

Dies lässt im Rahmen der Forschungsebene 2 eine räumliche Zuordnung der Kooperations- und der Wettbewerbsidee zu. Kooperation wird tendenziell stärker regional kommuniziert, Wettbewerb eher im nationalen und internationalen Rahmen.

Bei dieser Zuordnung fehlt es allerdings an Zuweisungen, die den regionalen Wettbewerb oder die internationale Zusammenarbeit thematisieren. In Bezug auf den europäischen Hochschulraum, der durch die Bologna-Reform geprägt ist, irritiert die hier gemachte Beobachtung, d.h. die Dominanz der Wettbewerbsidee im internationalen Universitätsraum. So wäre doch, nach Bologna, auch die Kooperation in diesem Universitätsraum stark vertreten (bspw. durch „Km-L (UR C)"). Dass der regionale Universitätsraum (UR A) im Fokus liegt, ist u.a. auch der Tatsache geschuldet, dass die untersuchten Texte einen sehr landespolitischen Charakter haben. Die primäre Aufgabe der hochschulpolitischen Akteure liegt zudem nicht in der Gestaltung internationaler Themen, sondern vielmehr in

---

186 Das überrascht insbesondere in Sachsen-Anhalt, da hier das Ministerium für Wirtschaft und Wissenschaft schon in seiner Bezeichnung und Verantwortung die Funktionssysteme Wirtschaft und Wissenschaft (Universität) miteinander in Verbindung bringt. Lediglich in der Closeness-Zentralität erreicht das Konzept „K-U-W" mit 0,721% eine relativ zentrale Stellung.

ihrem regionalen Einfluss- und Wirkungsgebiet (UR A). In einem regionalen Universitätsraum auf regionalen Wettbewerb oder Konkurrenz zu setzen, würde wohl einer politischen und wirtschaftlichen Irritation gleichkommen.[187] Vielmehr sind es Akteure auf nationaler und europäischer Ebene, die die hochschulpolitischen Inhalte in den Universitätsräumen B und C gestalten und prägen.[188]

Auf den ersten Blick stellen Politik- und Wirtschaftssystem Gegenpole dar, wenn es um die Frage geht, wie die Profilbildung von Universitäten umsetzbar ist. Doch auf Konzeptebene ist eine indirekte Parallele erkennbar. Während in der Hochschulpolitik das Diskurskonzept „F1" dominiert, ist es in der Wirtschaft das Kooperationsmodell Forschung („Km-F"). Beide Diskurskonzepte sind zwar in ihrem Kern ähnlich, doch unterscheiden sie sich in ihrer Ausgestaltung. „Km-F" beschreibt stärker die Zusammenarbeit verschiedener Akteure im Bereich der Forschung, ohne auf eine organisatorische Struktur einzugehen. Mit dem Diskurskonzept „F1" wird dieser organisatorische Rahmen von den politischen Akteuren hingegen festgelegt, indem bspw. von einem Forschungsverbund gesprochen wird.

Die dominanten Diskurskonzepte in diesen drei Funktionssystemen sind stark forschungsorientiert. Wenn es um die Kooperation einer Universität geht (positiv wie negativ betrachtet), dann wird dabei vorrangig Wissenschaft/Forschung angesprochen („Km-F", „F1", „Profilbildung (Wissenschaft)"). Damit vernachlässigen sie die Orientierung auf die universitäre Erziehung und Lehre. Das Erziehungssystem wird im Hochschulreformdiskurs sehr wenig diskutiert und stellt eher ein Randgebiet dar.

Mit dem Förderprogramm Qualitätspakt Lehre (2011-2020) erfährt die universitäre Erziehung mehr Aufmerksamkeit, sowohl innerhalb der Universität, als auch in der Öffentlichkeit. Das ist u.a. auch an den speziellen Leitbildern für

---

187 Bspw. würde dann die Hochschulpolitik in Sachsen-Anhalt die Konkurrenz ihrer Hochschulen fordern und fördern.

188 „Auch unsere Hochschulen stehen zunehmend im globalen Wettbewerb. Schon deshalb macht es Sinn, sie auch im nationalen Bildungsangebot dem Wettbewerb auszusetzen" (BMBF 1999: 7).

Lehre an den Universitäten zu erkennen, die größtenteils ab 2010 öffentlich gemacht wurden.[189]

Im dritten Kapitel wurde der Hochschulreformdiskurs in einen Autonomie und Praxisdiskurs unterteilt (Unterkapitel 3.1). Danach kommunizieren die Funktionssysteme Politik, Wirtschaft und Massenmedien als Fremdreferenz in einem Praxisdiskurs. Es wird vermutet, dass das Thema Nützlichkeit und der fremdreferentielle Leistungsaspekt im Vordergrund dieser Kommunikationen stehen. Diese Präferenzen seitens Hochschulpolitik, Wirtschaft und Massenmedien sind im Hochschulreformdiskurs auf der Seite der Fremdbeschreibungen zu beobachten, obgleich Dominanzgefälle in Bezug auf die Innovation und den Leistungsaspekt festzustellen sind. So kommuniziert die Wirtschaft das Diskurskonzept „Innovation (Forschung)", das deutlich dem Praxisdiskurs zugeordnet werden kann. Dies wird in den anderen Funktionssystemen nicht in ähnlich dominanter Weise kommuniziert und stellt damit ein Alleinstellungsmerkmal der Fremdbeschreibung der Wirtschaft auf Profilbildung dar.

Es zeigt sich, dass in den Funktionssystemen der Fremdbeschreibung die Kooperationsidee dominiert, insbesondere in der Ausprägung der Zusammenarbeit zwischen der Universität und Wirtschaft. Die Kooperationsidee stellt dabei ein Instrument zur Leistungssteigerung der Wirtschaft, Wissenschaft und Gesellschaft dar. So heißt es sehr treffend bei Siemens „Wissenschaft als Innovationspartner der Wirtschaft" (Siemens 2004: 2).

Das Diskurskonzept „Innovation (Kooperation)" stellt ein Schlüsselkonzept dar, da Kooperationsidee und Praxisdiskurs (Orientierung auf Nützlichkeit) zusammengeführt werden.

„Bahnbrechende Innovationen gedeihen vor allem dort, wo sich Welten treffen: Hochschulen, Forschungseinrichtungen, Startups, Großindustrie und deren Kunden aus unterschiedlichsten Branchen" (Siemens 2006: 2).

---

189   U.a. im Jahr 2014 an der Goethe Universität Frankfurt/Main und der Universität Hamburg und im Jahr 2015 an der Universität Bremen.

Die Diskurs-Netzwerk-Analyse der Fremdbeschreibungen auf Profilbildung hat aufgezeigt, wie die einzelnen Funktionssysteme kommunizieren.

Das Politiksystem kommuniziert das Projekt Profilbildung direkt. Allerdings sind die Schlüsselkonzepte, die für die jeweiligen Forschungsebenen stehen (Unterkapitel 4.2)[190], nicht dementsprechend wiederzuerkennen. Da sich die Kooperationsidee als dominanter gegenüber der Wettbewerbsidee herausgestellt hat, wäre zu erwarten gewesen, dass es zentrale Statements zum Diskurskonzept „Profilbildung (Kooperation)" gibt. Zwar steht das Diskurskonzept „F1" (Verbund-Forschungsprojekte) sehr zentral im Diskurs. Dieses verweist allerdings nur indirekt auf Kooperationen. Die eindeutige Verknüpfung von Profilbildung und Kooperationsidee bleibt aus.In der Kommunikation der Funktionssysteme Wirtschaft und Massenmedien sind Profilbildungskonzepte hingegen weniger zentral. Sie orientieren sich stärker an der Kooperationsidee, die die Zusammenarbeit zwischen Universität und Wirtschaft anspricht.

Insgesamt lässt sich feststellen, dass in allen drei Funktionssystemen eindeutige Statements zum regionalen Universitätsraum (UR A) fehlen. Für die Forschungsebene 2 mangelt es daher an einer kritischen Masse an Statements, die Diskurskonzepte wie „Profilbildung (Region)", „Km-R", „W3" oder „D4" in den Vordergrund stellen. Diese Diskurskonzepte sind damit in dem beobachteten Ausschnitt des Hochschulreformdiskurses nicht relevant und attraktiv genug.

Nachdem die dominanten Diskurskonzepte aus Hochschulpolitik, Wirtschaft und Massenmedien in Bezug auf Profilbildung von Universitäten herausgestellt wurden, stellt sich im zweiten Analyseschritt die Frage, wie die Universitäten kommunizieren.

---

190   Für die Forschungsebene 1 sind das die Diskurskonzepte „Profilbildung (Kooperation)", „Profilbildung (Wettbewerb)", „F1" und „F3". Für die zweite Forschungsebene die Diskurskonzepte „Profilbildung (Region)", „Km-R", „W3" und „D4".

5.2   Auswertung Selbstbeschreibung

Das zur Auswertung verwendete Textmaterial stammt aus dem Universitätssystem. Aus insgesamt 52 Texten wurden 463 Statements codiert. Ein Textdokument aus dem Universitätssystem (d.h. die MLU Halle-Wittenberg, FSU Jena, Universität Leipzig, LMU und TU München) enthält demnach durchschnittlich 8,9 Statements.

5.2.1   *Martin-Luther-Universität Halle-Wittenberg*

Das Diskurskonzept „K-U-W" soll beispielhaft dazu dienen, die kommunikativen Lücken der Kommunikation der MLU Halle-Wittenberg und des Ministeriums für Wissenschaft und Wirtschaft aufzuzeigen. Denn in der Kommunikation der MLU Halle-Wittenberg nimmt das Diskurskonzept eine sehr zentrale Stellung ein (Degree-Wert: 5,172%), gefolgt von verschiedenen Diskurskonzepten zur Profilbildung (ab 3,448% bis 2,874%). In der Kommunikation des Ministeriums hat das Diskurskonzept nur einen Wert von 1,534%. Es überrascht, dass die Hochschulpolitik in Sachsen-Anhalt mit einem Ministerium für Wissenschaft und Wirtschaft das Diskurskonzept „K-U-W" nicht dominant kommuniziert. Daran werden gewisse kommunikative Diskrepanzen zwischen der Hochschulpolitik (Fremdbeschreibung) und dem Universitätssystem (Selbstbeschreibung) sichtbar.

Stellt man die Diskurskonzepte der MLU Halle-Wittenberg und des zuständigen Ministeriums in Sachsen-Anhalt in der Degree-Zentralität gegenüber, zeigen sich weitere Unterschiede im Kommunikationsverhalten. Die Akteure aus den beiden Funktionssystemen teilen lediglich drei Diskurskonzepte miteinander: „K-U-W", „Profilbildung (Wissenschaft)" und „K-U-U (UR A)".

Tabelle 34: Gegenüberstellung der Diskurskonzepte (1 von 5)

MLU Halle-Wittenberg Diskurskonzept	degree (%)	Hochschulpolitik (Sachsen-Anhalt) Diskurskonzept	degree (%)
Universitätsverbund Halle-Jena-Leipzig	10,92	MW (S-A)	5,521
LB (MLU)	9,195	CDU|SPD (S-A)	5,061
PM (MLU)	6,897	K-U-FH	4,141
K-U-W	5,172	PROFILBILDUNG (Wissenschaft)	3,988
Profil (MLU)	4,598	CDU|FDP (S-A)	3,221
PROFILBILDUNG (Wissenschaft)	3,448	LHG (S-A)	3,067
PROFILBILDUNG (Kooperation)	2,874	ZV S-A (MLU)	2,914
PROFILBILDUNG (Region)	2,874	F1	2,454
K-U-U (UR A)	2,299	ZV S-A	2,301
K-U-U (UR C)	2,299	K-U-U	2,147
D4	1,724	PROFILBILDUNG (Universitätsentwicklung)	2,147
K-U-U (UR A)	1,724	WR	1,994
Km-R	1,724	K-U-A	1,994
Km-S (UR A)	1,724	K-U-U (UR A)	1,840
Agrarwissenschaften	1,149	INNOVATION (Wirtschaft)	1,534
Stiftungsprofessur	1,149	K-U-W	1,534
WR	1,149	Km-P	1,534

Quellen: Hochschulpolitik Sachsen-Anhalt und MLU Halle-Wittenberg, berechnet in Visone, erstellt in Excel

Nur die Diskurskonzepte „Profilbildung (Wissenschaft)" und „K-U-U (UR A)" sind vergleichsweise zentral in beiden Funktionssystemen, in den anderen Bereichen sind kaum Schnittmengen zwischen Selbst- und Fremdbeschreibung vorhanden. Dies lässt auf ein gestörtes Kommunikationsverhältnis zwischen der MLU Halle-Wittenberg und der Landespolitik in Sachsen-Anhalt schließen, dass sich durch eine geringe Abstimmung und ein fehlendes gegenseitiges Verständnis auszeichnet (vgl. Demling/Greiner 2014).

In der Degree- und Betweenness-Zentralität der kommunizierten Diskurskonzepte der MLU Halle-Wittenberg fallen drei Diskurskonzepte zur Profilbildung besonders ins Gewicht, wie das folgende Netzwerk zeigt.

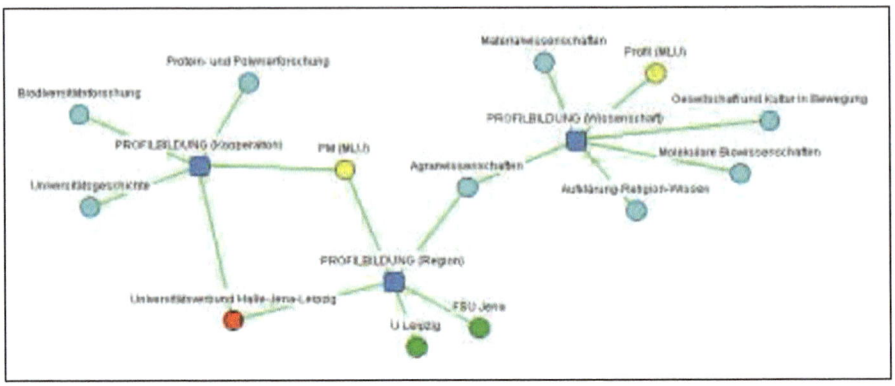

Abbildung 56:   Profilbildungskonzepte der MLU Halle-Wittenberg
Quelle: MLU Halle-Wittenberg, erstellt in Visone

Demnach wird Profilbildung vorwiegend über Region, Kooperation und Wissenschaft definiert. Abbildung 56 macht zudem sichtbar, über welche Fachdisziplinen die MLU Halle-Wittenberg ihre Profilbildung gestaltet und lenkt. Hervorzuheben sind die Agrarwissenschaften, die bereits in der DDR eine entscheidende
Rolle für die Universität und die Region um Halle/Saale eingenommen haben.[191]

In der Aufteilung der dominanten Diskurskonzepte auf die Wettbewerbs-
und Kooperationsidee sowie auf das Projekt Profilbildung fällt deutlich der
Kommunikationsschwerpunkt   der   MLU   Halle-Wittenberg   auf.   Das
Diskurskonzept „Profilbildung (Kooperation)" zeigt eine starke Tendenz zu
regionalen Themen.

Das Diskurskonzept „Profilbildung (Region)" stellt für das Selbstbild der
Universität ein zentrales Merkmal dar. Allerdings findet diese Perspektive in der
Hochschulpolitik in Sachsen-Anhalt nur wenig Berücksichtigung.

---

191   Das ist auch aktuell auf der Homepage der MLU Halle-Wittenberg zu lesen: „Eine besondere
      Rolle spielen außerdem die Agrarwissenschaften, für deren Profilierung in Sachsen-Anhalt die
      Universität Halle die alleinige Verantwortung trägt" (MLU 2018).

Der Kommunikationsschwerpunkt der Universität deckt sich damit nicht stark mit den Forderungen und Erwartungen aus der Hochschulpolitik.

5.2.2 Universität Leipzig

Die Universität Leipzig fokussiert und kommuniziert ebenso Diskurskonzepte zur Profilbildung, allerdings mit anderen Schwerpunkten als die MLU Halle-Wittenberg. So stellt sie ihre Profilbildung vorrangig über Lehre, Wissenschaft, Universitätsentwicklung und über Identität dar.

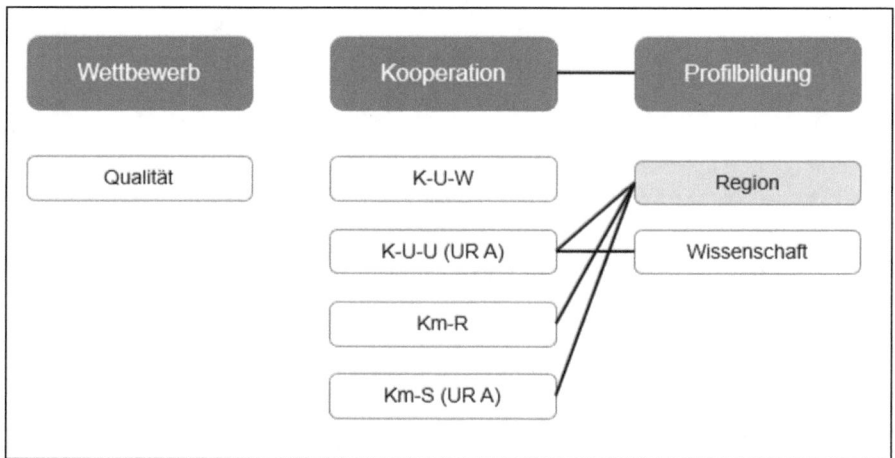

Abbildung 57:   Aufteilung und Bezüge der dominanten Diskurskonzepte an der MLU Halle-Wittenberg
Quelle: MLU Halle-Wittenberg, eigene Darstellung, erstellt in PowerPoint

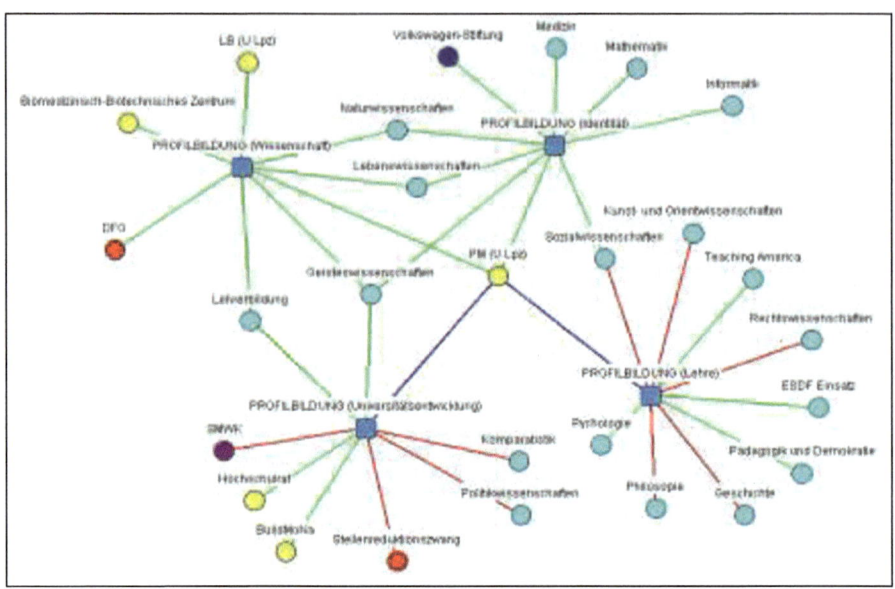

Abbildung 58:   Profilbildungskonzepte der Universität Leipzig
Quelle: Universität Leipzig, erstellt in Visone

Im Vergleich zu Abbildung 56 zeigt Abbildung 58 auch negative Beziehungen, die vor allem bestimmte Fachdisziplinen mit den Profilbildungskonzepten Lehre und Universitätsentwicklung verbinden. Damit kommuniziert die Universität Leipzig deutlich, über welche Fächer keine Profilbildung erreicht werden kann.

> „Das zeigte sich noch deutlicher bei den befragten Wissenschaftlern der Universität (insbesondere aus den Fakultäten für Sozialwissenschaften und Philosophie, für Geschichte, Kunst- und Orientwissenschaften sowie aus der Juristenfakultät), ebenso bei Studierenden und Absolventen, die hier mit ihren Urteilen merklich kritischer waren (Werte von 2,3 bis 2,7). In Begründungen wurde auf die unbefriedigende Personalsituation, Defizite in der Profilbildung, fehlende Visionen und ungenügende Arbeitsbedingungen verwiesen" (Pressemitteilung Universität Leipzig 2008).

Die Profilbildung über Wissenschaft (wie auch von der sächsischen Hochschulpolitik gefordert) charakterisiert die zentralste Idee der Kommunikation der Universität Leipzig. In der Lehrerbildung und den Lebens- und Naturwissenschaften sieht die Universität ihr Potential und ihre Profilstärken.

„Insgesamt sieht die Profilbildung der Universität eine Stärkung der bisherigen Schwerpunkte vor. Dazu gehört neben den Exzellenzbereichen der Natur- und Lebenswissenschaften auch die Lehrerbildung" (Pressemitteilung Universität Leipzig 2011).

Mit diesem Profilschwerpunkt liegt eine regionale Kooperation zwischen der Universität Leipzig und den ansässigen außeruniversitären Einrichtungen (Helmholtz, Max-Planck und Leibnitz) nahe.

„Mit einer Initiative aus dem geistes- und sozialwissenschaftlichem Bereich sowie einem Antrag auf medizinisch-naturwissenschaftlichem Gebiet verfolgt die Universität konsequent das Ziel, ihre Profilbildung weiter zu schärfen. Beteiligt sind neben der Universität Leipzig auch namhafte außeruniversitäre Forschungseinrichtungen am Standort Leipzig" (Pressemitteilung Universität Leipzig 2010a).

„In der Graduiertenschule kooperieren vier Fakultäten der Universität Leipzig (Chemie und Mineralogie, Physik und Geowissenschaften, Biowissenschaften, Pharmazie und Psychologie sowie Medizin) sehr erfolgreich mit Leipziger Forschungseinrichtungen (Leibniz-Institut für Oberflächenmodifizierung, Helmholtz-Zentrum für Umweltforschung Leipzig-Halle, Max-Planck-Institut für Mathematik in den Naturwissenschaften) sowie regionalen und internationalen Partnern aus Wissenschaft und Wirtschaft" (Pressemitteilung Universität Leipzig 2013).

Ebenso, wie in Sachsen-Anhalt eine kommunikative Lücke zwischen Hochschullandespolitik und der MLU Halle-Wittenberg hinsichtlich des Diskurskonzepts „K-U-W" beobachtet wurde, lässt sich dies in Sachsen in Bezug auf das Diskurskonzept „K-U-A (UR A)" feststellen.

Stellt man die Rangfolgen der Diskurskonzepte der sächsischen Hochschulpolitik und der Universität Leipzig gegenüber, zeigt sich ein nicht ganz ausgewogenes Kommunikationsverhalten zwischen dem Politik- und dem Universitätssystem. Allerdings ist in Sachsen die Schnittmenge an gemeinsamen Diskurskonzepten mit vier gemeinsamen Diskurskonzepten etwas größer als in Sachsen-Anhalt.

Tabelle 35:   Gegenüberstellung der Diskurskonzepte (2 von 5)

Universität Leipzig Diskurskonzept	degree (%)	Hochschulpolitik (Sachsen) Diskurskonzept	degree (%)
PM (U Lpz)	11,468	SMWK (Sa)	7,250
LB (U Lpz)	9,633	PROFILBILDUNG (Wissenschaft)	7,250
PROFILBILDUNG (Lehre)	4,587	CDU|SPD (Sa)	6,750
PROFILBILDUNG (Identität)	4,128	LGH (Sa)	5,750
PROFILBILDUNG (Universitätsentwicklung)	4,128	ZV Sachsen (U Lpz)	5,500
BuildMoNa	3,670	CDU|FDP (Sa)	4,750
PROFILBILDUNG (Wissenschaft)	3,670	Km-P	4,500
K-U-A (UR A)	2,294	K-U-U	2,000
LaborUniversität	1,835	PROFILBILDUNG (Universitätsentwicklung)	2,000
Km-P	1,835	K-U-U (UR A)	1,750
WETTBEWERB (Exzellenzinitiative)	1,835	K-U-W	1,750
DFG	1,376	INNOVATION (Forschung)	1,500
Geisteswissenschaften	1,376	WETTBEWERB (Zielvereinbarungen)	1,500
Hochschulrat	1,376	D4	1,250
Lehrerbildung	1,376	K-U-A	1,250
F1	1,376	K-U-A (UR A)	1,250
K-U-U (UR C)	1,376	WETTBEWERB (Qualität)	1,250

Quellen: Hochschulpolitik Sachsen und Universität Leipzig,
berechnet in Visone, erstellt in Excel

In der Closeness- und Eigenvektor-Zentralität fällt auf, dass sich die bisherige
Tendenz der Fremdbeschreibung auf Kooperation zugunsten bestimmter Wett-
bewerbsknoten verschiebt. Herauszustellen sind dabei die Diskurskonzepte
„Wettbewerb (Evaluation)", „Wettbewerb (Qualität)", „Wettbewerb (Ressourcen)" und „Wettbewerb (Exzellenzinitiative)". In der Closeness-Zentralität ist
der Wettbewerbsgedanke demzufolge sehr nah an allen anderen Netzwerkknoten. Dies könnte in der Bedeutung der Exzellenzinitiative und den damit verbundenen Entwicklungen im Qualitätsmanagement liegen. Beispielhaft dafür ist die
Graduiertenschule *Leipzig School of Natural Sciences Building with Molecules
and Nanoobjects* (BuildMoNa), die sich aus der Exzellenzinitiative von 2007
entwickelt hat. In Abbildung 59 ist zu erkennen, wie die Exzellenzinitiative verschiedene Diskurskonzepte miteinander vereint. Das lässt wiederum Coopetition
im Universitätssystem erkennen. Während die Exzellenzinitiative zu Wettbewerb
aufruft („Wettbewerb (Exzellenzinitiative)"), erreicht die Universität dies durch
kooperatives Verhalten („K-U-W (UR A)", „K-U-A (UR A)" etc.). Das entstan-
dene Produkt (BuildMoNa) ist damit die Folge dieser Coopetition (*competitive
coopetition*, siehe Abb. 12).

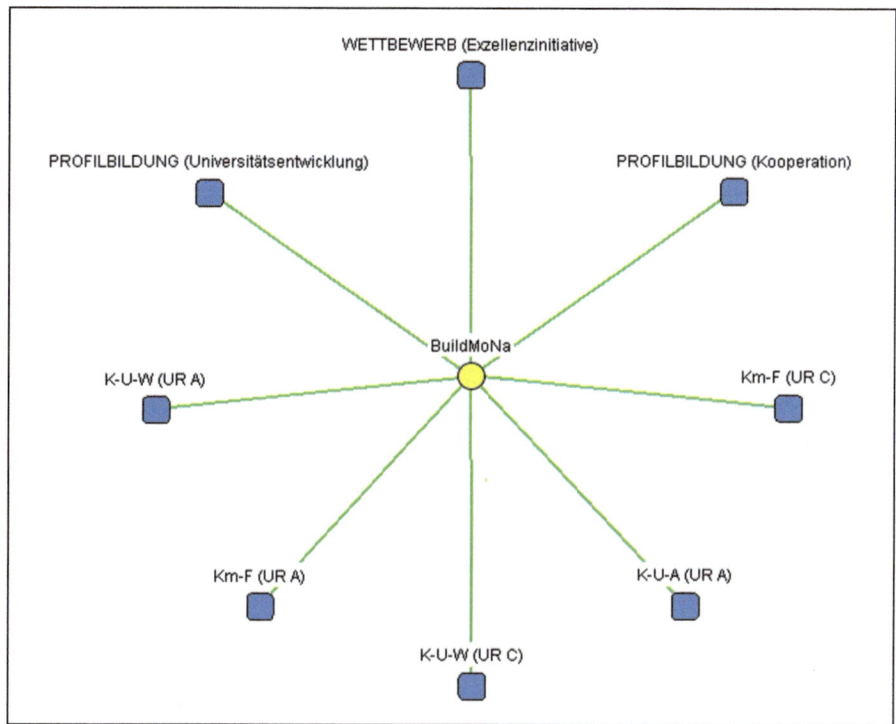

Abbildung 59: Diskurskonzepte-Umgebung von „BuildMoNa"
Quelle: Universität Leipzig, erstellt in Visone

Eine weitere interessante Beobachtung in der Kommunikation der Universität Leipzig zeigt sich in der Closeness-Zentralität. Das Diskurskonzept „F1" stellt sich hier als das zweit-zentralste Konzept mit 1,524% hinter „Profilbildung (Wissenschaft)" mit 1,596% dar. Dass das Konzept „F1" eine solche Dominanz seitens der Universität Leipzig erfährt und entsprechend kommuniziert wird, ist eine Besonderheit, da „F1" unter allen untersuchten Universitäten lediglich in der Closeness-Zentralität (0,566%) präsent ist. Die Universität Leipzig kommuniziert dementsprechend systemuntypisch.[192]

Bei der MLU Halle-Wittenberg konnte ein Schwerpunkt in der regionalen Kooperation beobachtet werden, durch die Profilbildung gestaltet werden soll. An der Universität Leipzig ist diese eindeutige Aufteilung der Diskurskonzepte nicht zu finden. Eine Tendenz zu regionaler oder internationaler Kooperation geht aus dem Textmaterial nicht klar hervor. Die Universität legt ihren Fokus dafür auf Forschungskooperationen, wodurch Profilbildung gestärkt und ausgebaut werden soll.

Das Diskurskonzept „Profilbildung (Wissenschaft)" wird auch von der sächsischen Hochschulpolitik vertreten und zentral kommuniziert. Der Kommunikationsschwerpunkt der Universität stimmt demnach mit den Forderungen und Erwartungen der Hochschulpolitik überein.

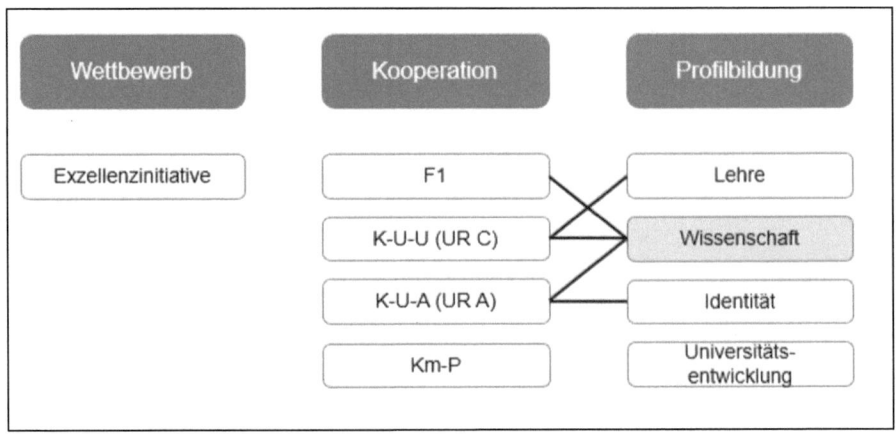

Abbildung 60:   Aufteilung und Bezüge der dominanten Diskurskonzepte an der Universität Leipzig
Quelle: Universität Leipzig, eigene Darstellung, erstellt in PowerPoint

---

192   Siehe dazu Unterkapitel 2.4.

5.2.3 Friedrich-Schiller-Universität Jena

Die Selbstbeschreibung der FSU Jena in Bezug auf das hochschulpolitische Projekt Profilbildung bestätigt den bisher beobachteten Trend, dass sich die dominanten Konzepte in der Degree- und Betweenness-Zentralität von denen der Closeness- und Eigenvektor-Zentralität unterscheiden. Dies führt zu der Schlussfolgerung, dass Konzepte in der Selbstbeschreibung von Universitäten umso dominanter bzw. zentraler sind, je mehr das Diskurskonzept als Makler (zur Kontrolle) genutzt werden kann und direkte Nachbarn (zur Information) hat.

Wie bereits erwähnt, besitzt das Diskurskonzept „Profilbildung (Region)" eine Schlüsselfunktion für die zweite Forschungsebene. Die FSU Jena kommuniziert dieses Konzept mit einer Degree- und Betweenness-Zentralität von 9,278% bzw. 13.564% vergleichsweise stark. Wie Abbildung 61 zu entnehmen ist, bezieht die FSU Jena ihr Profil vorwiegend über ihre regionalen und historischen Wurzeln, bspw. zu Identifikationsfiguren wie Fichte, Hegel, Fröbel oder Novalis.

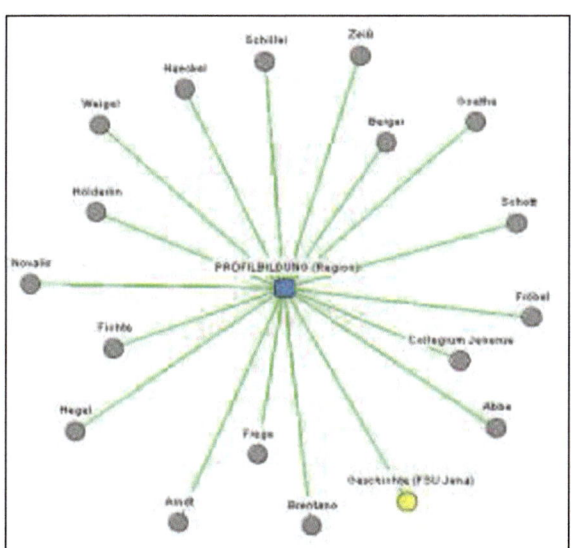

Abbildung 61:   Historische Bezüge als Instrument der Profilbildung
Quelle: FSU Jena, erstellt in Visone

Von diesem historischen und regional verankerten Verständnis leitet die Universität ihr wissenschaftliches Profil bis heute ab. Weiterhin ist das Diskurskonzept „Profilbildung (Lehre)" zu beachten. Dieses liegt in der Degree- und Betweenness-Zentralität zwar hinter „Profilbildung (Region)", nimmt dafür aber in der Closeness- und Eigenvektor-Zentralität eine bedeutendere Position ein. Dieses Konzept wird durch eine fachliche Schwerpunktsetzung, etwa auf Fächer wie Medizin, Psychologie oder Physik, definiert.

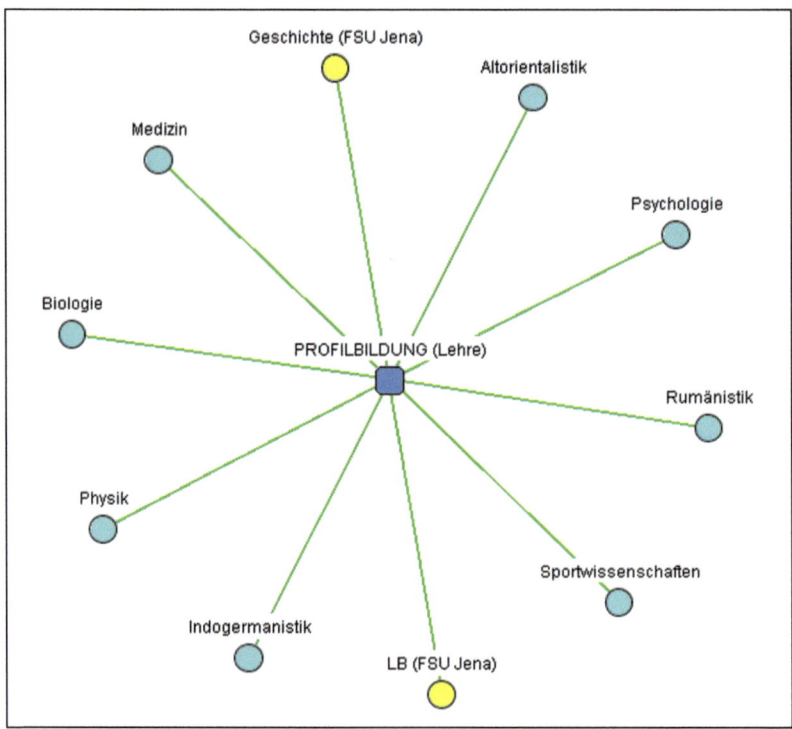

Abbildung 62: Diskurskonzept „Profilbildung (Lehre)" über Fachdisziplinen
Quelle: FSU Jena, erstellt in Visone

So heißt es auch in der elften These des Leitbildes der Wissenschaftsentwicklung an der FSU Jena:

„Forschungsorientierte Lehre ist eine Voraussetzung für die Nachhaltigkeit universitärer Profilbildung. Forschungsstrategie und Lehrkonzept müssen deshalb in ständigem Dialog aufeinander bezogen und fortentwickelt werden" (FSU Jena 2010a: 6).

Eine weitere Beobachtung zeigt sich in den Diskurskonzepten „K-U-U (UR C)" und „K-U-FH (UR A)". In der Degree-Zentralität haben beide Konzepte den gleichen Wert mit 2,577%. Allerdings wird die Idee der internationalen Kooperation zwischen den Universitäten stärker als Makler benutzt (Betweenness-Zentralität: „K-U-U (UR C)" 5,501%, „K-U-FH (UR A)" 2,059%).

Trotz der Unterschiede in den einzelnen Zentralitätsmaßen wird deutlich, wie die FSU Jena ihre Kooperation mit anderen Einrichtungen kommuniziert: international mit anderen Universitäten (UR C), regional mit den Fachhochschulen (UR A).

Auch in Thüringen zeigt sich eine kommunikative Diskrepanz zwischen der Hochschulpolitik und der FSU Jena. Während die Landespolitik vorwiegend die regionale Universitätskooperation („K-U-U (UR A)") kommuniziert, favorisiert die FSU Jena auf regionaler Ebene die Zusammenarbeit mit Fachhochschulen und auf internationaler Ebene die Universitätskooperation.

Bis auf das Diskurskonzept „Profilbildung (Wissenschaft)" lassen sich zwischen der FSU Jena und der thüringischen Landespolitik keine bedeutenden kommunikativen Gemeinsamkeiten feststellen, wie Tabelle 36 zeigt.

Tabelle 36:   Gegenüberstellung der Diskurskonzepte (3 von 5)

FSU Jena Diskurskonzept	degree (%)	Hochschulpolitik (Thüringen) Diskurskonzept	degree (%)
PROFILBILDUNG (Region)	9,278	ZV FSU (2012)	9,179
LB (FSU Jena)	8,763	LHG (Th)	5,556
PM (FSU)	8,247	PROFILBILDUNG (Wissenschaft)	4,831
Geschichte (FSU Jena)	5,67	Km-P	3,623
PROFILBILDUNG (Lehre)	5,155	CDU|SPD (Th)	3,623
K-U-A	3,093	LINKE|SPD|GRÜNE (Th)	3,140
K-U-FH (UR A)	2,577	Gemeinsame Erklärung (Th)	3,140
K-U-U (UR C)	2,577	K-U-U (UR A)	2,899
PROFILBILDUNG (Kooperation)	2,062	CDU	2,415
PROFILBILDUNG (Wissenschaft)	2,062	WETTBEWERB (Marketing)	2,174
WETTBEWERB (Exzellenz)	2,062		
WETTBEWERB (Ranking)	2,062		
FSU Jena	1,546		
KREATIVITÄT (Vorgehen)	1,546		
Km-F	1,546		
PROFILBILDUNG (Identität)	1,546		
PROFILBILDUNG (Universitätsentwicklung)	1,546		

Quellen: Hochschulpolitik Thüringen und FSU Jena,
berechnet in Visone, erstellt in Excel

Während die MLU Halle-Wittenberg regionale Kooperationen und die Universität Leipzig Forschungskooperationen als ein Mittel zur Profilbildung kommunizieren, hat die FSU Jena das bislang vielfältigste Angebot an zentralkommunizierten Diskurskonzepten. Es kann nicht genau bestimmt werden, ob sich die Universität in ihrer Kooperation eher international („K-U-U") oder regional („K-U-FH") orientiert. Beide Diskurskonzepte kommuniziert sie zentral nach außen. Jedoch ähnelt die FSU Jena in ihrem Kommunikationsschwerpunkt der Universität Leipzig. Die Profilbildung der FSU Jena wird mithilfe von Forschungskooperationen kommuniziert. Das Diskurskonzept „Profilbildung (Wissenschaft)" wird von der thüringischen Hochschulpolitik ebenso zentral vertreten. Der Kommunikationsschwerpunkt der Universität stimmt demnach mit den Forderungen und Erwartungen der Hochschulpolitik überein.

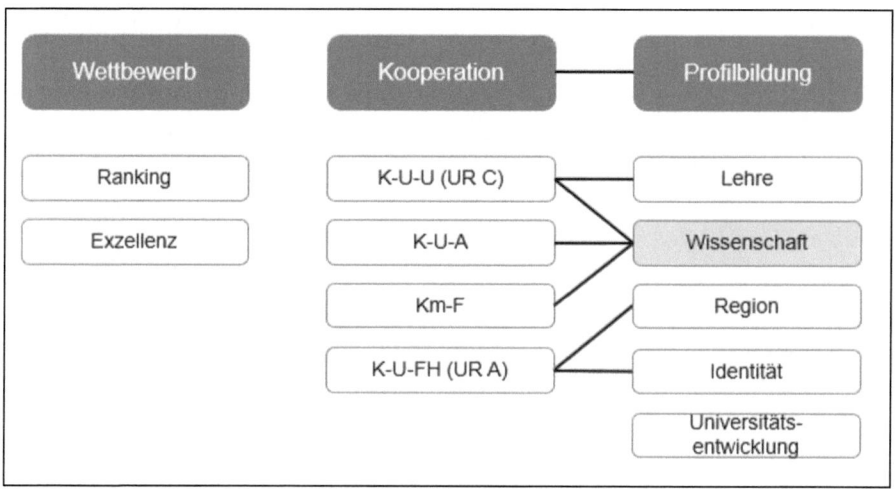

Abbildung 63: Aufteilung und Bezüge der dominanten Diskurskonzepte an der FSU Jena
Quelle: FSU Jena, eigene Darstellung, erstellt in PowerPoint

5.2.4 Technische Universität München

Bei allen Zentralitätsmaßen ist das Diskurskonzept „K-U-U (UR C)" am dominantesten. Es stehen nicht nur die verschiedenen Austauschprogramme, wie „TUMexchange" oder „LAOTSE", im Fokus, sondern auch konkrete Schwerpunktregionen, darunter Sudostasien, Osteuropa und Lateinamerika. Damit stellt die TUM einerseits ihr großes Interesse an internationaler Zusammenarbeit heraus, andererseits aber auch ihr Engagement beim Aufbau weiterer Standorte im In- und Ausland. Damit wird erstmalig über den vierten Universitätsraum (UR D) kommuniziert.

Der vierte Universitätsraum (UR D) stellt im Gegensatz zu den anderen Universitätsräumen nicht die Zusammenarbeit mit regionalen, nationalen oder internationalen Akteuren in den Fokus, sondern die Ausweitung des Einflusses der Universität auf eine andere Region. Die TU München hat weltweit eigene Standorte, u.a. in Singapur (TUM Asia), São Paulo oder San Francisco (vgl.

TUM Leitbild 2018). Diese Standortexpansion bezieht sich nicht nur auf Regionen in anderen Ländern, sondern auch auf nationale Nachbarschaften.[193]

Die Vorstellung und das Bewusstsein, sich international mit anderen Universitäten zu vernetzen, stimmt mit der bayrischen Hochschulpolitik überein, die ebenso das Diskurskonzept „K-U-U (UR C)" zentral kommuniziert.

Tabelle 37:   Gegenüberstellung der Diskurskonzepte (4 von 5)

TU München Diskurskonzept	degree (%)	Hochschulpolitik (Bayern) Diskurskonzept	degree (%)
LB (TUM)	21,951	ZV Bay TUM	8,683
K-U-U (UR C)	8,537	ZV Bay LMU	8,683
PROFILBILDUNG (Service)	8,537	CSU	5,389
PROFILBILDUNG (Forschung)	7,317	CSU/FDP (Bay)	3,593
Km-F (UR C)	3,659	F1	3,293
K-U-U (UR D)	2,439	K-U-U (UR C)	3,293
Km-L (UR C)	2,439	D1	2,994
Km-S	2,439	PROFILBILDUNG (Wissenschaft)	2,994
PROFILBILDUNG (Universitätsentwicklung)	2,439	WETTBEWERB (Exzellenz)	2,994
AvH	1,220	WETTBEWERB (Konkurrenz) (UR C)	2,395
DAAD	1,220	K-U-A	2,096
Double-Degree-Programme	1,220	D2	1,796
ERASMUS	1,220	K-U-W	1,796
Energie, Klima, Umwelt	1,220	Km-P	1,796
Gesundheit & Ernährung	1,220	PROFILBILDUNG (Kleine Fächer) (UR A)	1,497
Hochschule für Politik München	1,220	WETTBEWERB (Qualität)	1,497
Kommunikation & Information	1,220	WETTBEWERB (Zielvereinbarung)	1,497

Quellen: Hochschulpolitik Bayern und TU München,
berechnet in Visone, erstellt in Excel

Der Fokus auf den internationalen Universitätsraum ist auch in der Aufteilung der dominanten Diskurskonzepte wiederzuerkennen. Sowohl Lehre als auch Forschung werden über internationale Kooperationen kommuniziert.

Auffällig ist an dieser Universität, dass nach der Degree-Zentralität keines der Wettbewerbskonzepte dominant ist.[194] Es dürfen jedoch keineswegs Dis-

---

193 So geht die TUM School of Management demnächst mit einem Standort nach Heilbronn. 20 neue Professuren (davon 13 in Heilbronn) werden durch die Dieter Schwarz Stiftung finanziert (vgl. TUM School of Management 2017).

194 Wettbewerbskonzepte finden sich für die TU München in den Rankings der Closeness- und Eigenvektor-Zentralität wider (Unterkapitel „Universität").

kurskonzepte vernachlässigt werden, die den Wettbewerbsgedanken formulieren und insbesondere in der Eigenvektor- und Closeness-Zentralität dominant sind. Über „Wettbewerb (Evaluation)" und „Wettbewerb (Konkurrenz) (UR C)" stellt sich die TU München als eine unternehmerische Universität dar. So TUM-Präsident Herrmann auf der Homepage:

> „Das Zukunftskonzept TUM. THE ENTREPRENEURIAL UNIVERSITY. aus der Exzellenz-initiative 2006 hat neue Wege zu einer wettbewerbstüchtigen Universität von internationaler Statur geebnet" (Herrmann 2018).

Das Diskurskonzept „Profilbildung (Wissenschaft)" wird ebenso zentral von der bayrischen Hochschulpolitik vertreten und kommuniziert. Der Kommunikations-schwerpunkt der Universität stimmt demnach mit den Forderungen und Erwartungen der Hochschulpolitik überein.

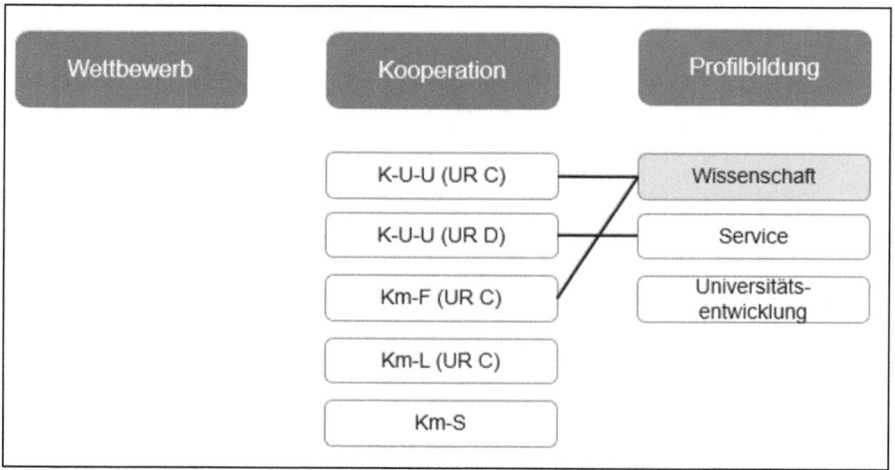

Abbildung 64:   Aufteilung und Bezüge der dominanten Diskurskonzepte an der TU München
Quelle: TU München, eigene Darstellung, erstellt in PowerPoint

Die TU München präsentiert sich nach dieser Aufteilung forschungsorientiert und international ausgerichtet. Die Beobachtungen der Diskursanalyse entsprechen den Attributen, mit denen die TU München auf der Willkommensseite ihrer Homepage wirbt: wissenschaftlich, international, unternehmerisch.

Während die drei Universitäten aus Mitteldeutschland ihre Profilbildung vorrangig über Region und Wissenschaft kommunizieren, stellt die TU München zwar ebenso Profilbildungskonzepte in den Vordergrund, kommuniziert diese jedoch über andere Wege. Durch Serviceleistungen (als universitäre Dienstleistungen) und über Forschung soll Profilbildung gefördert werden. Dabei wird der gesellschaftliche Auftrag der Universität besonders herausgestellt: Wissenschaft und Erziehung soll dem Menschen dienlich sein. Als „Dienerin einer Gesellschaft" bezeichnet Präsident Herrmann die Universität auf der Homepage. In ihrem Leitbild stellt sich die TUM ebenfalls als „Dienerin der Innovationsgesellschaft" vor.

In der Closeness-Zentralität sind drei Innovationskonzepte zu erkennen, die diese Selbstbeschreibung unterstützen. Des Weiteren sind Innovation über Kooperation, Forschung und Wirtschaft zentrale Diskurskonzepte.

„In ihrem Grundverständnis als Dienerin der Gesellschaft ist die Technische Universität München dem Innovationsfortschritt auf Wissenschaftsgebieten verpflichtet, die das Leben und Zusammenleben der Menschen nachhaltig zu verbessern versprechen" (TUM Leitbild 2018).

„Wir bringen proaktiv Ergebnisse der Grundlagenforschung in marktorientierte Innovationsprozesse ein und beflügeln den „entrepreneurial spirit" in allen Bereichen der Universität" (TUM Leitbild 2018).

„Die TUM gibt Lehrenden und Studierenden vielfältige Möglichkeiten, Ideen zur Verbesserung und Weiterentwicklung der Lehre zu entwickeln und zu verwirklichen. Dieses zeigt sich u.a. in der vertrauensvollen Zusammenarbeit von Studierenden, Lehrenden und der Hochschulleitung bei der Verteilung der Studienbeiträge sowie bei der Vergabe von Lehrpreisen und Freisemestern für die Lehre" (TUM Leitbild Lehre 2018).

5.2.5   *Ludwig-Maximilians-Universität München*

Deutlich zu erkennen in der Degree- und Betweenness-Zentralität ist die Stärke der internationalen (K-U-U (UR C)) sowie regionalen (K-U-U (UR A)) Universitätskooperationen. Daneben kommuniziert die LMU München Diskurskonzepte, die auf ihre charakteristischen Vernetzungspraktiken hinweisen: „D2" (Unterstützung benachteiligter Gruppen) und „D4" (Beitrag zum gesellschaftlichen

Leben der Region). Diese vier dominanten Diskurskonzepte bilden folgendes Affiliationsnetzwerk.

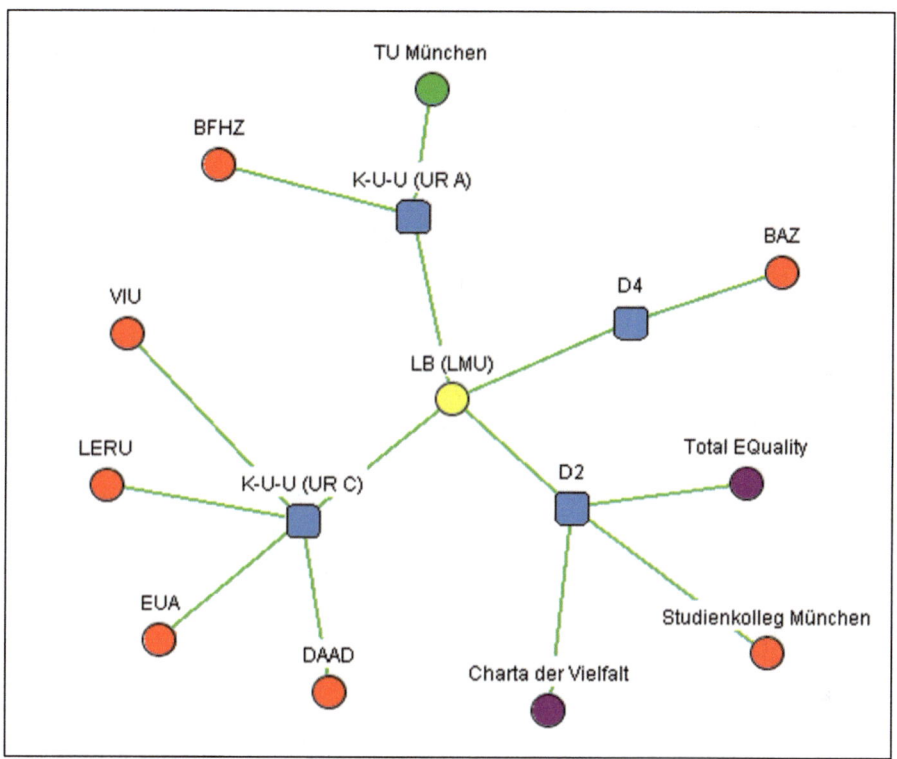

Abbildung 65:   Vernetzungspraktiken
Quelle: LMU München, erstellt in Visone

Es lässt sich beobachten, dass die LMU über die Idee der regionalen Kooperation eine direkte kommunikative Brücke zur TU München aufbaut. Für diese ist das Diskurskonzept „K-U-U (UR A)" nicht dominant, d.h. für die TU München zählt dieses Diskurskonzept nicht zu den zentralsten.

Allerdings liegt auch bei der LMU München der größere Schwerpunkt auf internationalen Vernetzungspraktiken. Ein Indikator dafür ist die Dominanz der Diskurskonzepte „Km-F (UR C)" und „Km-L (UR C)" in allen Zentralitätsmaßen. Exemplarisch dafür steht die internationale Vernetzung im Bereich der Forschung über die Alexander-von-Humboldt-Stiftung und der Lehre über das Erasmus-Programm. Das zeigt auch die folgende Tabelle im Vergleich der Diskurskonzepte zwischen der LMU München und der bayrischen Hochschulpolitik.

Tabelle 38:   Gegenüberstellung der Diskurskonzepte (5 von 5)

LMU München Diskurskonzept	degree (%)	Hochschulpolitik (Bayern) Diskurskonzept	degree (%)
LB (LMU)	27,941	ZV Bay TUM	8,683
K-U-U (UR C)	7,353	ZV Bay LMU	8,683
D2	5,882	CSU	5,389
K-U-U (UR A)	4,412	CSU/FDP (Bay)	3,593
D4	2,941	F1	3,293
K-U-U (UR D)	2,941	K-U-U (UR C)	3,293
Km-F (UR C)	2,941	D1	2,994
Km-L (UR C)	2,941	PROFILBILDUNG (Wissenschaft)	2,994
PROFILBILDUNG (Universitätsentwicklung)	2,941	WETTBEWERB (Exzellenz)	2,994
WETTBEWERB (Exzellenzinitiative)	2,941	WETTBEWERB (Konkurrenz) (UR C)	2,395
AvH	1,471	K-U-A	2,096
BAZ	1,471	D2	1,796
BFHZ	1,471	K-U-W	1,796
Charta der Vielfalt	1,471	Km-P	1,796
DAAD	1,471	PROFILBILDUNG (Kleine Fächer) (UR A)	1,497
ERASMUS	1,471	WETTBEWERB (Qualität)	1,497
EUA	1,471	WETTBEWERB (Zielvereinbarung)	1,497

Quellen: Hochschulpolitik Bayern und LMU München, berechnet in Visone, erstellt in Excel

In der Aufteilung der dominanten Diskurskonzepte der LMU München fällt auf, dass der internationale Universitätsraum sehr dominant ist. Das Diskurskonzept „K-U-U (UR C) nimmt dabei eine bedeutende Stellung ein. Die internationale Zusammenarbeit mit Universitäten in Lehre und Forschung wird auch von der bayrischen Hochschulpolitik zentral kommuniziert. Der Kommunikationsschwerpunkt der Universität stimmt demnach mit den Forderungen und Erwartungen der Hochschulpolitik überein.

Einerseits können keine eindeutigen inhaltlichen Verbindungen zur Profilbildung abgeleitet werden (siehe Abb. 66). Andererseits ist die Entwicklung der LMU München eng an die Exzellenzinitiative geknüpft, die zur Profilbildung beitragen soll.

„Die LMU nutzt ihren Erfolg in der Exzellenzinitiative, um ihr Profil als forschungsstarke „universitas" in den nächsten Jahren zu schärfen und ihre Position international weiter auszubauen" (LMU 2018).

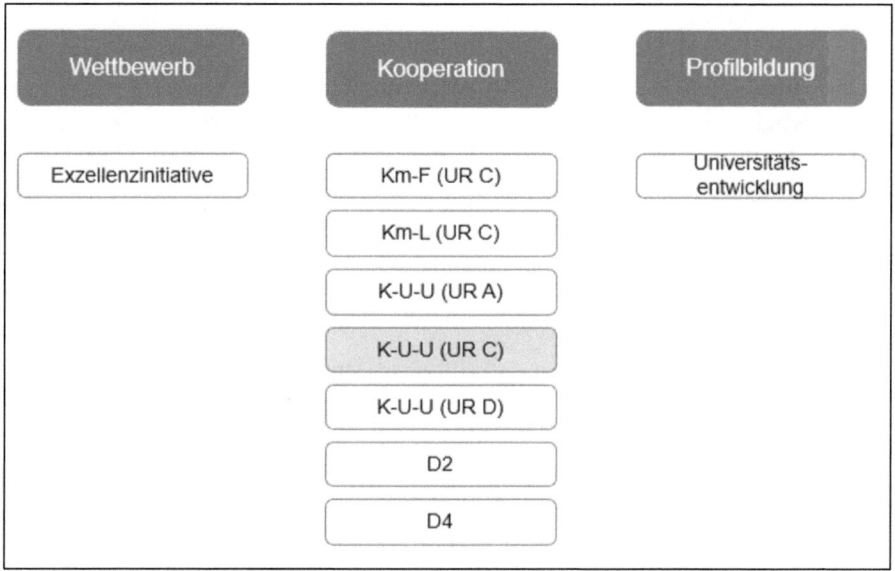

Abbildung 66:   Aufteilung und Bezüge der dominanten Diskurskonzepte an der LMU München
Quelle: LMU München, eigene Darstellung, erstellt in PowerPoint

5.2.6   Zwischenfazit Selbstbeschreibung

Aus den Beobachtungen der Selbstbeschreibungen der Universitäten lassen sich nun weitere Schlussfolgerungen in Bezug auf die Forschungsebenen 1 und 2 ableiten. Dabei werden die einzelnen Auswertungen zu den Diskurskonzepten pro Universität zusammengefasst.[195]

In Hinblick auf die Kooperations- und die Wettbewerbsidee überwiegt auch in der Selbstbeschreibung die Kooperationsidee bedingt durch das dominante Diskurskonzept „K-U-U (UR C)" (mit 3,306%). Demgegenüber fällt auf, dass Kommunikationen über die Wettbewerbsidee nur relativ schwach ausgeprägt sind. Lediglich in der Closeness-Zentralität sind die Diskurskonzepte „Wettbewerb (Qualität)" (0,588%) und „Wettbewerb (Evaluation)" (0,565%) vergleichsweise dominant.

Nach dem Degree-Zentralitätsmaß sind die Diskurskonzepte „K-U-U (UR C)" und „Profilbildung (Region)" (beide mit 3,306%) am dominantesten im Hochschulreformdiskurs. Hier stehen sich der regionale und internationale Universitätsraum gegenüber. Das verweist nicht nur auf die Bedeutung regionaler und internationaler Beziehungen von Universitäten, sondern hat auch eine inhaltliche Dimension.

Der diskursive Neoinstitutionalismus wirft die Frage auf, wie Ideen und Diskurse den institutionellen Wandel beeinflussen. Wie Universitäten die Ideen ihrer Umwelt aufnehmen, d.h. wie dominante Diskurskonzepte aus der Wirtschaft, Hochschulpolitik und den Massenmedien Bestandteil der Selbstbeschreibung der Universitäten sind, spiegelt sich in der Größe und Breite der Schnittmenge von Diskurskonzepten wider.

Abbildung 67 verdeutlicht, wie viele Diskurskonzepte die jeweiligen Universitäten mit Akteuren aus der Hochschulpolitik, Wirtschaft und den Massenmedien teilen.

195　Am Ende des Unterkapitels 9.1.4 werden die Konzeptrankings für das Universitätssystem (mit den hier untersuchten fünf Universitäten) zusammengefasst.

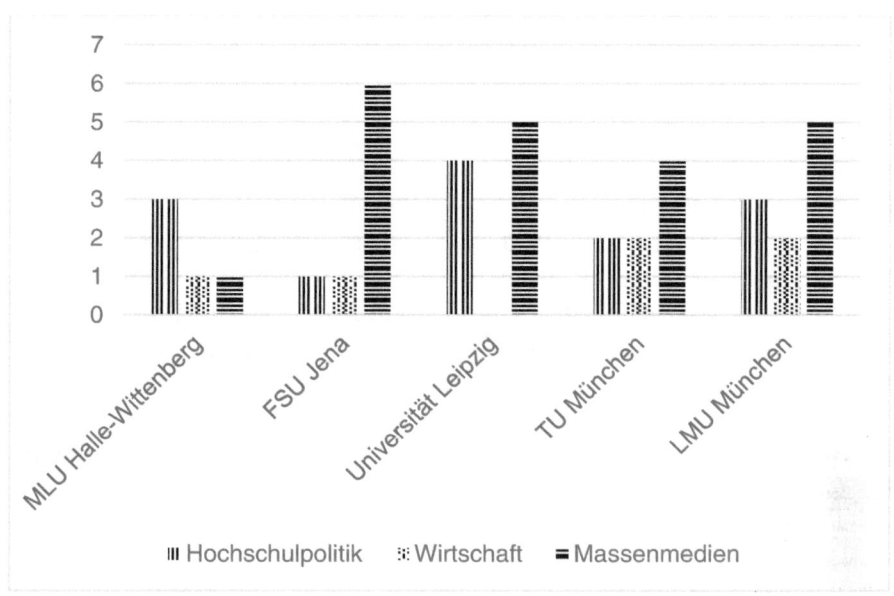

Abbildung 67: Schnittmenge der Diskurskonzepte von Selbst- und Fremdbeschreibung
Quelle: Eigene Darstellung, erstellt in Excel

Jede untersuchte Universität weist Schnittstellen zur Hochschulpolitik und den Massenmedien auf. Bis auf die Universität Leipzig besitzen alle auch Schnittstellen zu zentralen Diskurskonzepten aus der Wirtschaft.[196] In Summe teilt die MLU Halle-Wittenberg fünf, die TU München und FSU Jena jeweils acht, die Universität Leipzig neun und die LMU München zehn Diskurskonzepte mit ihrer Umwelt (Wirtschaft, Hochschulpolitik, Massenmedien).

Die MLU Halle-Wittenberg kann bedingt durch ihre Selbstbeschreibung nur wenig mit ihrer Umwelt und dem Hochschulreformdiskurs interagieren. Das

---

196 Im Anhang (Unterkapitel „Schnittmengen der Diskurskonzepte") werden die entsprechenden Diskurskonzepte aufgelistet.

einzige Schlüsselkonzept der MLU Halle-Wittenberg ist die Kooperation mit der Wirtschaft („K-U-W"). Damit koppelt sie sich kommunikativ an ihre Umwelt. Allerdings fehlt es der Universität an weiteren dominanten Konzepten, die sie mit Akteuren aus der Wirtschaft und den Massenmedien teilt. Die Selbstbeschreibung wirkt daher eher eindimensional, sodass nur wenige Berührungspunkte zur Umwelt bestehen bzw. aufgebaut werden können.

Es zeigt sich eine ungleichmäßige Verteilung der gemeinsamen Diskurskonzepte mit der Umwelt. Während die FSU Jena hauptsächlich Diskurskonzepte mit den Massenmedien teilt, fehlen der Universität Leipzig zentrale Diskurskonzepte, die Ideen aus der Wirtschaft für die Selbstbeschreibung aufnehmen. Sie besitzt dafür eine hohe Schnittmenge mit den Diskurskonzepten der Hochschulpolitik und der Massenmedien. Bei den beiden Münchner Universitäten ist die Deckung von Fremd- und Selbstbeschreibung mit sämtlichen Umweltakteuren am größten, gefolgt von der FSU Jena und der MLU Halle-Wittenberg.

5.3   Erstes Schlussfazit

Das gesamte empirische Material wurde nach den Analyseschritten 1 und 2 hinsichtlich der Fremd- und Selbstbeschreibungen auf das hochschulpolitische Projekt Profilbildung ausgewertet. Damit wurden die Diskurskonzepte der Universitäten sowie der Hochschulpolitik, Massenmedien und Wirtschaft herausgearbeitet. In diesem Unterkapitel folgt nun der dritte Analyseschritt, der die Gemeinsamkeiten und Unterschiede in der Selbst- und Fremdbeschreibung der Diskursakteure darstellt.

Grob skizziert dominieren drei Diskurskonzepte den Hochschulreformdiskurs[197]. Auf die Frage, wie das hochschulpolitische Projekt Profilbildung der Universitäten umgesetzt werden kann, antwortet der Hochschulreformdiskurs mit den Konzepten „Profilbildung (Wissenschaft)", „Profilbildung (Region)" und „K-U-W".

---

197   Im Rahmen des Beobachtungshorizonts, der Auswahl der Diskursakteure und des damit einbezogenen Textmaterials.

Das Diskurskonzept „Profilbildung (Wissenschaft)" ist als das bedeutends-
te, da es sowohl in der Fremdbeschreibung durch die Hochschulpolitik als auch
in der Selbstbeschreibung der Universitäten sehr dominant kommuniziert wird.
Diese dominante Stellung kann jedoch nicht durch die Zentralitätsmaße abgeleitet werden.[198] Sie ergibt sich vielmehr durch die inhaltliche Zuordnung anderer
Diskurskonzepte zu dieser Umsetzungsstrategie (vgl. Abbildungen 57, 60, 63,
64, 66). Profilbildung durch Wissenschaft zu gestalten, schließt damit sämtliche
Konzepte mit ein, die sich mit Forschungsvorhaben beschäftigen (u.a. „Km-F",
„F1", „K-U-A").

Die Schlussfolgerung daraus lautet, dass nicht die Quantität über die Dominanz über die Bedeutung einer Idee bzw. eines Diskurskonzeptes entscheidet,
sondern die inhaltliche Reichweite und Vernetzung einer Idee bzw. eines Diskurskonzeptes. Der Einfluss von Ideen auf den institutionellen Wandel der Universität obliegt somit ihrer (inhaltlichen) Vernetzung mit anderen Ideen. Ein
schwächeres Diskurskonzept kann daher stärker auf den institutionellen Wandel
wirken, wenn dieses vielschichtiger mit anderen Diskurskonzepten verbunden
ist.

Die Wettbewerbsidee ist zwar im Hochschulreformdiskurs vertreten und
steht stark im Zusammenhang mit der Exzellenzinitiative und damit verbundenen
Themen wie Evaluation und Qualität, allerdings nicht in so zentraler Position
wie die Kooperationsidee. Demnach können vor dem Hintergrund der empirischen Beobachtungen folgende Schlussfolgerungen zu Forschungsebene 1 gezogen werden.

Die Kooperationsidee wirkt auf den institutionellen Wandel der Universität.
Sie stellt für Universitäten die zentrale Umsetzungsstrategie dar, um auf die
hochschulpolitische Aufforderung zur Profilbildung zu reagieren. Vorzugsweise
durch die Zusammenarbeit mit der Wirtschaft, aber auch durch Kooperationen in

---

198 Danach wäre das Diskurskonzept „Profilbildung (Region)" mit 3,306% am dominantesten im
Hochschulreformdiskurs, gefolgt von „Profilbildung (Lehre)" (2,755%), „Profilbildung (Universitätsentwicklung" (2,479%), „Profilbildung (Wissenschaft)" (2,342%) und „Profilbildung
(Identität)" sowie „Profilbildung (Kooperation)" (je 1,653%) (vgl. Unterkapitelkapitel „Universität").

Wissenschaft und Forschung, versuchen die Universitäten ihr Profil deutlich herauszustellen und sich von anderen Akteuren abzugrenzen, um im globalen Universitätssystem mehr Aufmerksamkeit zu erlangen.

Allerdings dürfen folgende Überlegungen zu der Frage, wie die Dominanz der Kooperationsidee die „Universität im Wettbewerb" beeinflusst, nicht vernachlässigt werden. Es wird weniger der Wettbewerb[199] und eher die Kooperation als ein Mittel zur Effizienzsteigerung der Universitäten verstanden (vgl. Meier 2009: 215). Effizienz, im Rahmen der Kooperationsidee, steigert sich demnach durch gemeinsame und weniger durch alleinige Aktivitäten.[200] Das heißt jedoch nicht, dass der Kooperationsidee der Wettbewerbsgedanke fehlt. Die Kooperationsidee legt lediglich einen anderen Schwerpunkt auf die Handlungsweise der Universität, indem sie in Kooperationen ein Instrument sieht, Leistung zu erzielen und zu steigern (Praxisdiskurs). Das Konzept der Leistung (vgl. Meier 2009: 119) wird hierbei nur durch eine Handlungsempfehlung (Kooperation) ergänzt. Weiterhin teilt die Kooperationsidee nicht die Vorstellung, dass der Wettbewerb die Differenzierung innerhalb des Hochschulsystems fördert (vgl. Meier 2009: 217 f.).

Der Wettbewerbsgedanke stellt im Hochschulreformdiskurs also das auslösende Moment für die Entwicklung universitätstypischer Reaktions- und Verhaltensstrategien mithilfe der Kooperationsidee dar.

„Die Universität Leipzig steht, wie alle Hochschulen in Deutschland, im wissenschaftlichen Wettbewerb, der sich nicht allein auf Landes- und Bundesebene beschränkt, sondern international wirkt. Die Dynamik der wissenschaftlichen Entwicklung führt notwendigerweise zu Schwerpunkt- und Profilbildung der einzelnen Hochschulen, wenn sie sich im Wettbewerb be-

---

199   „[…] in der Erwartung, daß sich durch mehr Wettbewerb die Leistungen der deutschen Hochschulen in Forschung und Lehre steigern ließen" (Kielmansegg 1984: 44).

200   Die Wettbewerbsidee als Ordnungsprinzip von Lehre und Wissenschaft zu sehen, ist keine Selbstverständlichkeit. Adorno schreibt, „daß der Wettbewerb ein im Grunde einer humanen Erziehung entgegengesetztes Prinzip" sei (Adorno 2017: 126). Ähnlich sieht es Dichgans, der Wettbewerb nicht als Steuerungsprinzip des Bildungswesens anerkennt: „Gewiß wäre es falsch, staatliche Planung an die Stelle freier Initiative zu setzen, solange das System der freien Initiative den Bedarf im Spiel von Angebot und Nachfrage decken kann. Dieses System ist erfolgreicher als jedes andere. Die Bildungsplanung betrifft jedoch einen Bereich, der sich nicht durch Wettbewerb und freie Initiative steuern läßt" (Dichgans 1965: 29).

haupten wollen. […]. Dazu gehört auch, in strategischer Zusammenarbeit mit Partnerhochschu-
len die Potenziale der Universität zu fördern. Die mitteldeutsche Universitätsallianz Halle-
Jena-Leipzig galt von Beginn an als eine Hochschulzusammenarbeit mit großen Zukunftsper-
spektiven. Dass Leipzig, Halle und Jena gemeinsam das DFG-Forschungszentrum Biodiversi-
tät und Leipzig und Halle eine Reihe von Sonderforschungsbereichen und Graduiertenkollegs
einrichten konnten, belegt den Erfolg. Diese Kooperation zu fördern und zu verstärken, ist mir
als neuem Mitglied des Hochschulrats und zugleich Vorsitzendem des Universitätsrats der
Friedrich-Schiller-Universität Jena ein besonderes Anliegen" (Lange 2014).

Eine entsprechende Argumentationskette kann damit folgendermaßen formuliert
werden: Durch Wettbewerbssituationen können über Kooperationsbeziehungen
innovative und kreative Profilbildungsprozesse initiiert und gestaltet werden
(Kooperation um des Wettbewerbs Willen). Die jeweiligen Wettbewerbshinter-
gründe sind dabei zweitranging. Ob fehlende wirtschaftliche Ressourcen oder
zunehmende internationale Konkurrenz, im Ergebnis entwickelt sich eine Universität durch *ihre* Kooperationsbeziehungen weiter und stellt ihr charakteristisches Profil heraus, indem es ihre Alleinstellungsmerkmale definiert, um im
komplexen globalen Universitätssystem nicht unterzugehen und Aufmerksamkeit zu erregen.

Schließlich kann die Kooperationsidee, so wie sie im Hochschulreformdiskurs kommuniziert wird, als eine Wettbewerbsvermeidungsstrategie definiert
werden.

„Können Hochschulen im Sinn der Coopetition-Strategie gemeinsam ihre Ausgangsposition in
Wettbewerbssituationen verbessern, verspricht die punktuelle Zusammenarbeit Wettbewerbserfolge. Dieser Zusammenhang wird von politischen Akteuren gerade ebenenübergreifend herausgestellt. Daher befördern sie die gezielte Kooperation zwischen Hochschulen, um deren
Wettbewerbserfolge auf übergeordneten Ebenen, v. a. im europäischen und internationalen
quasi-marktlichen Wettbewerb (EU-Forschungsdrittmittel) und Marktwettbewerb (z. B. Zu-
wanderung ausländischer Studierender, internationale Forschungsdrittmittel) zu sichern"
(Kamm 2014: 365).

Damit bestätigen die Beobachtungen aus der Diskurs-Netzwerk-Analyse die
Perspektive der Hochschulrektorenkonferenz, die Profilbildung als Instrument
zum Wettbewerb versteht.

„Profilbildung ist dabei nötig, damit die einzelne Hochschule im Wettbewerb ihre je eigene Position erfolgreich besetzen kann. Die Schärfung des spezifischen Leistungsprofils der Hochschule verlangt angesichts knapper Ressourcen die Entscheidung über Vorrangiges und vor allem über Nachrangiges. […] Profil- und Schwerpunktbildung wird und muss notwendigerweise eine stärkere regionale, aber auch internationale Vernetzung und Arbeitsteilung der

Hochschulen zur Folge haben. Ansätze dazu sind vorhanden: Regionale Kooperation z.B. zwischen den Universitäten Heidelberg und Mannheim, Marburg und Gießen oder Leipzig, Halle und Jena. Berlin und Brandenburg wären auch ein gutes Feld dafür" (Landfried 2000: 11).

Die Forschungsebene 1 widmet sich der Wirkungsweise der Kooperations- und der Wettbewerbsidee auf den institutionellen Wandel der Universität. Offen bleibt bisher, ob und wie sich die dominanten Diskurskonzepte der Kooperationsidee in der Organisationsstruktur der Universität widerspiegeln. Erst dadurch ließe sich ein institutioneller Wandel im deutschen Hochschulsystem eindeutig erklären (vgl. Kosmützky 2010: 31), der die Universität noch stärker als vollständigen Akteur darzustellen erlauben würde.

Die Profilbildungen von Universitäten werden vorrangig über kooperative Weiterentwicklungen in Wissenschaft und Wirtschaft sowie über die Region definiert und umgesetzt. Die Kooperationsidee steht damit im Zeichen der Leitidee von Effizienz und Effektivität (vgl. Würmseer 2010: 55 ff.) und wirkt somit am institutionellen Wandel und den verbundenen Gestaltungsprozessen aktiv mit.

Mit der ersten Forschungsebene (Unterkapitel 2.1.3) wurde die These aufgestellt, dass exogene Herausforderungen, wie neue Informationen und Wertvorstellungen, die Ideen über Kooperation und Wettbewerb im Hochschulsystem verändern. Infolgedessen kann es zu einer Neuausrichtung der Universität in ihrer Organisationsstruktur und ihrem Kommunikationsverhalten kommen.[201]

Nach der Auswertung des empirischen Materials ist deutlich zu erkennen, dass die Kooperationsidee den Hochschulreformdiskurs im Zeitraum von 2003 bis 2014 dominiert. Die Zentralität der Kooperationsidee, verbunden mit dem Ziel, charakteristische Universitätsprofile und Forschungsschwerpunkte herauszustellen, ist das Instrument und die Reaktion auf den nationalen und internationalen Wettbewerb um Studierende, Wissenschaftler, Drittmittel und Renommee. Nicht jede Universität versteht unter der Kooperationsidee dasselbe, so dass nicht von *der* Kooperationsidee gesprochen werden kann. Damit verschiebt sich

---

201 Diese Neuausrichtung der Universität wird mit dem Konzept der Kopplungsorganisation im Kapitel 7 beschrieben.

auch die Organisationsstruktur und das Kommunikationsverhalten der Universitäten. Statements der Universitäten können daher sehr unterschiedlich ausfallen, je nachdem, ob eine Hochschule ihre Profilbildung z.b. eher durch die regionale Zusammenarbeit mit Fachhochschulen/anderen Universitäten oder durch die Kooperation mit Wirtschaftsunternehmen vorantreibt.

Die Perspektive des diskursiven Neoinstitutionalismus, demnach Ideen und Diskurse zum institutionellen Wandel der Universitäten beitragen, kann durch die Beobachtungen der Diskursanalyse bestätigt werden.

Der hochschulpolitische Aufruf zur Profilbildung und die damit verbundene Differenzierung im deutschen Hochschulwesen, die mangelnde finanzielle Ausstattung der Hochschulen sowie die steigenden Studierendenzahlen (Akademisierung der Berufswelt) stellen grundlegende exogene Herausforderungen für die Universität dar, die ihren institutionellen Wandel fördern und fordern. Für die Universitäten führen diese Umweltbedingungen und die sich zunehmend verändernden Wertvorstellungen der Gesellschaft zu einer Veränderung, die in einer Neuausrichtung spiegeln könnte. Die dominante Kooperationsidee im Hochschulreformdiskurs greift diese Herausforderungen auf und bietet, abhängig von den jeweiligen Diskursakteuren, auch eine entsprechende Handlungsstrategie an.[202]

Es konnte beobachtet werden, dass die Universitäten vorrangig über regionale und internationale Bezüge kommunizieren, während der nationale Universitätsraum (UR B) bei den Selbst- und Fremdbeschreibungen stark in den Hintergrund tritt.[203] Wenn nationale Bezüge hergestellt werden, dann hauptsächlich mit

---

202 Vor diesem Hintergrund wäre das Kooperationsmanagement als Handlungsstrategie des Hochschulmanagements zu definieren und weiter auszuführen (in Anlehnung an Grillitsch/Oswald 2017: 261-283). Dort heißt es: „Ein Unternehmensnetzwerk stellt eine auf die Realisierung von Wettbewerbsvorteilen zielende Organisationsform ökonomischer Aktivitäten dar, die sich durch komplex-reziproke, eher kooperative denn kompetitive und relativ stabile Beziehungen zwischen rechtlich selbständigen, wirtschaftlich jedoch zumeist abhängigen Unternehmungen auszeichnet. Ein derartiges Netzwerk, das entweder in einer oder in mehreren miteinander verflochtenen Branchen agiert, ist das Ergebnis einer Unternehmungsgrenzen übergreifenden Differenzierung und Integration ökonomischer Aktivitäten" (Grillitsch/Oswald 2017: 261 f.).

203 Von insgesamt 463 Statements aus dem Universitätssystem können 47 Statements eindeutig dem UR A, 7 dem UR B, 58 dem UR C und 4 dem UR D zugeordnet werden.

dem Diskurskonzept „Wettbewerb (Ranking)", um sich im Vergleich zur nationalen Konkurrenz entsprechend zu positionieren.

> „Im Rangvergleich mit ausgewählten deutschen Universitäten bleibt Leipzig deutlich hinter den Universitäten in München (LMU), Heidelberg, Berlin (HU) oder Freiburg zurück. Insgesamt wird der Universität Leipzig ein vorderer Platz in Deutschland zugewiesen, als Spitzen-Universität gilt sie allerdings sowohl bei den befragten Führungskräften als auch beim eigenen Personal nicht" (Pressemitteilung, Universität Leipzig 2008).

Interessant ist die Beobachtung, dass auf nationale Kooperationsformen (TU 9 oder German U 15) nur äußerst selten verwiesen wird (ausgenommen der Exzellenzinitiative). Diese Beobachtung führt zu Überlegungen darüber, wie nützlich und notwendig solche Kooperationsformen für die beteiligten Hochschulen sind und wie präsent diese nationalen Kooperationen im globalen Universitätssystem wahrgenommen bzw. kommuniziert werden.[204]

Die Forschungsebene 2 kann zum aktuellen Zeitpunkt nicht eindeutig beantwortet werden, da sowohl der regionale als auch der internationale Universitätsraum ähnlich dominant in der Selbstbeschreibung der Universitäten kommuniziert werden. Der UR A ist dabei der Umsetzungsrahmen (in Form von Kooperation), während der UR C den räumlichen Rahmen (durch Konkurrenz um Ressourcen) bietet, um im globalen Universitätssystem von Studierenden, Wissenschaftlern und Wirtschaftsunternehmen wahrgenommen zu werden.

> „Die Universität stellt sich bewusst dem Wettbewerb um Ressourcen, Studierende und um herausragende Wissenschaftler und sieht darin ein wichtiges Instrument ihrer zukünftigen Entwicklung. Sie wird diesen wachsenden Wettbewerb durch eine zunehmende leistungsabhängige Förderung über gezielte Stellenzuführungen aus einem internen Innovationspool unterstützen" (Leitbild Universität Leipzig 2005: 5).

> „Seit rund fünf Jahren ist an dieser Profilbildung im Bereich Forschung gearbeitet worden, sagte bei der heutigen Ausstellungseröffnung Prof. Dr. Herbert Witte. Der Prorektor für Forschung sieht die Universität damit gut gerüstet für den internationalen Wettbewerb um Köpfe wie um Drittmittel" (Pressemitteilung FSU Jena 2009).

204　Eine Ausnahme bilden die Massenmedien, die durchaus die German U 15 oder TU 9 thematisieren, dann vor dem Hintergrund des Diskurskonzepts „Km-S (UR B)". Sie kommunizieren dabei vorwiegend symbolische Kooperationen, die in den Medien kritisiert werden.

Ein Beispiel dafür, dass regionale und internationale Universitätsräume im Hochschulreformdiskurs und insbesondere in der Kommunikation der Universitäten dominant sind, ist die Leuphana Universität Lüneburg. Diese Universität sieht sich als „leistungsfähiger Kooperationspartner für die Region wie auch als Ansprechpartner für internationale Projektvorhaben" (vgl. Leuphana 2018). Damit bestätigt dieses Statement sowohl die Beobachtungen zu Forschungsebene 1 (Dominanz der Kooperationsidee) als auch zu Forschungsebene 2 (Nichtberücksichtigung nationaler Beziehungen (UR B)).

Neben all diesen Beobachtungen und Schlussfolgerungen muss kritisch resümiert werden, dass kein signifikantes Diskurskonzept im Hochschulreformdiskurs vorhanden ist, dass bei *allen* Diskursakteuren eine zentrale Stellung im Kommunikationsverhalten einnimmt. Ansatzweise kann in der Fremdbeschreibung das Diskurskonzept „K-U-W" als zentrale Idee definiert werden (bei den Massenmedien und der Wirtschaft). Die Universitäten und die Hochschulpolitik greifen dieses Diskurskonzept nicht entsprechend auf, sodass nicht von einer *Leitidee* im Hochschulreformdiskurs gesprochen werden kann.

Der Hochschulreformdiskurs wirkt wie ein Marktplatz, auf dem die verschiedenen Diskursakteure aus Hochschulpolitik, Wirtschaft, Medien sowie Erziehung und Wissenschaft um bestimmte Ideen (bzw. Diskurskonzepte) konkurrieren.

Während die Universitäten eher Kooperationen mit anderen Akteuren aus Wissenschaft und Erziehung ansteuern, tendieren andere Akteure zur Zusammenarbeit mit der Wirtschaft. Das deutet auf zwei unterschiedliche Ausrichtungen hin, die mit der Unterscheidung von Autonomiediskurs (Kooperation, um die klassische Idee der Universität von 1800 zu erhalten) und Praxisdiskurs (Kooperation, um das Managementmodell der Universität bzw. die unternehmerische Universität auszubauen) übereinstimmen (vgl. Kaldewey 2013a: 302).

Die Frage, welche Idee mit welchem Diskurskonzept *allein* den Hochschulreformdiskurs dominiert, bleibt also offen und kann nur in differenzierter Form unter Berücksichtigung der einzelnen Diskursakteuren beantwortet werden.

Diese Frage kann wohl auch deswegen nicht eindeutig beantwortet werden, weil der wachsende Markt an Umsetzungs- und Profilierungsideen im Hochschulreformdiskurs die zunehmende Differenzierung der deutschen Universitäten noch zusätzlich fördert. Mit Lüde sind vier neue Klassen im deutschen Hochschulsystem zu identifizieren (vgl. Lüde: 2012: 159): Exzellenz-Universitäten, Cluster-Universitäten (die (noch) nicht an der Exzellenzinitiative teilnehmen), Universitäten ohne Zuschüsse aus dem Exzellenzprogramm und Fachhochschulen. Mit diesen vier Hochschulklassen werden auch verschiedene Diskurskonzepte relativ unterschiedlich stark im Hochschulreformdiskurs kommuniziert.

Die TU und LMU München, die bereits in der ersten Runde der Exzellenzinitiative (2006) beteiligt waren und somit als Exzellenzuniversitäten bezeichnet werden dürfen, kommunizieren die Diskurskonzepte „K-U-U (UR C)" sowie „Wettbewerb (Konkurrenz) (UR C)" dominant. Sie orientieren sich damit stark am internationalen Universitätsraum, während die Universitäten in Halle-Wittenberg, Jena und Leipzig eher auf den regionalen Universitätsraum setzen.[205]

Die These zur zweiten Forschungsebene muss vor dem Hintergrund dieser Erkenntnisse falsifiziert werden.[206] Wie die Verwendung von Diskurskonzepten der TU und LMU München zeigen (Schwerpunkt UR C), führen nun internationale Bezüge (durch Kooperation oder Wettbewerb) zu einer besseren Sichtbarkeit im globalen Universitätssystem. Die Exzellenzinitiative kann in diesem Fall als finanzielles, politisches und symbolisches Sprungbrett verstanden werden, durch das die Exzellenzuniversitäten das nötige Rüstzeug erhalten, um auf der globalen Bühne zu *performen*.

Im Unterkapitel 3.1 wurde der Hochschulreformdiskurs in einen Autonomie- und einen Praxisdiskurs differenziert. Es konnte aufgezeigt werden, dass auf Seiten der Fremdbeschreibung zur Profilbildung ein fremdreferentieller Leistungsaspekt vertreten wird, der den (ökonomischen) Nutzen von Wissenschaft und Lehre in den Fokus stellt und somit den Praxisdiskurs betont.

---

205   Für ein zukünftiges Forschungsvorhaben könnten Universitäten danach untersucht werden, ob eine „klassenspezifische Kommunikation" wiederzuerkennen ist und welche Ideen in den einzelnen Hochschulklassen dominant sind.

206   Die ursprüngliche These besagte: Je mehr Akteure in einem regionalen Universitätsraum zur und mit der Universität agieren und kommunizieren, desto stärker ist ihr Vertrauen in den regionalen Austausch von Wissen und Fähigkeiten, wovon die Universität hinsichtlich ihrer Profilbildung und Stellung im globalen Universitätssystem profitiert (vgl. Unterkapitel 2.2.4).

Auf Seiten der Universitäten läge die Beweispflicht darin, einen selbstreferentiellen Funktionsaspekt zu identifizieren, der mithilfe der „Suche nach Wahrheit" den Autonomiediskurs des Wissenschafts- und Erziehungssystems bekräftigt. Dies ist allerdings nicht eindeutig nachweisbar, sodass durch die empirische Untersuchung im Universitätssystem kein selbstreferentieller Funktionsaspekt belegt werden konnte.

Die Diskurskonzepte, die Kreativität kommunizieren, sind im Hochschulreformdiskurs sehr schwach vertreten. Allein die Anzahl der Statements, die der Auswertungskategorie 5 zuzuordnen sind (Unterkapitel 4.2), zeigen eine mangelnde Dominanz von Diskurskonzepten zu Kreativität im Universitätssystem auf. Nur sieben Statements beinhalten Diskurskonzepte zu Kreativität, hauptsächlich kommuniziert durch die Universitäten Jena und Leipzig.

„Dieser kreative Nachwuchs gehört zum wichtigsten Potenzial der Universität und wird hier in vielfältiger Weise gefördert" (Pressmitteilung FSU Jena 2010b).

„Eine Voraussetzung für Spitzenleistungen ist die kreative Auseinandersetzung mit herausfordernden Forschungsfragen. Die Lösung von Problemen und die Beantwortung von Forschungsfragen werden in einem Forschungsdreieck, bestehend aus Grundlagenforschung, anwendungsorientierter Grundlagenforschung und produktorientierter Anwendungsforschung, vorgenommen" (Forschungsleitbild FSU Jena 2010a: 2).

„Dies zeigt, dass eines der Hauptziele der Labor-Universität, einen kreativen Prozess der Ideengenerierung anzustoßen, schon erreicht worden ist, stellt der Prorektor fest" (Pressmitteilung, Universität Leipzig 2012).

Dies könnte ein Hinweis dafür sein, dass auch im Universitätssystem der Praxisdiskurs im Vordergrund steht, d.h. der kommunikative Schwerpunkt auf Nützlichkeit und Leistung liegt.

„Er (der Hochschulrat) führt die bewährte Funktion des bisherigen Kuratoriums mit erweiterten Zuständigkeiten fort und gibt mit externem sowie internem Sachverstand der Universität Empfehlungen zur Profilbildung und Verbesserung ihrer Leistungs- und Wettbewerbsfähigkeit" (Pressmitteilung, Universität Leipzig 2010b).

„Die Technische Universität München bekennt sich zum wettbewerblichen Leistungsprinzip" (TUM Leitbild 2018).

Es kann bestätigt werden, was Wissel (2007: 296 f.) wie folgt beschreibt: Das Universitätssystem löst sich vom Autonomiediskurs, insbesondere dem damit verbundenen Funktionsaspekt (Wissenschaft ist die Suche nach Wahrheit), und den Humboldtschen Idealen und setzt dafür den Begriff des Marktes ein. Demnach beschreiben sich die Universitäten als operierende Dienstleister (wie bei der TU München), die auf Märkten fungieren und damit einen *commodification talk* (und weniger einen *science talk*) betreiben (vgl. Kosmützky 2010: 32).

Wenn hier ein Autonomiediskurs identifiziert werden kann, dann überwiegend in Bezug auf die Managementautonomie (Unterkapitel 3.1). Hinweise dafür liefern die formulierten Ziele und Bestrebungen, die eher für die Wettbewerbsfähigkeit der Hochschulen und die Innovation sprechen (vgl. Kaldewey 2010: 115), als für die „Suche nach Wahrheit" oder das „Dienen nach Werten".

Es bleibt mit Kaldewey festzuhalten: „Autonomiediskurse richten sich nur selten explizit gegen die gesellschaftliche Verantwortung der Wissenschaft, vielmehr sind sie selbst von Grund auf als Praxisdiskurse formatiert" (Kaldewey 2013a: 23).

5.4   Kritische Reflexion des methodischen Vorgehens

In diesem Unterkapitel wird das methodische Vorgehen der Arbeit kritisch noch einmal reflektiert.

Im Rahmen von Stichwehs Definition und Beschreibung der Anlehnungskontexte der Universität (vgl. Stichweh 2009a: 2) sind die Massenmedien auch in die Reihe der funktionalen Anlehnung und der Fremdkontrolle der Universität aufzunehmen. Wie die Auswertung des Hochschulreformdiskurses gezeigt hat, wirken und prägen die Akteure aus den Massenmedien das Erscheinungsbild der Universität. Indem sie bspw. die Kooperationsidee der Universität mit der Wirtschaft zentral kommunizieren und in all ihren Facetten widerspiegeln, beeinflussen sie auch indirekt die Funktionsweise der Wissenschaft und Erziehung, denn die mediale Aufmerksamkeit führt zu Interesse und Beachtung an den Universitäten. Die Universität lehnt sich, ganz wörtlich, an die Massenmedien an, um in der Öffentlichkeit nicht an Anziehung zu verlieren. Der Einfluss der Massenmedien auf die Universität, d.h. auf ihr öffentliches Ansehen, auf die Wahrnehmung durch die Studierenden[207] und auf die Schwerpunkte ihrer Forschung, stellt ein Thema dar, das in der Hochschulforschung bislang wenig Berücksichtigung gefunden hat. Damit verbunden sind die Fragen, wie dominante Ideen aus den Massenmedien (hier: „K-U-W") die Schwerpunktsetzung in den Lehrveranstaltungen oder die Besetzung von Lehrstühlen beeinflussen können und wie und wann Hochschulen auf bestimmte Darstellungen in den Massenmedien reagieren.

Dabei müssen auch die Kommunikationen zu und von der Universität in den sozialen Medien einbezogen werden, denn Facebook, Youtube, Instragram und viele weitere haben in den letzten Jahren deutlich an Einfluss gewonnen und sind schon jetzt fester Bestandteil der Selbstvermarktung und Öffentlichkeitsarbeit der Hochschulen. Allerdings sind diese sozialen Medien in Deutschland erst seit ungefähr 2006 (durch Twitter) verfügbar. [208]

Für ein weiterführendes Forschungsvorhaben wären demnach Kommunikationen in und aus den sozialen Medien in die Diskurs-Netzwerk-Analyse mit einzubeziehen. Die unterschiedlichen Kommunikationsmöglichkeiten und -wege der Universitäten sind daher in ihrer vollständigen Bandbreite zu berücksichtigen. Dabei stellt sich die Frage, ob und wie die einzelnen Medien auf die Umwelt und die Universitäten wirken. Auch Unterschiede zwischen klassischen Pressemitteilungen und Tweets hinsichtlich ihrer Verbreitungs- und Reaktionsgeschwindigkeit sollten in die Diskurs-Netzwerk-Analyse einbezogen werden. Die Arbeit hat die Kommunikation in den sozialen Medien nicht aufgenommen, da diese nicht über den gesamten ausgewählten Zeitraum der Textanalyse (2003 bis 2014) in Deutschland zur Verfügung standen und von den Universitäten genutzt wurden.[209]

Alle Texte sind und waren online, also digital, verfügbar. Die Verwendung von *sind* und *waren* verweist auf eine Schwierigkeit, die mit dieser Methode einhergeht. Durch die Notwendigkeit des Einfügens von Texten ist der Benutzer

---

207 Der Einfluss von Rankings auf die Studienentscheidung zeigt das CHE (2007).
208 Instagram ist seit 2010 in Deutschland verfügbar und Facebook seit 2008.
209 Einen ersten Einblick, wie Hochschulen soziale Medien nutzen, gibt Pabst (2015) in der FAZ.

der Software *Discourse-Network-Analyzers* darauf angewiesen, dass die Texte digital vorliegen, um sie bearbeiten zu können. Textmaterial aus dem Internet kann jedoch gelöscht oder Formulierungen und Inhalte geändert werden. Die mangelnde Nachweisbarkeit von Texten birgt eine gewisse Gefahr.[210] Die Diskurs-Netzwerk-Analyse sollte das verwendete Textmaterial daher gesondert sichern, d.h. in Originalmodus, um die Nachweisbarkeit der Statements zu erhalten.

Mit dem Diskurskonzept „Profilbildung (Wissenschaft)" konnte durch inhaltliche Zuordnungen anderer Diskurskonzepte die besondere Stellung im Diskurs nachgewiesen werden, obwohl dieses Konzept nicht die höchsten Degree-Werte besitzt. Das könnte darauf hindeuten, dass eine zusätzliche Auswertungskategorie im *Discourse-Network-Analyzer* sinnvoll wäre. Die Zuordnung eines Statements zu einer Person, Organisation oder Kategorie müsste demnach um eine weitere Komponente ergänzt werden. Wenn ein Eingabefeld „Diskursfamilie" in die Software implementiert werden könnte, wäre eine inhaltliche Zuordnung verschiedener Diskurskonzepten (aus verschiedenen Strukturierungsdimensionen) zu einer Diskursfamilie möglich. Das Diskurskonzept „K-U-U" wäre demnach bspw. der Diskursfamilie „Kooperation" zuzuordnen.

Nachdem in diesem Kapitel die Forschungsebenen 1 und 2 bearbeitet und ihre Thesen überprüft wurden, widmet sich das nächste Kapitel der dritten Forschungsebene und entwickelt aus den Beobachtungen der Diskurs-Netzwerk-Analyse ein Modell, das dominante Idee bzw. Diskurskonzepte erkennt, bewertet und für die Ausrichtung der Universität in Wissenschaft und Lehre nutzt.

---

210   Auch im Rahmen dieser Arbeit verschwanden Texte von Unternehmenswebsites, die bereits Bestandteil des empirischen Materials waren (z.B. bei Audi zum Thema Wissenschaftskooperationen).

6 Kopplungsorganisation und Diskursmanagement

Im fünften Kapitel wurden aus dem empirischen Material Erkenntnisse für die erste und zweite Forschungsebene gewonnen. Während diese Ergebnisse eher deskriptiver Natur sind, wird mit der dritten Forschungsebene ein Organisations- und Kommunikationsmodell entwickelt, das sowohl die Beobachtungen aus der Diskursanalyse als auch die *Steuermannskunst* der Universität darstellt.

Seit ein paar Jahren werden zunehmend Forschungslücken der Hochschulforschung identifiziert, die hier als Ausgangspunkt dienen, um die Steuermannskunst im Hochschulmanagement theoretisch und empirisch als Instrument der Hochschulentwicklung darzustellen.

Die Hochschulforschung steht einerseits vor der Aufgabe, die Datengrundlage für die bibliometrische Forschung zu generieren, und andererseits Experten auszubilden, die die gesammelten Daten auswerten (vgl. Hertwig 2014: 74). Die Steuermannskunst verbindet beide Aufgaben: Zum einen werden Informationen über das Kommunikationsverhalten von Universitäten gesammelt, zum anderen diese Informationen strategisch für die Universität nutzbar gemacht. Sie beantwortet damit die Fragen danach, wie die Universität nach außen kommuniziert und wie sie auf Kommunikation von außen reagiert.[211]

Ziel ist es demnach, aus diesen Erkenntnissen umsetzbare Rückschlüsse auf das Kommunikationsverhalten und die Prozessstrukturen von Universitäten zu ziehen. Die Perspektiven des diskursiven Neoinstitutionalismus und die Diskurs-Netzwerk-Analyse bieten die Möglichkeit, sowohl Daten zu generieren, die die Universitäten in ihrem kommunikativen Verhalten beschreiben (in Form einer hochschulpolitischen Landkarte), als auch diese Daten für strategische Entscheidungen nutzbar zu machen.

---

211 Daran anschließend wird im Kapitel 7 der Diskursmanager in seiner Funktion in der Universität vorgestellt. Mithilfe der gewonnen Informationen aus der Diskurs-Netzwerk-Analyse kann er entsprechende (strategische) Schlussfolgerungen für seine Universität ableiten.

© Springer Fachmedien Wiesbaden GmbH, ein Teil von Springer Nature 2019
R. Nägler, *Steuermannskunst im Hochschulmanagement*,
https://doi.org/10.1007/978-3-658-28406-0_6

Dieses Vorgehen greift eine aktuelle Diskussion darüber auf, wie anwendungsorientiert Hochschulforschung sein und wie eine forschungsorientierte Praxisgestaltung erfolgen kann (vgl. Würmseer/Hofhues 2015).

Die Steuermannskunst hat dabei eine organisationssoziologische Perspektive ein, die die Steuerung der Kommunikation und die Ausrichtung von Organisationsstrukturen miteinbezieht. Um allerdings Hochschulforschung als Hochschulentwicklung zu definieren, braucht es forschungsmethodologische Zugänge für konkrete Maßnahmen. Diese Lücke soll durch die Diskurs-Netzwerk-Analyse sowie den diskursiven Neoinstitutionalismus gefüllt werden (vgl. Würmseer/Hofhues 2015: 10).[212]

Die Hochschulforschung kann durch die Erkenntnisse über die Steuermannskunst möglicherweise zur Gestaltung der Hochschulpraxis beitragen. In diesem Sinne liefert sie Impulse zur organisatorischen Entwicklung der Hochschulen (vgl. Winter 2014: 33).

Die dritte Forschungsebene stellt die Steuermannskunst in der Universität als Kopplungsorganisation vor. Zunächst wird der Begriff der Kopplungsorganisation definiert (Unterkapitel 6.1). Im Folgenden wird dann die Universität als Kopplungsorganisation dargestellt, indem auf ihre besonderen Kommunikationswege (Unterkapitel 6.2) und Prozessstrukturen (Unterkapitel 6.3) eingegangen wird. Damit verbindet die Kopplungsorganisation die theoretischen Überlegungen des diskursiven Neoinstitutionalismus mit dem methodischen Vorgehen der Diskurs-Netzwerk-Analyse. Da Ideen und Diskurse großen Einfluss auf die strategische Ausrichtung der Universität haben können, ist es von großer Bedeutung, dass die Universität diese Einwirkung erkennt, analysiert und entsprechende Schlussfolgerungen zieht.

Wie in Forschungsebene 1 beschrieben, steuern Ideen und Diskurse den institutionellen Wandel der Universität. Die Darstellung der Universität als Kopp-

---

212 Würmseer/Hofhues bieten den Design-based Research-Ansatz (DBR) an, demnach praktische Probleme mithilfe der Forschung mehrstufig gelöst werden sollen. Allerdings wird DBR vorwiegend in Problembereichen der Lehre/Erziehung eingesetzt und dient weniger der Idee, vom Kommunikationsverhalten auf die Organisationsstruktur zu schließen (vgl. Würmseer/Hofhues 2015: 13-15).

lungsorganisation zeigt auf, welche diskursiv-kommunikativen Fähigkeiten im institutionellen Wandel relevant sind. Ein erfolgreiches Diskursmanagement sollte diese Fähigkeiten besitzen bzw. entwickeln können (Unterkapitel 6.4).

Schließlich bestätigen die bisherigen theoretischen Überlegungen und Beobachtungen aus der Empirie, wie der institutionelle Wandel dazu führt, dass sich die Universität zu einer Kopplungsorganisation entwickelt (Unterkapitel 6.5).

6.1   Begriffsdefinition Kopplungsorganisation

Das noch relativ junge Wort Kopplungsorganisation ist im Jahr 1990 zum ersten Mal in einer deutschen Publikation zur Fachtagung „Weiterbildung für Grundwehrdienst und Zivildienstleistende" zu lesen. Dort bezeichnete Breuer während einer Podiumsdiskussion den Berufsförderungsdienst als eine Kopplungsorganisation.

> „Der schnöde Mammon allein ist es nicht. Was hilft eine Million in der Wüste? Was helfen die Mittel, wenn keine Struktur vorhanden ist, die Dinge umzusetzen? Es muß erst darüber nachgedacht werden, wie man so etwas organisieren kann, welche Rolle insbesondere die Träger spielen. […]. Ich finde die hier vorgetragene Idee, das möglicherweise mit dem Berufsförderungsdienst zu koppeln, gar nicht schlecht. Denn warum soll man zwei Strukturen schaffen, wenn eine vorhanden ist. Und der Berufsförderungsdienst versteht sich ja nicht als abgeschottete Organisation, die allein auf weiter Flur steht, sondern als Kopplungsorganisation, die alle Angebote, die irgendwo zu Verfügung stehen, an den Adressatenkreis zu bringen versucht" (Breuer 1990: 55).

Vor diesem Hintergrund stellt eine Kopplungsorganisation die Zusammenführung besonderer Prozessstrukturen dar. Überträgt man dieses allgemeine Verständnis auf die Universität, so kann grundsätzlich festgestellt werden, dass die Universität als Kopplungsorganisation die verschiedenen Einflüsse von außen durch ihre Prozessstruktur miteinander zu koppeln weiß, um daraus strategische Schlussfolgerungen für sich selbst abzuleiten. Um festzustellen, welche äußeren Einflüsse in die Analyse und Auswertung des Diskurses einzubeziehen sind, ist ein entsprechendes Bewusstsein für Diskurse, Ideen und Akteure notwendig. Deppert (2014) definiert die Kopplungsorganisation aus einem biologischen

Verständnis heraus als das Bewusstsein von Lebewesen, die dadurch eine Überlebensfunktion besitzen.

> „Diese Überlebensfunktionen müssen direkt miteinander verschaltet sein, damit nach der
> Wahrnehmung einer Gefahr möglichst schnell reagiert werden kann, um die Gefahr abzuwen-
> den, d. h. es muss eine Organisationsform dieser Kopplung für alle Überlebensfunktionen ge-
> ben. Diese Kopplungsorganisation nenne ich das Bewusstsein des Lebewesens. Damit besitzt
> jedes Lebewesen grundsätzlich dann ein Bewusstsein, wenn die Überlebensfunktionen vonei-
> nander getrennt sind und darum miteinander verkoppelt werden müssen, was für die allerersten
> Lebensformen so nicht anzunehmen ist" (Deppert 2014: 5).

Das *Bewusstsein* der Universität stellt demzufolge gekoppelte Überlebensfunkti-
onen dar, durch die die Universität auf bestimmte Gefahren und Herausforderungen ihrer Umwelt und aus dem Universitätssystem reagieren kann.

Vor diesem Hintergrund kann eine vorläufige Definition der Universität als
Kopplungsorganisation formuliert werden.

Die Universität als Kopplungsorganisation nimmt kommunikative Umweltereignisse und sich damit verändernde Umweltbedingungen bewusst wahr. Sie
erkennt, analysiert und bewertet damit verbundene Entwicklungen und Gefahren
und reagiert über Diskurse und Ideen darauf, um ihr „Überleben" zu sichern und
ihre Position im globalen Universitätssystem weiter zu festigen.

Zum einen zeichnet sich die Universität als Kopplungsorganisation durch
den Mut aus, ein eigenständiges hochschulpolitisches Denken zu entwickeln und
dieses durch ihr Leitbild politischen und wirtschaftlichen Sachzwängen entge-
genzusetzen.

> „Ein federführendes Prinzip muss dabei die Erhöhung von Zukunftsoptionen sein. Dies ist die
> beste Versicherung gegen die Macht des vermeintlichen einzig möglichen Weges, den uns der
> Sachzwang suggeriert" (Schneidewind 2008: 13).

Zum anderen partizipiert die Universität aktiv, bewusst und strategisch in den
Diskursen, in denen die für sie relevanten Akteure, Ideen und Konzepte vertreten
sind. Ihre eigenen Ideen und Diskurskonzepte kommuniziert und verteidigt die
Universität dabei als Diskursakteur.

> „Das nun bedeutet, sich gerade in einer Situation der Krise selbst Visionen, Konzepte oder
> auch nur Ideen zumuten zu müssen, die noch nicht gedacht sind. Eine solche Lösung mag naiv
> klingen, ist es aber nicht. Naiv ist die Vorstellung, der fahrende Zug der fortschreitenden Zer-
> störung der Überlebensbedingungen sehr vieler Menschen würde seine Geschwindigkeit und

Richtung verändern, wenn man in seinem Inneren gegen die Fahrtrichtung läuft" (Welzer 2008: 267).

Die Beobachtungen aus der empirischen Analyse haben gezeigt, dass sich die gemeinsamen dominanten Diskurskonzepte der Universitäten mit ihrer Umwelt (Hochschulpolitik, Wirtschaft und Massenmedien) in ihrer Verteilung unterscheiden. Im Sinne des diskursiven Neoinstitutionalismus ist die Universität stärker dem institutionellen Wandel ausgesetzt, je mehr Ideen sie mit ihrer Umwelt teilt. Die Grundidee, die Universität als Kopplungsorganisation darzustellen, liegt darin, durch kommunikative Kopplungen der Universität zu ihrer Umwelt möglichst viele (kommunikative) Schnittstellen zu bilden und damit die Differenz von Selbst- und Fremdbeschreibung so gering wie möglich und nötig zu halten.

6.2   Kommunikationsverhalten und -fähigkeiten

Die Kopplungsorganisation ist durch ein bestimmtes Vorgehen in ihrer Kommunikation gekennzeichnet, das eine bestimmte Prozessstruktur erfordert. Mit einer Prozessstruktur, die die Umwelt bewusst wahrnimmt, vermag die Universität ihr Profil intern wie extern klarer und zielorientierter zu präsentieren, was in Zeiten zunehmender Komplexität im globalen Universitätssystem eine Überlebensfunktion darstellen kann. Durch die Fähigkeit der klaren Kommunikation von Zielen unterscheidet sich die Universität in der Form als Kopplungsorganisation von der Universität als lernende Organisation.[213]

Die Kopplungsorganisation besitzt eine spezifische Kommunikationsrichtung. Die Selbstbeschreibung einer Universität als Kopplungsorganisation orientiert sich am rhetorischen Gesetz des Dreischritts (vgl. Sinek 2014). Danach

---

213   Kühl (2015) kritisiert u.a. genau diesen Punkt an lernenden Organisationen, also das Fehlen der Kommunikation klarer Ziele und Vorstellungen durch die Organisation, und postuliert die „Entzauberung der lernenden Organisation".

beginnt die Kommunikation mit dem Warum (Existenz) gefolgt vom Wie (Umsetzung) und führt zum Was (Ergebnis, Produkt).

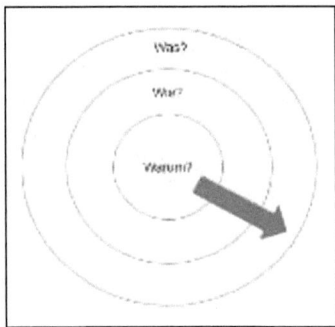

Abbildung 68:   Kommunikationsrichtung im Goldenen Kreis
Quelle: Sinek 2014

Die Beobachtungen aus der Diskursanalyse haben gezeigt, dass die Profilbildung von Universitäten mit dem Ziel verfolgt wird, durch bestimmte Kooperationen im Wettbewerb um Studierende, Drittmittel oder Wissenschaftler sichtbarer zu werden.[214]

Indem die Kommunikation einer Kopplungsorganisation im Goldenen Kreis von innen nach außen gerichtet verläuft, begründet sie ihre Daseinsberechtigung und ihre Glaubhaftigkeit anderen Akteuren gegenüber.

Übertragen auf die Universität als Kopplungsorganisation sind folgende drei Fragestellungen systemtheoretisch abzuleiten (vgl. Krause 2005: 44).

---

214   Finett/Burscheidt zur Fusion der Gerhard-Mercator-Universität Duisburg und der Universität
      Essen zur Universität Duisburg-Essen: „Die Stärken der beiden nur zwanzig Kilometer vonei-
      nander entfernten Hochschulen zu bündeln, ihr Profil im nationalen und internationalen Wett-
      bewerb zu schärfen und zugleich überflüssige und vor allem teure Doppelangebote in For-
      schung und Lehre abzubauen, das war die Idee, die hinter der ersten Uni-Fusion hier zu Lande
      stand" (Finetti/Burtscheidt 2004).

Tabelle 39:   Übertragung des Goldenen Kreises auf die Kennzeichen des
Universitätssystems

Frage		Kennzeichen im Funktionssystem	System-Frage
	Warum?	Funktion	Warum gibt es die Universität?
	Wie?	Programm	Wie gewährleisten die Universitäten ihren Beitrag für die Weltgesellschaft?
	Was?	Leistung	Was leistet die Universität für die Weltgesellschaft?

Quelle: Eigene Darstellung

Überträgt man das Kommunikationsverhalten des Goldenen Kreises (nach Sinek 2014) auf das Wissenschafts- und Erziehungssystem, ergeben sich folgende Rückschlüsse auf die Kommunikation.

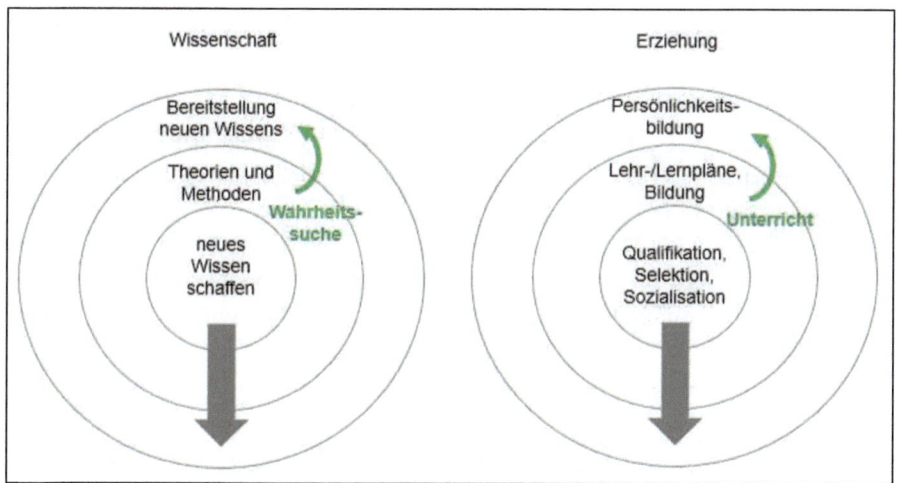

Abbildung 69:   Übertragung des Goldenen Kreises auf das Wissenschafts-
und Erziehungssystem
Quelle: Eigene Darstellung, erstellt in PowerPoint

Die weltgesellschaftliche Funktion von Wissenschaft besteht darin, neues Wissen zu erzeugen (Warum?). Über wissenschaftliche Theorien und Methoden verfolgt das Funktionssystem das Ziel, Wahrheit zu erkennen und zu beweisen (Wie?). Als Produkt dieses Prozesses stellt sie diese Wahrheit als neues Wissen der Weltgesellschaft zu Verfügung (Was?).

Das Erziehungssystem verfolgt das grundlegende Ziel der Qualifikation, Allokation, Selektion und Sozialisation. Dieses Ziel versucht das System mittels Lehr- und Lernplänen, Bildung zu erreichen. Im Ergebnis steht die Persönlichkeitsbildung der einzelnen Organisationsmitglieder und die Bereitstellung qualifizierter Fachkräfte.

Diese funktionsspezifische Kommunikation von Wissenschaft und Erziehung kann die Universität als Kopplungsorganisation nicht aufgreifen, da diese Kommunikationen den einzelnen Organisationen bzw. Mitgliedern im Erziehungs- und Wissenschaftssystem vorbehalten ist.[215] Es fehlt demnach eine entsprechende Kommunikation fernab dieser funktionsspezifischen Kommunikation durch Wissenschaft und Erziehung, die die Universität als eine Kopplungsorganisation darstellt und zusammenhält.

Da die organisationalen Entscheidungsprozesse für die Universität weder im Erziehungs- noch im Wissenschaftssystem stattfinden, sondern in der Universitätsverwaltung, ist dieser Bereich gesondert zu betrachten.[216] Das Kommunikationsverhalten der Universität ist nach Erziehung, Wissenschaft und Verwaltung zu differenzieren.[217] Forschung, Lehre und Verwaltung stellen demnach die drei Organisationsbereiche der Universität dar. Jeder Bereich folgt einer eigenen Funktionslogik und besitzt ein spezifisches Kommunikationsverhalten. Das Verwaltungssystem unterscheidet sich vom Wissenschafts- und vom Erziehungssystem vor allem durch den hohen Grad an Formalisierung und Hierarchisierung.

---

215   Zu verweisen ist hier auf neue Entwicklungen und Erkenntnisse der Wissenschaftskommunikation (u.a. Weichselgartner 2009) sowie allgemein zur Wissenschaft als Kommunikationsform (Stichweh 2007).
216   „Erst wenn die Verwaltung neben der Forschung und der Lehre einen ihr angemessenen Platz erhält, kommt die Universität als organisierte Institution in den Blick" (Baecker 2010: 15).
217   Weiterführend siehe Stratmann 2011.

(vgl. Nickel 2012: 280). In Abbildung 70 werden die Unterschiede in der Formalisierung und Organisation der drei Systeme veranschaulicht.

Abbildung 70:   Dreiteilung der Hochschulorganisation
Quelle: Nickel 2012: 280

Aus systemtheoretischer Perspektive ist die Verwaltung ein System, das in Form
eines organisierten Sozialsystems auftritt und „auf die Herstellung bindender
Entscheidungen für ihre Umwelt aus Anlass von Informationen aus dieser/über
diese Umwelt spezialisiert ist" (Krause 2005: 255 f.). Damit beziehen sich die
nachfolgenden Überlegungen zum Kommunikationsverhalten der Universität
(als Kopplungsorganisation) ausschließlich auf das Verwaltungssystem. Obwohl
Forschung und Lehre durch Bottom-up-Beziehungen Ähnlichkeiten aufweisen,
sind sie nicht identisch organisiert.

„Lehre ist besser organisierbar als Forschung, zumindest was ihre zeitlich/räumlich/
thematische Fixierung angeht. Auch die Fernüberwachung der Lehre mittels statistischer Kon-
trollen und Vergleichszahlen lässt sich leichter bewerkstelligen" (Luhmann 1987: 204).

Während die Forschung eine ausgeprägte Selbstorganisation sowie „hohe Prozessautonomie" (Schimank/Winnes 2001: 318) charakterisiert, ist die universitäre Lehre stärker formalisiert. Infolgedessen kann Lehre besser organisiert bzw. gesteuert werden als Wissenschaft. So werden Lehrveranstaltungen auf der Grundlage von Studienordnungen sowie externen, größtenteils staatlich regulierten Vorschriften geplant. Universitätsabschlüsse obliegen einer Prüfungsordnung. Semester- und Studienabläufe, die Zufriedenheit der Studierenden oder die Lernergebnisse werden durch Evaluierungsmaßnahmen regelmäßig überprüft.

Die institutionelle Verantwortung liegt für die Universitäten in der quantitativen und qualitativen Entwicklung ihrer Studienangebote, während die Forschungsaktivitäten in der Obhut lose verbunder epistemischer Communities (Stichweh 2005: 125) sind (vgl. Nickel 2012: 281 f.).

Daher können die Regeln des Goldenen Kreises nicht auf Mitglieder bezogen werden, die im Erziehungs- und Wissenschaftssystem verortet sind. Die Adressaten sind vielmehr die Mitglieder der Universitätsverwaltung. Abbildung 71 zeigt, wie diese Kommunikationsregeln innerhalb der Universitätsverwaltung zu verstehen sind.

Im Sinne des Goldenen Kreises liegt ein wesentlicher Aspekt in der Kommunikation der Universitätsverwaltung zu den Mitgliedern im Erziehungs- und Wissenschaftssystem.

Die beiden bereits beschriebenen Merkmale der Kopplungsorganisation (Vereinheitlichung und Bewusstsein) stellen das Warum der Universität dar. Indem sie Umwelteinflüsse und sich verändernde Umweltbedingungen wahrnimmt (Bewusstsein), diese aber zugleich auch mit ihren internen Strukturen, Kommunikationen und Organisationszielen zu synchronisieren versucht (Vereinheitlichung), wirkt die Universitätsverwaltung als „kommunikative Brücke" zwischen allen beteiligten Funktionssystemen.

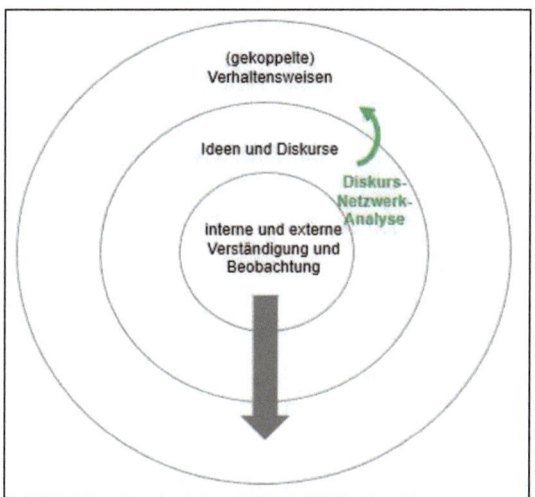

Abbildung 71:   Goldener Kreis in der Kommunikation der
Universitätsverwaltung
Quelle: Eigene Darstellung, erstellt in PowerPoint

Um diese Funktion zu erfüllen (Wie), beobachtet die Universität (nachfolgend als Diskursmanagement bezeichnet) entsprechende Ideen und Diskurse, die für sie wichtig sind oder sein könnten.[218] Als Programm zur Unterstützung dieser Aufgabe kann die Diskurs-Netzwerk-Analyse dienen, mit deren Hilfe zentrale Diskursideen, -konzepte und -akteure identifiziert und analysiert werden können.

Das Produkt (Was) ist schließlich ein bewusstes und strategisches Kommunikationsverhalten zu den Akteuren innerhalb der Universität (Erziehung und

---

218   Die Beobachtung ist ein abstrakter Begriff innerhalb der Systemtheorie (vgl. Luhmann 2000a: 126; Baraldi/Corsi/Esposito 2011: 124). Beobachtung ist Erkenntnisgewinnung der als existent angenommenen Welt. Dabei wird von einem Objekt- zu einem Subjektbezug gewechselt, d.h. was man in der Welt sieht, hängt davon ab, wie ein Beobachter das Beobachtete beobachtet (vgl. Gralke 2015: 19). Beobachtung verändert die Welt, in der beobachtet wird. Da es keine beobachtbare Welt gibt, bezieht sich das Diskursmanagement auf die beobachtungsinvariante Welt (vgl. Luhmann 1990: 75).

Wissenschaft) und den Akteuren in ihrer Umwelt (Massenmedien, Politik, Wirtschaft, etc.).

6.3   Prozessstrukturen

Um idealtypische Prozessstrukturen einer Kopplungsorganisation darzustellen und zu visualisieren, greift diese Arbeit politikwissenschaftliche Überlegungen von Schmidt auf, die die Demokratie und (ihre) Legitimität in der Europäischen Union hinterfragt (vgl. Schmidt 2010b).

Dabei stellt Schmidts Analyse der Legitimität die Ausgangsbasis für die folgenden Überlegungen dar. Über die Begriffe Input, Output und Throughput wird Legitimität operationalisiert. Daher verwendet Schmidt auch die Formulierungen *input legitimacy*, *output legitimacy* und *throughput legitimacy* (vgl. Lieberherr 2013). Im Folgenden wird der Hintergrund dieser theoretischen Perspektive kurz erläutert, um anschließend das Strukturmodell der Kopplungsorganisation Universität abzuleiten. Das Ziel der Kopplungsorganisation Universität ist es, hohe Output- und Input-Werte zu erreichen.

Das Output der Kopplungsorganisation Universität stellen die Ergebnisse des Erziehungs- und Wissenschaftssystems dar, d.h. wie die Mitglieder dieser Funktionssysteme für die Weltgesellschaft „gearbeitet" haben. So lässt sich die Effektivität einer Universität einerseits am Arbeitsmarkterfolg ihrer Absolventen[219] (Erziehungssystem) und andererseits an der Häufigkeit ihrer wissenschaftlichen Zitationen und Publikationen[220] (Wissenschaftssystem) ablesen.

Ein hoher Output-Wert zeigt sich dadurch, dass alle Organisationsmitglieder in *einem* Netzwerk innerhalb der Kopplungsorganisation vernetzt sind. Zudem lassen sich die o.g. Effektivitätsmerkmale des Wissenschafts- und Erziehungssystems quantitativ messen (vgl. Lieberherr 2013: 6).

---

219   Diem/Wolter (2012) haben mit einer Studie dazu beigetragen, die Effektivitätsanalysen im Bereich der Hochschulen zu verbessen. Darin haben sie Schweizer Universitäten hinsichtlich der Arbeitsmarktfähigkeit ihrer Absolventen beurteilt.

220   Weiterführend siehe Stichweh 2007.

Die Input-Legitimität verweist darauf, *was* zu tun ist (vgl. Beisheim/ Dingwerth 2008; Dingwerth 2007). Ziel ist es, einen Konsens aller beteiligten Akteure herzustellen und diese über Partizipationskanäle in den eigenen Entscheidungsfindungsprozess einzubauen. Entscheidend ist das Merkmal der Inklusivität, das sich darauf bezieht, wie sich der Zugang und der Einfluss der beteiligten Akteure zum und auf den Entscheidungsprozess gestalten (vgl. Lieberherr 2013: 4).

Übertragen auf die Universität als Kopplungsorganisation bedeutet ein hoher Input-Wert, dass alle relevanten Akteure im Entscheidungsfindungsprozess eingebunden werden und Inhalte bzw. Verhaltensweisen ihrer Organisation – nach einem demokratischen Verständnis – gestalten, entscheiden und mittragen dürfen (vgl. (vgl. Lieberherr 2013: 6).

Neben dem Output und Input einer Universität stellt das Throughput eine Schlüsselrolle dar, um vom Input auf das Output zu schließen und um *Lehren* aus der Qualität des Outputs für das Input zu ziehen.

Das Throughput einer Universität definiert nicht nur den Aktionsprozess vom Input zum Output, sondern auch den Reaktionsprozess vom Output zum Input, der *Transparenz* (interne und externe Transparenz von Informationen[221]), *Verantwortlichkeit* (im Sinne der Rechtfertigung von Handlungen gegenüber den Organisationsmitgliedern und externen Akteuren), *Inklusivität* (die gemeinsame Verständigung mit allen Akteuren außerhalb der Universität) und *Effizienz* (Leistungsfähigkeit der gesamten Universität) sicherstellt.

Der Transparenzprozess, d.h. die Frage, mit welchen Informationen die Universität *arbeitet*, ist hingegen deutlich inputorientiert, während der Effizienzprozess outputorientiert ist. Abbildung 72 veranschaulicht nochmal einmal die Prozesse, die mit der Throughput-Legitimität verbunden werden.

---

221 Für die interne (und bedingt für die externe) Kommunikation von Informationen ist es wichtig, dass diese für alle Organisationsmitglieder transparent sind. Alle Mitglieder der Universität müssen verstehen, welche Informationen zu welchen Entscheidungen führen. Die daraus gewonnenen Erkenntnisse führen zu mehr Verständnis dafür, wie und warum bestimmte Entscheidungen getroffen werden. Dadurch lernen sie, wie es zu Entscheidungen kommt, die zum Verstehen bzw. zu Verständnis führen können (vgl. Dingwert 2007: 30).

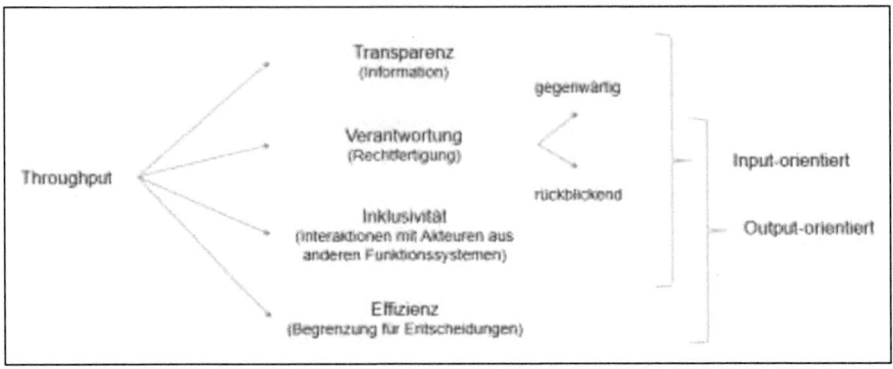

Abbildung 72:   Throughput-Orientierung
Quelle: Bistagnino 2016: 13

Vor dem Hintergrund an Input-, Throughput- und Output-Legitimität in Anlehnung an Schmidt (2010b: 10) stellt sich die Universität als Kopplungsorganisation wie folgt dar.[222]

---

222   Hicks/Gullet (1975: 387 ff.) beschreiben die Organisation als ein Ökosystem, zusammen
          mit ihrer Umwelt, das entsprechende Ressourcen (Outputs) für die Organisation bereitstellt.

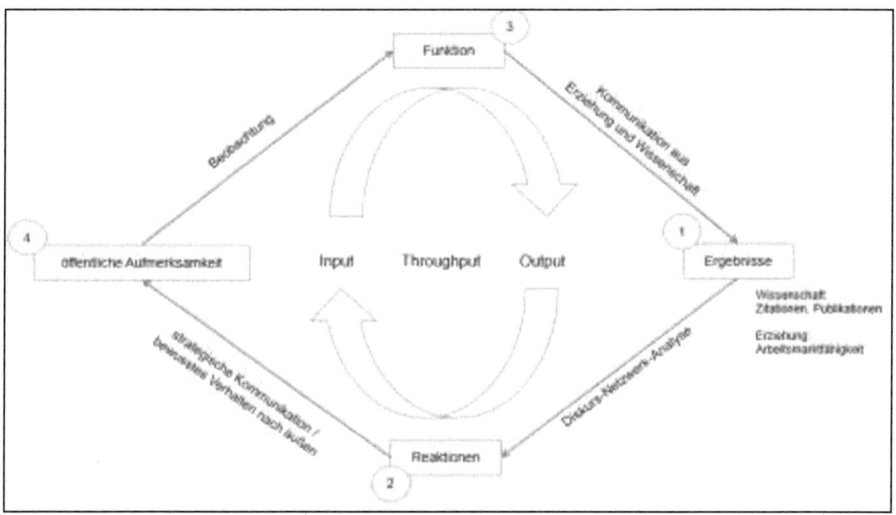

Abbildung 73:   Input, Throughput und Output der Universität
Quelle: Eigene Darstellung, erstellt in PowerPoint

Ausgangspunkt ist die Beobachtung dessen, was die Universität leistet und wie die Gesellschaft darauf reagiert (1). Aus diesem Verständnis und der damit verbundenen gesellschaftlich-funktionalen Einbettung der Universität lassen sich verschiedene Anforderungen der Gesellschaft an das Erziehungs- und Wissenschaftssystem ableiten. Die Mitglieder der Universität sind dazu angehalten, die Gesellschaft aufmerksam zu beobachten, um an sie gestellte Aufgaben aufzugreifen und darauf zu reagieren (2). Danach gilt es, diese Forderungen und Aufgaben entsprechend ihrer Funktionen zu erfüllen und zu kommunizieren (3). Wie effektiv bzw. erfolgreich die Mitglieder aus dem Erziehungs- und Wissenschaftssystem sind, lässt sich anhand quantitativer Analysen der Zitationen und Publikationen (Wissenschaft) sowie der Arbeitsmarktfähigkeit ihrer Absolventen (Erziehung) ableiten. Vor diesem Hintergrund kann die Universität auch auf ihre eigenen gesellschaftlichen Leistungen bzw. ihre funktionale Einbettung in die Gesellschaft reagieren (4).

Dabei stellt sich die Frage, was von den Ergebnissen aus Wissenschaft und Erziehung abgeleitet werden, d.h. wie ein hoher Output-Wert stabilisiert und ausgebaut werden kann. Mithilfe der Diskurs-Netzwerk-Analyse wird beobachtet, analysiert und ausgewertet, wie die Kommunikationen aus Erziehung und Wissenschaft auf die anderen Funktionssysteme wirken und ob die Ergebnisse in den Diskursen positiv oder negativ aufgegriffen werden. Dahinter steht die Absicht, die Reaktionen auf das Output der Universität empirisch zu erfassen und mittels eines theoretischen und methodischen Vorgehens für das strategische Verhalten nach innen (d.h. für die Anpassung der eigenen Prozessstrukturen in der Verwaltung) zu verwerten. Mit daraus resultierenden Verhaltensweisen, Entscheidungen, Reaktionen oder Strukturveränderungen verfolgt die Universität das Ziel, stärker und dominanter in der Öffentlichkeit wahrgenommen zu werden und ihre Relevanz in der Gesellschaft weiter auszubauen.[223]

Wie bereits erwähnt, sind die Prozesse Verantwortung und Inklusivität input- und outputorientiert. Diese werden im Folgenden näher erläutert.

Um den Prozess einer Kopplungsorganisation aus Aktion und (lernender) Reaktion zu gewährleisten, spielt neben der Transparenz (Information) auch die gesellschaftliche Verantwortung eine entscheidende Rolle. Diese Verantwortung wird danach beurteilt, wie und welche gesellschaftlichen Erwartungen von der Universität aufgenommen (Input) und im Erziehungs- und Wissenschaftssystem erfüllt werden (Output).[224]

---

223 „Im Unterschied zum ‚Mythos Humboldt' […], der an die Geschichte einer großen Institution erinnert, ist die Rolle von Universitäten im Innovationsdiskurs auf die Zukunft gerichtet. Diese Ausrichtung sichert Universitäten den Erhalt von Legitimation und Ressourcen aus einer gesellschaftlichen Umwelt, in der Appelle an humboldtsche Bildungs- und Forschungsideale allein keine ausreichende Überzeugungskraft mehr haben" (Krücken/Meier 2005: 168).

224 Zunehmend ist zu erkennen, wie sich deutsche Hochschulen zu ihrer gesellschaftlichen Verantwortung (u.a. in ihrem Profil) positionieren, bspw. die FU Berlin mit den Themen Genderforschung, Geschlechtergleichheit, Nachhaltigkeit, familiengerechte Hochschule (vgl. FU Berlin 2018).

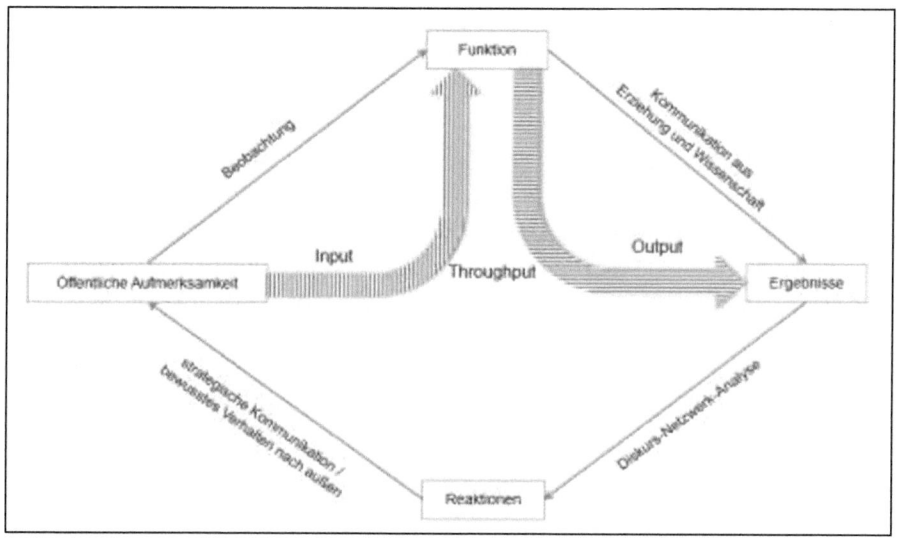

Abbildung 74:   Verantwortungsprozess innerhalb der Universität
Quelle: Eigene Darstellung, erstellt in PowerPoint

Als Kopplungsorganisation ist sich die Universität darüber bewusst, dass sie durch ihre Funktionen in Erziehung und Wissenschaft gesellschaftliche Verantwortung trägt. Sowie sie dies ihren Mitgliedern kommunizieren muss, sollte sie auch den Umweltakteuren verständlich machen können, wie deren Bedürfnisse durch die Universität erfüllt bzw. angenommen wurden.[225]

---

225   Bundespräsident Steinmeier spricht in seiner Rede an der Leopoldina davon, dass das „Verantwortungsgefühl in der deutschen Wissenschaft zutiefst verankert ist" (Steinmeier 2018). Zudem unterstreicht er das Verhältnis von empirischer Forschung und gesellschaftlicher Notwendigkeit: „Einzelfälle wie die strittigen Abgasversuche zeigen, dass sich Forschung immer ethisch zu verantworten hat, dass sie öffentlich sagen können muss, warum sie notwendig ist und welchem Ziel sie dient. Heimlichtuerei mit schlechtem Gewissen hilft keinem. Erst recht darf Wissenschaft niemals zur Gefälligkeit mächtiger Interessen werden – ob wirtschaftlicher oder politischer. Jeder einzelne solche Fall ist Wasser auf die Mühlen der Wissenschaftsfeinde. Im Gegenteil: Wir müssen die Notwendigkeit und Zielsetzung empirischer Forschung offensiv begründen" (Steinmeier 2018).

Der Inklusivitätsprozess spricht demnach sowohl die Mitglieder der Universität (Pfeil nach oben, Abb. 75) als auch Akteure anderer Funktionssysteme (Pfeil nach links, Abb. 75) bewusst an. Die Kommunikation und Interaktion ist in diesem Fall stark auf die einzelnen Interessensgruppen ausgerichtet. Mithilfe der Diskurs-Netzwerk-Analyse werden die verschiedenen Reaktionen auf die Ergebnisse der Universität aufgeschlüsselt, kategorisiert und ausgewertet. Danach stellen sie entweder einen neuen Input für die verantwortlichen Akteure in Erziehung und Wissenschaft oder für externe Interessensgruppen dar, verbunden mit dem Ziel der gesellschaftlichen Partizipation und öffentlichen Wahrnehmung.

Diese beiden Throughput-Prozesse sollen beschreiben, wie grundlegend das Kommunikationsverhältnis zwischen der Universität und ihrer Umwelt ist. Die Universität reagiert auf die Umwelt und ihre Mitglieder (Interaktion) und erfüllt dabei ihre gesellschaftliche Aufgabe (Verantwortung).

6.4   Diskursmanagement und Agilität

Nachdem das Kommunikationsverhalten sowie die besonderen Prozessstrukturen dargestellt wurden, werden nun beide Vorstellungen zueinander in Bezug gesetzt.

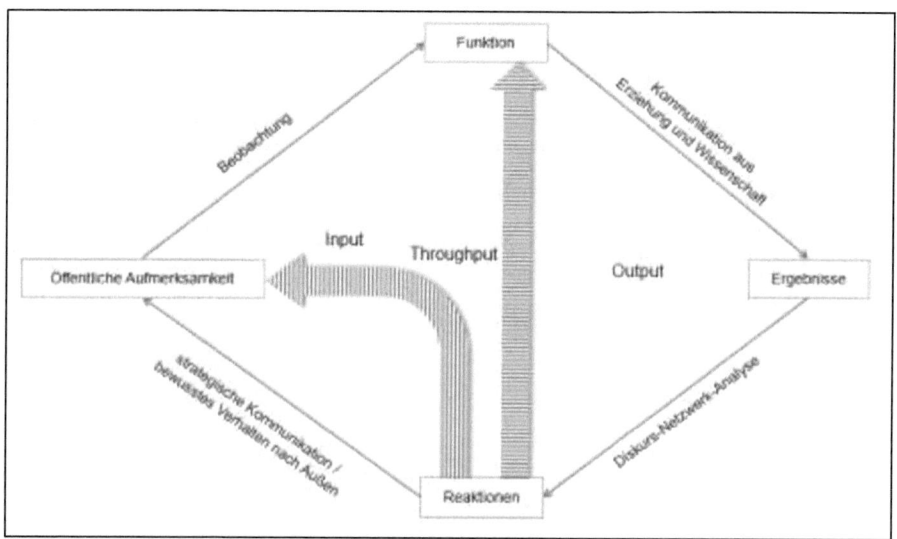

Abbildung 75:   Inklusivitätsprozess innerhalb der Universität
Quelle: Eigene Darstellung, erstellt in PowerPoint

Das Diskursmanagement wird dabei als eine Organisationseinheit innerhalb der
Universität positioniert. Diese Organisationseinheit beobachtet, analysiert und
bewertet Diskurse und Ideen mithilfe der Diskurs-Netzwerk-Analyse.
     Abbildung 76 zeigt, welche Kommunikationsbeziehungen in der Universität
als Kopplungsorganisation im Vordergrund stehen.

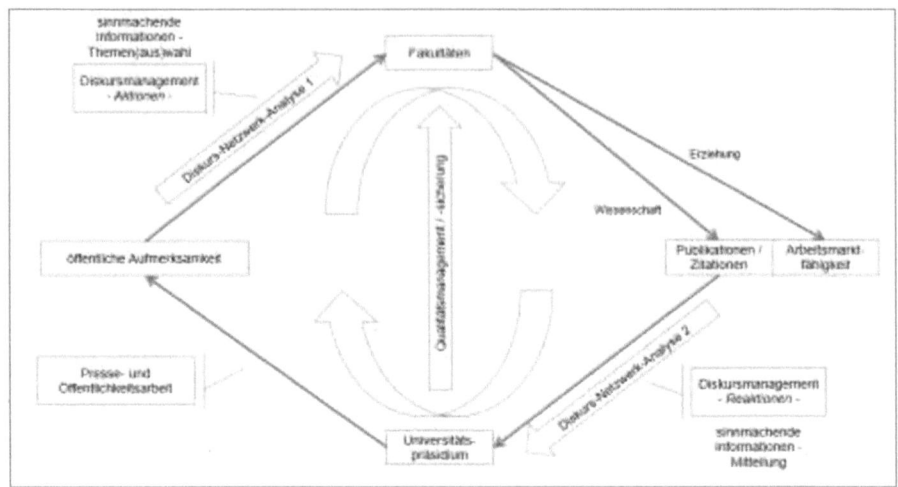

Abbildung 76:   Kommunikationsbeziehungen innerhalb der
Kopplungsorganisation
Quelle: Eigene Darstellung, erstellt in PowerPoint

Wie in Abbildung 76 zu erkennen ist, wird das Diskursmanagement in die
Schwerpunkte Aktion und Reaktion unterschieden. Gemeinsam beschreiben
(durch zirkuläres Fragen)[226], erklären (durch Kausalität)[227] und bewerten[228]

---

226 „Auf welche Phänomene aus der Fülle der möglichen lenkt (…) [die Beschreibung ihre]
     Aufmerksamkeit? Welche Ereignisse und Verhaltensweisen werden unterschieden und be-
     zeichnet? Welche Differenzschemata werden dabei verwendet, was grenzen sie aus, was lassen
     sie unbezeichnet?" (Pfeffer 2004: 36).
227 Auf der Grundlage universitätseigener Vorstellungen (die bspw. das Leitbild vorgibt) über
     Mechanismen der Genese, Stabilisierung und Veränderung beobachteter kommunikativer
     Entwicklungen bzw. Ereignisse werden dann logische Zusammenhänge zwischen diesen Dis-
     kursereignissen hergestellt (vgl. Pfeffer 2004: 36; Gralke 2015: 22).
228 Von der Universitätsleitung werden Bewertungskriterien vorgegeben, „die Aufschluss darüber
     geben können, welche Möglichkeiten des Handelns, Entscheidens, Kommunizierens, Denkens
     […] (der Universität) in der Zukunft zur Verfügung stehen" (Gralke 2015: 122) (vgl. Pfeffer
     2004: 36).

(durch bestimmte Auswahlkriterien) sie, welche Entwicklungen, zentralen Ideen und Akteure im Diskurs beobachtet werden können.

Das Diskursmanagement Aktionen analysiert Diskurse bzw. das gesellschaftliche Umfeld der Universität danach, welche Ideen, Konzepte und Akteure durch die gesellschaftliche Umwelt (u.a. Politik, Wirtschaft, Wissenschaft, Erziehung, Kultur, Medien, Religion, etc.) gefordert, gefördert und erwartet werden. Hier sind folgende Fragen zu beantworten, die innerhalb des Erziehungs- und Wissenschaftssystems zu bestimmten Aktionen führen: Welche Ideen, Themen und Informationen gewinnen in den Diskursen an Dominanz? Welche Diskursakteure überzeugen und beeinflussen mit welchen Konzepten andere Diskursakteure?

Das Diskursmanagement Reaktionen beobachtet hingegen, wie das gesellschaftliche Umfeld der Universität, die einzelnen Märkte und die Diskurse auf die Ergebnisse der Universität reagieren, d.h. wie diese Ergebnisse des Wissenschafts- und Erziehungssystems außerhalb der Universität kommuniziert und reflektiert werden. Mit diesem Fokus des Diskursmanagements werden Informationen (also bestimmte Semantiken[229] aus Diskursen, die für die Funktion und Entwicklung der Universität von Interesse sind) gefiltert und an die Verantwortlichen in der Universität weitergegeben.[230]

Durch die beiden Möglichkeiten, das gesellschaftliche Umfeld der Universität zu beobachten, zu analysieren und auszuwerten, können Handlungsstrategien abgeleitet und die Handlungsfähigkeit der Universität optimiert werden. Das Diskursmanagement dient dabei als ein weiteres Entscheidungsprogramm der

---

229 Semantiken, wie Sozialstrukturen, sind nach Luhmann Formen des Sinn-Prozessierens, „eine Struktur der Autopoiesis von Kommunikation" (Luhmann 1990: 108).

230 „Die Systemtheorie kann als ein theoretisches Unternehmen begriffen werden, welches voraussetzungslos, also ohne Annahme von irgendwelchen Entitäten, versucht, die Konstitution der sozialen Welt in ihren sinnhaften Unterscheidungen zu rekonstruieren. Nur eines wird vorausgesetzt: Dass es um sinnhafte Unterscheidungen geht, die sich in ihrer sinnhaften Bezugnahme aufeinander sinnhaft konstituieren" (Schützeichel 2007: 260).

Universität, das die Komplexität reduziert, die die kommunikative Vielfalt (an Ideen, Konzepten und Akteuren) der Umwelt bietet.[231]

Die Kommunikationswege der Entscheidungen richten sich nach innen (um etwa den Universitätsmitgliedern eine Begründung für bestimmte Entscheidungen hinsichtlich Erziehung oder Wissenschaft zu liefern oder einzelne bürokratische Abläufe hinsichtlich ihrer Effektivität zu optimieren) und nach außen (um den Umweltakteuren beispielsweise die Ergebnisse aus Erziehung und Wissenschaft entsprechend ihrer Erwartungen vorzustellen).

Das Diskursmanagement gilt somit als Kommunikator beobachteter Ideen aus verschiedenen Diskursen:

> „Kommunikatoren haben das Potenzial, Erwartungen aus dem gesellschafts-politischen Umfeld aufzunehmen und ihnen Relevanz für das Organisationshandeln beizumessen. Sie können Entscheidungsträger in der Organisation hinsichtlich der Implikation dieser Erwartungsstrukturen auf das Organisationshandeln beraten und einschätzen, welche Erwartungen strategisch gesehen wie bedeutsam für die Organisation sind" (Krebber 2016: 259).

Insbesondere das Diskursmanagement, das die Reaktionen und die Erwartungen des Umfeldes der Universität auf ihre Leistungen in Wissenschaft und Erziehung beobachtet, kann nach Krebber (2016) als inputorientierte Kommunikation definiert werden.

> „Inputorientierte Organisationskommunikation identifiziert relevante Erwartungsstrukturen im gesellschaftspolitischen Umfeld, trägt sie in die Organisation hinein, implementiert sie in organisationalen Entscheidungsprozessen in die Ausgestaltung von Organisationshandeln und trägt auf diese Weise durch Legitimation zu gesellschaftlicher Akzeptanz bei" (Krebber 2016: 259).

Tabelle 40 zeigt, wie ein von Ideen und Diskursen abgeleitetes Kommunikationsverhalten aussehen könnte.[232]

---

231 Vor diesem Hintergrund kann das Diskursmanagement (Reaktion) verstanden werden als Zweckprogramm (gerichtet auf den zukünftigen Output der Universität mit einem Mittel-Zweck-Schema) und das Diskursmanagement (Aktion) als Konditionalprogramm (gerichtet auf die Verarbeitung von Informationen/Input mit einem Wenn-Dann-Schema) (vgl. Kieselhorst 2010: 54). Ein solches Verständnis von Diskursmanagement als Entscheidungsprogramm (vgl. Luhmann 2000a: 256 ff.) kann als eine Art Hausordnung oder Leitfaden für die Universität gelten. Es strukturiert, wie Entscheidungen zu treffen sind.

Tabelle 40:   Diskursbeobachtungen bedingen das Kommunikationsverhalten

Beobachtung	Schlussfolgerung
DNA 1 = DNA 2	Die Universität erfüllt die an sie gerichteten Aufgaben, Anforderungen und Erwartungen. Input ist gleich Output, es gibt keine erkennbaren positiven oder negativen Reaktionen auf die Leistung der Universität.
DNA 1 > DNA 2	Die Leistungen der Universität entsprechen nicht den gestellten Aufgaben, Anforderungen und Erwartungen durch die Gesellschaft (geringes Output). Das Qualitätsmanagement bzw. die Qualitätssicherung ist aufgerufen, darauf zu reagieren, indem sie die Leistungen der Universität an die Ergebnisse der Schlussfolgerungen von DNA 1 anpassen und ggf. Prozessstrukturen verändern (innere Kommunikationsverlauf).
DNA 1 < DNA 2	Die Leistungen der Universität übertreffen die gestellten Aufgaben, Anforderungen und Erwartungen (positives Output). Die Presse- und Öffentlichkeitsarbeit greift diesen „Überschuss" auf und stellt die Universität (oder einzelne Fachbereiche) bzw. einzelne erfolgreiche Ideen stärker und dominanter im Diskurs dar (äußere Kommunikationsverlauf).

Quelle: Eigene Darstellung

Wie in Tabelle 40 beschrieben wurde, ist zwischen einem inneren und äußeren Kommunikationskreis zu unterscheiden. Das Universitätspräsidium (siehe Abb. 76) (inkl. Universitätsverwaltung) stellt die Schnittstelle dar, da ihm die Entscheidung obliegt, ob aus dem Diskursmanagement Reaktion (DNA 2) Schlussfolgerungen für die Universität abgeleitet werden (interner Kommunikationskreis über das Qualitätsmanagement) oder ob Ergebnisse nach außen kommuniziert

---

232 Das Diskursmanagement (Aktion) wird in Tabelle 40 als DNA 1, das Diskursmanagement (Reaktion) als DNA 2 bezeichnet.

werden sollen (äußerer Kommunikationskreis über die Presse- und Öffentlichkeitsarbeit).

Der äußere Kommunikationsverlauf richtet sich nach außen, d.h. an die
Umwelt der Kopplungsorganisation. Die Universität als Kopplungsorganisation
beobachtet, wie sich Akteure der Wirtschaft, Politik, Massenmedien, Erziehung
und Wissenschaft auf sie rückbeziehen. Das Ziel dieses Kommunikationsverlaufes ist es, die Bedeutungen und Identitäten sowie ihre (ggf. hegemoniale) Position im (Hochschulreform-)Diskurs durch kommunikativ-referentielle und relatio-
nale Einbettungen (vgl. Zöhrer 2016: 150) bewusst und strategisch in die internen Kommunikations- und Organisationsstrukturen der Universität zu transportieren, insbesondere in die Wissenschafts- und Erziehungskommunikation.[233]

Die Organisationseinheit Presse- und Öffentlichkeitsarbeit kommuniziert
diese Schlussfolgerungen an die Umwelt, also in entsprechende Diskurse, zu
ausgewählten Umweltakteuren oder in Verbindung mit bestimmten Diskursideen
und -konzepten.

Für die Universität und ihre gesellschaftliche Legitimation ist besonders
wichtig, wie und durch welche „Produkte" sie in den Massenmedien dargestellt
wird. Dass die Medienorientierung der Universität, insbesondere der Wissenschaft, nicht ohne Folgen ist, deutet sich im Verhältnis von medialer Prominenz
und wissenschaftlicher Reputation an.[234]

Die Medien können der Wissenschaft nur systemextern eine gewisse Prominenz zuweisen. Diese Zuschreibungen sind für die Wissenschaft meist irrele-
vant, da hier nur die Reputation zählt, die innerwissenschaftlich (also innerhalb
des Wissenschaftssystems) zugesprochen wird. Die Medien interessieren sich
nicht für die wissenschaftliche Reputation einer Forschung oder einer Forschungseinrichtung, sie richten sich ausschließlich nach dem Interesse ihres
Publikums bzw. ihrer Zielgruppe (vgl. Weingart 2003: 124). Demzufolge werden
im äußeren Kommunikationsverlauf keine wissenschaftlichen Ergebnisse (oder

---

233   Weiterführend siehe Wirth 2015: 325 f.
234   „Öffentliche Aufmerksamkeit ist ein vielfach begehrtes Gut, über das die Medien allein verfü-
       gen. Ihr spezifisches Mittel zur Fokussierung von Aufmerksamkeit ist die Verleihung von
       Prominenz" (Weingart 2003: 123).

Wahrheiten) kommuniziert (diese werden mit und in der *scientific community* kommuniziert), sondern vielmehr der Transfergedanke[235], der aus Forschung und Lehre für andere gesellschaftliche Bereiche entsteht und die Akteure aus der Umwelt der Universität für deren Leistungen und Produkte begeistert.

> „Der Empfänger soll sich mit der [Werbe-] Botschaft auseinandersetzen, er soll sich über ihren Inhalt ein Bild machen, eine Meinung bilden, den angebotenen Nutzen abwägen, Präferenzen bilden, Entscheidungen treffen, handeln, kaufen" (Rehorn 1988: 1).

Der innere Kommunikationsverlauf richtet sich an die Mitglieder der Universität. Hier werden durch das Diskursmanagement die Reaktionen über die Ergebnisse des Erziehungs- und Wissenschaftssystems beobachtet, analysiert und dem Universitätspräsidium mitgeteilt. Bei Irritationen kommunizieren das (strategische) Qualitätsmanagement und die operative Qualitätssicherung als Steuerungs- und Regulierungsinstrumente diese direkt an die verantwortlichen Mitglieder. Dies ist mit dem Ziel verbunden, die Akteure in Wissenschaft und Erziehung bei dem Transfer von Wissen und Innovationen in andere Funktionssysteme zu unterstützen.[236]

Abbildung 77 fasst den äußeren und inneren Kommunikationsverlauf der Universität hinsichtlich der Informations- und Kommunikationsrichtung zusammen. Dabei stützen sich die Schlussfolgerungen auf die Kommunikationsregeln des Goldenen Kreises (Unterkapitel 6.2).

---

235 „Today, news about science and technology is featured in front page articles - in stories about discoveries, news about health, and reviews of economic trends and business affairs. Media attention focuses on technology-related policy issues such as environmental quality and public health. Controversies - over biotechnology, AIDS therapies, the patenting of new life forms, and incidents of fraud – have become newsworthy events" (Nelkin 1995: 1 f.).

236 Beispielhaft ist die Leuphana Universität Lüneburg zu erwähnen, die offensiv ihren „ständigen Dialog mit Verantwortlichen aus Wirtschaft und Gesellschaft" auf ihrer Homepage kommuniziert (vgl. Leuphana 2018).

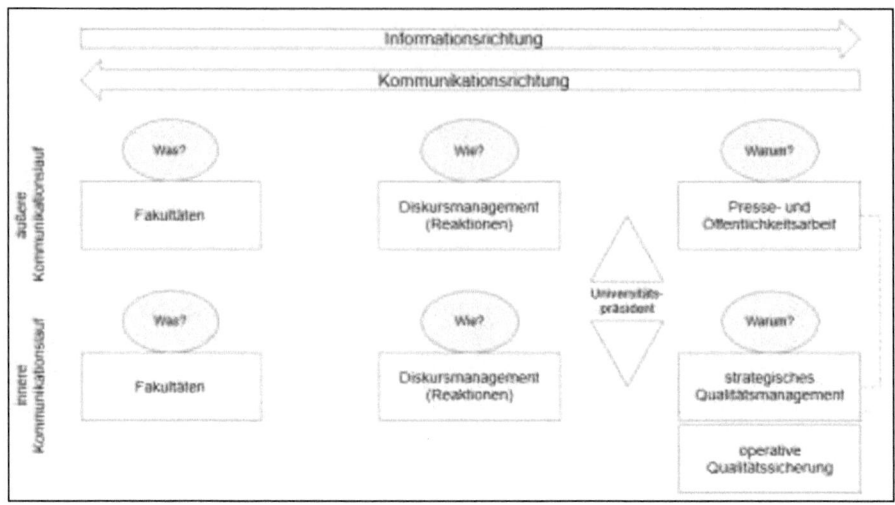

Abbildung 77:   Informations- und Kommunikationsrichtungen der
Universität
Quelle: Eigene Darstellung, erstellt in PowerPoint

In Tabelle 41 werden Beispiele für den äußeren und inneren Kommunikationsverlauf angeführt. Dabei verfolgt der äußere Kommunikationsverlauf das Ziel,
eine höhere Immatrikulationsquote zu erreichen (Schwerpunkt Erziehung/Lehre),
der innere Kommunikationsverlauf verarbeitet öffentliche Kritik (Grund: Anti-
semitismusvorwürfe in einem Seminar).[237]

---

237   Inspiriert durch die Vorfälle an der HAWK im November 2016, als ein Seminar dazu führte,
      dass die Präsidentin zurücktreten musste (vgl. TAZ 2016).

Tabelle 41:   Fiktive Beispiele für einen äußeren und inneren
Kommunikationsverlauf der Universität

	Äußerer Kommunikationsverlauf	Innerer Kommunikationsverlauf
	gesellschaftsorientiert	konsensorientiert[238]
Warum[239]	Mit ihrem Leitbild verbindet die Universität ihren gesellschaftlichen Auftrag, das Leben der Menschen in ihrer Region mitzugestalten, indem sie ihnen Zugang zu Bildung, Wissen und Innovation bietet.[240]	Es ist selbstverständlich, dass die Universität die unterschiedlichen Religionen, Kulturen und Nationen achtet und respektiert. Die Lehrveranstaltungen finden in einem wissenschaftlichen Rahmen statt, der frei ist von persönlichen Interpretationen. Themen und Fragestellungen werden im Sinne der Wissenschaftsethik bearbeitet und beantwortet. Das ist unser Verständnis einer qualitätsbewussten Lehre und Wissenschaft.
Wie	Indem die Universität ihre Zusammenarbeit mit regionalen Wirtschaftsunternehmen intensiviert, sichert sie nicht nur langfristig Arbeitsplätze, sondern fördert auch den Wissenstransfer zwischen ver-	Abweichungen davon sind nicht akzeptabel und entsprechen nicht unserem Verständnis. Wir erkennen die öffentliche Kritik an, indem wir uns mit

---

238   Weiterführend dazu ein Interview mit Wintermantel (2015).
239   „Eine Vision für die Zukunft der Universität muss von allen akzeptiert sein. Nur so kann sie nach außen wirksam vertreten werden. Auch hier ist die Leitung einer Universität gut beraten, die Entscheidungen nach innen transparent und nachvollziehbar zu gestalten" (Wintermantel 2015).
240   Das Leitbild der Universität, also ihre Vision, stellt die Fähigkeit dar, über ihre Zukunft so sprechen zu können, als würde sie über ihre Vergangenheit sprechen (vgl. Sinek 2018).

	schiedenen gesellschaftlichen Bereichen.	allen Beteiligten auseinandersetzen und im Dialog entsprechende Lösungen finden.
Was	Die Universität kann daher sowohl Studiengänge anbieten, die auf die gegenwärtigen Anforderungen und Herausforderungen eingehen, als auch einen großen Praxisbezug realisieren, der das Studium stärker erfahrbar und anwendbar gestaltet.	Daher schließen wir mit sofortiger Wirkung das Seminar, an dem berechtigterweise Weise Kritik geübt wurde, und bieten zum kommenden Semester eine neue Veranstaltung an.

Quelle: Eigene Darstellung

Aus den bisherigen Überlegungen kann und soll das Diskursmanagement als ein postheroisches Management definiert werden. Dem geht die Idee voraus, dass das Diskursmanagement ergebnisoffen ist und durch Interventionen gesteuert und gestaltet werden kann. Zudem besitzt das Diskursmanagement die Fähigkeit, zentrale Managementfunktionen auf hierarchisch tiefer liegende Strukturebenen zu verlagern (vgl. Baecker 1994).[241]

Bezeichnend ist demnach eine dezentrale Kontextsteuerung[242], durch die Probleme in die Organisation delegiert werden und dort diffundieren (vgl. Baecker 2012: 478, vgl. Gralke 2015: 90 f.).

---

241 Weiterführend zur postheroischen Führung siehe Baecker (2015).
242 Dezentrale Kontextsteuerung bedeutet, die „reflexive, dezentrale Steuerung der Kontextbedingungen aller Teilsysteme und selbstreferenzielle Steuerung jedes einzelnen Teilsystems. Dezentrale Steuerung der Kontextbedingungen soll heißen, dass ein Mindestmaß an gemeinsamer Orientierung oder ‚Weltsicht' zwar unumgänglich ist; dass aber dieser gemeinsame Kontext nicht mehr von einer zentralen Einheit oder von einer Spitze der Gesellschaft vorgegeben werden kann. Vielmehr müssen die Kontextbedingungen aus dem Diskurs der autonomen Teile konstituiert werden" (Wilke 1989: 59).

„Und dies schließt [...] die Fähigkeit zur Identifikation eines Problems als Problem, das heißt die Fähigkeit zur Problemstellung und daher auch zur Problemverschiebung, mit ein" (Baecker 2012: 478).

Die Diffundierung und Verlagerung dieser Fähigkeiten basieren „auf der Anerkennung der aus unterschiedlichen Rationalitäten gespeisten Perspektiven der Organisationsmitglieder" (Gralke 2015: 91, vgl. Baecker 2012: 478). Zudem widersprechen diese Fähigkeiten den Sachzwängen (*shifting baselinges*) (vgl. Baecker 2012: 478).

Gralke/Scherm (2013: 45-47) definieren Kooperation als Grundprinzip des Forschungsmanagements. Die Definition kann allerdings noch erweitert werden. Indem es nicht nur Kooperationen sind, die differierende Operationen miteinander zu verknüpfen versuchen (Braun-Thürmann 2008), können insbesondere kommunikative Kopplungen zwischen den Akteuren der Universitäten (allen Organisationsmitgliedern) die universitätsinterne Zusammenarbeit intensivieren. Durch Kooperationen können Verbindungen zwischen Akteuren geschaffen werden. Die sich daraus entwickelnden Kommunikationskanäle sind entscheidend dafür, ob es gelingt, differierende Operationsweisen miteinander *zu koppeln*.

„Im Netzwerk Gesellschaft werden kommunikative Kopplungen von Akteuren erzeugt, indem diese die durch Verhandlungen geschaffenen Verbindungen zwischen Akteuren als Kommunikationskanäle nutzen. Diese Kanäle dienen als Transportwege von Informationen, durch welche sowohl Akteuren ausgewählte spezifische Informationen prozessiert werden [...], als auch aufgrund dieses selektiven Geschehens gesellschaftlicher Sinn mit vermittelt wird" (Klawitter 1992: 221).

Um als Diskursmanager den Ansprüchen gerecht zu werden, aus der Beschreibung, Erklärung und Bewertung von Ideen und Konzepten aus bestimmten Diskursen für die Universität relevante Informationen abzuleiten, bedarf es einiger Voraussetzungen. Dabei geht es im Wesentlichen darum, die theoretischen und methodischen Vorgaben zu realisieren und die entsprechenden kommunikativen Kopplungen aufbauen zu können. Schließlich sind Diskursmanager Vertreter der

Universität nach innen und außen, mit starken Überzeugungen und kommunikativen Kapazitäten (vgl. Finnemore/Sikking 1998: 896 f.).[243]

Nach Eder (1999: 35) können Diskursmanager als „vernünftige Dritte" (*reasonable man*)[244] definiert werden. Die Teilnehmer (Mitglieder der Universität) würden demnach ihr kollektives Handeln von den geteilten Bedeutungen des Diskursmanagers beziehen. Zwischen der Universität und ihrer Umwelt (u.a. Politik, Wirtschaft und Massenmedien) fungiert der Diskursmanager als *servant leader*, der zwischen Umwelt und Universität vermittelt und für gegenseitiges Verständnis und Verstehen sorgt. Der Diskursmanager vermag die organisationale Intransparenz der Universität (vgl. Kühl 2012: 72) zu reduzieren, so dass sie durch den Aufbau eigener selbstreferentieller Systemstrukturen zu Formen finden, um Managementaufgaben der Universität handhabbarer zu gestalten (vgl. Gralke 2015: 95). Der Diskursmanager nimmt mit diesen Aufgaben aktiv Einfluss auf die Diskursstruktur bzw. die Zentralität bestimmter Ideen und Diskurskonzepte. Dafür muss er einerseits über ein hohes Beobachtungspotential verfügen, um der Komplexität des Managements gerecht zu werden, andererseits über eine gewisse Resonanzfähigkeit.

Die vom Diskursmanager gestalteten kommunikativen Kopplungen sollten Einfluss auf die strategischen Entscheidungen in Verwaltung, Wissenschaft und Erziehung haben können. Dazu muss die Möglichkeit und Bereitschaft der Mitglieder gegeben sein, die gewonnenen Informationen in die verschiedenen Kommunikationskanäle zu transportieren. Zudem ist es wichtig, dass der Diskursmanager neben den internen kommunikativen Kopplungen auch die Irritationen der Umwelt im Blick behält (vgl. Gralke 2015: 95).

Um diese umfangreiche Steuerungskompetenz zu erlangen, sollte das Diskursmanagement innerhalb der Universität sehr eng an die Universitätsleitung (als Ausgangspunkt für interne kommunikative Kopplungen) sowie an das Marketing bzw. die Öffentlichkeitsarbeit (als Ausgangspunkt für externe kommunikative Kopplungen) geknüpft werden.

---

243   Weiterführend zum Diskursmanager im diskursiven Raum siehe Finke 2005: 60 ff.
244   Weiterführend siehe Miller 2007.

Der interne und externe Kommunikationsverlauf obliegt der Aufsicht des Universitätspräsidiums. In diesem Sinne können die Abteilungen Qualitätsmanagement und Presse- und Öffentlichkeitsarbeit Entscheidungen erst mit der Zustimmung des Universitätspräsidiums nach innen bzw. außen kommunizieren. Um direkte und kurze Entscheidungsprozesse zu gewährleisten, sollten diese Organisationseinheiten wirkungsvoll und zentral in der Organisationsstruktur der Universität positioniert werden.[245]

Für die Umsetzung und Kontrolle dieser Prozesse ist es daher notwendig, dass die Universität mit dem Ressortprinzip arbeitet und die entsprechenden Organisationseinheiten (Diskursmanagement, Qualitätsmanagement und Öffentlichkeitsarbeit) an einen Vizepräsidenten gekoppelt werden.[246]

Die Universität agiert und reagiert auf Beobachtungen und Entwicklungen von dominanten Ideen bzw. Akteuren in den relevanten Diskursen (bspw. dem Hochschulreformdiskurs). Damit verbundene Kommunikations- und Entscheidungsprozesse sind daher nicht mehr kollegial bestimmt. Sie basieren vielmehr darauf, *wie* die Umweltakteure die Leistungen aus Erziehung und Wissenschaft wahrnehmen, aufnehmen und wiedergeben. Daher ist ein dynamisches, flexibles Kommunikationsverhalten, fokussiert auf die gesellschaftliche Umwelt, unabdingbar.

> „Die Exzellenzinitiative ist im Kern ein politisches Programm. In ihren Dokumenten […] tauchen daher immer wieder Begriffe auf wie ‚die internationale Sichtbarkeit' deutscher Universitäten (genauer: einiger weniger von ihnen) solle erhöht, es solle eine ‚neue Dynamik' ausgelöst werden etc. Als Nebeneffekt geht es auch darum, quasiunternehmerische Governance-Strukturen gegen die, die Dynamik angeblich bremsenden ‚kollegiale(n) Entscheidungskulturen' […] aufzubauen" (Bultmann 2016: 1).

Diese Eigenschaft bedingt und fordert u.a. die Stärkung der Dekanate durch die Etablierung von Fakultäts-Geschäftsführern (vgl. Winde et al. 2017: 3). Damit favorisiert die Universität als Kopplungsorganisation das Ressortprinzip, d.h. die

---

245 Forderungen, das Qualitätsmanagement in den Unternehmen höher strukturell einzuordnen, kommen zum Beispiel von der Deutschen Gesellschaft für Qualität (vgl. DGQ 2014).
246 Welche Vorteile das Ressortprinzip für die Erreichung und Umsetzung strategischer Ziele hat, erörtert Winde im DLF (vgl. Winde/Schulz 2017).

Verteilung der Verwaltungsaufgaben an verschiedene Mitglieder der Universitätsleitung (bspw. durch Prorektoren). Vor diesem Hintergrund wären das Qualitätsmanagement, die Qualitätssicherung, die Öffentlichkeits- und Pressearbeit sowie das Diskursmanagement (Aktion und Reaktion) *einem* Ressort bzw. Verwaltungsbereich zugeordnet, das von einem Prorektor oder Vizepräsidenten geleitet wird.

> „Eine Funktion des Managements ist es die Umwelt wahrzunehmen und zu interpretieren, entsprechende Entscheidungen zu treffen und Entscheidungen zu legitimieren. Der Einfluss der Organisationsleitung auf das Verhalten der Organisation wird also durchaus als relevant gesehen. Darüber hinaus müsse sie aber auch als Sündenbock herhalten" (Larmann 2013: 89).

Diese Überlegung greift die Kritik aus der Stifterverband-/Kienbaum-Studie auf, nach der die Hochschulleitungen die gesetzlich vorgegebene Governance-Struktur ihrer Hochschulen als negativ bezüglich der Umsetzung der Hochschulstrategie einschätzen (vgl. Winde et al. 2017: 20).[247]

Die zwei Kommunikationsverläufe (innen und außen) mit der priorisierten Stellung des Qualitätsmanagements (mit Qualitätssicherung) und der Presse- und Öffentlichkeitsarbeit schaffen eine gewisse Agilität der Universität als Kopplungsorganisation.[248] Entscheidend dabei ist, dass alle Organisationsmitglieder die Gründe für Kommunikationen und Entscheidungen kennen, welche wiederum Handlungen, Leistungen und Produkte bestimmen. Daher ist nicht nur relevant, was außerhalb der Organisation passiert, sondern auch, dass die Mitglieder verstehen, warum bestimmte Entscheidungen getroffen werden (müssen). Dieses Bewusstsein für Entscheidungen ist eine Eigenschaft, die seit ein paar Jahren stark von den Universitäten eingefordert wird.

Im ersten Kapitel wurden die Ergebnisse der Imboden-Kommission als Beispiel dafür genommen, die Bedeutung der Umwelt für die Universität herauszu-

---

247   „Offenbar sind die derzeitigen Strukturen nicht besonders gut geeignet, um nach der Zielfestlegung auch die Umsetzung der dafür notwendigen Maßnahmen zu gewährleisten" (Winde et al. 2017: 20).

248   Gegenwärtig wird die agile Organisation intensiv im Rahmen der Organisationsentwicklung diskutiert und gegenüber älteren und neueren Management-Methoden abgegrenzt (dazu siehe Aulinger 2017).

stellen. Nach Imboden fehle es den deutschen Universitäten an Mut, klare Entscheidungen zu treffen (vgl. Agarwala/Hartung 2016).

Im Jahr 2017 kam eine Studie des Stifterverbandes und der Unternehmensberatung Kienbaum zu dem Ergebnis, dass die Leistungs- und Entscheidungsstrukturen an deutschen Universitäten Hindernisse für die universitäre Dynamik und ihre strategischen Ziele darstellen können (vgl. Winde et al. 2017).

Im aktuellen Diskurs wird die Frage diskutiert, wie die Universität die an sie gestellten Aufgaben und Forderungen erfüllen, ihre Funktionen in Lehre und Forschung umsetzen und ihre Strategieziele erreichen kann. Die Mehrheit der Hochschulleitungen sieht vor allem in den rechtlich vorgegebenen Entscheidungs- und Gremienstrukturen große Hürden (vgl. Meyer-Guckel 2017).

Mit den Möglichkeiten der Diskurs-Netzwerk-Analyse, der zentralen Stellung von Qualitätsmanagement und -sicherung und der Beachtung des inneren und äußeren Kommunikationsverlaufs wäre die Universität imstande, agile Organisationsstrukturen und ebensolches Kommunikationsverhalten aufzubauen. Mit dem Ziel, auf unvorhersehbare Ereignisse mit entsprechenden Kommunikationen nach innen (durch Qualitätsmanagement) und außen (durch Presse- und Öffentlichkeitsarbeit) zu reagieren, orientiert sich die Universität an der Veränderungsgeschwindigkeit der Märkte von Erziehung, Wirtschaft, Wissenschaft und Hochschulpolitik. Die Universität als Kopplungsorganisation ist damit in der Lage, sich zu einer Organisation mit agilem Kommunikationsverhalten zu entwickeln und entsprechend neu auszurichten (vgl. These 1, Unterkapitel 2.1.3). Allerdings bedarf es dafür einer zentralen Steuerung durch das Universitätspräsidium mit einem entsprechenden Verwaltungsapparat.

Aulinger (2017: 2 f.) unterscheidet zwischen innerer und äußerer Agilität. Diese ähneln auch dem Kommunikationsverhalten und den Prozessstrukturen der Kopplungsorganisation.

Der äußere Kommunikationsverlauf kann so als äußere Agilität beschrieben werden, weil durch die Kommunikation und die Prozesse die Innovationskraft und Anpassungsfähigkeit der Universität dargestellt und gesteuert werden (Output). Der innere Kommunikationsverlauf (innere Agilität) bezieht sich hingegen auf die Planungs- und Organisationsprinzipien (Input) der Universität.

Abbildung 78 veranschaulicht, wie das Diskursmanagement (mit den Schwerpunkten Aktion und Reaktion) zwischen den beiden Seiten (innere/äußere Agilität bzw. innerer/äußerer Kommunikationsverlauf) wirkt und vermittelt.

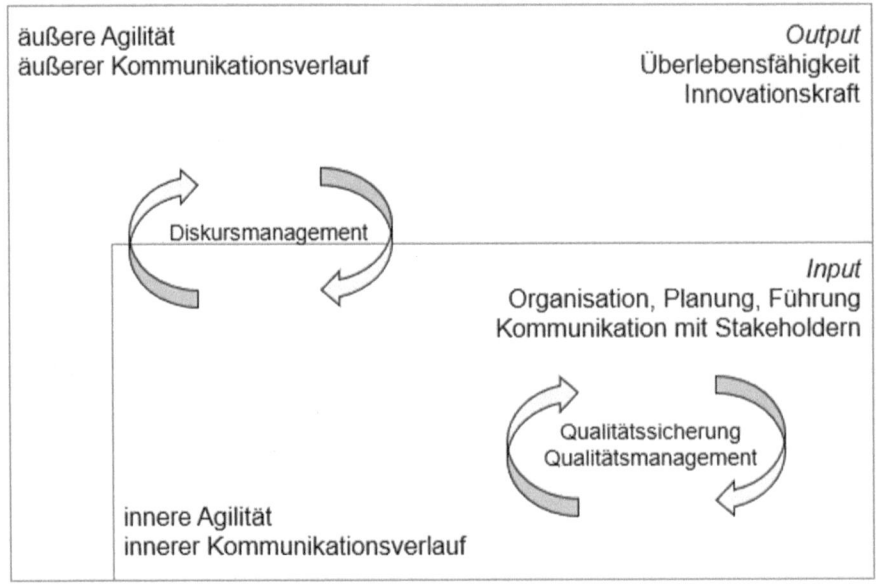

Abbildung 78:   Innere und äußere Agilität der Universität
Quelle: Eigene Darstellung, nach Aulinger 2017: 3

Das Ziel des äußeren Kommunikationsverlaufes ist es, die Überlebensfähigkeit und die Innovationskraft der Universität zu sichern und zu stärken. Die äußere Agilität orientiert sich an den jeweiligen gesellschaftlichen Gegebenheiten (diskursiven Entwicklungen) und muss sich daher im globalen Wettbewerb um Finanzierungen, Studierende und Wissenschaftler ständig *neu* erfinden, um zu überleben.

Der innere Kommunikationsverlauf hat das Ziel, die Organisation, Planung, Führung und Kommunikation aller Mitglieder der Universität zu verbessern, indem positive wie negative Feedbacks zu den Leistungen der Universität in die interne Kommunikation eingebunden werden.

Flexibilität und Stabilität sind daher wesentliche Eigenschaften einer agilen Organisation. Während der äußere Kommunikationsverlauf den Schwerpunkt auf Flexibilität legt, um das *Überleben* und die Innovationskraft zu sichern, konzentriert sich der innere Kommunikationsverlauf auf die Stabilisierung einzelner Funktionsbereiche (u.a. durch die zentrale Stellung des Qualitätsmanagements, um die Qualitäts- und Servicelevels konstant zu halten) (vgl. Aulinger 2017: 3).

Abschließend zur Einführung und Stabilisierung des Diskursmanagements in die Organisationsstrukturen der Universität folgt eine kritische Reflexion, die mögliche Hürden und Zweifel aufgreift, aber zugleich auch Nutzen und Entwicklungsmöglichkeiten skizziert.

Ein wesentliches Argument wider die Einführung und Stabilisierung des Diskursmanagements in das Organisationsgefüge einer Universität liegt darin, dass ähnliche Organisationseinheiten (u.a. als Abteilung oder Referat für Hochschulentwicklung, Strategieentwicklung, Prozessmanagement) in den Hochschulen ähnliche Aufgaben erfüllen. Allerdings genügen diese Organisationseinheiten in ihrer inhaltlichen Ausprägung und Positionierung nicht den Anforderungen, die mit den Zielen einer Kopplungsorganisation einhergehen. Drei Merkmale unterscheiden das hier beschriebene Diskursmanagement von bisherigen Organisationseinheiten in Hochschulen.

Das Diskursmanagement in Aktion und Reaktionen steht als direkte Stabsstelle in einem direkten Verhältnis zu den Entscheidungsträgern der Hochschule (Präsidium), sodass interne wie externe Beobachtungen direkt und effektiv kommuniziert werden können.

Der inhaltliche Austausch und die Koordination der Aufgaben und Kontrollfunktionen zwischen den Organisationseinheiten Öffentlichkeitsarbeit/PR und Qualitätsmanagement/-sicherung werden durch das Diskursmanagement gestaltet. Um auf bestimmte Entwicklungen und Irritationen einzugehen, bedarf es einer einheitlichen und begründeten (d.h. abgeleiteten) Kommunikation nach innen und außen.

6.5   Institutioneller Wandel der Universität zur Kopplungsorganisation

Im Rahmen der Forschungsebene 1 wird eine Neuausrichtung der Universität dargestellt, die als Kopplungsorganisation beschrieben wurde. Die Universität als Kopplungsorganisation zu definieren, bedeutet, sie als eine spezifische Organisation mit agilem Kommunikationsverhalten zu beschreiben. Diese Entwicklung wird im Folgenden mit Hilfe von drei Pfaden erklärt.[249] Der institutionelle Wandel der Universität, der durch Ideen und Diskurse ausgelöst und beeinflusst wird (diskursiver Neoinsitutionalismus), ist durch pfadabhängige Prozesse gekennzeichnet. Im Folgenden werden drei Szenarien (in Anlehnung an Csigó 2006) beschrieben.

Die moderne Universität entwickelte sich mit der Humboldt'schen Reform im 19. Jahrhundert. Die Ausrichtung der Universität hat sich an den jeweiligen nationalen Hochschulpolitiksystemen orientiert und stabilisiert. Während dieser Stabilisierungsphase konnten konzeptionelle Ineffizienzen ausbalanciert werden. Die Ziele und Leitideen wurden nicht infrage gestellt, sondern blieben größtenteils erhalten.[250] Vielmehr wurden diese mit den vorherrschenden Paradigmen in Übereinstimmung gebracht. Im Falle von Kurskorrekturen reichten Anpassungen nicht mehr aus, um die Legitimität oder Problemlösungsfähigkeit der Institution zu steuern. Trat eine (externe) Veränderung der Variablen ein, „(wurde) dies von den Akteuren als nicht hinreichend für die Beseitigung funktionaler und legitimatorischer Probleme wahrgenommen" (Csigó 2006: 148).

In der Weiterentwicklungsphase kam es, durch verschiedene institutionelle Reformen, zu einer Neudarstellung der Universität. Der dabei eingeschlagene Pfad wurde beibehalten. Die Ziele und Leitideen der Institution wurden im Zuge dessen nicht geändert, aber neue Prioritäten hinsichtlich dieser Ziele gesetzt.

Der Bologna-Prozess mit seinen entsprechenden Reformen symbolisiert den Beginn dieser Phase, der für die deutschen Universitäten einen Paradigmenwechsel darstellte.[251] Insbesondere in der Hochschullehre ist eine Neuorientie-

---

249 Dies geschieht in Anlehnung an Csigó (2006), die die Stabilität, Kontinuität und den Wandel von Institutionen beschreibt.

250 Ausgenommen sind die Studentenproteste der 1960er Jahre.

251 „Obwohl im deutschen Hochschulsystem bei der Umsetzung der Bologna-Reformen zweifelsohne eine Reihe von Fehlentwicklungen zu beobachten ist, lassen sich dennoch bemerkenswert viele positive Effekte für Studierende erkennen. Möglicherweise dazu beigetragen hat auch der vom Bologna-Prozess intendierte Paradigmenwechsel hin zu einer studierendenzentrierten, aktivierenden und kompetenzorientierten Lehre" (Nickel 2011: 13).

rung von einer Lehr- hin zu einer Lernkultur zu erkennen (vgl. Ceylan/Fiehn et al. 2011: 109).

Dass die Universität ihren bisherigen institutionellen Entwicklungspfad verlassen musste, ist größtenteils mit der institutionellen Krise der Universität zu begründen.[252] Diese Krise hat unterschiedliche Ursachen, die sowohl die Folgen der Bologna-Reformen einschließen, als auch demografische Entwicklungen (Anstieg der Studentenzahlen), hochschulpolitische Erwartungen und Forderungen (Exzellenzinitiative), wirtschaftliche Interessen und den zunehmenden medialen Druck (bspw. sich über Hochschulrankings beweisen zu müssen). Die Universität konnte diese Krise nur schwer mit den institutionellen Strukturen des 19. Jahrhunderts bewältigen und war daher angehalten, sich mit ihrem institutionellen Aufbau und ihrer Vision (Leitbild) zu befassen. Tabelle 42 fasst den institutionellen Wandel der Universität zusammen.

---

252 Weiterführend zur Selbstfindung einer eigensinnigen Institution siehe Ebert-Steinhübel 2011.

Tabelle 42:   Phasen institutioneller Pfadentwicklung

	Stabilisierung	Weiterentwicklung	Pfad-wechsel
Anpassung	Universitätsideal nach Humboldt		
Reform		Bologna-Reform[253], Exzellenzinitiative[254]	
Neuausrichtung			Kopplungs-organisation

Quelle: Csigó 2006: 150

Die Universität erfährt durch den dominanten Einfluss der Kooperationsidee im Hochschulreformdiskurs gegenwärtig eine Neuausrichtung, die ein bewusstes *Hören* auf die Bedürfnisse, Erwartungen, Forderungen und Rückmeldungen aus ihrer Umwelt verlangt. Die Dialogfähigkeit der Universität steht dabei im Kern der Kopplungsorganisation.[255]

---

253 „Erstens findet – beflügelt von der Wirkmächtigkeit des Bologna-Prozesses – gegenwärtig ein Paradigmenwechsel statt, der zur Verbreitung von neuen Werten, Erwartungen und Strategien beiträgt" (Klomfaß 2010: 267). In einer CHE-Analyse aus dem Jahr 2011 heißt es: „Für die meisten Hochschulen bedeutet die Umsetzung dieser Punkte nicht weniger als einen didaktischen Paradigmenwechsel. Dafür ist ein immenser Aufwand nötig, der aus Sicht von Lehrenden die verfügbaren zeitlichen und personellen Ressourcen oft immens übersteigt" (Nickel 2011: 10).

254 Weiterführend siehe Hartmann 2006.

255 Der Ruf nach einer Neuausrichtung der Universität ist dabei ein alter Hut und schon seit zehn Jahren deutlich im Diskurs vertreten. Jüngst hat der Präsident der CAU zu Kiel auf der Hannover Messe (2018) eine grundsätzliche Neuausrichtung der Universität gefordert: „Die Universitäten sind und bleiben der Kern des deutschen Wissenschaftssystems. Sie müssen daher endlich besser ausgestattet, selbstbewusster und weitgehend autonom werden." [...] „Dazu braucht es allerdings unbedingt ein neues Selbst- und Verantwortungsbewusstsein der Universitäten im Verhältnis zur Politik und zur Ministerialbürokratie. Unser Leitgedanke dabei ist: Partnerschaft statt Kontrolle. Vertrauen statt kleinteiliger Zielvereinbarungen. Weitgehende Autonomie bei Finanzen, Personal und Bau" (Kipp 2018). Kipp sagt, dass nur so die Universitäten wieder stärker zu Orten des Dialogs und des Wettstreits um die besten Ideen werden könnten.

Mit dieser Neuausrichtung sind bestimmte Merkmale und Folgen verbunden.

„Während eine Reform keinen Bruch mit den geistigen und kulturellen Grundlagen der existierenden Institution anstrebt, zielt eine Neuausrichtung von vornherein genau auf einen solchen ab. Dabei werden die Ziele bzw. die Leitideen der Institution neu definiert – 'neu ausgerichtet' – und ihre Funktionen neu konzipiert. Die Neuausrichtung bezieht sich vor allem auf eine einzelne Institution. Meist umfasst diese Form von Veränderung das gesamte 'Wesen' einer Institution, so dass eigentlich hinter der Fassade der alten eine völlig neue Institution entsteht. Institutionelle Neuausrichtung kann sich auf eine einzelne Institution, aber auch auf ein gesamtes Politikfeld beziehen. Sie kann sowohl graduell über längere Zeiträume hinweg als auch kurz- bis mittelfristig geschehen, in Abhängigkeit davon, ob eine einzelne Institution oder mehrere Institutionen betroffen sind. In der Regel werden die symbolischen Funktionen von Institutionen ausdrücklich umgestaltet und die diesbezüglichen Neuerungen von den Akteuren, zumindest am Anfang stark akzentuiert" (Csigó 2006: 115).

Mit Tabelle 43 werden die Merkmale zusammengefasst, die eine Neuausrichtung der Universität charakterisieren.

Tabelle 43:   Neuausrichtung als Form des institutionellen Wandels

Merkmal	Neuausrichtung
Grundcharakteristika	Bruch mit den geistigen Grundlagen des 19. Jahrhunderts
Ebene	Universität (Institution)
Leitideen/Ziele	- gänzlich bzw. teilweise neu, - neue Prioritäten, die in der inhaltlichen und kommunikativen Kopplung zu Wirtschaft, Hochschulpolitik, Massenmedien und regionalen sowie internationalen Kooperationen begründet liegen
Funktionsweise, Strategie	deutlich verändert
Institutionelle Logik	deutlich verändert
Status	verändert
Zeithorizont	verändert oder umbruchsartig; kurz- oder mittel- bis langfristig
Institutioneller Pfad	neuer Pfad möglich
Gestaltungsmöglichkeiten der	- bei Auslösen von Wandel: gering bis

Akteure	mittel,
	- bei Verlauf: gering bis mittel

Quelle: Csigó 2006: 118

Die Neuausrichtung der Universität bedeutet nicht, dass die Universität ihren bestehenden Pfad verlässt. Sie geht aber mit einer Neustrukturierung einher (vgl. Csigó 2006: 174), die sich in Teilen der Organisationsstruktur, aber vor allem im internen und externen Kommunikationsverhalten widerspiegelt.

6.6   Zweites Schlussfazit

Abschließend wird noch einmal Bezug auf die dritte These genommen (Unterkapitel 2.3.2). Die Universität als Kopplungsorganisation bestätigt die Überlegungen aus der dritten These[256], nämlich dass die Prozessstrukturen und das Kommunikationsverhalten der Universität nach innen und außen eine Organisations- und Kommunikationsstruktur darstellen, die Veränderungen in der Umwelt erkennt und für sich nutzen kann. Vor diesem Hintergrund soll nun folgend der reflexive Charakter der Kopplungsorganisation gesondert beschrieben werden.

Die Universität ist imstande, durch das Diskursmanagement als feste und zentrale Organisationseinheit, ihre Wirkung auf ihre Umwelt und die entsprechenden Rückwirkungen zu kontrollieren und reflektieren (vgl. Luhmann 1984: 642). Durch das Diskursmanagement kann „die Universität die Einheit der Differenz von System und Umwelt [reflektieren]" (Preusse 2016: 220) bzw. diese Differenz in das System wiedereinführen. Die Akteure dieser Systeme thematisieren diese Differenz und richten daran ihre weiteren Operationen aus (vgl.

---

256   These 3: Um sich den gegenwärtigen gesellschaftlichen Herausforderungen erfolgreich zu stellen und dabei den ideellen Kern von Forschung und Lehre zu erhalten, benötigt die Universität eine reflexive Organisations- und Kommunikationsstruktur. Durch diese kann sie die in den Diskursideen zum Ausdruck kommenden Veränderungen struktureller und kommunikativer Kopplungen ihrer Umwelt beobachten, bewerten und daraus (strategische) Schlussfolgerungen ableiten.

Preusse 2016: 220). Das Diskursmanagement dient der operativen Umsetzung der rationalen Selbstreflexion der Universität und sichert ihre Systemreproduktion (vgl. Preusse 2016: 223).

Innerhalb der Universität kann die rationale Selbstreflexion somit als kausaltheoretischer Effekt beschrieben werden. Denn das Universitätssystem ist in der Lage „seine Einwirkungen auf die Umwelt in deren Rückwirkungen auf es selbst zu kontrollieren" (Luhmann 2009: 114).

Die Universität thematisiert durch das Diskursmanagement Reaktion (interner Kommunikationsverlauf) das Feedback auf ihre Ergebnisse in Erziehung und Wissenschaft. Darüber hinaus könnte sie auch Umweltwirkungen spezifischer Operationen und deren Rückwirkungen auf sich selbst kalkulieren, um diese Vorberechnung für Operationen in Erziehung und Wissenschaft zu nutzen (vgl. Preusse 2016: 225).[257]

Kausalzusammenhänge sind vor diesem Hintergrund als Kausalzurechnungen zu bezeichnen.

> „Das System beobachtet seine Kausalzurechnungspräferenzen als Mitursache für die systeminterne Registrierung bestimmter Kausalitäten, unterscheidet dabei die ursprüngliche Kausalzu-

---

257 Mit äußerster Vorsicht ist von einer prognostischen Kraft der Diskursanalyse zu sprechen. Denn hier wäre die Bedingung, dass das Diskursmanagement der Universität den Hochschulreformdiskurs (oder einen anderen relevanten Diskursstrang) über einen längeren Zeitraum verfolgt und analysiert und dieser in seiner Entwicklung (relativ) homogen ist. Mit kontingenten Veränderungen ist immer zu rechnen.
„Diskurse haben eine Geschichte, eine Gegenwart und eine Zukunft. Es wäre daher erforderlich, größere Zeiträume diskursiver Abläufe ebenfalls zu analysieren, um auf diese Weise ihre Stärke, die Dichte der Verschränkungen der jeweiligen Diskursstränge mit anderen, Änderungen, Brüche, Versiegen und Wiederauftauchen etc. aufzeigen zu können. Mit anderen Worten: Es wäre (in Anlehnung an Foucault) eine ‚Archäologie des Wissens‘ oder, wie er später sagt, ‚eine Genealogie‘ zu betreiben, die die Entstehung und Entwicklung der Diskurse untersucht. Dies wäre auch die Basis für eine (vorsichtige) diskursive Prognostik, die in Gestalt der Entfaltung von Szenarien vorgenommen werden könnte, die aber jeweils unterschiedliche in der Zukunft erwartbare diskursive Ereignisse (= Ereignisse, die medial groß herausgestellt werden) in Rechnung zu stellen hätte. Solche Analyseprojekte sind sehr umfangreich und lassen sich nur in Gestalt einer Vielzahl von Einzelprojekten angehen. Solche Einzelprojekte sind aber bereits sehr sinnvoll, weil sie immerhin zu bestimmten diskursiven Teilbereichen sehr verlässliche Aussagen zulassen und die Basis für eine Änderung des ‚Wissens‘ bilden und damit selbst auf den weiteren Verlauf des betreffenden Diskursstranges Einfluss nehmen" (Jäger/Jäger 2007: 31 f.).

rechnung als Selektion von anderen nicht gewählten Möglichkeiten und versucht, die Rückwir-
kung dieser Differenz auf das System selbst [...] abzuschätzen, um gegebenenfalls auf alternative
Kausalzurechnungen umzuschalten, von deren Verwendung als Prämisse weiteren Handelns
man sich günstigere Rückwirkungen im System verspricht" (Schneider 2011: 74 f.).

Während das Diskursmanagement Aktion im Schwerpunkt beobachtet und analysiert, welche Konzepte, Ideen, Erwartungen und Forderungen im Diskurs an
die Universität gerichtet werden, legt das Diskursmanagement „Reaktion" seinen
Fokus auf die Kausalzurechnungen und ist damit in der Beobachtungsposition
dritter Ordnung. Die Reflexionsfähigkeit dieser Beobachtungsposition stellt den
Unterschied zur Beobachtung zweiter Ordnung dar.

„Es handelt sich nicht nur um ein Kettenphänomen, nicht nur darum, daß A beobachtet, wie B
C beobachtet, oder Habermas beschreibt, wie Hegel Kant beschreibt; sondern um eine Reflexion der Bedingungen der Möglichkeiten der Beobachtung zweiter Ordnung und ihrer Folgen für
das, was dann noch gemeinsame Welt oder Beschreibungen ermöglichende Gesellschaft sein
kann" (Luhmann 1997: 1117).

Die Stärke der Universität als Kopplungsorganisation liegt damit insbesondere in
ihren kommunikativen Kopplungen, die nicht zwingend strukturelle Kopplungen
sein müssen. Im Bewusstsein dessen, warum und wie sich diese Kopplungen in
ihrer Umwelt verändern, vermag sie darauf sowohl intern zu reagieren (durch
ihre spezifische Organisationsstruktur) als auch extern zu agieren (durch ihr
Kommunikationsverhalten).

Das *Spezielle* (vgl. Musselin 2007) an der Kopplungsorganisation Universität ist einerseits ihr agiles Kommunikationsverhalten (das bestimmte Prozessstrukturen verlangt) und andererseits ihre Selbstreflexion. All das macht die
Universität zu einem speziellen, reflexiven Akteur. Die Kopplungsorganisation
Universität als erkennender und handelnder Akteur im globalen Universitätssystem greift je nach Situation aktiv zu einer bestimmten Variation der Routine.
Diese Routine hat einen performativen Bestandteil, der teilweise auch improvi-
siert sein kann (vgl. Hölzner 2009: 226 f.).

„[I]mprovisation in organizational routines involves attending to the actions taken by relevant
others and the details of the situation" (Feldman/Pentland 2003: 102).

Das Diskursmanagement hilft der Universität dabei, relevante Ideen, Konzepte
und Diskursakteure zu identifizieren. Das stärkt die rekursive Natur der Kopp-

lungsorganisation, die sich entweder in Kreation, Bewahrung, Anpassung oder Veränderung des ostensiven Aspekts äußert (vgl. Hölzner 2009: 227).

Mit dieser Ausstattung beherrscht die Universität die nötige Steuermanns-kunst, sich trotz der Komplexität von Konzepten, Ideen und Diskursen auf Kurs zu halten und ihr Profil – in Abhängigkeit ihrer Ziele zu ihrer Umwelt – strate-gisch zu entwickeln und umzusetzen.

7 Die Steuermannskunst der Universität

Das letzte Kapitel greift den Titel dieser Arbeit auf, um aus den Beobachtungen der empirischen Untersuchung und den theoretischen Überlegungen die Steuermannskunst im Hochschulmanagement abzuleiten.

Die Arbeit hat sich der Frage gestellt, wie Universitäten in ihrer Kommunikation und Ausrichtung durch Ideen und Diskurse beeinflusst werden. Es konnte durch die Anwendung der Diskurs-Netzwerk-Analyse am Beispiel des Hochschulreformdiskurses gezeigt werden, dass die Kooperationsidee eine zentrale Stellung einnimmt. Damit gibt sie den Impuls für die Realisierung des hochschulpolitischen Projektes Profilbildung. Ob und wie sich die Universität in kommunikativer Weise zu Akteuren ihrer Umwelt verhält, zeigt sich in der Qualität und Quantität der gemeinsam kommunizierten Diskurskonzepte und Ideen. Nicht nur eine breite, sondern auch eine tiefgreifende gekoppelte Kommunikation zwischen Universität und Umwelt bildet den Kern der Universität als Kopplungsorganisation. Als eine spezielle, reflexive Organisation agiert und reagiert die Universität bewusst und strategisch auf diskursive Entwicklungen in ihrer Umwelt.

Hochschulpolitische und sozioökonomische Aufgaben und gesellschaftliche Erwartungen, die an die Universität im und durch den Diskurs herangetragen werden, versetzen diese jahrhundertealte Bildungseinrichtung in *Aktion*. Mit der alleinigen Funktionserfüllung von Wissenschaft und Erziehung, die durch die humboldtsche Universitätsidee geprägt wurde, können die vielfältigen Forderungen und Erwartungen der Umwelt nur schwer erfüllt werden. Universitäten sind daher zu *Reaktionen* aufgerufen, die sowohl im wirtschaftlichen, nachhaltigen Handeln als auch in der medialen Selbstinszenierung liegen. Der Bezug der Universität zur Wirtschaft, den Massenmedien oder das Verhältnis zur Hochschulpolitik fordern ein bewusstes, strategisches Kommunikationsverhalten der Universität. Diese Aufgabe erfüllt das Diskursmanagement als Organisationseinheit in der Universität. So können die Universitäten den Erwartungen ihrer Umwelt

© Springer Fachmedien Wiesbaden GmbH, ein Teil von Springer Nature 2019
R. Nägler, *Steuermannskunst im Hochschulmanagement*,
https://doi.org/10.1007/978-3-658-28406-0_7

gerecht(er) werden und haben gleichzeitig die Möglichkeit, damit verbundene Fallstricke[258] rechtzeitig zu erkennen und entsprechend zu handeln.

Das Charakteristikum dieser Arbeit liegt im Wirkungseinfluss von Ideen und Diskursen auf die Universität. Aus einer Fülle an gesellschaftlichen Erwartungen, Forderungen und Ansprüchen sind die Universitäten dazu aufgerufen, ihre eigenen Rückschlüsse für ein geordnetes Sinngefüge von Ideen und Konzepten im Hochschulreformdiskurs zu ziehen. Mithilfe des entwickelten Modells und der beschriebenen Funktion und den Aufgaben des Diskursmanagements, sind die Universitäten in der Lage, aus kommunikativen Einflüssen durch die Umwelt strategische Handlungen abzuleiten.

Die Universität befindet sich in einem Veränderungsprozess, der durch den institutionellen Wandel ausgelöst und durch die *Grand Challenges*[259] beeinflusst wird. Luhmann betont, dass Organisationen die vorherrschenden Werte ihrer Umwelt in ihrer Entwicklung aufnehmen und damit ein Alleingang, isoliert von den sie umgebenden Funktionssystemen, unmöglich sei (vgl. Luhmann 2002: 159).

Es ist ein spannendes Unterfangen und zugleich eine wesentliche Aufgabe der Hochschulforschung, das Verhältnis zwischen Umwelt und Universität und die damit verbundenen Interdependenzen und Veränderungen genauer zu analysieren. Resultierend aus der Theorie und Empirie dieser Arbeit können Schlussfolgerungen gezogen werden, die nicht nur anwendungsorientiert auf das Verhältnis zwischen Universität und Umwelt eingehen, sondern auch eine Plattform dafür bieten, das gesamte Potential dieser Wechselbeziehung auszuschöpfen, darin enthaltene Risiken zu erkennen und eine bewusste Reflexion und entsprechendes Handeln aller beteiligten Akteure anzuregen.

---

258 Beispielsweise ist die Diskussion um die enge Verzahnung zwischen Wirtschaft/Industrie und Militärforschung zu nennen (weiterführend siehe Burchard 2016).

259 *Grand Challenges* sind bspw. der Klimawandel, globale Gesundheitsprobleme, die Energiesicherheit oder demografische Verschiebungen. Diese globalen Herausforderungen werden in einem wissenschaftspolitischen Diskurs erörtert (weiterführend siehe Kaldewey 2013b).

Mit Mut[260], Entschlossenheit und einer gewissen Sensibilität für ihre Umwelt können deutsche Universitäten mithilfe dieser Erkenntnisse und Fähigkeiten
eine sichtbare und attraktive Position im globalen Universitätssystem und der
Gesellschaft einnehmen.

> „Und das bedeutet, die Universität muss sich gewissermaßen neu denken: Sie muss sich im
> Plural denken. Sie muss sozusagen theoretisch nacharbeiten, was sich faktisch längst vollzieht.
> Denn das Funktionsspektrum, der epistemische Horizont, der Fächerkanon, die schieren perso-
> nellen, apparativen, organisatorischen, rechtlichen und ökonomischen Dimensionen universitä-
> rer Einrichtungen haben seit der humboldtschen Universitätsgründung einen sich rapide be-
> schleunigenden Prozess derart enormer Differenzierungen durchlaufen, dass es durchaus nicht
> selbstverständlich ist, dass man für die gegenwärtigen Institutionen überhaupt noch den alten
> Ausdruck verwenden kann: ,Universität‘“ (Strohschneider 2010: 5 f.).

Die Arbeit hat, neben neueren theoretischen Perspektiven und empirischen Beobachtungen zum Hochschulreformdiskurs, gezeigt, welche gestalterische Wirkungskraft Kommunikation von Ideen und Diskursen für den institutionellen
Wandel von Organisationen einnehmen kann.

Es kommt für die Universität nicht nur darauf an, zu erkennen, was, wie und
warum ihre Umwelt kommuniziert. Vielmehr entscheidet über ihren Erfolg und
Misserfolg ihr bewusstes, strategisches Kommunikationsverhalten nach innen
und außen. Ein solches Kommunikationsverhalten zeichnet sich aus durch das
Registrieren dominanter Ideen und Konzepte in die für die Universität relevanten
Diskursen, das Bewerten, ob und wie diese zentralen Ideen für die Entwicklung
der Universität von Nutzen sind, und das Reagieren auf diese Ideen, entweder
durch Zustimmung oder Ablehnung. All das setzt intelligente Organisations- und
Prozessstrukturen[261] innerhalb der Universität voraus, die mit der Universität als

---

260 Die Anspielung auf das Selbstbewusstsein deutscher Universitäten geht auf eine Antwort von
Dieter Imboden zurück, der den deutschen Universitäten fehlenden Mut attestiert: „Deutschen
Universitäten fehlt es an Mut. Sie müssten bereit sein, klare Entscheidungen zu treffen!" (Dieter Imboden im ZEIT-Interview, vgl. Agarwala/Hartung 2016).
261 Der Verweis auf „intelligente Organisationstrukturen" öffnet Überlegungen zum Wissensmanagement innerhalb der Universität (vgl. Wilkesmann/Würmseer 2007). Das soll an dieser
Stelle nur angedeutet werden. Der Intention liegt dabei der Gedanke zugrunde, dass Wissen
und Informationen außerhalb der Universität (durch dominante Ideen bzw. Diskurskonzepte)
gesteuert und strukturiert in die Abläufe der Universität (in Erziehung, Wissenschaft, Verwal-

Kopplungsorganisation gegeben sein sollen. Die Universität ist angehalten, sich nicht nur auf sich selbst zu beziehen, um Entscheidungen zu treffen, sondern mithilfe dieser Strukturen auch ihre Umwelt mit einzubeziehen.

Der gewählte Titel dieser Arbeit impliziert das symbolische Bild des Zusammentreffens traditioneller Vorstellungen (Humboldtsche Universitätsidee) und modernen Managements (*New Public Management*), indem der alte Begriff der Steuermannskunst mit dem vergleichsweise modernen Begriff des Hochschulmanagements in Verbindung gebracht wird.

Die Steuermannskunst nimmt bereits in den philosophischen Betrachtungen Platons einen zentralen Stellenwert ein. Ein kurzer Einblick in diese Gedankenwelt offenbart, wie aktuell und notwendig es ist, dass die Universitäten die Steuermannskunst in Bezug auf ihre Umwelt bewusst erkennen und anwenden: Der Steuermann gilt, neben dem Arzt oder Turnlehrer, als Repräsentant diverser Formen technischen Fachwissens. Dieses Fachwissen bewährt sich jeweils erst im konkreten Einzelfall, weshalb es sich nie vollständig erfassen lässt, weil es „dem Typus des Könnens und der Fertigkeiten angehört" (Wieland 1999: 31). Diese praktischen Kompetenzen sind es, die es dem Inhaber ermöglichen, in der jeweiligen Situation anwendungsorientiert zu agieren und zu reagieren, d.h. „[...] der Steuermann macht sich die Kunst - nämlich seine Steuermannskunst - zum Gesetz" (Wieland 1999: 31).

Übertragen auf Universitäten verdeutlicht diese Formulierung, dass es im Hochschulmanagement nicht zwangsläufig nur auf eine gute Kenntnis von Regeln, Normen und Gesetzmäßigkeiten ankommt, sondern vor allem auch auf die Reflexionsfähigkeit, welche Regeln in der jeweiligen Situation überhaupt sinnvoll sind und eingesetzt werden sollten.[262] Diese Fähigkeit spiegelt sich für die

---

tung) eingebunden werden. Das setzt allerdings auch die Sensibilität der Universitätsmitglieder auf allen Ebenen voraus: „Die Ansätze zur Modernisierung von Arbeits- und Unternehmensorganisationen zielen auf die umfassendere Nutzung von Humanressourcen und Organisationswissen. Bei den Humanressourcen geht es primär um die innovativen, motivationalen und qualifikatorischen Potentiale der Beschäftigten, wenn optimale Nutzung durch ‚intelligente' Organisationsstrukturen gefördert werden soll" (Müller-Jentsch 2017: 96 f.).

262   „Auch wer nach Regeln handelt, muss sich zuvor erst darüber klar werden, ob die Voraussetzungen für ihre Anwendung gegeben sind" (Wieland 1999: 31).

Universitäten in der Beobachtung und bewussten Interaktion mit der Umwelt wider, deren Ideen ihnen als Inspirationen, Aufgaben, Rahmen und Orientierungen dienen. Die Herausforderung für die Universitäten besteht also darin, mit dieser Steuermannskunst Aufgaben im Hochschulmanagement zu lösen. Dabei sind nicht nur regionale und/oder internationale Bezüge zu bewahren, sondern auch die Fertigkeit auszubauen, die zentralen Diskursakteure mit ihren Konzepten und Ideen zu (er-)kennen und diesen zuzustimmen oder zu widersprechen.

Die Orientierung nach außen und die Schlussfolgerung daraus für das eigene Handeln ist die Quintessenz dieser Arbeit und zugleich auch das Kennzeichen der Universität als Kopplungsorganisation.

Ähnlich formulierte Niebuhr (1774) in seinen Reisebeschreibungen nach Arabien die Notwendigkeit, dass sich die Steuermannskunst auch an äußeren Gegebenheiten orientieren sollte, um erfolgreich Kurs zu halten.

„Wie sehr man sich aber bemüht alle bisher in Büchern vorgeschriebenen Regeln von der Steuermannskunst zu beobachten; so trifft man dennoch in der Ausübung zur See so viele Schwierigkeiten an, daß man den vielem contrairen Winde niemals von dem Orte des Schiffes völlig gewiß sein kann. Es ist jederzeit ein Glücksfall wenn die Schifsrechnungen genau eintreffen. Es ist aber zu wünschen, daß man sich zur See der astronomischen Beobachtungen immer mehr bedienen möge, um jene Rechnung zu berichtigen" (Niebuhr 1774: 6)

Literatur

Adamic, Lada (2013): Network Centrality. University of Michigan, 2013. Online verfügbar unter https://cs.brynmawr.edu/Courses/cs380/spring2013/section 02/slides/05_Centrality.pdf, zuletzt geprüft am 30.12.2017.

Adorno, Theodor W. (2017): Erziehung zur Mündigkeit. Vorträge und Gespräche mit Hellmut Becker 1959 - 1969. 26. Auflage. Frankfurt: Suhrkamp (Suhrkamp Taschenbuch, 11).

Agarwala, A.; Hartung, M. J. (2016): Deutschen Unis fehlt es an Mut! In: *Zeit online* (6). Online verfügbar unter http://www.zeit.de/2016/06/exzellenz-initiative-evaluation-dieter-imboden/komplettansicht, zuletzt geprüft am 12.11.2017.

Anderson, Nick (2016): Texas university gets $76 million each year to operate in Qatar, contract says. In: *The Washington Post* 2016, 08.03.2016. Online verfügbar unter https://www.washingtonpost.com/news/grade-point/wp/2016/03/08/texas-university-gets-76-million-each-year-to-operate-in-qatar-contract-says/?utm_term=.5a9f93ba4fd1&wpisrc=nl_highered&wpmm=1, zuletzt geprüft am 13.11.2017.

Aulinger, Andreas (2017): Die drei Säulen agiler Organisationen, 2017. Online verfügbar unter https://www.steinbeis-iom.de/iom-thinktank/iom-whitepaper/, zuletzt geprüft am 03.02.2018.

Back, Hans-Jürgen; Fürst, Dietrich (2011): Der Beitrag von Hochschulen zur Entwicklung einer Region als "Wissensregion". Hannover: Akad. für Raumforschung und Landesplanung (E-paper der ARL, 11).

Baecker, Dirk (1994): Postheroisches Management. Ein Vademecum. Berlin: Merve (Internationaler Merve-Diskurs, 185).

Baecker, Dirk (2006): Erziehung im Medium der Intelligenz /Beobachtungen des Erziehungssystems. Systemtheoretische Perspektiven. Hg. v. Yvonne Ehrenspeck und Dieter Lenzen. Wiesbaden: VS Verlag für Sozialwissenschaften / Springer Fachmedien Wiesbaden GmbH Wiesbaden; VS Verlag für Sozialwissenschaften | GWV Fachverlage GmbH Wiesbaden.

Baecker, Dirk (2010): Forschung, Lehre, Verwaltung (Zu|schnit 020. Diskussionspapiere der Zeppelin University Friedrichshafen).

Baecker, Dirk (2012): Postheroische Führung. Berlin, Heidelberg: Springer (Die Zukunft der Führung), S. 475–490.

Baecker, Dirk (2015): Postheroische Führung. Vom Rechnen mit Komplexität. Wiesbaden: Springer Gabler.

© Springer Fachmedien Wiesbaden GmbH, ein Teil von Springer Nature 2019
R. Nägler, *Steuermannskunst im Hochschulmanagement*,
https://doi.org/10.1007/978-3-658-28406-0

Bango, Jenö F. (1998): Auf dem Weg zur postglobalen Gesellschaft. Verlorenes Zentrum, abgebaute Peripherie, "erfundene" Region. Berlin: Duncker & Humblot (Soziologische Schriften, 67).

Bango, Jenö F. (2003): Theorie der Sozioregion. Einführung durch systemische Beobachtungen in vier Welten. Berlin: Logos-Verl.

Baraldi, Claudio; Corsi, Giancarlo; Esposito, Elena (2011): GLU. Glossar zu Niklas Luhmanns Theorie sozialer Systeme. 1. Aufl., [Nachdr.]. Frankfurt am Main: Suhrkamp (Suhrkamp-Taschenbuch Wissenschaft, 1226).

Bargen, Lasse von (2016): Zwischen Popularität und Ernsthaftigkeit. Dissertation. Berlin: LIT Verlag Dr. W. Hopf (Politische Soziologie, Band 23).

Bartz, Olaf (2005): Bundesrepublikanische Universitätsleitbilder: Blüte und Zerfall des Humboldtianismus. In: *die hochschule* (2), S. 99–113. Online verfügbar unter https://bit.ly/2LX5ATA, zuletzt geprüft am 12.12.2017.

Bauer, Martin W. (2009): The evolution of public understanding of science - discourse and comparative evidence. In: *Science, technology and society* 14 (2), S. 221–240. Online verfügbar unter http://eprints.lse.ac.uk/25640/1/The_evolution_of_public_understanding_of_science_(LSERO_version).doc.pdf, zuletzt geprüft am 20.04.2018.

Bayrisches Staatsministerium für Bildung und Kultus, Wissenschaft und Kunst (2013): Zielvereinbarung zwischen der Technischen Universität München und dem Bayerischen Staatsministerium für Bildung und Kultus, Wissenschaft und Kunst, vom 08.07.2013. Online verfügbar unter https://www.chancengleichheit.tum.de/fileadmin/w00blt/www/Inklusion/endfassung_zv_tum.pdf, zuletzt geprüft am 27.01.2018.

Becker, Frank (2004): Die Universitätsreform Wilhelm von Humboldts. Hg. v. Frank Becker. Frankfurt am Main: Campus Verlag (Geschichte und Systemtheorie : exemplarische Fallstudien).

Becker, Karl Heinrich (1925): Vom Wesen der deutschen Universität. Hg. v. Reinhold Schairer und Conrad Hoffmann. Leipzig: Quelle & Meyer (Die Universitätsideale der Kulturvölker).

Beisheim, Marianne; Dingwerth, Klaus (2008): Procedural Legitimacy and Private Transnational Governance. Are the Good Ones Doing Better? DFG Research Center (SFB) 700. Freie Universität Berlin (SFB-Governance Working Paper Series, 14). Online verfügbar unter http://www.polsoz.fu-berlin.de/polwiss/forschung/international/atasp/publikationen/4_artikel_papiere/2009_workingpaper_MB_procedual_legitimacy_and_private_transnational_governance/sfbgov_wp14_en.pdf, zuletzt geprüft am 31.01.2018.

Bildungsministerium für Bildung und Forschung (BMBF) (1999): Mut zur Veränderung. Deutschland braucht moderne Hochschulen. Vorschläge für eine

Reform. Bonn. Online verfügbar unter https://www.bmbf.de/pub/reden/m-rede.pdf, zuletzt geprüft am 29.01.2018.

Bischoff, Christine (2016): Blickregime der Migration. Images und Imaginationen des Fremden in Schweizer Printmedien. Dissertation. Münster, New York: Waxmann (Internationale Hochschulschriften, Bd. 633).

Bistagnino, Giulia (2016): Legitimacy in the European Union, what throughput got to do with it? Universita Degli Studi Di Milano (Working Papers REScEU, 3). Online verfügbar unter http://www.resceu.eu/publications/working-papers/legitimacy-in-the-european-union,-what-throughput-got-to-do-with-it.html, zuletzt geprüft am 31.01.2018.

Blümel, Albrecht (2016): Von der Hochschulverwaltung zum Hochschulmanagement. Wandel der Hochschulorganisation am Beispiel der Verwaltungsleitung. Wiesbaden: Springer Fachmedien (Organization & Public Management).

Blyth, Mark (2002): Great transformations. Economic ideas and institutional change in the twentieth century. Cambridge: Cambridge University Press.

Bonacich, Phillip (1987): Power and Centrality. A Family of Measures. In: *American Journal of Sociology* 92, S. 1170–1182.

Borgwardt, Angela (2015): Neuer Artikel 91b GG: Was ändert sich für die Wisenschaft? Publikation zur Konferenz am 19. Mai 2015. Friedrich-Ebert-Stiftung. Berlin. Online verfügbar unter http://library.fes.de/pdf-files/studienfoerderung/12269.pdf, zuletzt geprüft am 17.04.2018.

Bourdieu, Pierre (1990): In other words. Essays towards a reflexive sociology. Stanford, Calif: Stanford Univ. Press.

Bourdieu, Pierre (2001): Meditationen. Zur Kritik der scholastischen Vernunft. Frankfurt am Main: Suhrkamp (Suhrkamp-Taschenbuch Wissenschaft, 1695).

Brandenburger, Adam; Nalebuff, Barry; Rastalsky, Hartmut J. H. (2013): Coopetition. Kooperativ konkurrieren ; mit der Spieltheorie zum Geschäftserfolg. 5. Aufl. Eschborn: Rieck.

Braun-Thürmann, Holger (2008): Die Ökonomie der Wissenschaft und die Möglichkeiten ihrer Verwertung. In: *Hochschulmanagement* 3 (1), S. 3–7.

Breuer, Paul (1990): Dienstzeit + Weiterbildung. Dokumentation der Fachtagung „Weiterbildung für Grundwehrdienst- und Zivildienstleistende". Bonn. Online verfügbar unter https://edudoc.ch/static/infopartner/mediothek_fs/bis_1997/012437.pdf, zuletzt geprüft am 31.01.2018.

Bultmann, Torsten (2016): Stellungnahme. Öffentliches Fachgespräch zum Thema "Weiterentwicklung der Exzellenzinitiative". Ausschussdrucksache 18(18)189 a, 17.02.2016. Online verfügbar unter https://www.bundestag.de/

blob/407086/1e90926597a9b2e5665780a4904c82d7/stellungnahme_bultma nn-data.pdf, zuletzt geprüft am 08.05.2018.

Bundesministerium für Bildung und Forschung (BMBF) (2016): Exzellenzinitiative: Bund und Länder nehmen Bericht entgegen. Berlin. Online verfügbar unter https://www.bmbf.de/de/exzellenzinitiative-bund-und-laender-nehmen-bericht-entgegen-2402.html, zuletzt geprüft am 12.11.2017.

Bundesregierung (22.04.2016): Ein guter Tag für die Wissenschaft. Online verfügbar unter https://www.bundesregierung.de/Content/DE/Artikel/2016/04/2016-04-22-exzellenzinitiative.html, zuletzt geprüft am 12.11.2017.

Burchard, Amory (2016): Sollen Berliner Hochschulen für die Bundeswehr forschen? In: *Tagesspiegel*, 13.04.2016. Online verfügbar unter http://www.tagesspiegel.de/wissen/militaerforschung-sollen-berliner-hochschulen-fuer-die-bundeswehr-forschen/13437162.html, zuletzt geprüft am 16.11.2017.

Burs, Matthias (2013): Diskurs und Raum in der deutschen Hochschulentwicklung. Dissertation (Forum Politische Geographie, Band 8).

Busch-Geertsema, Annika (2018): Mobilität von Studierenden im Übergang ins Berufsleben. Die Änderung mobilitäts-relevanter Einstellungen und der Verkehrsmittelnutzung. Wiesbaden, s.l.: Springer Fachmedien Wiesbaden (Studien zur Mobilitäts- und Verkehrsforschung).

Busse, Caspar (2006): Freunde bis ganz oben. In: *Süddeutsche Zeitung*, 22.07.2006. Online verfügbar unter http://www.sueddeutsche.de/karriere/karriere-absolventen-freunde-bis-ganz-oben-1.560837, zuletzt geprüft am 27.01.2018.

Carstensen, Doris (2004): Lernen in Veränderungsprozessen. Organisationales Lernen und defensive Routinen an Universitäten. In: *die hochschule* 1. Online verfügbar unter http://www.hof.uni-halle.de/journal/texte/04_1/Carstensen_Lernen.pdf, zuletzt geprüft am 13.01.2018.

Castells, Manuel (1983): The city and the grassroots. A cross-cultural theory of urban social movements. Berkeley, Calif.: University of California Press (California series in urban development).

Castells, Manuel (2002): Die Macht der Identität. Teil 2 der Trilogie. Das Informationszeitalter. Opladen: Leske+Budrich.

Castells, Manuel (2003): Jahrtausendwende. Teil 3 der Trilogie Das Informationszeitalter. Opladen: Leske+Budrich.

Castensen, Martin; Schmidt, Vivien A. (2015): Power through, over and in ideas: Conceptualizing ideational power in discursive institutionalism. In: *Journal of European Public Policy* 23, S. 318–337. Online verfügbar unter http://www.tandfonline.com/doi/full/10.1080/13501763.2015.1115534, zuletzt geprüft am 14.01.2018.

Christian-Albrechts-Universität zu Kiel (25.04.2018): CAU auf der Hannover Messe: Kipp fordert mehr Mut zum Risiko. 19/2018. Pawlowski, Boris. Online verfügbar unter http://www.uni-kiel.de/pressemeldungen/index.php? pmid=2018-119-hm-zukunft-uni&pr=1, zuletzt geprüft am 10.05.2018.

Ceylan, Firat; Fiehn, Janina; Paetz, Nadja-Verena; Schworm, Silke; Harteis, Christian (2011): Die Auswirkungen des Bologna-Prozesses – Eine Expertise der Hochschuldidaktik (Der Bologna-Prozess aus Sicht der Hochschulforschung, 148), 2011, S. 106–122. Online verfügbar unter https://www.che.de/downloads/CHE_AP_148_Bologna_Prozess_aus_Sicht_der_Hochschulforschung.pdf, zuletzt geprüft am 03.02.2018.

CHE (2007): Einflussfaktoren der Studienentscheidung. Eine empirische Studie von CHE und EINSTIEG (Arbeitspapier, 95). Online verfügbar unter https://www.che.de/downloads/Einfluss_auf_Studienentscheidung_AP95.pdf, zuletzt geprüft am 18.03.2018.

Chen, M. J. (1996): Competitor analysis and inter-firm rivalry: Towards a theoretical integration. In: *Academy of Management Review* 21, S. 100–134.

Cohen M.D., March J.G. and Olsen J.P. (1972): A garbage can model of organizational choice. In: *Administrative Science Quarterly* 17 (1), S. 1–25.

Conway, Cheryl; Humphrey, Lynne; Benneworth, Paul; Charles, David; Younger, Paul (2009): Characterising modes of university engagement with wider society : A literature review and survey of best practice. University of Strathclyde Glasgow. Online verfügbar unter https://strathprints.strath.ac.uk/48210/1/Characterisingmodesofuniversityengagementwithwidersociety.pdf, zuletzt geprüft am 30.12.2017.

Csigó, Monika (2006): Institutioneller Wandel durch Lernprozesse. Eine neoinstitutionalistische Perspektive. Wiesbaden: VS Verlag für Sozialwissenschaften | GWV Fachverlage GmbH Wiesbaden.

CSU/FDP (2008): Koalitionsvereinbarung 2008 bis 2013 zwischen CSU und FDP für die 16. Wahlperiode des Bayerischen Landtags.

Demling, Alexander; Greiner, Lena (2014): Verkleinert euch, sonst tun wir es. In: *Spiegel Online*. Online verfügbar unter http://www.spiegel.de/lebenundlernen/uni/sachsen-anhalt-udo-straeter-praesident-uni-halle-kritisiert-sparkurs-a-996204.html, zuletzt geprüft am 27.01.2018.

Deppert, Wolfgang (2014): Individualistische Wirtschaftsethik (IWE). Anwendung der individualistischen Ethik auf das Gebiet der Wirtschaft. Wiesbaden: Springer Gabler.

Deutsche Gesellschaft für Qualität (DGQ) (2014): Qualitätsmanagement im Unternehmen wirkungsvoller positionieren. News. Online verfügbar unter https://www.dgq.de/aktuelles/news/qualitaetsmanagement-im-unternehmen-wirkungsvoller-positionieren/, zuletzt geprüft am 03.02.2018.

Dichgans, Hans (1965): Erst mit dreißig im Beruf? Vorschläge zur Bildungsreform. Stuttgart: Klett.

Diem, Andrea; Wolter, Stefan (2012): Beurteilung von Hochschulen anhand der Arbeitsmarktfähigkeit ihrer Absolventen und Absolventinnen – Eine Analyse der Schweizer Universitäten. Schweizerische Koordinationsstelle für Bildungsforschung (SKBF Staff Paper, 5). Online verfügbar unter http:// www.skbf-csre.ch/fileadmin/files/pdf/publikationen/Staffpaper5.pdf, zuletzt geprüft am 31.01.2018.

Diermann, Melanie (2011): Regierungskommunikation in modernen Demokratien. Eine modellbasierte Analyse sozialpolitischer Diskurse im internationalen Vergleich. Zugl.:Duisburg-Essen, Univ., Diss., 2010 u.d.T.: Diermann, Melanie: Regierungskommunikation im institutionellen Kontext moderner Demokratien. 1. Aufl. Wiesbaden: VS Verlag für Sozialwissenschaften / Springer Fachmedien Wiesbaden GmbH Wiesbaden (Studien der NRW School of Governance).

DiMaggio, Paul; Powell, Walter (1983): The Iron Cage Revisited: Institutional Isomorphism and Collective Rationality in Organizational Fields 48 (2), S. 147–160. Online verfügbar unter http://www.jstor.org/stable/2095101.

Dingwerth, Klaus (2007): The new transnationalism. Transnational governance and democratic legitimacy. New York: Palgrave Macmillan (Transformations of the state).

Ebert-Steinhübel, Anja (2011): Modernisierungsfall(e) Universität. Wege zur Selbstfindung einer eigensinnigen Institution. Teilw. zugl.: Berlin, Deutsche Univ. für Weiterbildung, Diss., 2010. 1. Aufl. München: Hampp (Universität und Gesellschaft, 7).

Eder, Klaus (1999): Dialog und Kooperation. Zur Zähmung der Bewegungsgesellschaft. Wiesbaden: Springer Fachmedien (Neue soziale Bewegungen. Impulse, Bilanzen und Perspektiven).

Engelhard, Johann; Sinz, Elmar J. (1999): Kooperation im Wettbewerb. Neue Formen und Gestaltungskonzepte im Zeichen von Globalisierung und Informationstechnologie 61. Wissenschaftliche Jahrestagung des Verbandes der Hochschullehrer für Betriebswirtschaft e.V. 1999 in Bamberg. Wiesbaden: Gabler Verlag.

Engels, Anita (2003): Institutionalisation of Ecological Risk Perceptions: The Role of Climate Change Discourses in Germany. Wiesbaden: VS Verlag für Sozialwissenschaften. In: How Institutions Change., S. 155–177.

Expertenkommission Forschung und Innovation (EFI): Gutachten 2016. Bundesministerium für Bildung und Forschung (BMBF). Online verfügbar unter https://www.bmbf.de/files/EFI_Gutachten_2016.pdf, zuletzt geprüft am 13.03.2018.

Fedrowitz, Jutta; Krasny, Erhard; Ziegele, Frank (1999): Hochschulen und Zielvereinbarungen - neue Perspektiven der Autonomie. Gütersloh: Verl. Bertelsmann-Stiftung. Online verfügbar unter https://www.che.de/downloads/ CHE_zielvereinbarungen.pdf, zuletzt geprüft am 25.01.2018.

Feldman, M. S.; Pentland, B. T. (2003): Reconceptualizing organizational routines as a source of flexibility and change. In: *Administrative Science Quarterly* 48 (1), S. 94–118. Online verfügbar unter https://www.jstor.org/ stable/3556620?seq=1#page_scan_tab_contents, zuletzt geprüft am 10.05. 2018.

Fiedler, Franziska (2010b): Käufliche Talente. In: *Süddeutsche Zeitung*. Online verfügbar unter http://www.sueddeutsche.de/karriere/duales-studium-kaeufliche-talente-1.16192, zuletzt geprüft am 27.01.2018.

Fiedler, Franziska (2010a): Uni & Co KG. In: *Süddeutsche Zeitung*. Online verfügbar unter http://www.sueddeutsche.de/karriere/wirtschaft-und-wissenschaft-uni-amp-co-kg-1.50791, zuletzt geprüft am 27.01.2018.

Finetti, Marco; Burtscheidt, Christine: Abschied von der Voll-Universität. In: *Süddeutsche Zeitung* 2004. Online verfügbar unter http://www.sueddeutsche.de/karriere/uni-fusionen-abschied-von-der-voll-universitaet-1.828754, zuletzt geprüft am 27.01.2018.

Finke, Barbara (2005): Legitimation globaler Politik durch NGOs. Frauenrechte, Deliberation und Öffentlichkeit in der UNO. Wiesbaden: VS Verlag für Sozialwissenschaften (Forschung Politik).

Finnegan, Pat; Galliers, Robert; Powell, Philip (1998): Inter-organisational Systems, Strategy and Structure. The Case For Planning Environments. Hg. v. AJIS. Online verfügbar unter https://pdfs.semanticscholar.org/8f30/0dcfc 71c0c0824677294ba4b9f4477e618da.pdf, zuletzt geprüft am 17.01.2018.

Finnemore, Martha; Sikkink, Kathryn (1998): International Norm Dynamics and Political Change. In: *International Organization at Fifty: Exploration and Contestation in the Study of World Politics*, S. 887–917. Online verfügbar unter http://www.jstor.org/stable/2601361.

Frey, Dieter; Schmalzried, Lisa Katharin (2013): Philosophie der Führung. Gute Führung lernen von Kant, Aristoteles, Popper & Co. Berlin, Heidelberg: Springer.

Friedrich-Schiller-Universität Jena (FSU) (2010a): Forschungsleitbild. Kommentiertes Leitbild der Wissenschaftsentwicklung an der Friedrich-Schiller-Universität. Online verfügbar unter https://www.uni-jena.de/unijenamedia/ Downloads/strategie/Forschungsleitbild+der+Universit%E2%80%9Et.pdf, zuletzt geprüft am 30.01.2018.

Friedrich-Schiller-Universität Jena (FSU) (2010b): Damit aus Forschungsideen auch -projekte werden. Online verfügbar unter http://www.innovations-report.de/html/berichte/foerderungen-preise/damit-forschungsideen-projekte-153497.html, zuletzt geprüft am 30.01.2018.

Friedrich-Schiller-Universität Jena (FSU) (26.01.2009): Rekord-Drittmitteleinwerbung bestätigt Kurs der Friedrich-Schiller-Universität Jena. Jena. Online verfügbar unter https://idw-online.de/de/news298014, zuletzt geprüft am 30.01.2018.

Fritsch, Michael; Henning, Tobias; Slavtchev, Viktor; Steigenberger, Norbert (2007): Hochschulen, Innovation, Region. Wissenstransfer im räumlichen Kontext. Berlin: Ed. Sigma (Forschung aus der Hans-Böckler-Stiftung, 82).

Fritsch, Michael; Pasternack, Peer; Titze, Mirko (2015): Schrumpfende Regionen - dynamische Hochschulen. Hochschulstrategien im demografischen Wandel. Wiesbaden: Springer VS.

Frühwald, Wolfgang (1997): Zeit der Wissenschaft: Forschungskultur an der Schwelle zum 21. Jahrhundert. Köln: DuMont Literatur und Kunst.

FU Berlin (2018): Gesellschaftliche Verantwortung. Homepage. Online verfügbar unter http://www.fu-berlin.de/universitaet/profil/gesellschaft/index.html, zuletzt geprüft am 01.02.2018.

Fuchs, Christian (2009): Wir wollen euch! In: *Zeit online*, 15.01.2009 (4). Online verfügbar unter http://www.zeit.de/2009/04/C-Career-Center/komplettansicht, zuletzt geprüft am 27.01.2018.

Fumasoli, Tatiana; Stensaker, Bjorn (26): Organizational studies in higher education: A reflection on historial themes and prospective trends. In: *Higher Education Policy* (479), S. 479–496. Online verfügbar unter https://doi.org/10.1057/hep.2013.25, zuletzt geprüft am 12.11.2017.

Gasper, Giles (2016): The medieval power struggles that helped forge today's universities. In: *The Conversation*, 10.03.2016. Online verfügbar unter https://theconversation.com/the-medieval-power-struggles-that-helped-forge-todays-universities-54298, zuletzt geprüft am 12.11.2017.

Gilge, Steffen (2009): Die Universität als lernende Organisation? Dissertation. Technische Universität Dresden, Dresden. Fakultät Wirtschaftswissenschaften. Online verfügbar unter http://nbn-resolving.de/urn:nbn:de:bsz:14-ds-1240344451018-07164, zuletzt geprüft am 31.12.2017.

Godin, Benoît (2005): The Linear Model of Innovation: The Historical Construction of an Analytical Framework. Montreal, Quebec (Project on the History and Sociology of S&T Statistics, Working Paper No. 30). Online verfügbar unter http://www.csiic.ca/PDF/Godin_30.pdf, zuletzt geprüft am 12.12.2017.

Gralke, Hans-Jürgen (2015): Universitätsmanagement und universitäre Individualität. Mering: Rainer Hampp Verlag.

Gralke, Hans-Jürgen; Scherm. Ewald (2013): Kooperation als Grundprinzip des Forschungsmanagements. Autonome Forscher in unternehmerischen Universitäten. In: *Wissenschaftsmanagement* 19 (6), S. 44–47. Online verfügbar unter http://www.wissenschaftsmanagement.de/dateien/dateien/management/dow nloaddatei-en/wim_2013_06_hans_juergen_gralke_ewald_scherm_kooperation_als_gr undprinzip_des_forschungsmanagements.pdf, zuletzt geprüft am 09.01. 2018.

Greiner, Lena (2013): Ost-Unis droht Spardiktat. Online verfügbar unter http://www.spiegel.de/lebenundlernen/uni/sparkurs-an-den-unis-kuerzungen-an-hochschulen-in-ostdeutschland-a-934892.html, zuletzt geprüft am 27.01.2018.

Greiner, Lena (2014): Sparen geht über Studieren. In: *Spiegel Online*. Online verfügbar unter http://www.spiegel.de/lebenundlernen/uni/unis-unter-spar-druck-hochschulen-stellen-studiengaenge-ein-a-946280.html, zuletzt geprüft am 27.01.2018.

Grillitsch, Waltraud; Oswald, Christian (2017): Kooperationsmanagement als Handlungsstrategie des Sozialmanagements. Fallbezogene Perspektiven am Beispiel des Projekts „Jugendliche erforschen Kinderrechte". Wiesbaden: Springer Fachmedien (Gegenwart und Zukunft des Sozialmanagements und der Sozialwirtschaf), S. 261–283.

Hajer, Maaraten A. (1993): Discourse Coalitions and the Institutionalization of Practice: The Case of Acid Rain in Britain. Durham and London, S. 43–76. Online verfügbar unter http://maartenhajer.nl/upload/HAJER%20Arg%20Turn%201993.pdf, zuletzt geprüft am 29.12.2017.

Hall, Peter A.; Taylor, Rosemary C.R. (1996): Political Science and the Three New Institutionalisms. In: *Political Studies* (44), S. 936–957. Online verfügbar unter https://www.ethz.ch/content/dam/ethz/special-interest/gess/computational-social-science-dam/documents/education/Fall2009/simulation/HallThreeInstitutionalisms.p df, zuletzt geprüft am 28.11.2017.

Hartmann, Michael (2006): Die Exzellenzinitiative – ein Paradigmenwechsel in der deutschen Hochschulpolitik. In: *Leviathan* 34 (4), S. 447–465. Online verfügbar unter http://www.nachdenkseiten.de/?p=1974, zuletzt geprüft am 03.02.2018.

Haunss, Sebastian; Dietz, Matthias; Nullmeier, Frank (2013): Der Ausstieg aus der Atomenergie. Diskursnetzwerkanalyse als Beitrag zur Erklärung einer radikalen Politikwende. In: *Beltz Juventa | Zeitschrift für Diskursforschung* (3), 288-315. Online verfügbar unter https://shaunss.ipgovernance.eu/wp-content/uploads/2013/12/haunss-et-al-atomausstieg1.pdf, zuletzt geprüft am 29.12.2017.

Hay, Colin (2006): Constructivist Institutionalism / Oxford Handbook of Political Institutions. Hg. v. RAW Rhodes, S Binder, B Rockman. Oxford: Oxford Univ. Press.

Heintz, Bettina; Tyrell, Hartmann; Münch, Richard (Hg.) (2005): Weltgesellschaft. Theoretische Zugänge und empirische Problemlagen. Stuttgart: Lucius & Lucius (Zeitschrift für Soziologie Sonderheft „Weltgesellschaft").

Hennessy, J.; Wiarda, Jan-Martin (2016): „Rankings sind was für Angeber". Interview mit Stanford-Präsident John Hennessy. In: Zeit online (14). Online verfügbar unter http://www.zeit.de/2016/14/universitaeten-silicon-valley-stanford-exzellenzinitiative-john-hennessy, zuletzt geprüft am 12.11.2017.

Herrmann, Wolfgang (2018): Wissenschaftlich, international, unternehmerisch. Präsident Wolfgang A. Herrmann begrüßt Sie an der Technischen Universität München (TUM). Homepage. Online verfügbar unter https://www.tum.de/die-tum/die-universitaet/der-praesident-begruesst-sie/, zuletzt geprüft am 30.01.2018.

Hertwig, Alexandra (2014): Forschungsmethoden und Publikationsmuster der deutschsprachigen Hochschulforschung. Eine Vermessung des Forschungsfeldes auf der Basis von Publikationen. International Centre for Higher Education Research Kassel, Universität Kassel. Kassel (INCHER Working Paper, 2). Online verfügbar unter https://bit.ly/2XIQkke, zuletzt geprüft am 29.12.2017.

Hicks, Herbert G.; Gullett, C. Ray (1975): Organizations. Theory and behavior. New York: McGraw-Hill (McGraw-Hill series in management).

Hochschulnetzwerk Bildung durch Verantwortung (2013): Gesellschaftliche Verantwortung an Hochschulen. Verabschiedet von der Mitgliederversammlung des Hochschulnetzwerks Bildung durch Verantwortung am 22.11.2013. Hochschulnetzwerk Bildung durch Verantwortung. Online verfügbar unter http://www.bildung-durch-verantwortung.de/Documents/Memorandum-des-Hochschulnetzwerks.pdf, zuletzt geprüft am 13.11.2017.

Hochschulrektorenkonferenz (HRK) (1997): Profilelemente von Universitäten und Fachhochschulen. Bonn (Beiträge zur Hochschulpolitik, 3). Online verfügbar unter https://www.hrk.de/positionen/beschluss/detail/profilelemente-von-universitaeten-und-fachhochschulen/, zuletzt geprüft am 04.02.2018.

Hochschulrektorenkonferenz (HRK) (2004): Professionalisierung als Leitungsaufgabe. Entschließung des 202. Plenums der HRK vom 8.6.2004. Bonn. Online verfügbar unter https://www.hrk.de/fileadmin/_migrated/content_uploads/Beschluss_Plenum_8.6.2004.pdf, zuletzt geprüft am 04.12.2017.

Hochschulrektorenkonferenz (HRK) (2015): Hochschulen in Zahlen 2015. Online verfügbar unter https://www.hrk.de/uploads/media/2015-05-13_Final_ Hochschulen_in_Zahlen_2015_fuer_Internet.pdf, zuletzt geprüft am 12.11. 2017.

Holzer, Boris (2006): Netzwerke. Bielefeld: Transcript-Verl. (Einsichten).

Holzinger, Markus: Fehlschlüsse über die "Weltgesellschaft" : Einige Überlegungen im Anschluss an Bettina Heintz' und Tobias Werrons Soziologie des Vergleichs. In: *Kölner Zeitschrift für Soziologie und Sozialpsychologie* 66 (2), S. 267–289. Online verfügbar unter https://link.springer.com/article/ 10.1007%2Fs11577-014-0252-y, zuletzt geprüft am 13.11.2017.

Hölzner, Heike Marita (2009): Die Fähigkeit des Fortschritts im Strategischen Management. Eine wissenschaftstheoretisch fundierte Erweiterung des Fähigkeitskonzeptes im Strategischen Management. 1. Aufl. s.l.: Gabler Verlag (Forschungs- / Entwicklungs-/Innovations-Management).

Huber, Michael (2005): Universitäre Anomalie und Autonomiebestrebungen : eine organisationssoziologische Untersuchung zur aktuellen Universitätsreform in Deutschland. Habilitationsschrift. Universität Leipzig, Leipzig. Fakultät für Sozialwissenschaften und Philosophie.

Humboldt, Wilhelm von (1809/1810): Über die innere und äussere Organisation der höheren wissenschaftlichen Anstalten in Berlin. Online verfügbar unter https://edoc.hu-berlin.de/bitstream/handle/18452/5305/229.pdf?sequence=1, zuletzt geprüft am 13.11.2017.

Hürter, Lisa (2005): Das organisationale Feld "Hochschule" und die Einführung von Bachelor- und Masterstudiengängen. Bielefeld (Hochschulen im Wettbewerb : eine Untersuchung am Beispiel der Einführung von Bachelor- und Masterstudiengängen an deutschen Universitäten ; Endbericht des Lehrforschungsprojektes), S. 125–155.

Hüther, Otto; Jacob, Anna Katharina; Seidler, Hanns; Wilke, Karsten (2011): Hochschulautonomie in Gesetz und Praxis. Eine Analyse von Rahmenbedingungen und Modellprojekten. Hg. v. Stifterverband für die Deutsche Wirtschaft. Essen.

Hüther, Otto; Krücken, Georg (2016): Hochschulen. Fragestellungen, Ergebnisse und Perspektiven der sozialwissenschaftlichen Hochschulforschung. 1. Auflage. Wiesbaden: Springer VS (Organization & Public Management).

Internationale Expertenkommission Exzellenzinitiative (IEKE) (2016): Internationale Expertenkommission zur Evaluation der Exzellenzinitiative. Endbericht. Bonn. Online verfügbar unter http://www.gwk-bonn.de/fileadmin/ Papers/Imboden-Bericht-2016.pdf, zuletzt geprüft am 11.12.2017.

Jäckel, Michael (2017): Schaltplan der Zukunft? In: *Forschung & Lehre*, 2017 (10). Online verfügbar unter https://www.forschung-und-lehre.de/schalt-plan-der-zukunft-72/, zuletzt geprüft am 18.04.2018.

Jäckel, Michael (2017): Der Campus und die Digitalisierung: So sieht die Universität der Zukunft aus. In: *Huffington Post*, 12.05.2017. Online verfügbar unter http://www.huffingtonpost.de/michael-jaeckel/der-campus-und-die-digita_b_16556466.html, zuletzt geprüft am 04.12.2017.

Jäger, Margarete; Jäger, Siegfried (2007): Deutungskämpfe. Theorie und Praxis Kritischer Diskursanalyse. Wiesbaden: VS Verlag für Sozialwissenschafte | GWV Fachverlage GmbH Wiesbaden.

Jäger, Siegried (2001): Diskurs und Wissen // Handbuch Sozialwissenschaftliche Diskursanalyse. Band I: Theorien und Methoden. Hg. v. Reiner Keller, Andreas Hirseland, Werner Schneider und Willy Viehöver. Wiesbaden: VS Verlag für Sozialwissenschaften.

Janning, Frank; Leifeld, Philip; Malang, Thomas, Schneider, Volker (2009): Diskursnetzwerkanalyse. Überlegungen zur Theoriebildung und Methodik. Wiesbaden: VS Verlag für Sozialwissenschaften (Politiknetzwerke), S. 59–92.

Jansen, Dorothea (2003): Einführung in die Netzwerkanalyse. Grundlagen, Methoden, Forschungsbeispiele; [Lehrbuch]. 2., überarb. Aufl. Opladen: Leske + Budrich.

Japp, Klaus (2003): Zur Soziologie des fundamentalistischen Terrorismus. In: *Soziale Systeme* 9 (1), S. 54–87. Online verfügbar unter https://pub.uni-bielefeld.de/publication/1868386, zuletzt geprüft am 03.12.2017.

Japp, Klaus (2007): Terrorismus als Konfliktsystem // Analysen des transnationalen Terrorismus. Soziologische Perspektiven. Hg. v. Thomas Kron und Melanie Reddig. Wiesbaden: VS Verlag für Sozialwissenschaften / Springer Fachmedien Wiesbaden GmbH Wiesbaden.

Jaspers, Karl (1946): Die Idee der Universität. Berlin, Heidelberg, s.l.: Springer Berlin Heidelberg (Schriften der Universität Heidelberg).

John, R.; Henkel, A.; Rückert-John, J. (2010): Systemtheoretisch beobachtet, 321-330.

Kaldewey, David (2013b): Tackling the Grand Challenges. Reflections on the Responsive Structure of Science. Science dynamics and research systems: The role of research for meeting societal challenge. FIW Bonn. Madrid, 2013b. Online verfügbar unter https://www.fiw.uni-bonn.de/wissenschafts-forschung/team/kaldewey/folien/2013_04_08_kaldewey_presentation_madrid.pdf, zuletzt geprüft am 16.01.2018.

Kaldewey, David (2013a): Wahrheit und Nützlichkeit. Selbstbeschreibungen der Wissenschaft zwischen Autonomie und gesellschaftlicher Relevanz. Zugl.:

Bielefeld, Univ., Diss., 2012. Bielefeld, Berlin: transcript; de Gruyter (Science Studies).

Kaldewey, David (2008): Wahrheit und Nützlichkeit Zur Semantik und Selbstbeschreibung der Wissenschaft. Graduiertenkolleg „Auf dem Weg in die Wissensgesellschaft". Universität Bielefeld, Institut für Wissenschafts- und Technikforschung (IWT). Bielefeld, 13.06.2008. Online verfügbar unter https://www.fiw.uni-bonn.de/wissenschaftsforschung/team/kaldewey/folien/2008_06_13_kaldewey_vortrag_bielefeld.pdf, zuletzt geprüft am 12.12.2017.

Kaldewey, David (2010): ›Kreativität‹ und ›Innovation‹. Umkämpfte Begriffe in hochschulpolitischen Diskursen. In: die hochschule (1), S. 102–118. Online verfügbar unter http://www.hof.uni-halle.de/journal/texte/10_1/Kaldewey.-pdf, zuletzt geprüft am 12.12.2017.

Kamm, Ruth (2014): Hochschulreformen in Deutschland. Hochschulen zwischen staatlicher Steuerung und Wettbewerb. Zugl.: Bamberg, Otto-Friedrich-Universität Bamberg, Diss., 2014. Bamberg: University of Bamberg Press (Schriften aus der Fakultät Sozial- und Wirtschaftswissenschaften der Otto-Friedrich-Universität Bamberg, 18).

Karentzos, Alexandra (2008): Beobachtung und Differenz. Weiß wird zu Schwarz und Schwarz wird zu Weiß – Kara Walkers Spiel mit Unterscheidungen. In: kritische Berichte. Zeitschrift für Kunst- und Kulturwissenschaften 36 (4), S. 22–27. Online verfügbar unter http://journals.ub.uni-heidelberg.de/index.php/kb/article/view/11834, zuletzt geprüft am 10.12.2017.

Kehm, Barbara M. (2008): Hochschule im Wandel. Die Universität als Forschungsgegenstand ; Festschrift für Ulrich Teichler. Unter Mitarbeit von Ulrich Teichler. Frankfurt [u.a.]: Campus-Verl. (Schwerpunktreihe Hochschule und Beruf).

Kielmansegg, Peter Graf (1984): Adam Smith und Wilhelm von Humboldt - Überlegungen zur Frage, ob mehr Wettbewerb im deutschen Hochschulsystem wünschenswert und möglich sei. Bonn (Differenzierung und Wettbewerb im Hochschulbereich. Dokumente zur Hochschulreform, 55), S. 41–60.

Kieselhorst, Markus (2010): Zum Verhältnis von Subjekt und Organisation. Eine empirische Studie zu Qualitätsentwicklungsprozessen in Kindertagesstätten. Wiesbaden: VS Verlag für Sozialwissenschaften / GWV Fachverlage GmbH Wiesbaden.

Kimmich, Dorothee; Thumfart, Alexander (2004): Universität ohne Zukunft? Orig.-Ausg., 1. Aufl. Frankfurt am Main: Suhrkamp (Edition Suhrkamp, 2304).

Kirchmeier, Christian (2012): Sinn. Weimar: J.B. Metzler (Luhmann-Handbuch), S. 21–42.

Klawitter, Jörg (1992): Staatstheorie als Steuerungstheorie? //. 1. Aufl. Baden-Baden: Nomos-Verl.-Ges (Politische Steuerung. Steuerbarkeit und Steuerungsfähigkeit), S. 193–239.

Klein, Benjamin (2014): Coopetitive Dynamics. Zum Entwicklungsverlauf kooperativer Beziehungen zwischen Wettbewerbern. Zugl.: Eichstätt-Ingolstadt, Univ., Diss., 2013. Wiesbaden: Springer Gabler (Schriften zur Unternehmensentwicklung).

Kleiner, Matthias (2007): Wie die Wissenschaft die Gesellschaft trägt. Exkurs. In: *forschung. Das Magazin der Deutschen Forschungsgemeinschaft* (3). Online verfügbar unter http://www.dfg.de/download/pdf/dfg_magazin/ wissenschaft_oeffentlichkeit/forschung_magazin/2007/forschung _2007_3_exkurs.pdf, zuletzt geprüft am 12.12.2017.

Klomfaß, Sabine (2011): Hochschulzugang und Bologna-Prozess. Bildungsreform am Übergang von der Universität zum Gymnasium. Zugl.: Kassel, Univ., Diss., 2010. 1. Aufl. Wiesbaden: VS Verl. für Sozialwiss.

Koch, Julia (2005): Abschied von der Einheitsuni. In: *Spiegel Online* (19). Online verfügbar unter http://www.spiegel.de/spiegel/print/d-40325403.html, zuletzt geprüft am 27.01.2018.

Koch, Lambert; Müller-Böling Detlef (2014): Unis, unternehmt was! In: *Zeit online*, 28.08.2014 (34). Online verfügbar unter http://www.zeit.de/ 2014/34/zukunft-hochschulen-modernisierung/komplettansicht, zuletzt geprüft am 27.01.2018.

Koschatzky, Knut (2001): Räumliche Aspekte im Innovationsprozess. Ein Beitrag zur neuen Wirtschaftsgeographie aus Sicht der regionalen Innovationsforschung. Zugl.: Hannover, Univ., Habil.-Schr., 2001. Münster: Lit (Wirtschaftsgeographie, 19).

Koschatzky, Knut; Hufnagl, Miriam; Kroll, Henning; Daimer, Stephanie; Schulze, Nicole (2011): Relevanz regionaler Aktivitäten für Hochschulen und das Wissenschaftssystem. Fraunhofer-Institut für System und Innovationsforschung ISI, Competence Center "Politik und Regionen". Karlsruhe (Arbeitspapiere Unternehmen und Region, R3). Online verfügbar unter http://www.isi.fraunhofer.de/isi-wAssets/docs/p/de/arbpap_unternehmen_region/ap_r3_2011.pdf, zuletzt geprüft am 03.12.2017.

Kosmützky, Anna (2010): Von der organisierten Institution zur institutionalisierten Organisation? Eine Untersuchung der (Hochschul-)Leitbilder von Universitäten., Universität Bielefeld. Online verfügbar unter http://d-nb.info/101370097X/34, zuletzt geprüft am 12.11.2017.

Kosmützky, Anna (2015): Rezension: Otto Hüther/Georg Krücken: Hochschulen. Fragestellungen, Ergebnisse und Perspektiven der sozialwissenschaftlichen Hochschulforschung. In: *die hochschule* (2), S. 188–191. Online verfügbar unter http://www.hof.uni-halle.de/journal/texte/15_2/REZ_Kosmuetzky.pdf, zuletzt geprüft am 29.12.2017.

Kosmützky, Anna; Borggräfe, Michael (2012): Zeitgenößische Hochschulreform und unternehmerischer Aktivitätsmodus // Hochschule als Organisation. Hg. v. Uwe Wilkesmann und Christian J. Schmid. Wiesbaden: Springer VS (Organisationssoziologie).

Krause, Detlef (2005): Luhmann-Lexikon. Eine Einführung in das Gesamtwerk von Niklas Luhmann ; mit über 600 Lexikoneinträgen einschließlich detaillierter Quellenangaben. 4., neu bearb. und erw. Aufl. Stuttgart: Lucius & Lucius (UTB Soziologie fachübergreifend, 2184).

Krebber, Felix (2016): Akzeptanz durch inputorientierte Organisationskommunikation. Dissertation. Wiesbaden: Springer Fachmedien Wiesbaden GmbH (Organisationskommunikation).

Kröll, Anna-Martina (2003): Interorganisationale Netzwerke. Nutzung Sozialen Kapitals für Markteintrittsstrategien. Wiesbaden: Deutscher Universitätsverlag (Wirtschaftswissenschaft).

Krücken, Georg (Hg.) (2005): Hochschulen im Wettbewerb – Eine Untersuchung am Beispiel der Einführung von Bachelor- und Masterstudiengängen an deutschen Universitäten. Endbericht des Lehrforschungsprojektes. Universität Bielefeld. Bielefeld. Online verfügbar unter http://www.uni-bielefeld.de/soz/personen/kruecken/pdf/Hochschulen_im_Wettbewerb_EB.pdf, zuletzt geprüft am 27.12.2017.

Krücken, Georg (2012): Hochschulforschung. Wiesbaden: Springer VS (Handbuch Wissenschaftssoziologie), S. 265–276.

Krücken, Georg; Meier, Frank (2005): Der gesellschaftliche Innovationsdiskurs und die Rolle von Universitäten. Eine Analyse gegenwärtiger Mythen. In: *die hochschule* (1), S. 157–170. Online verfügbar unter http://www.hof.uni-halle.de/journal/texte/05_1/Kruecken_Innovationsdiskurs.pdf, zuletzt geprüft am 01.02.2018.

Kühl, Stefan (2012): Die Metapher vom Eisberg. Zu den Möglichkeiten und Grenzen von und der Kommunikation über Organisationen. In: *OrganisationsEntwicklung* 31 (1), S. 68–72.

Kühl, Stefan (2015): Entzauberung der lernenden Organisation. In: *OrganisationsEntwicklung* (1), S. 44–51. Online verfügbar unter http://www.uni-bielefeld.de/soz/personen/kuehl/Eigene%20Publikationen/Kuehl-Stefan-2015-Entzauberung-der-lernenden-Organisation-.pdf, zuletzt geprüft am 31.01.2018.

Kuhm, Klaus (2003): Die Region – parasitäre Struktur der Weltgesellschaft // Die Gesellschaft und ihr Raum. Raum als Gegenstand der Soziologie. Hg. v. Thomas Krämer-Badoni und Klaus Kuhm. Opladen: Leske+Budrich (Stadt, Raum und Gesellschaft, 21).

Kühne, Anja (2016): Wanka will nicht von „Bundesunis" sprechen. In: *Tagesspiegel*, 31.03.2016. Online verfügbar unter http://www.tagesspiegel.de/wissen/zukunft-der-exzellenzinitiative-wanka-will-nicht-von-bundesunis-sprechen/13385648.html, zuletzt geprüft am 12.11.2017.

la Cour Anders; Højlund Holger (2013): Organizations, Institutions and Semantics: Systems Theory Meets Institutionalism. London: Palgrave Macmillan (Luhmann Observed), S. 185–202.

Landfried, Klaus (2000): Eröffnungsvortrag. Wettbewerb – Profilbildung – Evaluation. Qualitätssicherung von Lehre und Studium. Universität Ulm; Hochschulrektorenkonferenz (HRK). Ulm, 11.05.2000. Online verfügbar unter https://www.hrk.de/fileadmin/redaktion/hrk/02-Dokumente/02-10-Publikationsdatenbank/Beitr-2001-06_Wettbewerb_Profilbildung_Evaluation.pdf, zuletzt geprüft am 30.01.2018.

Landwehr, Achim (2001): Geschichte des Sagbaren. Einführung in die historische Diskursanalyse. Tübingen: ed. diskord (Historische Einführungen, 8).

Lange, Josef (2014): Josef Lange ist neues Mitglied im Hochschulrat. Pressemitteilung 190/2014. Online verfügbar unter http://www.uni-leipzig.de/service/kommunikation/medienredaktion/nachrichten.html?ifab_modus=detail&ifab_id=5612, zuletzt geprüft am 30.01.2018.

Larmann, Veit (2013): Kleine Hochschulen in strukturschwachen Lagen. Fallstudien aus Perspektive des Ressourcenabhängigkeitsansatzes. Dissertation. Universität Flensburg, Flensburg. Online verfügbar unter https://d-nb.info/103848457X/34, zuletzt geprüft am 03.02.2018.

Lasswell, Harold (1958): Communications as an emerging discipline. In: *Audiovisual communication review* 6 (1), S. 245–254. Online verfügbar unter https://link.springer.com/article/10.1007/BF02768457, zuletzt geprüft am 11.12.2017.

Laukötter, Esther (2014): Die Sichtbarkeit deutscher Hochschulen in Print- und Online-Medien. Unter Mitarbeit von Prof. Dr. Frank Marcinkowski. Westfälische Wilhelms-Universität, Institut für Kommunikationswissenschaft (Forschungsreport des Arbeitsbereichs Kommunikation - Medien - Gesellschaft). Online verfügbar unter https://www.uni-muenster.de/imperia/md/content/kowi/kmg/reports/kmg_2014_1-sichtbarkeit-deutscher-hochschulen-print-online-medien.pdf, zuletzt geprüft am 28.12.2017.

Leffers, Jochen (2007): Berlin plant neue "Superuniversität". In: *Spiegel Online*. Online verfügbar unter http://www.spiegel.de/lebenundlernen/uni/hauptstadt-hochschulen-berlin-plant-neue-superuniversitaet-a-491062.html, zuletzt geprüft am 27.01.2018.

Leifeld, Philip (2016b): Discourse Network Analysis: Policy Debates as Dynamic Networks. In: *The Oxford Handbook of Political Networks*. Online verfügbar unter http://www.oxfordhandbooks.com/view/10.1093/oxfordhb/97 80190228217.001.0001/oxfordhb-9780190228217-e-25, zuletzt geprüft am 29.12.2017.

Leifeld, Philip (2016a): Policy debates as dynamic networks. German Pension Politics and Privatization Discourse. Dissertation. 1. Aufl. Frankfurt/New York: Campus Verlag (Schriften des Zentrums für Sozialpolitik Bremen, Band 29).

Leifeld, Philip (2009): Die Untersuchung von Diskursnetzwerken mit dem Discourse Network Analyzer (DNA). Wiesbaden: VS Verlag für Sozialwissenschaften (Politiknetzwerke, Modelle, Anwendungen und Visualisierungen), S. 391–404.

Leifeld, Philip; Haunss, Sebastian (2012): Political discourse networks and the conflict over software patents in Europe. In: *European Journal of Political Research* 31 (3), S. 382–409. Online verfügbar unter http://onlinelibrary .wiley.com/doi/10.1111/j.1475-6765.2011.02003.x/abstract, zuletzt geprüft am 13.11.2017.

Leifeld, Philip; Malang, Thomas (2009): Gloassar der Politiknetzwerkanalyse. Wiesbaden: VS Verlag für Sozialwissenschaften (Politiknetzwerke, Modelle, Anwendungen und Visualisierungen), S. 371–389.

Lenzen, Dieter (2014): Bildung statt Bologna! Berlin: Ullstein.

Leuphana Universität Lüneburg (2018): Wissenstransfer. Homepage. Online verfügbar unter https://www.leuphana.de/forschung/wissenstransfer.html, zuletzt geprüft am 21.02.2018.

Lieberherr, Eva (2013): The role of throughput in the input-output legitimacy debate: Insights from public and private governance modes in the Swiss and English water sectors. Paper to be presented at ICPP 2013. Grenoble. Online verfügbar unter http://archives.ippapublicpolicy.org/IMG/pdf/panel_39_ s2_lieberherr.pdf, zuletzt geprüft am 31.01.2018.

Lieckweg, Tania (2001): Strukturelle Kopplung von Funktionssystemen "über" Organisation. In: *Soziale Systeme* 7 (2), zuletzt geprüft am 29.11.2017.

Lieckweg, Tania (2003): Das Recht der Weltgesellschaft. Systemtheoretische Perspektiven auf die Globalisierung des Rechts am Beispiel der Lex Mercatoria. Stuttgart: Lucius & Lucius.

Lipp, Wolfgang (2003): Institution // Grundbegriffe der Soziologie. 8., überarb. Aufl. Hg. v. Bernhard Schäfers und Johannes Kopp. Opladen: Leske + Budrich (UTB für Wissenschaft Soziologie, 1416).

LMU (2018): Akademisches Profil. Ludwig-Maximilians-Universität München. Homepage. Online verfügbar unter https://www.uni-muenchen.de/ueber_ die_lmu/portraet/profil/index.html, zuletzt geprüft am 30.01.2018.

Lowndes, Vivien; Roberts, Mark (2013): Why institutions matter. The new institutionalism in political science. 1. publ. Basingstoke: Palgrave Macmillan (Political analysis).

Lüde, Rolf von (2012): From Humboldt to Market. Competition and Ecxellence As New Governance Principles in The German University System. Rotterdam: SensePublishers (State and Market in Higher Education Reforms, 13), S. 149–164.

Ludovici, Carl Günther (1755): Eröffnete Akademie der Kaufleute vollständiges Kaufmannslexikon. Vierter Teil. N bis S. Leipzig: Bernhard Christoph Breitkopf.

Luhmann, Niklas (2000b): Die Politik der Gesellschaft. Frankfurt am Main: Suhrkamp (Suhrkamp-Taschenbuch Wissenschaft, 1582).

Luhmann, Niklas: Die Universität als organisierte Institution. Bielefeld: Haux (Universität als Milieu), S. 90–99.

Luhmann, Niklas (2000a): Organisation und Entscheidung. Opladen, Wiesbaden: Westdeutscher Verlag.

Luhmann, Niklas (1964): Funktionen und Folgen formaler Organisation. Berlin: Duncker & Humblot.

Luhmann, Niklas (1970): Institutionalisierungs-Funktion und Mechanismus im sozialen System der Gesellschaft. Hg. v. Helmut Schelsky. Düsseldorf: Bertelsmann Universitätsverlag (Theorie der Institution).

Luhmann, Niklas (1975): Soziologische Aufklärung 2. Aufsätze zur Theorie der Gesellschaft. 4. Auflage. Wiesbaden, s.l.: VS Verlag für Sozialwissenschaften.

Luhmann, Niklas (1984): Soziale Systeme. Grundriß einer allgemeinen Theorie. Frankfurt am Main: Suhrkamp (Suhrkamp-Taschenbuch Wissenschaft, 666).

Luhmann, Niklas (1987): Zwischen Gesellschaft und Organisation. Zur Situation der Universitäten. Wiesbaden: VS Verlag für Sozialwissenschaften (Soziologische Aufklärung, 4), S. 202–211.

Luhmann, Niklas (1990): Die Wissenschaft der Gesellschaft. Frankfurt am Main: Suhrkamp (Suhrkamp-Taschenbuch Wissenschaft, 1001).

Luhmann, Niklas (1991): Soziologie des Risikos. Berlin: de Gruyter (De-Gruyter-Studienbuch).

Luhmann, Niklas (1993): Der Recht der Gesellschaft. Frankfurt am Main: Suhr-kamp.

Luhmann, Niklas (1995): Was ist Kommunikation? Opladen: Westdeutscher Verlag (Soziologische Aufklärung 6. Die Soziologie und der Mensch), S. 113–124.

Luhmann, Niklas (1996): Die Realität der Massenmedien. 2., erweiterte Auflage. Wiesbaden: VS Verlag für Sozialwissenschaften.

Luhmann, Niklas (1997): Gesellschaft der Gessellschaft. 1. Aufl.,. Frankfurt am Main: Suhrkamp (Suhrkamp-Taschenbuch Wissenschaft, 1360).

Luhmann, Niklas (2002): Das Erziehungssystem der Gesellschaft. 1. Aufl. Frankfurt am Main: Suhrkamp.

Luhmann, Niklas (Hg.) (2004): Einführung in die Systemtheorie. 2. Aufl. Heidelberg: Carl-Auer-Systeme Verlag.

Luhmann, Niklas (2009): Ideenevolution. Beiträge zur Wissenssoziologie. 1. Aufl., Orig.-Ausg. [Nachdr.]. Frankfurt am Main: Suhrkamp (Suhrkamp-Taschenbuch Wissenschaft, 1870).

Luhmann, Niklas (2015): Liebe als Passion. Zur Codierung von Intimität. 13. Aufl. Frankfurt am Main: Suhrkamp (Suhrkamp-Taschenbuch Wissenschaft, 1124).

Macron, Emmanuel (2017): Initiative für Europa. Universität Sorbonne. Paris, 26.09.2017. Online verfügbar unter https://de.ambafrance.org/Initiative-fur-Europa-Die-Rede-von-Staatsprasident-Macron-im-Wortlaut?wt_zmc=nl.int.zonaudev.zeit_online_chancen_cb.d_08.03.2018. nl_ref.zeitde.bildtext.link.20180308&utm_medium=nl&utm_campaign=nl_ref&utm_content=zeitde_bildtext_link_20180308&utm_source=zeit_online_chancen_cb.d_08.03.2018_zonaudev_int, zuletzt geprüft am 10.03.2018.

March, James; Olsen, Johan (1984): The New Institutionalism: Organizational Factors in Political Life. In: *The American Political Science Review* (78), S. 734–749.

Martin-Luther-Universität Halle-Wittenberg (MLU) (2018): Die Universität im Profil. Zukunft mit Tradition – Wissenschaft gestalten. Online verfügbar unter http://www.uni-halle.de/universitaet/geschichte/, zuletzt aktualisiert am 04.01.2018, zuletzt geprüft am 29.01.2018.

Martus, Steffen (2016): Geht doch einfach heim. Bildungspolitik. In: *Süddeutsche Zeitung*, 07.02.2016. Online verfügbar unter http://www.sueddeutsche.de/kultur/bildungspolitik-geht-doch-einfach-heim-1.2853102, zuletzt geprüft am 04.12.2017.

Mascolo, Cecilia (2015): Social and Technological Network Analysis. Lecture 3: Centrality Measures. Social and Technological Network Analysis. University of Cambridge. Computer Laboratory, 2015. Online verfügbar unter https://www.cl.cam.ac.uk/teaching/1415/L109/l109-lecture3.pdf, zuletzt geprüft am 30.12.2017.

Maskell, Peter; Malmberg, Anders (1999): The Competitiveness of Firms and Regions. 'Ubiquitification' and the Importance of Localized Learning. In: *European Urban and Regional Studies* 6 (1), S. 9–25. Online verfügbar unter http://journals.sagepub.com/doi/abs/10.1177/096977649900600102, zuletzt geprüft am 29.12.2017.

Massumi, Brian (2002): Parables for the virtual. Movement, affect, sensation. Durham, NC: Duke Univ. Press (Post-contemporary interventions).

Meier, Frank (2009): Die Universität als Akteur. Zum institutionellen Wandel der Hochschulorganisation. Zugl.: Bielefeld, Univ., Diss., 2008. 1. Aufl. Wiesbaden: VS Verlag für Sozialwissenschaften / GWV Fachverlage GmbH Wiesbaden (Organisation & public management).

Meier, Frank; Schimank, Uwe (2002): Szenarien der Profilbildung im deutschen Hochschulsystem. Einige Vermutungen. Hg. v. die hochschule. Hagen. Online verfügbar unter http://www.hof.uni-halle.de/journal/texte/02_1/Meier _Schimank_Szenarien_der_Profilbildung.pdf.

Meyer, John W.; Rowan, Brian (1977): Institutionalized organizations: Formal structure as myth and ceremony. In: *American Journal of Sociology* 83 (2), S. 340–363. Online verfügbar unter https://www.jstor.org/stable/2778293? seq=1#page_scan_tab_contents, zuletzt geprüft am 16.11.2017.

Meyer, Thomas (2004): Die Identität Europas. Der EU eine Seele? Orig.-Ausg., 1. Aufl., [Nachdr.]. Frankfurt am Main: Suhrkamp (Edition Suhrkamp, 2355).

Meyer-Guckel, Volker (2017): Hochschulen müssen besser regiert werden. Gastbeitrag zur Uni-Governance. In: *Tagesspiegel*, 09.01.2017. Online verfügbar unter http://www.tagesspiegel.de/wissen/gastbeitrag-zur-uni-gover-nance-hochschulen-muessen-besser-regiert-werden/19224370.html, zuletzt geprüft am 03.02.2018.

Michel, Jean-Baptiste; Lieberman, Erez et al. (2011): Quantitative Analysis of Culture Using Millions of Digitized Books. In: *Science* 331 (6014), S. 176–182. Online verfügbar unter http://science.sciencemag.org/content/331/ 6014/176, zuletzt geprüft am 16.11.2017.

Miller, Alan (2007): The "Reasonable Man" and other legal standards. California Institute of Technology. Online verfügbar unter http://people.hss.caltech. edu/~alan/ReasonableMan.pdf, zuletzt geprüft am 13.01.2018.

Ministerium für Wissenschaft und Wirtschaft des Landes Sachsen-Anhalt (2015b): Hochschulstrukturplanung des Landes Sachsen-Anhalt 2014, vom 02.07.2015. Online verfügbar unter https://mw.sachsen-anhalt.de/fileadmin/ Bibliothek/Politik_und_Verwaltung/

MW/Publikationen/Hochschulstrukturplanung_final_mit_Anlagen_160702. pdf, zuletzt geprüft am 27.01.2018.

Ministerium für Wissenschaft und Wirtschaft des Landes Sachsen-Anhalt (2015a): Martin-Luther-Universität Halle-Wittenberg. Zielvereinbarung 2015 – 2019, vom 29.01.2015. Online verfügbar unter http://digital.bibliothek.uni-halle.de/id/2558122, zuletzt geprüft am 27.01.2018.

Ministerium für Wissenschaft, Forschung und Kunst Baden-Württemberg (MWK) (06.03.2018): Europäische Universität am Oberrhein: Bewerbung für Europa. Online verfügbar unter https://mwk.baden-wuerttemberg.de/de/service/presse/pressemitteilung/pid/europaeische-universitaet-am-oberrhein-bewerbung-fuer-europa/?wt_zmc=nl.int.zonaudev.zeit_online _chancen_cb.d_08.03.2018.nl_ref.zeitde.bildtext.link.20180308&utm_medi um=nl&utm_campaign=nl_ref&utm_content=zeitde_bildtext_link_201803 08&utm_source=zeit_online_chancen_cb.d_08.03.2018_zonaudev_int, zuletzt geprüft am 10.03.2018.

Müller, Klaus-Dieter (2013): Wissenschaft in der digitalen Revolution. Klimakommunikation 21.0. Wiesbaden: Springer.

Müller-Jentsch, Walther (2017): Strukturwandel der industriellen Beziehungen. ‚Industrial Citizenship' zwischen Markt und Regulierung. 2., völlig überarbeitete Auflage 2017. Wiesbaden: Springer VS (Studientexte zur Soziologie).

Münch, Richard (2009): Globale Eliten, lokale Autoritäten. Bildung und Wissenschaft unter dem Regime von PISA, McKinsey & Co. Orig.-Ausg., 1. Aufl., [Nachdr.]. Frankfurt am Main: Suhrkamp (Edition Suhrkamp, 2560).

Münch, Richard (2011): Akademischer Kapitalismus. Zur politischen Ökonomie der Hochschulreform. Erste Auflage, Originalausgabe. Berlin: Suhrkamp (Edition Suhrkamp, 2633).

Muraitis, Audris; Schlippe, Alexander Arist von (2012): Fragen lernen - Worauf achtet eine empirisch-systemische Organisationsforschung? Göttingen, Bristol: Vandenhoeck & Ruprecht (Handbuch Forschung für Systemiker), S. 89–103.

Musselin, Christine (2007): Are universities specific organisations? / Towards a Multiversity ? Universities between Global Trends and national Traditions. Hg. v. Krücken G., Kosmützky A. et Torka M. Bielefeld: transcript Verlag. Online verfügbar unter https://spire.sciencespo.fr/hdl:/2441/f0uohitsgqh8 dhk97i622718j/resources/musselin-towards-a-multidiversity-4.pdf, zuletzt geprüft am 07.12.2017.

Nature News (2014): Higher education: The university experiment. In: *Nature*, 15.10.2014. Online verfügbar unter http://www.nature.com/news/higher-education-the-university-experiment-1.16133, zuletzt geprüft am 16.11. 2017.

Nelkin, Dorothy (1995): Selling science. How the press covers science and technology. Rev. ed. New York, NY: Freeman.

Neusel, A.; Teichler, U. (1986): Hochschulentwicklung seit den sechziger Jahren: Kontinuität, Umbrüche, Dynamik? Weinheim: Beltz (Blickpunkt Hochschuldidaktik, 79).

Nickel, Sigrun (2011): Der Bologna-Prozess aus Sicht der Hochschulforschung. Analysen und Impulse für die Praxis. Hg. v. Sigrun Nickel. CHE (Arbeitspapier, 148). Online verfügbar unter https://www.che.de/downloads/CHE_AP_148_Bologna_Prozess_aus_Sicht_der_Hochschulforschung.pdf, zuletzt geprüft am 03.02.2018.

Nickel, Sigrun (2012): Engere Kopplung von Wissenschaft und Verwaltung und Engere Kopplung von Wissenschaft und Verwaltung und ihre Folgen für die Ausübung professioneller Rollen in Hochschulen. Wiesbaden: VS Verlag für Sozialwissenschaften (Hochschule als Organisation), S. 279–292. Online verfügbar unter https://www.che.de/downloads/Hochschule_als_Organisation_Beitrag_Nickel.pdf, zuletzt geprüft am 31.01.2018.

Nida-Rümelin, Julian (2014): Der Akademisierungswahn. Zur Krise beruflicher und akademischer Bildung. 1. Aufl. s.l.: edition Körber-Stiftung.

Niebuhr, Casten (1774): Carsten Niebuhrs Reisebeschreibung nach Arabien und andern umliegenden Ländern (Band 1). Kopenhagen, Hamburg. Online verfügbar unter http://digi.ub.uni-heidelberg.de/diglit/niebuhr1774abd1/0024/scroll, zuletzt geprüft am 19.03.2018.

Niebuhr, Corina (2016): Auf dem Weg zur Wissensregion. In: *Merton Magazin*. Online verfügbar unter https://merton-magazin.de/auf-dem-weg-zur-wissensregion, zuletzt geprüft am 28.12.2017.

Nöhmaier, Nadine (2003): Mit Schiefertafel und Lendenschurz. In: *Spiegel Online*. Online verfügbar unter http://www.spiegel.de/lebenundlernen/uni/sparen-auf-bayerisch-mit-schiefertafel-und-lendenschurz-a-273586.html, zuletzt geprüft am 27.01.2018.

Nullmeier, Frank; Wrobel, Sonja (2005): Gerechtigkeit und Demographie. Wiesbaden: VS Verlag für Sozialwissenschaften (Sozialstaat und demographischer Wandel. Herausforderungen für Arbeitsmarkt und Sozialversicherung), S. 21–42. Online verfügbar unter http://www.socium.uni-bremen.de/projekte/de/?publ=1898&proj=161&print=1, zuletzt geprüft am 27.04.2018.

Ortiz, André (2013): Kooperation zwischen Unternehmen und Universitäten. Eine Managementperspektive zu regionalen Innovationssystemen. Berlin: Springer Gabler.

Pabst, Josephine (2015): Klappern auf allen Kanälen. In: *Frankfurter Allgemeine (FAZ)*, 2015. Online verfügbar unter http://www.faz.net/aktuell/beruf-chance/campus/kommunikation-hochschulen-nutzung-soziale-medien-13581064.html?printPagedArticle=true#pageIndex_0, zuletzt geprüft am 26.03.2018.

Paletschek, Sylvia (2002): Die Erfindung der Humboldtschen Universität. Die Konstruktion der deutschen Universitätsidee in der ersten Hälfte des 20. Jahrhunderts. In: *Historische Anthropologie* (10), S. 183–205. Online verfügbar unter https://freidok.uni-freiburg.de/fedora/objects/freidok:4701/datastreams/FILE1/content, zuletzt geprüft am 12.12.2017.

Peters, Guy (2012): Institutional Theory in Political Science. The New Institutionalism. 3. Aufl. New York, NY: Continuum.

Pfaff-Czarnecka, Joanna (2005): Das Lokale als Ressource im entgrenzten Wettbewerb. Das Verhandeln kollektiver Repräsentationen in Nepal-Himalaya. In: *Weltgesellschaft.Theoretische Zugänge und empirische Problemlagen. Zeitschrift für Soziologie* Sonderheft, S. 479–499. Online verfügbar unter http://www.exzellent-studieren.de/tdrc/ag_sozanth/downloads/Pfaff_DasLokale.pdf, zuletzt geprüft am 23.04.2018.

Pfeffer, Thomas (2004): Das "zirkuläre Fragen" als Forschungsmethode zur Luhmannschen Systemtheorie. 2. Aufl. Heidelberg: Verl. für Systemische Forschung im Carl-Auer-Systeme-Verl.

Pfeffer, Thomas (2013): Global University System in World Society // Encyclopedia of creativity, invention, innovation and entrepreneurship. Hg. v. Elias G. Carayannis. New York, NY: Springer Reference.

Porter, Michael (1999): Unternehmen können von regionaler Vernetzung profitieren. In: *Harvard Business manager* (3). Online verfügbar unter http://www.harvardbusinessmanager.de/heft/d-21501749.html, zuletzt geprüft am 28.12.2017.

Pott, Andreas (2004): Einzelrezensionen zu: Thomas Krämer-Badoni, Klaus Kuhm (Hg.): Die Gesellschaft und ihr Raum. Raum als Gegenstand der Soziologie. Opladen 2003 (Stadt, Raum und Gesellschaft, Band 21). 290 S. In: *geographische revue* (2), S. 81–86. Online verfügbar unter https://publishup.uni-potsdam.de/opus4-ubp/frontdoor/deliver/index/docId/2932/file/gr2_04_ERez01.pdf, zuletzt geprüft am 03.12.2017.

Prenzel, Manfred (2014a): Der regionale Verbund als hochschulpolitische Perspektive. Wissenschaftsrat (WR). Dresden. Online verfügbar unter https://www.wissenschaftsrat.de/download/archiv/VS_Bericht_Juli_2014.pdf, zuletzt geprüft am 28.12.2017.

Prenzel, Manfred (2014b): "Keine Universität ist überall top". Interview. In: *Süddeutsche Zeitung*. Online verfügbar unter http://www.sueddeutsche.de/ bildung/neuer-chef-des-wissenschaftsrats-keine-universitaet-ist-ueberall-top-1.2023282, zuletzt geprüft am 27.01.2018.

Preusse, Joachim (2016): Bausteine systemtheoretischer PR-Theorie. Eine Erkundungsstudie. 1. Aufl. Köln: Herbert von Halem Verlag (Organisations-kommunikation, v.2).

Redding, William Charles (1972): Communication within the organization;: An interpretive review of theory and research. New York, NY: Industrial Communication Council.

Rehorn, Jörg (1988): Werbetests. Neuwied: Luchterhand.

Reinmann, Gabi (2009): Wie praktisch ist die Universität? Vom situierten zum forschenden Lernen mit digitalen Medien. Online verfügbar unter http://gabi-reinmann.de/wp-content/uploads/2009/08/Artikel_Forschendes_situiertes_Lernen09.pdf, zuletzt geprüft am 12.12.2017.

Röhlig, Andreas (2018): Interdisziplinäre Zusammenarbeit im Verbundprojekt: Herausforderungen und kritische Faktoren einer erfolgreichen Forschungs-kooperation. Working Paper. Hamburg Institute of International Economics (HWWI) (HWWI Research Paper, 181). Online verfügbar unter https:// www.econstor.eu/bitstream/10419/175346/1/1013892062.pdf, zuletzt geprüft am 10.03.2018.

Röhrs, Hermann (1995): Der Einfluß der klassischen deutschen Universitätsidee auf die Higher Education in Amerika. Weinheim: Dt. Studien-Verl.

Rüegg, Walter (1993): Geschichte der Universität in Europa. Mittelalter. 4 Bände. München: Beck.

Ruep, Margret; Zylka, Johannes (2016): Globalisierung und Bildung – Auswirkungen internationaler Vereinbarungen im Bildungsbereich auf einzelne Schulen. In: *Schulpädagogik heute* 7 (13).

Rühl, Manfred (2015): Organisationskommunikation von Max Weber zu Niklas Luhmann. Wie interdisziplinäre Theoriebildung gelingen kann. Wiesbaden: Springer VS (essentials).

Saake, Irmhild (2012): Systemtheorie als Differenzierungstheorie / Luhmann-Handbuch. Hg. v. Oliver Jahraus, Armin Nassehi und et al. Stuttgart, Weimar: Verlag J.B. Metzler.

Sackmann, Reinhold (2004): Internationalisierung von Bildungsmärkten? Empirische Daten zur Kommerzialisierung von Bildung in Deutschland und den USA. In: *Beiträge zur Hochschulforschung* 26 (4). Online verfügbar unter http://www.wissenschaftsmanagement-online.de/beitrag/internationalisierung-von-bildungsm-rkten-empirische-daten-zur-kommerzialisierung-von, zuletzt geprüft am 14.01.2018.

Salmi, Jamil; Saroyan, Alenoush (2007): League Tables as Policy Instruments: Uses and Misuses. In: *Higher Education Management and Policy* 19 (2), S. 31–69. Online verfügbar unter https://collegerankings.files.wordpress.com/2011/10/27106854.pdf, zuletzt geprüft am 13.11.2017.

Schelsky, Helmut (1963): Einsamkeit und Freiheit. Idee und Gestalt der deutschen Universität und ihrer Reformen. Reinbek bei Hamburg: Rowohlt.

Scherf, Martina (2012): "Universitäten müssen sich dem Wettbewerb stellen". In: *Süddeutsche Zeitung*, 12.02.2012. Online verfügbar unter http://www.sueddeutsche.de/bildung/konkurrenzkampf-um-gelder-und-studenten-universitaeten-muessen-sich-dem-wettbewerb-stellen-1.1290372, zuletzt geprüft am 27.12.2017.

Schiedermair, Hartmut (1997): Autonomie im Widerspruch. Neuwied: Hermann Luchterhand Verlag (Leistungsfähige Hochschulen – aber wie?), S. 15–23.

Schildberg, Cäcilie (2010): Politische Identität und Soziales Europa. Parteikonzeptionen und Bürgereinstellungen in Deutschland, Großbritannien und Polen. Zugl.: Dortmund, Techn.Univ., Diss, 2008. 1. Aufl. Wiesbaden: VS Verl. für Sozialwiss.

Schimank, Uwe; Stölting, Erhard (2001): Festgefahrene Gemischtwarenläden. Die deutschen Hochschulen als erfolgreich scheiternde Organisationen // Die Krise der Universitäten. Wiesbaden, s.l.: VS Verlag für Sozialwissenschaften (Leviathan Zeitschrift für Sozialwissenschaft, 20).

Schimank, Uwe; Winnes, Markus (2001): Jenseits von Humboldt? Muster und Entwicklungspfade des Verhältnisses von Forschung und Lehre in verschiedenen europäischen Hochschulsystemen. Wiesbaden: VS Verlag für Sozialwissenschaften (Die Krise der Universitäten. Leviathan Zeitschrift für Sozialwissenschaft, 20), S. 295–325.

Schmidt, Marion (2013): Die Firma zahlt. In: *Zeit online* (52). Online verfügbar unter http://www.zeit.de/2013/52/studenten-foerderung-unternehmen/komplettansicht, zuletzt geprüft am 27.01.2018.

Schmidt, Marion; Spiewak, Martin (2014): An die Leine genommen. In: *Zeit online* (10). Online verfügbar unter http://www.zeit.de/2014/10/hochschulautonomie-svenja-schulze-horst-hippler, zuletzt geprüft am 26.01.2018.

Schmidt, Vivien A. (2008a): Bringing Ideas and Discourse Back into the Explanation of Change in Varieties of Capitalism and Welfare States. Centre for Global Political Economy, University of Sussex. Brighton. Online verfügbar unter https://www.sussex.ac.uk/webteam/gateway/file.php?name=cgpe-wp02-vivien-a-schmidt.pdf&site=359, zuletzt geprüft am 28.11.2017.

Schmidt, Vivien A. (2010b): Democracy and Legitimacy in the European Union Revisited: Input, Output and 'Throughput' (Working Paper KFG) (21). Online verfügbar unter http://userpage.fu-berlin.de/kfgeu/kfgwp/wpseries/ WorkingPaperKFG_21.pdf, zuletzt geprüft am 01.02.2018.

Schmidt, Vivien A. (2008b): Discursive institutionalism: the explanatory power of ideas and discourse. In: *Annual Review of Political Science* (11), S. 303–326.

Schmidt, Vivien A. (2010a): Taking ideas and discourse seriously: explaining change through discursive institutionalism as the fourth 'new institutionalism'. In: *European Political Science Review* 2 (1), S. 1–25. Online verfügbar unter https://www.cambridge.org/core/journals/european-political-science-review/article/taking-ideas-and-discourse-seriously-explaining-change-through-discursive-institutionalism-as-the-fourth-new-institutionalism/52E2EB2B9A70D72CEB63CAA0E3B9F516, zuletzt geprüft am 13.11.2017.

Schmidt-Biggemann, Wilhelm (1983): Topica universalis. Eine Modellgeschichte humanistischer und barocker Wissenschaft. Hamburg: Felix Meiner Verlag (Paradeigmata, 1).

Schmitz, Christoph (2005): Stärke durch Synergie. In: *Spiegel Online* (1), S. 28–30. Online verfügbar unter http://magazin.spiegel.de/EpubDelivery/spiegel/pdf/39035977, zuletzt geprüft am 26.01.2018.

Schnabel, Ulrich (2005): Abbruchstimmung. In: *Zeit online* (47). Online verfügbar unter http://www.zeit.de/2005/47/B-Rostock/komplettansicht, zuletzt geprüft am 26.01.2018.

Schneider, Marco (2008): Suche nach Wahrheit ist Auftrag einer Uni. In: *DonauKurier*, 15.10.2008. Online verfügbar unter http://www.donaukurier.de/lokales/hilpoltstein/Suche-nach-Wahrheit-ist-Auftrag-einer-Uni;art596,1955343, zuletzt geprüft am 12.12.2017.

Schneider, Wolfgang Ludwig (2011): „Rationalität" in Luhmanns Systemtheorie. Wiesbaden: VS Verlag für Sozialwissenschaften / Springer Fachmedien Wiesbaden GmbH Wiesbaden (Die Rationalitäten des Sozialen), S. 65–78.

Schneidewind, Uwe (2008): „Shifting Baselines" – zum schleichenden Wandel in stürmischen Zeiten. Öffentliche Vorlesung von Prof. Dr. Uwe Schneidewind anläßlich seines Ausscheidens aus dem Präsidentenamt der Carl von Ossietzky Universität Oldenburg. Oldenburg, 31.10.2008. Online verfügbar unter https://bit.ly/2Sl6JFm, zuletzt geprüft am 07.01.2018.

Schützeichel, Rainer (2007): Systemtheoretische Wissenssoziologie. Konstanz: UVK (Handbuch Wissenssoziologie und Wissensforschung), S. 258–267.

Seidel, Christoph (2014): Ungewissheit, Vielfalt, Mehrdeutigkeit - Eine Heuristik unsicherer Umwelten. Wiesbaden: Springer Fachmedien (Organisation und Unsicherheit), S. 35–50.

Senge, Konstanze (2011): Das Neue am Neo-Institutionalismus. Der Neo-Institutionalismus im Kontext der Organisationswissenschaft. 1. Aufl. Wiesbaden: VS Verlag für Sozialwissenschaften / Springer Fachmedien Wiesbaden GmbH Wiesbaden (Organisation und Gesellschaft).

Siemens (2004): Pictures of the Future (Die Zeitschrift für Forschung und Innovation). Online verfügbar unter http://docplayer.org/17997939-Pictures-of-the-future.html.

Siemens (2006): Pictures of the Future (Die Zeitschrift für Forschung und Innovation). Online verfügbar unter https://www.siemens.com/content/dam/internet/siemens-com/innovation/pictures-of-the-future/pof-archive/pof-herbst-2006.pdf, zuletzt geprüft am 29.01.2018.

Sinek, Simon (2014): Frag immer erst: warum. Wie Top-Firmen und Führungskräfte zum Erfolg inspirieren. 1. Aufl. s.l.: Redline Verlag.

Sinek, Simon (2018): Tweet am 21.02.2018. Twitter. Online verfügbar unter https://twitter.com/simonsinek/status/431448539739463680?lang=de, zuletzt geprüft am 21.02.2018.

Snow, David; Benford, Robert (1992): Master Frames and Cycles of Protest. New Haven, CT: Yale University Press (Frontiers in social movement theory), S. 133–155.

Spinner, Helmut F. (2002): Das modulare Wissenskonzept des Karlsruher Ansatzes der integrierten Wissensforschung. Zur Grundlegung der allgemeinen Wissenstheorie für Wissen aller Arten, in jeder Menge und Güte. Beiträge zum Karlsruher Ansatz der integrierten Wissensforschung. Wiesbaden, s.l.: VS Verlag für Sozialwissenschaften (Studien zur Wissensordnung).

Staatsministerium für Wissenschaft und Kunst (2011): Der Sächsische Hochschulentwicklungsplan bis 2020. Leitlinien und Instrumente für eine zukunftsfähige Entwicklung der sächsischen Hochschullandschaft, vom 17.11.2011. Online verfügbar unter https://bit.ly/2LV8tEg, zuletzt geprüft am 27.01.2018.

Staehle, Wolfgang H. (1999): Management. Eine verhaltenswissenschaftliche Perspektive. Unter Mitarbeit von Peter Conrad und Jörg Sydow. 8. Auflage. München: Verlag Franz Vahlen (Vahlens Handbücher der Wirtschafts- und Sozialwissenschaften).

Stäheli, Urs (1998): Die Nachträglichkeit der Semantik: Zum Verhältnis von Sozialstruktur und Semantik. In: Soziale Systeme 4 (2), S. 315–340.

Stäheli, Urs (2010): Dekonstruktive Systemtheorie – Analytische Perspektiven, S. 225–239.

Stäheli, Urs; Jahraus, Oliver (2012): Gesellschaftsstruktur und Semantik 4 Bände (1980-1995) // Luhmann-Handbuch. Hg. v. Oliver Jahraus und Armin et al.

Nassehi. Stuttgart: J.B. Metzler'sche Verlagsbuchhandlung und Carl Ernst Poeschel Verlag GmbH.

Statista (2017): Anzahl der Studierenden an Hochschulen in Deutschland vom Wintersemester 2002/2003 bis 2016/2017. Statista. Online verfügbar unter https://de.statista.com/statistik/daten/studie/221/umfrage/anzahl-der-studenten-an-deutschen-hochschulen/, zuletzt geprüft am 28.11.2017.

Steensland, Brian (2008): Why Do Policy Frames Change? Actor-Idea Coevolution in Debates over Welfare Reform. In: *Social Forces* 86 (3), S. 1027–1054. Online verfügbar unter https://www.jstor.org/stable/20430786?seq =1#page_scan_tab_contents, zuletzt geprüft am 29.12.2017.

Steinmeier, Frank-Walter (2018): Leopoldina – Nationale Akademie der Wissenschaften. Halle/Saale, 15.02.2018. Online verfügbar unter https://bit.ly/ 30zWfoD, zuletzt geprüft am 21.02.2018.

Stichweh, Rudolf (2009a): Autonomie der Universitäten in Europa und Nordamerika. Historische und systematische Überlegungen. Online verfügbar unter https://www.fiw.uni-bonn.de/demokratieforschung/personen/stichweh/pdfs/71_autonomie-der-universitaeten.pdf, zuletzt geprüft am 12.11. 2017.

Stichweh, Rudolf (2009b): Die Universität in der Weltgesellschaft. Vortrag zum Dies Academicus an der Universität Luzern. Universität Luzern. Online verfügbar unter https://www.fiw.uni-bonn.de/demokratieforschung/personen/stichweh/pdfs/74_universitaet-in-der-weltgesellschaft.pdf, zuletzt aktualisiert am 12.11.2017.

Stichweh, Rudolf: Systems Theory as an Alternative to Action Theory? The Rise of 'Communication' as a Theoretical Option. In: *Acta Sociologica, Scandinavian Sociological Association* 43, S. 5–13. Online verfügbar unter http://journals.sagepub.com/doi/abs/10.1177/000169930004300102, zuletzt geprüft am 16.11.2017.

Stichweh, Rudolf (2000): Die Weltgesellschaft. Soziologische Analysen. 1. Aufl., Orig.-Ausg. Frankfurt am Main: Suhrkamp (Suhrkamp-Taschenbuch Wissenschaft, 1500).

Stichweh, Rudolf (2005): Neue Steuerungsformen der Universität und die akademische Selbstverwaltung. Die Universität als Organisation. Hg. v. Ulrich Sieg und Dietrich Korsch. München: De Gruyter Saur (Academia Marburgensis, 11).

Stichweh, Rudolf (2006): Kontrolle und Organisation des Raumes durch die Funktionssysteme der Weltgesellschaft. Online verfügbar unter https://www.fiw.uni-bonn.de/demokratieforschung/personen/stichweh/pdfs/ 60_kontrolle-und-organisation-des-raums-2008.pdf, zuletzt geprüft am 28.11.2017.

Stichweh, Rudolf (2007): Die Universität in der Wissensgesellschaft. Wissens-
begriffe und Umweltbeziehungen der modernen Universität. Online verfügbar unter https://www.fiw.uni-bonn.de/demokratieforschung/personen/stich-
weh/pdfs/56_die-universitaet-in-der-wissensgesellschaft.pdf, zuletzt geprüft
am 28.11.2017.
Stichweh, Rudolf (2008): Was produziert die Universität eigentlich? In:
Willisauer Bote, 19.12.2008. Online verfügbar unter https://www.fiw.uni-
bonn.de/demokratieforschung/personen/stichweh/pdfs/64_was-produziert-
die-universitaet-eigentlich.pdf, zuletzt geprüft am 12.11.2017.
Stichweh, Rudolf (2010): Funktionale Differenzierung der Weltgesellschaft. In:
KZfSS Kölner Zeitschrift für Soziologie und Sozialpsychologie. Online verfügbar unter https://www.fiw.uni-bonn.de/demokratieforschung/personen/
stichweh/pdfs/77_funktionale-differenzierung-der-weltgesellschaft-kzfss-
sb-50-2010.pdf, zuletzt geprüft am 28.11.2017.
Stichweh, Rudolf (2012): Regionale Diversifikation und funktionale Differenzierung der Weltgesellschaft. Zum Arbeitsprogramm des ‚Forum Internationale Wissenschaft Bonn. Vortrag zur Eröffnungsfeier im ‚Bonner Universi-
tätsforum' am 13. November 2012. FIW Bonn. Bonn. Online verfügbar unter   https://www.fiw.uni-bonn.de/demokratieforschung/personen/stichweh/
pdfs/95_stw_regionale-diversifikation-und-funktionale-differenzierung-der-
weltgesellschaft.pdf, zuletzt geprüft am 28.11.2017.
Stichweh, Rudolf (2014): Differenzierung und Entdifferenzierung. Zur Gesellschaft des frühen 21. Jahrhunderts. Online verfügbar unter http://www.aca-
demi-
a.edu/10806105/Differenzierung_und_Entdifferenzierung._Zur_Gesellschaf
t_des_fr%C3%BChen_21._Jahrhunderts_2014, zuletzt geprüft am 29.11.
2017.
Stichweh, Rudolf (2017): Weltgesellschaft // Bonner Enzyklopädie der Globalität. Hg. v. Ludger Kühnhardt, Tilman Mayer, Stephan Conermann und et al.
Wiesbaden: Springer VS (Handbuch).
Stifterverband für die Deutsche Wirtschaft (Hg.) (2013): Wie Hochschulen mit
Unternehmen kooperieren. Lage und Entwicklung der Hochschulen aus
Sicht ihrer Leitungen (Hochschul-Barometer).
Stoiber, Edmund (2003): „Perspektiven für Bayern schaffen. Sparen – reformie-
ren – investieren". Manuskriptfassung. München, 06.11.2003. Online ver-
fügbar unter http://won.mayn.de/slw/slw-archiv/andere-by/031106_regerkl
.htm, zuletzt geprüft am 28.01.2018.
Stokes, Donald E. (1997): Pasteur's quadrant. Basic science and technological
innovation. Washington, D.C.: Brookings Inst. Press.

Stratmann, Friedrich (2011): Herr Luhmann, gibt es eigentlich die Hochschulverwaltung noch? Ein unzeitgemäßes Lob auf die Verwaltung. In: *HIS*. Online verfügbar unter http://docplayer.org/200916-Herr-luhmann-gibt-es-eigentlich-die-hochschulverwaltung-noch.html, zuletzt geprüft am 03.02.2018.

Strohschneider, Peter (2010): Exzellenzinitiative und Universitätsbegriff. Hg. v. Ludwig-Maximilians-Universität München / Center for Advanced Studies. Online verfügbar unter http://www.en.cas.uni-muenchen.de/media/e_series/cas_eseries_nr1.pdf, zuletzt geprüft am 16.11.2017.

Süddeutsche Zeitung (SZ) (2010): Unis wollen frei sein. In: *Süddeutsche Zeitung*. Online verfügbar unter http://www.sueddeutsche.de/karriere/hochschulzugang-unis-wollen-frei-sein-1.569488, zuletzt geprüft am 27.01.2018.

TAZ (2016): Umstrittene Präsidentin hört auf. Antisemitismus an Hochschule Hildesheim. In: *TAZ* 2016, 03.11.2016. Online verfügbar unter http://www.taz.de/!5354328/, zuletzt geprüft am 03.02.2018.

Teichler, Ulrich (1996): Comparative higher education. Potentials and limits. In: *Higher Education* 32 (4), S. 431–465.

Teichler, Ulrich (2008): What does the ‚market' mean for the university. In: *The university in the market.*, S. 39–45.

The Best Schools (2017): The 100 Richest Universities: Their Generosity and Commitment to Research 2017. Online verfügbar unter https://thebestschools.org/features/richest-universities-endowments-generosity-research/, zuletzt geprüft am 16.01.2018.

Theis-Berglmair, Anna M. (2003): Organisationskommunikation. Theoretische Grundlagen und empirische Forschungen. 2. Aufl. Münster: Lit-Verl. (Medien, 4).

Thomasius, Christian (2006): Cautelen zur Erlernung der Rechtsgelehrtheit. Hildesheim, Hildesheim: Olms (Ausgewählte Werke, / Christian Thomasius. Hrsg. von Werner Schneiders ; Bd. 20).

Thüringer Ministerium für Bildung, Wissenschaft und Kultur (19.12.2012): Ziel- und Leistungsvereinbarung für den Zeitraum 2012 bis 2015 zwischen dem Thüringer Ministerium für Bildung, Wissenschaft und Kultur und der Friedrich-Schiller-Universität Jena. Online verfügbar unter https://www.stura.uni-jena.de/downloads/zlv/fsu-zlv-2012-2015.pdf, zuletzt geprüft am 27.01.2018.

TUM Leitbild (2018): Unser Leitbild: Wir investieren in Talente. Erkenntnis ist unser Gewinn. Technische Universität München (TUM). Homepage. Online verfügbar unter https://www.tum.de/die-tum/die-universitaet/leitbild/, zuletzt geprüft am 30.01.2018.

TUM Leitbild Lehre (2018): Leitbild "Gutes Lehren und Lernen". Technische Universität München (TUM). Homepage. Online verfügbar unter https:// www.lehren.tum.de/themen/lehre-gestalten-didaktik/grundprinzipien/leitbild/, zuletzt geprüft am 30.01.2018.

TUM School of Management (06.06.2017): Die TU München geht nach Heilbronn. Online verfügbar unter https://www.tum.de/die-tum/aktuelles/pressemitteilungen/detail/article/33960/, zuletzt geprüft am 30.01.2018.

Turner, George (2001): Hochschule zwischen Vorstellung und Wirklichkeit. Zur Geschichte der Hochschulreform im letzten Drittel des 20. Jahrhunderts. Berlin: Duncker & Humblot (Abhandlungen zu Bildungsforschung und Bildungsrecht, 7).

Universität Leipzig (14.06.2013): Bauen mit Molekülen: Universität Leipzig führt Graduiertenschule BuildMoNa weiter. 189/2013. Heckmann, Carsten. Online verfügbar unter http://www.uni-leipzig.de/en/service/communication /medienredaktion/press-releases.html?ifab_modus=detail&ifab_uid=135593 dd9b20160515091031&ifab_id=5011, zuletzt geprüft am 29.01.2018.

Universität Leipzig (21.05.2012): Universität Leipzig fördert innovative Lehrideen. Pressemitteilung 149/2012. Leipzig. Henneberg, Katrin. Online verfügbar unter http://www.uni-leipzig.de/service/kommunikation/medienredaktion/nachrichten.html?ifab_modus=detail&ifab_id=4525, zuletzt geprüft am http://www.uni-leipzig.de/service/kommunikation/medienredaktion/nachrichten.html?ifab_modus=detail&ifab_id=4525.

Universität Leipzig (13.12.2011): Universität Leipzig gibt Profilbildung unter Stellenreduktions-Zwang bekannt und fordert Unterstützung beim Ausbau der Lehrerausbildung. Pressemitteilung 354/2011. Leipzig. Rutsatz, Manuela. Online verfügbar unter http://www.uni-leipzig.de/service/kommunikation/medienredaktion/nachrichten.html?ifab_modus=detail&ifab_id =4354, zuletzt geprüft am 29.01.2018.

Universität Leipzig (2010a): Uni Leipzig beteiligt sich erneut an Exzellenzinitiative. Pressemitteilung 119/2010. Leipzig. Rutsatz, Manuela. Online verfügbar unter http://www.uni-leipzig.de/service/kommunikation/medienredaktion/nachrichten.html?ifab_modus=detail&ifab_id=3725, zuletzt geprüft am 29.01.2018.

Universität Leipzig (2010b): Hochschulrat der Uni Leipzig hat sich konstituiert - Generalbundesanwältin Monika Harms ist Vorsitzende des neuen Gremiums. Pressemitteilung 059/2010. Leipzig. Online verfügbar unter https://www.uni-leipzig.de/service/kommunikation/medienredaktion/nachrichten.html?ifab_modus=pmanzeige&ifab_id=3667, zuletzt geprüft am 30.01.2018.

Universität Leipzig (30.07.2008): Imageanalyse: Guter Ruf in der Region, international noch mit Nachholbedarf. Pressemitteilung 161/2008. Leipzig. Höhn, Tobias. Online verfügbar unter http://www.uni-leipzig.de/service/kommunikation/medienredaktion/nachrichten.html?ifab_modus=detail &ifab_uid=.&ifab_id=3091, zuletzt geprüft am 29.01.2018.

Universität Leipzig (2005): Leitbild der Universität Leipzig. Leipzig. Online verfügbar unter https://www.uni-leipzig.de/fileadmin/user_upload/Service/PDF/Publikationen/leitbild_de.pdf, zuletzt geprüft am 30.01.2018.

Usher, Alex; Savino, Massimo (2007): A Global Survey of University Ranking and League Tables. In: *Higher Education in Europe* 32. Online verfügbar unter http://www.tandfonline.com/doi/abs/10.1080/03797720701618831?journalCode=chee20, zuletzt geprüft am 13.11.2017.

Valero, Anna; van Reenen, John (2016): The Economic Impact of Universities: Evidence from Across the Globe. Online verfügbar unter http://cep.lse.ac.uk/textonly/_new/staff/ValeroMimeo2016.pdf, zuletzt geprüft am 13.11.2017.

van Dyke, Nina (2011): Twenty Years of University Report Cards. In: *Higher Education in Europe* 30, S. 103–125. Online verfügbar unter http://www.tandfonline.com/doi/full/10.1080/03797720500260173?scroll=top&needAccess=true, zuletzt geprüft am 13.11.2017.

Vogt, Gerhard (2014): Der Druck wächst. Drittmittelfinanzierung der Hochschulen. In: *Forschung & Lehre* 11 (17). Online verfügbar unter http://www.forschung-und-lehre.de/wordpress/?p=15307, zuletzt geprüft am 13.11.2017.

Weichselgartner, Erich (2009): eScience: Wissenschaftliche Kommunikation im digitalen. Online verfügbar unter http://www.weichselgartner.de/erich/full_text/Abstract_extended.pdf, zuletzt geprüft am 31.01.2018.

Weingart, Peter (2003): Wissenschaftssoziologie. Bielefeld: transcript Verlag (Einsichten. Themen der Soziologie).

Weise, Peter (1997): Konkurrenz und Kooperation. Frankfurt/New York: Campus Verlag (Normative Grundlagen der Ökonomik), S. 58–80. Online verfügbar unter http://www.fairness-stiftung.de/pdf/WeiseKonkurrenzLangfassung.pdf, zuletzt geprüft am 13.12.2017.

Welzer, Harald (2008): Klimakriege. Wofür im 21. Jahrhundert getötet wird. 2. Aufl. Frankfurt am Main: S. Fischer.

Werron, Tobias (2009): Zur sozialen Konstruktion moderner Konkurrenzen : das Publikum in der "Soziologie der Konkurrenz". Luzern (Workingpaper des Soziologischen Seminars 05/09). Online verfügbar unter http://www.ssoar.info/ssoar/bitstream/handle/document/38294/ssoar-2009-werron-Zur_sozialen_Konstruktion_moderner_Konkurrenzen.pdf?sequence=1, zuletzt geprüft am 28.12.2017.

Werron, Tobias; Heintz, Bettina (2011): Wie ist Globalisierung möglich? Zur Entstehung globaler Vergleichshorizonte am Beispiel von Wissenschaft und Sport. In: *KZfSS Kölner Zeitschrift für Soziologie und Sozialpsychologie*, S. 359–394. Online verfügbar unter https://link.springer.com/article/10.1007%2Fs11577-011-0142-5, zuletzt geprüft am 28.11.2017.

Wieland, Wolfgang (1999): Platon und die Formen des Wissens. 2., durchges. und um einen Anh. und ein Nachw. erw. Aufl. Göttingen: Vandenhoeck & Ruprecht.

Wilkesmann, Uwe; Würmseer, Grit (2007): Wissensmanagement an Universitäten. Universität Dortmund (Discussion papers des Zentrums für Weiterbildung, 03). Online verfügbar unter http://www.zhb.tu-dortmund.de/zhb/Wil/Medienpool/Downloads/DP_2007_wissensmanagement_uni.PDF, zuletzt geprüft am 02.03.2018.

Willke, Helmut (1989): Systemtheorie entwickelter Gesellschaften. Dynamik und Riskanz moderner gesellschaftlicher Selbstorganisation. München: Juventa Verl. (Grundlagentexte Soziologie).

Winde, M.; Mönikes, R.; Zinke, G. (2017): Hochschulstrategie und Governance. Studie. Online verfügbar unter https://storage.googleapis.com/kienbaum-homepage.appspot.com/downloads/Hochschulstrategie-und-Governance_Kienbaum-Stiferverband-Studie_2016.pdf?mtime=20161222110113, zuletzt geprüft am 30.07.2017.

Winde, Matthias; Schulz, Benedikt (2017): "Traditionell gibt es in Deutschland relativ schwache Dekanate" (Campus & Karriere). Deutschlandfunk, 10.01.2017. Online verfügbar unter http://www.deutschlandfunk.de/hochschulleitungen-traditionell-gibt-es-in-deutschland.680.de.html?dram:article_id=376044, zuletzt geprüft am 03.02.2018.

Winter, Martin (2014): Topografie der Hochschulforschung in Deutschland. In: *die hochschule* (1), S. 25–49. Online verfügbar unter http://www.mar-win.de/Hochschulforschung_2014.pdf, zuletzt geprüft am 31.01.2018.

Winter, Martin; Würmann, Carsten (2012): Wettbewerb und Hochschulen. Editorial. In: *die hochschule* 2, S. 6–16. Online verfügbar unter http://www.hof.uni-halle.de/journal/texte/12_2/WinterWuermann.pdf, zuletzt geprüft am 27.12.2017.

Wintermantel, Margret (2015): Partizipation ist das Zauberwort an Unis. In: *Tagesspiegel*, 20.11.2015. Online verfügbar unter http://www.tagesspiegel.de/themen/universitaeten-unregierbar/sind-universitaeten-unregierbar-partizipation-ist-das-zauberwort-an-unis/12617474.html, zuletzt geprüft am 03.02.2018.

Wirth, Jan Volker (2015): Die Lebensführung der Gesellschaft. Grundriss einer allgemeinen Theorie. Wiesbaden: Springer VS.

Wissel, Carsten von (2007): Hochschule als Organisationsproblem. Neue Modi universitärer Selbstbeschreibung in Deutschland. Bielefeld: Transcript-Verl. (Science Studies).

Wissenschaftsrat (WR) (2013c): Empfehlungen zur Weiterentwicklung des Hochschulsystems des Landes Sachsen-Anhalt. Braunschweig (Drs. 3231-13). Online verfügbar unter https://www.wissenschaftsrat.de/download/archiv/3231-13.pdf, zuletzt geprüft am 27.01.2018.

Wissenschaftsrat (WR) (2013a): Perspektiven des deutschen Wissenschaftssystems. Braunschweig (Drs. 3228-13). Online verfügbar unter https://www.wissenschaftsrat.de/download/archiv/3228-13.pdf, zuletzt geprüft am 28.12.2017.

Wissenschaftsrat (WR) (2013b): Stellungnahme zum HIS-Institut für Hochschulforschung (HIS-HF), Hannover. Berlin (Drs. 2848-13). Online verfügbar unter https://www.wissenschaftsrat.de/download/archiv/2848-13.pdf, zuletzt geprüft am 29.12.2017.

Wissenschaftsrat (WR) (1960): Empfehlungen des Wissenschaftsrates zum Ausbau der wissenschaftlichen Einrichtungen. Wissenschaftsrat (WR). Tübingen: Mohr.

Wissenschaftsrat (WR) (1985): Empfehlungen zum Wettbewerb im deutschen Hochschulsystem. Köln. Online verfügbar unter http://www.hopo-www.de/konzepte/wr-wettbewerb.html, zuletzt geprüft am 13.12.2017.

Wissenschaftsrat (WR) (1988): Empfehlungen des Wissenschaftsrates zu den Perspektiven der Hochschulen in den 90er Jahren. Wissenschaftsrat (WR). Köln.

Wissenschaftsrat (WR) (2010): Empfehlungen zur Differenzierung der Hochschulen. Lübeck (Drs. 10387-10). Online verfügbar unter https://www.wissenschaftsrat.de/download/archiv/10387-10.pdf, zuletzt geprüft am 28.12.2017.

Wissenschaftsrat (WR) (2010): Empfehlungen zur Differenzierung der Hochschulen. Wissenschaftsrat. Lübeck (Drs. 10387-10). Online verfügbar unter http://www.wissenschaftsrat.de/download/archiv/10387-10.pdf, zuletzt geprüft am 12.11.2017.

Wolter, Andrä (2015): Hochschulforschung // Empirische Bildungsforschung. 2., überarb. Aufl. Hg. v. Heinz et al. Reinders. Wiesbaden: Springer VS.

Würmseer, Grit (2010): Auf dem Weg zu neuen Hochschultypen. Eine organisationssoziologische Analyse vor dem Hintergrund hochschulpolitischer Reformen. Wiesbaden: VS Verlag für Sozialwissenschaften / Springer Fachmedien Wiesbaden GmbH Wiesbaden.

Würmseer, Grit; Hofhues, Sandra (2015): Hochschulforschung als Hochschulentwicklung? Beiträge zur Gestaltung hochschulischer Praxis durch For-

schung. zeppelin universität. | Jahrestagung der Gesellschaft für Hochschul-
forschung. Kassel, 09.04.2015. Online verfügbar unter https://www.uni-
kassel.de/einrichtungen/fileadmin/datas/
einrichtungen/incher/PDFs/Alle_updates/GfHf_2015_Vortrag_
Wuermseer.pdf, zuletzt geprüft am 31.01.2018.

Yusuf, Shahid (2009): From creativity to innovation. In: *Technology in Society*
31 (1), S. 1–8. Online verfügbar unter https://doi.org/10.1016/j.techsoc.
2008.10.007, zuletzt geprüft am 12.12.2017.

Zeit Campus Online (2008): Ein Traum von Universität. In: *Zeit online*. Online
verfügbar unter http://www.zeit.de/online/2008/04/visionen-uni/komplett-
ansicht, zuletzt geprüft am 27.01.2018.

Zeller, Christian (2001): Clustering Biotech: A Recipe for Success? Spatial Pat-
terns of Growth of Biotechnology in Munich, Rhineland and Hamburg. In:
Small Business Economics (17), S. 123–141.

Zibell, Barbara (Hg.) (2003): Zur Zukunft des Raumes. Perspektiven für Stadt,
Region, Kultur, Landschaft. Frankfurt am Main: Lang (Stadt und Region als
Handlungsfeld, 1).

Zöhrer, Michaela (2016): Systemtheorie und differenztheoretische Forschung //
Die andere Seite der Politik. Theorie kultureller Konstruktion des Politischen. Theorien kultureller Konstruktion des Politischen. 1. Auflage. Hg. v.
Wilhelm Hofmann und Renate Martinsen. Wiesbaden: Springer Fachmedien (Politologische Aufklärung - konstruktivistische Perspektiven).

Zurnić, Marija (2014): Discursive institutionalism and institutional change. Online verfügbar unter https://www.researchgate.net/publication/307649494
_Discursive_institutionalism_and_institutional
_change, zuletzt geprüft am 28.11.2017.

Anhang

Auswertung der Affiliationsnetzwerke

Massenmedien

		Ranking (gesamt) nach **Degree**-Zentralität	
		Konzepte und Akteure	in %
	K	K-U-W	3,915
	A	LMU München	3,025
	K	Wettbewerb (Ranking) (UR C)	2,669
	K	Profilbildung (kleine Fächer)	2,669
	A	TU München	2,491
	K	Profilbildung (Universitätsentwicklung)	1,957
	K	Km-P	1,957
	A	HRK	1,957
	A	Wissenschaftsland Bayern 2020	1,957
	A	Wissenschaftsrat	1,779
		Ranking (gesamt) nach **Betweenness**-Zentralität	
		Konzepte und Akteure	in %
	K	K-U-W	7,204
	A	TU München	4,592
	K	Profilbildung (kleine Fächer)	4,339
	K	Wettbewerb (Ranking) (UR C)	3,569
	A	Wissenschaftsland Bayern 2020	3,212
	K	Km-P	3,158
	A	LMU München	3,144
	K	K-U-U (UR C)	2,761
	K	K-U-U (UR D) (TUM)	2,512
	K	K-U-W (UR C)	2,282
		Ranking (gesamt) nach **Closeness**-Zentralität	
		Konzepte und Akteure	in %
	K	K-U-W	0,684
	K	Km-P	0,649
	K	Profilbildung (Universitätsentwicklung)	0,646
	K	Wettbewerb (Ranking) (UR C)	0,64
	K	Profilbildung (kleine Fächer)	0,631
	K	Wettbewerb (Exzellenzinitiative)	0,629
	K	Km-S	0,625
	K	Wettbewerb (Ranking) (UR B)	0,622
	K	K-U-FH	0,618
	K	Wettbewerb (Autonomie)	0,618
		Ranking (gesamt) nach **Eigenvektor**-Zentralität	
	A	LMU München	3,184
	K	K-U-W	2,67

Süddeutsche Zeitung

© Springer Fachmedien Wiesbaden GmbH, ein Teil von Springer Nature 2019
R. Nägler, *Steuermannskunst im Hochschulmanagement*,
https://doi.org/10.1007/978-3-658-28406-0

A	TU München	2,512
K	Profilbildung (Universitätsentwicklung)	2,342
K	Wettbewerb (Ranking) (UR C)	2,11
K	Wettbewerb (Exzellenzinitiative)	1,943
K	Wettbewerb (Ranking)	1,843
K	Wettbewerb (Ranking) (UR B)	1,838
A	Wissenschaftsrat	1,727
A	Hochschulrektorenkonferenz	1,692

Ranking (gesamt) nach **Degree**-Zentralität		
Konzepte und Akteure		in %
K	K-U-W	6,696
K	Profilbildung (Universitätsentwicklung)	2,381
K	K-U-A (UR A)	2,232
K	K-U-U (Fusion)	2,2232
A	Wissenschaftsrat	1,935
K	Km-P	1,786
K	Km-F	1,637
K	Wettbewerb (Ressourcen)	1,637
A	LMU München	1,488
K	Profilbildung (Kleine Fächer)	1,488
Ranking (gesamt) nach **Betweenness**-Zentralität		
Konzepte und Akteure		in %
K	K-U-W	10,524
K	K-U-A (UR A)	3,671
K	Profilbildung (Universitätsentwicklung)	2,995
K	K-U-U (Fusion)	2,789
K	K-U-U (UR A)	2,453
K	Km-P	2,372
K	Km-F	2,36
K	Profilbildung (Kleine Fächer)	2,281
K	Wettbewerb (Ressourcen)	1,952
K	K-U-A	1,945
Ranking (gesamt) nach **Closeness**-Zentralität		
Konzepte und Akteure		in %
K	K-U-W	0,584
K	K-U-U (UR A)	0,54
K	K-U-A	0,538
K	Km-F	0,537
K	Wettbewerb (Ranking)	0,537
K	Profilbildung (Universitätsentwicklung)	0,533
K	Km-P	0,533
K	K-U-U (Fusion)	0,527
K	Wettbewerb (Autonomie)	0,522
K	Wettbewerb (Ressourcen)	0,52
Ranking (gesamt) nach **Eigenvektor**-Zentralität		
K	K-U-W	3,273

Spiegel

K	Profilbildung (Universitätsentwicklung)	1,685
A	Wissenschaftsrat	1,572
K	Km-P	1,559
A	LMU München	1,528
K	K-U-U (Fusion)	1,511
K	Km-L (UR A)	1,394
K	K-U-U (UR A)	1,324
K	Km-F	1,321
K	Wettbewerb (Ranking) (UR C)	1,261

Ranking (gesamt) nach **Degree**-Zentralität		
Konzepte und Akteure		**in %**
K	K-U-W	7,08
K	Profilbildung (Kleine Fächer)	4,425
A	Wissenschaftsrat	3,761
K	Km-P (UR B)	2.212
K	K-U-X	1,991
K	D1	1,77
K	K-U-A (UR A)	1,77
K	K-U-U (UR C)	1,77
K	Km-L (UR C)	1,77
K	Wettbewerb (Exzellenzinitiative)	1,77
Ranking (gesamt) nach **Betweenness**-Zentralität		
Konzepte und Akteure		**in %**
K	K-U-W	11,244
K	Profilbildung (Kleine Fächer)	7,846
A	Wissenschaftsrat	3,953
K	Km-P (UR B)	3,166
K	Profilbildung (Universitätsentwicklung)	3,025
K	K-U-X	2,983
K	D1	2,796
K	Km-L (UR C)	2,398
K	Wettbewerb (Exzellenzinitiative)	2,23
K	F2	2,01
Ranking (gesamt) nach **Closeness**-Zentralität		
Konzepte und Akteure		**in %**
K	K-U-W	0,792
K	Profilbildung (Kleine Fächer)	0,743
K	Km-P (UR B)	0,743
K	Wettbewerb (Exzellenzinitiative)	0,74
K	Profilbildung (Universitätsentwicklung)	0,734
K	Wettbewerb (Ranking)	0,73
K	K-U-A	0,724
K	Km-P	0,721
K	K-U-U	0,718
K	Wettbewerb (Konkurrenz)	0,715
Ranking (gesamt) nach **Eigenvektor**-Zentralität		

DIE ZEIT

K	K-U-W	2,862
A	Wissenschaftsrat	2,536
K	Km-P (UR B)	1,878
K	Wettbewerb (Exzellenzinitiative)	1,844
K	Wettbewerb (Ranking)	1,679
K	Km-P	1,652
K	Profilbildung (Kleine Fächer)	1,651
K	K-U-A	1,616
K	K-U-U (UR C)	1,458
K	Profilbildung (Universitätsentwicklung)	1,45

Hochschulpolitik

	Ranking (gesamt) nach **Degree**-Zentralität	
	Konzepte und Akteure	in %
A	MW (S-A)	5,521
A	CDU|SPD (S-A)	5,061
K	K-U-FH	4,141
K	Profilbildung (Wissenschaft)	3,988
A	CDU|FDP (S-A)	3,221
A	LHG (S-A)	3,067
A	ZV S-A (MLU)	2,914
K	F1	2,454
K	K-U-U	2,147
K	Profilbildung (Universitätsentwicklung)	2,147
	Ranking (gesamt) nach **Betweenness**-Zentralität	
	Konzepte und Akteure	in %
A	MW (S-A)	14,283
A	CDU|SPD (S-A)	7,821
K	Profilbildung (Wissenschaft)	7,31
K	K-U-FH	7,203
A	CDU|FDP (S-A)	4,205
A	ZV S-A (MLU)	3,654
K	Innovation (Wirtschaft)	3,355
K	Profilbildung (Universitätsentwicklung)	3,19
A	LHG (S-A)	3,171
K	F1	3,156
	Ranking (gesamt) nach **Closeness**-Zentralität	
	Konzepte und Akteure	in %
A	MW (S-A)	0,905
K	Profilbildung (Wissenschaft)	0,751
K	K-U-A	0,747
A	ZV S-A (MLU)	0,742
K	F1	0,741
K	K-U-FH	0,731

Sachsen-Anhalt

K	K-U-U	0,731
K	K-U-U (UR A)	0,727
K	K-U-W	0,721
A	CDU|SPD (S-A)	0,72

Ranking (gesamt) nach Eigenvektor-Zentralität

A	MW (S-A)	4,185
A	CDU|SPD (S-A)	3,212
A	LHG (S-A)	2,859
A	ZV S-A (MLU)	2,768
A	CDU|FDP (S-A)	2,344
K	F1	2,339
K	K-U-FH	2,305
K	K-U-A	2,231
K	Profilbildung (Wissenschaft)	2,121
K	K-U-U	2,096

Ranking (gesamt) nach Degree-Zentralität

	Konzepte und Akteure	in %
A	SMWK (Sa)	7,25
K	Profilbildung (Wissenschaft)	7,25
A	CDU|SPD (Sa)	6,75
A	LGH (Sa)	5,75
A	ZV Sachsen (U Lpz)	5,5
A	CDU|FDP (Sa)	4,75
K	Km-P	4,5
K	Profilbildung (Universitätsentwicklung)	2,0
K	K-U-U	2,0
K	K-U-U (UR A)	1,75

Ranking (gesamt) nach Betweenness-Zentralität

	Konzepte und Akteure	in %
A	SMWK (Sa)	15,77
K	Profilbildung (Wissenschaft)	15,391
A	ZV Sachsen (U Lpz)	11,216
A	CDU|SPD (Sa)	9,4
K	Km-P	7,971
A	LGH (Sa)	5,364
A	CDU|FDP (Sa)	5,011
K	K-U-U (UR A)	3,434
K	K-U-W	2,377
K	Profilbildung (Universitätsentwicklung)	2,367

Ranking (gesamt) nach Closeness-Zentralität

	Konzepte und Akteure	in %
A	SMWK (Sa)	1,129
K	Profilbildung (Wissenschaft)	1,086
K	Km-P	1,043
A	ZV Sachsen (U Lpz)	1,04
A	CDU|SPD (Sa)	1,04
K	Profilbildung (Universitätsentwicklung)	0,978

(Sachsen)

K	K-U-U	0,978
A	CDU|FDP (Sa)	0,975
K	Wettbewerb (Qualität)	0,96
K	Wettbewerb (Exzellenz)	0,927

Ranking (gesamt) nach **Eigenvektor**-Zentralität		
A	CDU|SPD (Sa)	4,751
A	SMWK (Sa)	4,254
A	CDU|FDP (Sa)	3,888
A	LGH (Sa)	3,825
A	ZV Sachsen (U Lpz)	3,606
K	Km-P	3,034
K	Profilbildung (Wissenschaft)	2,928
K	K-U-U	2,543
K	Profilbildung (Universitätsentwicklung)	2,531
K	Wettbewerb (Qualität)	2,358

Ranking (gesamt) nach **Degree**-Zentralität		
Konzepte und Akteure		in %
A	ZV Bay (TUM)	8,683
A	ZV Bay (LMU)	8,683
A	CSU	5,389
A	CSU|FDP (Bay)	3,593
K	F1	3,293
K	K-U-U (UR C)	3,293
K	D1	2,994
K	Profilbildung (Wissenschaft)	2,994
K	Wettbewerb (Exzellenz)	2,994
K	Wettbewerb (Konkurrenz) (UR C)	2,395
Ranking (gesamt) nach **Betweenness**-Zentralität		
Konzepte und Akteure		in %
A	ZV Bay (LMU)	19,093
A	ZV Bay (TUM)	16,271
A	CSU	6,882
K	K-U-U (UR C)	5,378
K	F1	4,835
K	Profilbildung (Wissenschaft)	4,44
K	D1	4,312
K	Wettbewerb (Exzellenz)	4,122
A	CSU|FDP (Bay)	3,413
K	Wettbewerb (Konkurrenz) (UR C)	3,322
Ranking (gesamt) nach **Closeness**-Zentralität		
Konzepte und Akteure		in %
A	ZV Bay (LMU)	1,236
A	ZV Bay (TUM)	1,091
K	F1	1,063
K	D1	1,043
K	Wettbewerb (Konkurrenz) (UR C)	1,043

Bayern

K	K-U-U (UR C)	1,03
K	Km-P	1,03
K	K-U-A	1,024
K	Wettbewerb (Qualität)	1,024
K	Wettbewerb (Evaluation)	1,01
Ranking (gesamt) nach **Eigenvektor**-Zentralität		
A	ZV Bay (LMU)	6,039
A	ZV Bay (TUM)	5,039
A	CSU	4,169
A	CSU|FDP (Bay)	3,176
K	F1	2,875
K	Wettbewerb (Konkurrenz) (UR C)	2,666
K	Km-P	2,64
K	Wettbewerb (Qualität)	2,523
K	Wettbewerb (Evaluation)	2,479
K	Wettbewerb (Konkurrenz) (UR B)	2,479

	Ranking (gesamt) nach **Degree**-Zentralität		
	Konzepte und Akteure		in %
	A	ZV FSU (2012)	9,179
	A	LHG (Th)	5,556
	K	Profilbildung (Wissenschaft)	4,831
	K	Km-P	3,623
	A	CDU|SPD (Th)	3,623
	A	LINKE|SPD|GRÜNE (Th)	3,14
	A	Gemeinsame Erklärung (Th)	3,14
	K	K-U-U (UR A)	2,899
	A	CDU	2,415
	K	Wettbewerb (Marketing)	2,174
	Ranking (gesamt) nach **Betweenness**-Zentralität		
	Konzepte und Akteure		in %
Thüringen	A	ZV FSU (2012)	27,369
	K	Profilbildung (Wissenschaft)	8,682
	A	LHG (Th)	6,165
	K	Km-P	5,62
	K	K-U-U (UR A)	4,21
	K	Wettbewerb (Marketing)	4,173
	K	Km-L (UR C)	3,591
	K	Profilbildung (Kleine Fächer)	3,591
	K	Km-L	3,591
	K	K-U-X	3,483
	Ranking (gesamt) nach **Closeness**-Zentralität		
	Konzepte und Akteure		in %
	A	ZV FSU (2012)	1,266
	K	Km-P	0,974
	K	Profilbildung (Wissenschaft)	0,968
	K	K-U-A	0,918

K	K-U-W	0,918
K	K-U-U (UR A)	0,913
K	F1	0,908
A	LHG (Th)	0,906
K	K-U-X	0,903
K	D2	0,898

Ranking (gesamt) nach **Eigenvektor**-Zentralität

A	ZV FSU (2012)	6,345
A	LHG (Th)	4,436
K	Km-P	2,989
A	CDU|SPD (Th)	2,8
K	Profilbildung (Wissenschaft)	2,601
A	LINKE|SPD|GRÜNE (Th)	2,571
A	Gemeinsame Erklärung (Th)	2,399
K	K-U-A	2,358
K	K-U-W	2,338
K	F1	2,196

Wirtschaft

Ranking (gesamt) nach **Degree**-Zentralität

	Konzepte und Akteure	in %
K	Km-F	28,571
A	Bayer HealthCare	21,429
K	K-U-W	14,286
A	Borad Institute (Cambridge)	7,143
A	DKFZ	7,143
A	U Tsinghua	7,143
K	INNOVATION (Kooperation)	7,143
A	U Oxford	7,143

Ranking (gesamt) nach **Betweenness**-Zentralität

	Konzepte und Akteure	in %
K	Km-F	42,857
A	Bayer HealthCare	40,0
K	K-U-W	17,143

Ranking (gesamt) nach **Closeness**-Zentralität		
Konzepte und Akteure		in %
K	Km-F	17,108
A	Bayer HealthCare	17,108
K	K-U-W	12,546
A	Borad Institute (Cambridge)	11,07
A	DKFZ	11,07
A	U Tsinghua	11,07
K	INNOVATION (Kooperation)	11,07
A	U Oxford	8,961

Ranking (gesamt) nach **Eigenvektor**-Zentralität		
K	Km-F	23,305
A	Bayer HealthCare	19,719
K	K-U-W	11,249
A	Borad Institute (Cambridge)	10,565
A	DKFZ	10,565
A	U Tsinghua	10,565
K	INNOVATION (Kooperation)	8,937
A	U Oxford	5,099

Ranking (gesamt) nach **Degree**-Zentralität		
Konzepte und Akteure		in %
K	INNOVATION (Spezialisierung)	14,286
K	K-U-W	14,286
K	INNOVATION (Forschung)	10,714
A	SIEMENS	8,333
K	Km-F	5,952
K	INNOVATION (Wirtschaft)	2,381
K	INNOVATION (Kooperation)	1,19
K	KREATIVITÄT (Innovation)	1,19
A	CKI Programm	1,19
A	Computertomographie	1,19

Ranking (gesamt) nach **Betweenness**-Zentralität		
Konzepte und Akteure		in %
A	SIEMENS	34,567
K	INNOVATION (Spezialisierung)	20,071
K	K-U-W	20,071
K	INNOVATION (Forschung)	15,205
K	Km-F	8,008
K	INNOVATION (Wirtschaft)	2,078

Siemens

Ranking (gesamt) nach **Closeness**-Zentralität	
Konzepte und Akteure	in %
K	SIEMENS	3,963
K	INNOVATION (Spezialisierung)	3,179
K	K-U-W	3,179
K	INNOVATION (Forschung)	2,992
K	Km-F	2,774
K	INNOVATION (Wirtschaft)	2,631
K	INNOVATION (Kooperation)	2,586
K	KREATIVITÄT (Innovation)	2,586
A	CKI Programm	2,228
A	Computertomographie	2,228
Ranking (gesamt) nach Eigenvektor-Zentralität		
K	INNOVATION (Spezialisierung)	8,375
K	K-U-W	8,375
A	Siemens	8,007
K	INNOVATION (Forschung)	4,604
K	Km-F	2,876
K	INNOVATION (Wirtschaft)	2,244
A	CKI Programm	2,187
A	Computertomographie	2,187
A	DTU (Dänemark)	2,187
A	Eco-City-Modelle	2,187

Ranking (gesamt) nach **Degree**-Zentralität		
Konzepte und Akteure		in %
K	K-U-W	16,667
K	Km-F	12,346
K	Km-F (Projekt)	5,556
K	Km-L	4,938
A	Audi	4,321
K	INNOVATION (Kooperation)	3,704
K	INNOVATION (Forschung)	3,086
K	INNOVATION (Spezialisierung)	2,469
A	Audi-Doktorandenprogramm	1,852
A	KU Eichstätt-Ingolstadt	1,852
Ranking (gesamt) nach Betweenness-Zentralität		
Konzepte und Akteure		in %
K	K-U-W	24,421
A	Audi	18,399
K	Km-F	11,899
K	Km-F (PÜrojekt)	10,839
K	Km-L	6,0
A	Audi-Doktorandenprogramm	5,99
K	INNOVATION (Kooperation)	4,627

Audi

K	INNOVATION (Spezialisierung)	4,245
K	INNOVATION (Forschung)	4,06
A	Stiftungsprofessuren	1,439
Ranking (gesamt) nach Closeness-Zentralität		
Konzepte und Akteure		in %
K	K-U-W	2,523
A	Audi	2,482
K	Km-F	2,106
A	KU Eichstätt-Ingolstadt	1,945
A	TH Ingolstadt	1,945
A	TU München	1,945
K	Km-F (Projekt)	1,828
A	Audi-Doktorandenprogramm	1,828
K	INNOVATION (Forschung)	1,828
A	FAU Erlangen-Nürnberg	1,828
Ranking (gesamt) nach Eigenvektor-Zentralität		
K	K-U-W	10,143
K	Km-F	7,871
A	Audi	3,858
A	KU Eichstätt-Ingolstadt	3,237
A	TH Ingolstadt	3,237
A	TU München	3,237
A	FAU Erlangen-Nürnberg	2,857
A	KIT	2,857
A	LMU München	2,857
A	TU Dortmund	2,857

Universität

Martin-Luther-Universität Halle Wittenberg

Degree-Zentralität (MLU Halle-Wittenberg)

id	degree (%)
Universitätsverbund Halle-Jena-Leipzig	10.92
LB (MLU)	9.195
PM (MLU)	6.897
K-U-W	5.172
Profil (MLU)	4.598
PROFILBILDUNG (Wissenschaft)	3.448
PROFILBILDUNG (Kooperation)	2.874
PROFILBILDUNG (Region)	2.874
K-U-A (UR A)	2.299
K-U-U (UR C)	2.299
D4	1.724
K-U-U (UR A)	1.724
Km-R	1.724
Km-S (UR A)	1.724
Agrarwissenschaften	1.149
Stiftungsprofessur	1.149
WR	1.149

Betweenness-Zentralität (MLU Halle-Wittenberg)

id	betweenness (%)
Universitätsverbund Halle-Jena-Leipzig	18.596
LB (MLU)	11.78
PM (MLU)	10.989
Profil (MLU)	9.031
K-U-W	8.439
PROFILBILDUNG (Region)	5.237
PROFILBILDUNG (Kooperation)	4.839
PROFILBILDUNG (Wissenschaft)	4.496
K-U-A (UR A)	3.158
K-U-U (UR C)	2.939
Km-S (UR A)	2.157
K-U-U (UR A)	2.088
Km-R	1.876
Km-F (UR A)	1.086
Km-L (UR A)	1.086
Km-P (UR B)	1.086
WETTBEWERB (Management)	1.086

Closeness-Zentralität (MLU Halle-Wittenberg)

id	closeness (%)
Universitätsverbund Halle-Jena-Leipzig	1.961
PM (MLU)	1.834
K-U-W	1.834
PROFILBILDUNG (Region)	1.814
LB (MLU)	1.795
Profil (MLU)	1.795
PROFILBILDUNG (Kooperation)	1.722
K-U-A (UR A)	1.688
F1	1.688
F2	1.688
W1	1.688
W3	1.688
WETTBEWERB (Qualität)	1.688
K-U-U (UR A)	1.671
PROFILBILDUNG (Kleine Fächer)	1.655
Km-R	1.535
K-U-U (UR C)	1.521

Eigenvektor-Zentralität (MLU Halle-Wittenberg)

id	eigenvector (%)
Universitätsverbund Halle-Jena-Leipzig	7.988
LB (MLU)	6.437
PM (MLU)	3.591
K-U-W	3.401
Profil (MLU)	2.926
F1	2.84
F2	2.84
W1	2.84
W3	2.84
WETTBEWERB (Qualität)	2.84
PROFILBILDUNG (Region)	2.616
PROFILBILDUNG (Kooperation)	2.579
K-U-A (UR A)	2.329
K-U-U (UR A)	2.235
PROFILBILDUNG (Kleine Fächer)	2.148
K-U-U (UR C)	1.998
INNOVATION (Forschung)	1.974

Universität Leipzig

Degree-Zentralität (Universität Leipzig)

id	degree (%)
PM (U Lpz)	11.468
LB (U Lpz)	9.633
PROFILBILDUNG (Lehre)	4.587
PROFILBILDUNG (Identität)	4.128
PROFILBILDUNG (Universitätsentwicklung)	4.128
BuildMoNa	3.67
PROFILBILDUNG (Wissenschaft)	3.67
K-U-A (UR A)	2.294
LaborUniversität	1.835
Km-P	1.835
WETTBEWERB (Exzellenzinitiative)	1.835
DFG	1.376
Geisteswissenschaften	1.376
Hochschulrat	1.376
Lehrerbildung	1.376
F1	1.376
K-U-U (UR C)	1.376

Betweenness-Zentralität (Universität Leipzig)

id	betweenness (%)
PM (U Lpz)	28.262
LB (U Lpz)	14.399
PROFILBILDUNG (Lehre)	7.153
PROFILBILDUNG (Wissenschaft)	5.264
PROFILBILDUNG (Universitätsentwicklung)	4.733
PROFILBILDUNG (Identität)	4.649
K-U-A (UR A)	3.129
BuildMoNa	3.114
INNOVATION (Spezialisierung)	1.921
LaborUniversität	1.877
F1	1.86
K-U-U (UR C)	1.77
PROFILBILDUNG (Kooperation) (UR A)	1.759
WETTBEWERB (Exzellenzinitiative)	1.666
D4	1.524
WETTBEWERB (Evaluation)	1.524
WETTBEWERB (Qualität)	1.524

Closeness-Zentralität (Universität Leipzig)

id	closeness (%)
PM (U Lpz)	1.922
PROFILBILDUNG (Wissenschaft)	1.596
F1	1.524
D4	1.51
WETTBEWERB (Evaluation)	1.51
WETTBEWERB (Qualität)	1.51
WETTBEWERB (Ressourcen)	1.51
PROFILBILDUNG (Universitätsentwicklung)	1.421
LB (U Lpz)	1.386
PROFILBILDUNG (Lehre)	1.386
PROFILBILDUNG (Identität)	1.375
K-U-A (UR A)	1.364
WETTBEWERB (Exzellenzinitiative)	1.353
PROFILBILDUNG (Kooperation)	1.342
INNOVATION (Spezialisierung)	1.332
Km-P	1.332
K-U-W (UR A)	1.332

Eigenvektor-Zentralität (Universität Leipzig)

id	eigenvector (%)
PM (U Lpz)	8.574
LB (U Lpz)	4.936
PROFILBILDUNG (Wissenschaft)	3.573
PROFILBILDUNG (Universitätsentwicklung)	2.932
F1	2.579
PROFILBILDUNG (Identität)	2.56
D4	2.332
WETTBEWERB (Evaluation)	2.332
WETTBEWERB (Qualität)	2.332
WETTBEWERB (Ressourcen)	2.332
WETTBEWERB (Exzellenzinitiative)	2.145
PROFILBILDUNG (Lehre)	2.126
BuildMoNa	2.05
K-U-A (UR A)	2.014
Km-P	1.967
PROFILBILDUNG (Kooperation)	1.89
K-U-W (UR A)	1.834

Friedrich-Schiller-Universität Jena

Degree-Zentralität (FSU Jena)

id	degree (%)
PROFILBILDUNG (Region)	9.278
LB (FSU Jena)	8.763
PM (FSU)	8.247
Geschichte (FSU Jena)	5.67
PROFILBILDUNG (Lehre)	5.155
K-U-A	3.093
K-U-FH (UR A)	2.577
K-U-U (UR C)	2.577
PROFILBILDUNG (Kooperation)	2.062
PROFILBILDUNG (Wissenschaft)	2.062
WETTBEWERB (Exzellenz)	2.062
WETTBEWERB (Ranking)	2.062
FSU Jena	1.546
KREATIVITÄT (Vorgehen)	1.546
Km-F	1.546
PROFILBILDUNG (Identität)	1.546
PROFILBILDUNG (Universitätsentwicklung)	1.546

Betweenness-Zentralität (FSU Jena)

id	betweenness (%)
Geschichte (FSU Jena)	19.023
PROFILBILDUNG (Region)	13.564
PM (FSU)	12.914
LB (FSU Jena)	12.667
PROFILBILDUNG (Lehre)	7.712
K-U-U (UR C)	5.501
K-U-A	3.835
K-U-W	2.861
WETTBEWERB (Exzellenz)	2.692
WETTBEWERB (Ranking)	2.626
K-U-FH (UR A)	2.059
PROFILBILDUNG (Wissenschaft)	1.952
PROFILBILDUNG (Kooperation)	1.568
Km-F	1.465
PROFILBILDUNG (Identität)	1.377
KREATIVITÄT (Vorgehen)	1.377
INNOVATION (Forschung)	0.93

Closeness-Zentralität (FSU Jena)

id	closeness (%)
Geschichte (FSU Jena)	1.825
K-U-U (UR C)	1.672
LB (FSU Jena)	1.657
K-U-W	1.627
PROFILBILDUNG (Lehre)	1.627
PM (FSU)	1.612
WETTBEWERB (Exzellenz)	1.543
Km-F	1.53
INNOVATION (Forschung)	1.517
WETTBEWERB (Evaluation)	1.517
PROFILBILDUNG (Region)	1.48
K-U-A	1.432
PROFILBILDUNG (Kooperation)	1.41
KREATIVITÄT (Vorgehen)	1.399
PROFILBILDUNG (Identität)	1.399
PROFILBILDUNG (Universitätsentwicklung)	1.399
PROFILBILDUNG (Wettbewerb)	1.388

Eigenvektor-Zentralität (FSU Jena)

id	eigenvector (%)
LB (FSU Jena)	7.41
PM (FSU)	6.244
Geschichte (FSU Jena)	4.229
PROFILBILDUNG (Lehre)	3.204
K-U-A	3.165
PROFILBILDUNG (Kooperation)	3.095
PROFILBILDUNG (Universitätsentwicklung)	2.834
KREATIVITÄT (Vorgehen)	2.739
PROFILBILDUNG (Identität)	2.739
PROFILBILDUNG (Wettbewerb)	2.637
K-U-U (UR C)	2.483
Km-F	2.445
WETTBEWERB (Exzellenz)	2.429
INNOVATION (Forschung)	2.248
WETTBEWERB (Evaluation)	2.248
PROFILBILDUNG (Region)	2.233
K-U-W	2.023

Technische Universität München

Degree-Zentralität (TU München)

id	degree (%)
LB (TUM)	21.951
K-U-U (UR C)	8.537
PROFILBILDUNG (Service)	8.537
PROFILBILDUNG (Forschung)	7.317
Km-F (UR C)	3.659
K-U-U (UR D)	2.439
Km-L (UR C)	2.439
Km-S	2.439
PROFILBILDUNG (Universitätsentwicklung)	2.439
AvH	1.22
DAAD	1.22
Double-Degree-Programme	1.22
ERASMUS	1.22
Energie, Klima, Umwelt	1.22
Gesundheit & Ernährung	1.22
Hochschule für Politik München	1.22
Kommunikation & Information	1.22

Betweenness-Zentralität (TU München)

id	betweenness (%)
LB (TUM)	46.239
K-U-U (UR C)	13.761
PROFILBILDUNG (Service)	13.761
PROFILBILDUNG (Forschung)	11.621
Km-F (UR C)	4.832
K-U-U (UR D)	2.446
Km-L (UR C)	2.446
Km-S	2.446
PROFILBILDUNG (Universitätsentwicklung)	2.446

Closeness-Zentralität (TU München)

id	closeness (%)
LB (TUM)	4.292
K-U-U (UR C)	2.986
PROFILBILDUNG (Service)	2.986
PROFILBILDUNG (Forschung)	2.922
Km-F (UR C)	2.747
K-U-U (UR D)	2.693
Km-L (UR C)	2.693
Km-S	2.693
PROFILBILDUNG (Universitätsentwicklung)	2.693
D2	2.641
INNOVATION (Forschung)	2.641
INNOVATION (Kooperation)	2.641
INNOVATION (Wirtschaft)	2.641
L1	2.641
W5	2.641
WETTBEWERB (Evaluation)	2.641
WETTBEWERB (Konkurrenz) (UR C)	2.641

Eigenvektor-Zentralität (TU München)

id	eigenvector (%)
LB (TUM)	14.325
K-U-U (UR C)	4.673
PROFILBILDUNG (Service)	4.673
PROFILBILDUNG (Forschung)	4.352
Km-F (UR C)	3.608
K-U-U (UR D)	3.414
Km-L (UR C)	3.414
Km-S	3.414
PROFILBILDUNG (Universitätsentwicklung)	3.414
D2	3.239
INNOVATION (Forschung)	3.239
INNOVATION (Kooperation)	3.239
INNOVATION (Wirtschaft)	3.239
L1	3.239
W5	3.239
WETTBEWERB (Evaluation)	3.239
WETTBEWERB (Konkurrenz) (UR C)	3.239

Ludwig-Maximilians-Universität München

Degree-Zentralität (LMU München)

id	degree (%)
LB (LMU)	27.941
K-U-U (UR C)	7.353
D2	5.882
K-U-U (UR A)	4.412
D4	2.941
K-U-U (UR D)	2.941
Km-F (UR C)	2.941
Km-L (UR C)	2.941
PROFILBILDUNG (Universitätsentwi…	2.941
WETTBEWERB (Exzellenzinitiative)	2.941
AvH	1.471
BAZ	1.471
BFHZ	1.471
Charta der Vielfalt	1.471
DAAD	1.471
ERASMUS	1.471
EUA	1.471

Betweenness-Zentralität (LMU München)

id	betweenness (%)
LB (LMU)	52.498
K-U-U (UR C)	12.341
D2	9.403
K-U-U (UR A)	6.366
D4	3.232
K-U-U (UR D)	3.232
Km-F (UR C)	3.232
Km-L (UR C)	3.232
PROFILBILDUNG (Universitätsentwi...	3.232
WETTBEWERB (Exzellenzinitiative)	3.232

Closeness-Zentralität (LMU München)

id	closeness (%)
LB (LMU)	5.195
K-U-U (UR C)	3.44
D2	3.349
K-U-U (UR A)	3.263
D4	3.182
K-U-U (UR D)	3.182
Km-F (UR C)	3.182
Km-L (UR C)	3.182
PROFILBILDUNG (Universitätsentwicklung)	3.182
WETTBEWERB (Exzellenzinitiative)	3.182
D1	3.104
INNOVATION (Bildungspolitik)	3.104
INNOVATION (Forschung)	3.104
INNOVATION (Kooperation)	3.104
WETTBEWERB (Exzellenz)	3.104
WETTBEWERB (Konkurrenz) (UR B)	3.104
WETTBEWERB (Konkurrenz) (UR C)	3.104

Eigenvektor-Zentralität (LMU München)

id	eigenvector (%)
LB (LMU)	15.83
K-U-U (UR C)	4.449
D2	4.185
K-U-U (UR A)	3.95
D4	3.74
K-U-U (UR D)	3.74
Km-F (UR C)	3.74
Km-L (UR C)	3.74
PROFILBILDUNG (Universitätsentwicklung)	3.74
WETTBEWERB (Exzellenzinitiative)	3.74
D1	3.552
INNOVATION (Bildungspolitik)	3.552
INNOVATION (Forschung)	3.552
INNOVATION (Kooperation)	3.552
WETTBEWERB (Exzellenz)	3.552
WETTBEWERB (Konkurrenz) (UR B)	3.552
WETTBEWERB (Konkurrenz) (UR C)	3.552

Universitäten (gesamt)

Degree-Zentralität (Universität gesamt)

id	degree (%)
PM (U Lpz)	3.444
K-U-U (UR C)	3.306
PROFILBILDUNG (Region)	3.306
LB (U Lpz)	2.893
Universitätsverbund Halle-Jena-Leipzig	2.893
PROFILBILDUNG (Lehre)	2.755
LB (LMU)	2.617
LB (TUM)	2.479
PROFILBILDUNG (Universitätsentwicklung)	2.479
LB (FSU Jena)	2.342
PROFILBILDUNG (Wissenschaft)	2.342
LB (MLU)	2.204
PM (FSU)	2.204
PM (MLU)	1.653
K-U-W	1.653
PROFILBILDUNG (Identität)	1.653
PROFILBILDUNG (Kooperation)	1.653

Betweenness-Zentralität (Universität gesamt)

id	betweenness (%)
PM (U Lpz)	8.543
PROFILBILDUNG (Region)	5.869
K-U-U (UR C)	5.83
LB (TUM)	4.98
PROFILBILDUNG (Lehre)	4.781
Universitätsverbund Halle-Jena-Leipzig	4.376
LB (U Lpz)	4.321
Geschichte (FSU Jena)	3.763
PROFILBILDUNG (Universitätsentwicklung)	3.748
PM (FSU)	3.637
LB (FSU Jena)	3.309
PROFILBILDUNG (Wissenschaft)	3.137
LB (LMU)	3.059
PROFILBILDUNG (Kooperation)	2.373
PM (MLU)	2.177
K-U-W	2.149
PROFILBILDUNG (Service)	2.125

Closeness-Zentralität (Universität Gesamt)

id	closeness (%)
PM (U Lpz)	0.629
K-U-U (UR C)	0.609
PROFILBILDUNG (Universitätsentwicklung)	0.599
WETTBEWERB (Qualität)	0.588
PM (FSU)	0.572
F1	0.566
PROFILBILDUNG (Region)	0.565
WETTBEWERB (Evaluation)	0.565
PROFILBILDUNG (Kooperation)	0.563
Geschichte (FSU Jena)	0.558
PROFILBILDUNG (Wissenschaft)	0.555
D4	0.553
INNOVATION (Forschung)	0.545
LB (FSU Jena)	0.543
LB (TUM)	0.543
LB (U Lpz)	0.543
K-U-W	0.54

Eigenvektor-Zentralität (Universität gesamt)

id	eigenvector (%)
PM (U Lpz)	3.239
PROFILBILDUNG (Universitätsentwicklung)	2.242
PM (FSU)	2.225
LB (U Lpz)	2.222
K-U-U (UR C)	2.201
LB (FSU Jena)	2.068
LB (TUM)	2.057
LB (LMU)	2.051
LB (MLU)	1.857
Universitätsverbund Halle-Jena-Leipzig	1.717
PROFILBILDUNG (Kooperation)	1.626
WETTBEWERB (Qualität)	1.602
PROFILBILDUNG (Wissenschaft)	1.568
K-U-W	1.538
PROFILBILDUNG (Region)	1.493
PM (MLU)	1.489
Geschichte (FSU Jena)	1.48

Schnittmengen der Diskurskonzepte

	MLU Halle-Wittenberg	FSU Jena	Universität Leipzig
Hoch-schul-Politik	- K-U-W - PROFIL-BILDUNG (Wissen-schaft) - K-U-U (UR A)	- PROFILBIL-DUNG (Wissenschaft)	- PROFIL-BILDUNG (Wissen-schaft) - Km-P - PROFIL-BILDUNG (Universi-tätsentwick-lung) - K-U-U (UR A)
Wirtschaft	- K-U-W	Km-F	
Massen-medien	- K-U-W	- PROFILBIL-DUNG (Universitätsent-wicklung) - WETT-BEWERB (Ran-king) - WETT-BEWERB (Exzellenz) - Km-F	- Km-P - K-U-A (UR A) - K-U-U (UR C) - WETT-BEWERB (Exzellenz-initiative) - PROFIL-

	MLU Halle-Wittenberg	FSU Jena	Universität Leipzig
		- K-U-U (UR C) - K-U-A	BILDUNG (Universi-tätsentwick-lung)

	TU München	LMU München
Hochschul-Politik	- K-U-U (UR C) - PROFILBILDUNG (Wissenschaft)	- K-U-U (UR C) - D2 - WETT- BEWERB (Exzellenz-initiative)
Wirtschaft	- Km-F - Km-L	Km-F Km-L
Massenmedien	- K-U-U (UR C) - PROFILBILDUNG (Universitätsent-wicklung) - Km-F - Km-L (UR C)	- WETT- BEWERB (Exzellenz-initiative) - Km-L (UR C) - K-U-U (UR C) - PROFIL- BILDUNG (Univer-sitätsentwicklung) - Km-F

Anlehnungskontexte „Kooperationsidee"

Jahr	Publikation	Anleh- nungs- kontext
1897	Èmile Vandervelde: La question agraire en Belgique	Land- wirt- schaft
1902	Arthur Hübschmann et al: Das Verlagssystem der Lauschaer Glaswaren-Industrie und seine Reformierung	Industrie
1906	Soziale Rundschau	Wirt- schaft
1906	Bruno Hildebrand et al.: Jahrbücher für Nationalökono- mie und Statistik (Band 87) „In der von 'einer kleinen, ruhmvollen französischen Schule' getragenen Kooperationsidee sieht Mariani die Lösung des uns für die Zukunft vorgelegten Rätsels. Wir sind auch der Ansicht, daß der Gedanke der Kooperation im höchsten Maße fruchtbar ist und daß seine Verwirkli- chung auf breitester Basis viele Uebelstände unseres heutigen sozialen Lebens zu heilen bestimmt sein kann; wir begrüßen daher gerne jede Studie auf diesem Gebiet" (S. 709)	National- ökono- mie/ Statistik
1908	Max H. van Gilse van der Pals: Das landwirtschaftliche Genossenschaftswesen in Finland.	Land- wirt- schaft
1913	Anglo-Palestine Bank: Bericht über die Tätigkeit der A.P.C. und ihrer Filialen in den Jahren 1903-1913: „Es bedurfte einer unermüdlichen mündlichen und schriftlichen Propagierung der Kooperationsidee, bis es uns gelang, sie populär zu machen." (S.22)	Wirt- schaft

1919	Gebrüder Paetel: Deutsche Rundschau (Bände 180-181): „Die wirtschaftliche Kooperationsidee der Welt hat einen starken Ausdruck gefunden in den Reden und [xxx] der Internationalen Handelskonferenz in Atlantic City in den Vereinigten Staaten, obwohl dort der Begriff 'international' mangels einer Nichtbeteiligung Deutschlands vorläufig nach als 'interalliiert' aufgefasst worden ist." (S.463)	Wirt-schaft
1920	Die Betriebswirtschaft (Bände 12-13): „Im Gegensatz zum Genossenschaftswesen appelliert der Sozialismus wiederum an den Idealismus der Menschen. Er vertritt die reine Kooperationsidee, denn bei ihm sollen die Menschen 'Brüder' sein. Die Gemeinschaftsidee ist bei ihm in ganz anderer höherer Form ausgebildet. Er sucht die Lösung der sozialen Frage durch Anwendung der reinen Kooperationsidee."	Wirt-schaft
1930	Ernst Suter: Die handelspolitische Kooperation des Deutschen Reiches und der Donaumonarchie 1890-94: „Denn hierin stimmte man im freudig zu! 'An Herrn Droz', berichtete Huber selbst, 'fand ich sofort einen begeisterten Anhänger der Kooperationsidee. Er meinte, die Kooperation sei das erlösende Wort aus dem Europa bedrohenden handelspolitischen Wirrwarr'" (S.41)	Handels-politik
1940	Volk und Reich (Band 16, Ausgaben 7-12): „In Wirklichkeit war diese *Kooperationsidee* vom Standpunkt des Benesch-Regimes aus Ideologie und Fassade. Das eigentliche Interesse der Prager Imperialisten an der Slowakei lag ganz wo anders" (S.613).	Politik
1953	Erst Michel: Sozialgeschichte der industriellen Arbeitswelt: ihrer Krisenformen und Gestaltungsversuche: „Wenn wir uns der Schwierigkeiten erinnern, die, wie wir feststellen mußten, sich der Verbreitung der Kooperationsidee in den Industrien von einiger Bedeutung ent-	Sozialge-schichte, Industrie/ Wirt-

	gegenstellen, so bemerken wir, daß die Schwierigkeiten sich bedeutend verringern, wenn wir an Stelle der allgemeinen Betriebsführung die einer Abteilung setzen" (S. 308)	schaft
1966	Handelsblatt Competition and trade regulation (Band 16) „1. Auf Unternehmerseite: Den Förderern der Kooperationsidee bereitet es Sorge, daß die Unternehmer nur ungern und zögernd die vorhandenen Kooperationsmöglichkeiten aufgreifen" (S.251).	Wirtschaft

1968	Otto Schlecht: Strukturpolitik in der Marktwirtschaft „Seit Beginn der sechziger Jahre war die Kooperations-idee Schwerpunkt der Wettbewerbsdebatte. In den letzten zwei Jahren hat sich die Diskussion wiederum verbrei-tert" (S.5)	Wirt-schaft
1969	Gunter Link: Das Bildungswesen des ländlichen Genos-senschaftssektors in Deutschland: „Nachdem es in den Jahren des Aufbaus der Organisation primär darum ge-gangen war die Kooperationsidee der ländlichen Bevöl-kerung nahezubringen, dehnte man bald den anzuspre-chenden Personenkreis aus, nicht zuletzt aus; nicht zu-letzt aus Gründen der Gewinnung von Mitarbeitern" (S.137).	Erzie-hung
	Handelsblatt „Competition and trade regulation" (Band 39, Ausgaben 1-6): „Die Möbelindustrie bezeichnete es eine Pervertierung der Kooperationsidee, wenn lediglich die regional herrschenden Händler sich in einem Verband zusammenschließen und kleine Händler ausschließen; das müsse gesetzlich verhindert (werden)" (S.33)	Wirt-schaft
1976	J.C.B. Mohr: Hamburger Jahrbuch für Wirtschafts- und Gesellschaftspolitik (Band 21): „Aus der Kooperations-idee folgt, daß für die gesellschaftliche Ordnung gerade die kooperativen Aspekte von Bedeutung sind" (S.53)	Politik
1981	Hans-Achim Geister: Wettbewerbs- und Industriepolitik der Europäischen Gemeinschaft: „Der Staat solle im übrigen 'sein ganzes wirtschaftspolitisches Gewicht zu-gunsten der Kooperationsidee einsetzen' und die Kartell-behörde 'ihre Tätigkeit künftig ebenso auf die aktive Förderung ‚guter' unternehmerischer Zusammenarbeit legen, wie sie bisher die ‚schlechte' Zusammenarbeit (…) bekämpft habe" (S.97)	Politik
2001	Ralph Kölbl: Unternehmenskooperation als strategisches Instrument im Hinblick auf die Steigerung der unterneh-merischen Produktivität: „Nachdem die potentiellen	Wirt-schaft,

	Partner lokalisiert sind, geht es darum, zum einen die richtigen Kooperationspartner auszuwählen und zum anderen diese von der Kooperationsidee zu überzeugen" (S.74).	Wissen-schaft

Zusammenfassung der Dissertationsschrift

Steuermannskunst im Hochschulmanagement – Die Wirkungskraft von Ideen und Diskursen auf die Universität

Folgt man dem diskursiven Neoinstitutionalismus, wirken Ideen und Diskurse auf den institutionellen Wandel von Organisationen. Mit diesen Vorstellungen können Abhängigkeiten und Wirkungszusammenhänge der Universität in Bezug auf ihre Umwelt in einer neuen Beobachtungsperspektive aufgezeigt werden.

Die Arbeit greift die Vorstellungen von Kooperation und Wettbewerb im Hochschulreformdiskurs (2003 - 2014) auf, um daran die Wirkungs- und Gestaltungskraft von Ideen auf den institutionellen Wandel der Universität abzuleiten. Diese beiden Ideen werden hinsichtlich ihrer Stellung und Dominanz im Hochschulreformdiskurs untersucht und dabei ihre zentralen Diskurskonzepte herausgestellt. Ausgewählte Diskursakteure aus der Hochschulpolitik (hochschulpolitische Akteure aus Bayern, Thüringen, Sachsen und Sachsen-Anhalt), der Wirtschaft (Audi, Siemens und Bayer), den Massenmedien (ZEIT, SPIEGEL, Süddeutsche Zeitung) und fünf Universitäten (LMU und TU München, FSU Jena, Universität Leipzig und MLU Halle-Wittenberg) werden mithilfe der Diskurs-Netzwerk-Analyse in Beziehung gesetzt. Ihre kommunizierten Ideen bzw. Diskurskonzepte werden dann hinsichtlich ihrer Zentralität im Netzwerk gemessen, sodass sich einflussreiche Vorstellungen über Kooperation oder Wettbewerb herausstellen lassen.

Die hochschulpolitische Aufforderung und Aufgabe zur Profilbildung der Universität eignet sich dafür, den Hochschulreformdiskurs zu differenzieren und die Kooperationsidee von der Wettbewerbsidee klar zu unterscheiden. Während die Kommunikation der Fremdbeschreibung Diskursakteure aus der Hochschulpolitik, Wirtschaft und den Massenmedien einschließt, umfasst die Selbstbeschreibung die ausgewählten Universitäten. Durch die Aufteilung in Fremd- und

Selbstbeschreibung kann gezeigt werden, wie unterschiedlich stark die Akteure bestimmte Diskurskonzepte und -ideen in Bezug auf die Profilbildung von Universitäten verwenden. So entsteht eine heterogene Diskurslandschaft, die kommunikative Diskrepanzen zwischen den Akteuren und die inhaltliche Komplexität der verschiedenen Diskurskonzepte und Ideen deutlich macht.

Diese Beobachtung verweist auf die Schwierigkeit, mit der die genaue Identifikation und Verortung einer dominanten Idee im Hochschulreformdiskurs verbunden ist. Auch wenn seitens der Hochschulpolitik, Wirtschaft, Massenmedien und Universitäten dominante Diskurskonzepte herausgestellt werden können, finden diese keine einheitliche diskursiv-kommunikative Ebene.

Erwartungen, Anforderungen und Forderungen können in dieser uneindeutigen kommunikativen Umgebung nur schwer an die bzw. von der Universität weitergegeben werden. Die Herausforderung für die Universität liegt darin, dominante Ideen, Konzepte und Akteure im Diskurs (vorzeitig) zu erkennen und bei Bedarf, d.h. nach einer strategischen Entscheidung, für die Weiterentwicklung ihres Hochschulprofils zu nutzen. Die Fähigkeit diskursive Entwicklungen *wahrzunehmen* und zu bewerten und ggf. darauf zu reagieren, spiegelt sich in der Aufstellung und Ausrichtung der Universität als Kopplungsorganisation wider.

Die Arbeit verwendet den theoretischen Rahmen aus diskursivem Neoinstitutionalismus, Systemtheorie (Theorie der Weltgesellschaft) und organisationssoziologischen Ansätzen, um aus den Beobachtungen der Diskurs-Netzwerk-Analyse die Universität als Kopplungsorganisation darzustellen und dabei eine Neuausrichtung ihres Kommunikationsverhaltens und ihrer Prozessstrukturen vorzuschlagen. Die Universität besitzt dann mit dem Diskursmanagement die dazu notwendige Organisationseinheit, um auf diskursive Entwicklungen ihrer Umwelt eingehen und daraus interne wie externe strategische und inhaltliche Schlussfolgerungen ableiten zu können.

Der Titel dieser Arbeit (Steuermannskunst im Hochschulmanagement) zielt auf die Notwendigkeit hin, sich an der Umgebung zu orientieren, statt nur auf auf eigene Systemlogiken zu vertrauen. Um in der Komplexität von Diskursen, Ideen, Konzepten und Akteuren weiterhin *auf Kurs zu bleiben* und sich so auf regionaler, nationaler und internationaler Ebene als Universität attraktiv zu positionieren und zu profilieren, ist die Ausrichtung der Universität auf ihre Umwelt ein entscheidendes Moment für ihre Neuausrichtung.

Abstract for the dissertation text

Cybernetics in university management – Ideas and discourse on effectiveness at the university

According to discursive new institutionalism, ideas and discourse play a role in institutional change within organisations. Under this concept, dependencies and interdependencies at a university can be identified in terms of their environment within a new observation perspective.

This work discusses the notions of cooperation and competition in discourse on university reform (2003-2014) in order to identify the effectiveness and impact of ideas on institutional change at the university. Both ideas were examined in terms of their status and dominance in discourse on university reform and the central discourse concepts were highlighted. Select actors in the discourse from higher education policy (policy stakeholders from Bavaria, Thuringia, Saxony and Saxony-Anhalt), from industry (Audi, Siemens and Bayer), from the mass media (ZEIT, SPIEGEL, Süddeutsche Zeitung) and from five universities (LMU and TU Munich, FSU Jena, Leipzig University and MLU Halle-Wittenberg) are in connection with the help of the Discourse Network Analyser. The ideas they communicate and the concepts of their discourse are then measured with respect to their centrality, allowing influential concepts about cooperation and competition to be exposed.

The invitation and commitment within higher education policy to develop the profile of the university is useful in differentiating the discourse on university reform and clearly distinguish the ideas for cooperation from those for competition. Whereas the communication of descriptions from outside involves discourse actors from higher education policy, industry and the mass media, self-description comprises the select universities. Distinction as either self- or external descriptions can highlight how differently the actors use certain discourse concepts and ideas in relation to developing the profile of universities. This creates a heterogeneous discourse landscape that emphasizes the communicative discrepancies among the actors and a complexity of the content of various discourse concepts and ideas.

This observation highlights the challenges associated with precisely identifying and localizing a dominant idea in the discourse on university reform. Even when dominant discourse concepts on the part of higher education policy, industry, mass media and the universities can be derived, these concepts have no unifying environment for the discourse and communication.

In this ambiguous environment of communication, expectations, requirements and demands can be passed on to or from the university only with difficulty. The challenge for the university is to identify dominant ideas, concepts and actors in the discourse (in a timely manner) and to use them in the development of the university profile as needed – i.e., after a strategic decision. The ability *to perceive* discursive developments and evaluate them, responding to them as needed, is reflected in the positioning and alignment of university as an interconnected organisation.

This research utilised the theoretical framework of discursive new institutionalism, system theory (theory of global society) and approaches from organisational sociology to present the university as an interconnected organisation based on the observations from the Discourse Network Analyser and to propose a realignment of their communication behaviour and process structures. The university will then have the necessary organisational unit with discourse management to be able to address discursive developments in their environment and to derive both internal and external conclusions relating to strategy and content from them.

The title of this work (Cybernetics in university management) points to the need to orient to the environment and not to place trust solely in internal system logics. In order *to remain on track* within the complexity of discourses, ideas, concepts and actors and thus position itself attractively and create a profile on regional, national and international levels, orientation of a university within its environment is a crucial moment for its realignment.

Veröffentlichung aus der Dissertation

Nägler, Richard (2015): „With|out a Partner. The Idea of Cooperation in Higher Education Discourses." Paper presented at the International Conference on Public Policy (ICPP), Milan, Italy, July 1-4. URL http://ssrn.com/abstract= 2633108 (accessed November 13, 2015).

Zitiert in Leifeld 2016b.